Schriftenreihe

Schriften zum Betrieblichen Rechnungswesen und Controlling

Band 9

ISSN 1435-6236

In der Schriftenreihe
Schriften zum Betrieblichen Rechnungswesen und Controlling
werden neue wissenschaftliche Werke aus dem Bereich des
Betrieblichen Rechnungswesen und Controlling veröffentlicht.

Verlag Dr. Kovač

Kai Heuer

Marketing-Controlling und Abweichungsanalyse

Die Entwicklung der Abweichungsanalyse zu einem Instrument des Marketing-Controlling

Verlag Dr. Kovač

VERLAG DR. KOVAČ

Arnoldstraße 49 · 22763 Hamburg · Tel. 040 - 39 88 80-0 · Fax 040 - 39 88 80-55

Die Deutsche Bibliothek - CIP-Einheitsaufnahme

Heuer, Kai:
Marketing-Controlling und Abweichungsanalyse : die Entwicklung der Abweichungsanalyse zu einem Instrument des Marketing-Controlling / Kai Heuer. – Hamburg : Kovač, 2001
(Schriften zum betrieblichen Rechnungswesen und Controlling ; Bd. 9)
Zugl.: Bremen, Univ., Diss., 2000

ISSN 1435-6236
ISBN 3-8300-0328-5

Gedruckt auf säurefreiem, alterungsbeständigem Recyclingpapier „RecyStar“
(Nordic Environmental Label – Blauer Engel – DIN ISO 9706)

Geleitwort

„Marketing“ und „Controlling“ sind, wie schon die Wortform zeigt, aus dem Angloamerikanischen ins Deutsche gekommen und haben hier – das eine früher, das andere später – eine rasante Entwicklung genommen. Gleichwohl sind die Begriffe bis heute nicht eindeutig bzw. umstritten; dies gilt natürlich auch für die Zusammenführung beider, im „Marketing-Controlling“. Es ist deshalb durchaus verdienstvoll, daß Herr Heuer sich in seiner der Universität Bremen vorgelegten Dissertation zunächst um die Klärung der Grund-Konzeptionen - am ausführlichsten bei dem „jüngeren“ Begriff, dem Controlling – bemüht.

Das ist jedoch nicht die eigentliche Intention der Schrift. Diese kommt deutlicher im Untertitel „Die Entwicklung der Abweichungsanalyse zu einem Instrument des Marketing-Controlling“ zum Ausdruck. Demnach kann man als Ziel der Arbeit interpretieren, das Marketing-Controlling ein Stück weit voranzubringen. Dabei ist zu bedenken, daß die – im übrigen nicht sehr zahlreiche – spezielle Literatur zum Marketing Controlling großenteils von „Controlling“-Seite stammt; die Zurückhaltung der „Marketing“-Vertreter ist dagegen evident. Das mag damit zusammenhängen, daß – während das Controlling quasi vom „alten Kern“ der Betriebswirtschaftslehre, dem Rechnungswesen, ausging – das Marketing sich dann sehr stark in Richtung Verhaltenswissenschaften entwickelte, was Dieter Schneider schon zu Beginn der 80er Jahre zu einem scharfen Angriff veranlaßte. Die folgende Literatur-Diskussion verebbte allerdings rasch. Ähnlich erging es in gewissem Sinne wohl Sönke Albers, der – als ein Vertreter der Marketing-Seite – „ein System zur Abweichungs-Ursachenanalyse“ (schon in einem Titel aus 1989) vorschlug.

Bevor Herr Heuer diesen Vorschlag wieder aufgreift, widmet er sich der quasi „traditionellen" Abweichungsanalyse, indem er den Gedanken der Übertragung des Prinzips der altbekannten *Kosten*abweichungsanalyse auf die *Erlös*seite folgt und letztlich ein – so in der zumindest deutschen Literatur noch kaum vorliegendes – geschlossenes System der Erfolgsabweichungsanalyse auf der Basis der differenziert-kumulativen Methode entwickelt. Dem folgt die Anwendung dieser *symptom*orientierten Abweichungsanalyse auf das Marketing-Controlling, als „Erlösspaltungskonzept" (und die Diskussion von dessen Grenzen). Danach wird der erwähnte Vorschlag von Albers aufgegriffen und anhand eines empirischen Beispiels die Anwendungsrelevanz gezeigt, insbesondere, wie sensitiv das System von Ungenauigkeiten in den Daten (ein gewisser Kritikpunkt am Entwurf von Albers) abhängt.

Mir scheint damit das Ziel der Arbeit, die Diskussion um das Marketing-Controlling voranzutreiben und zu beleben, voll erreicht. In diesem Sinne wünsche ich der Schrift eine gute Aufnahme in der Wissenschaft und nicht zuletzt in der Praxis!

Manfred Hüttner

Vorwort

Eine wissenschaftliche Arbeit über viele Jahre zu schreiben, voranzutreiben und zu beenden, erfordert viele Menschen, die auf die eine oder andere Weise dazu beitragen. Sie alle zu nennen, könnte eine weitere Arbeit füllen. Es ist nicht möglich und doch sei Ihnen an dieser Stelle besonders gedankt.

Einige Menschen möchte ich trotzdem hervorheben. An erster Stelle danke ich herzlich meinem Doktorvater, Prof. Dr. Manfred Hüttner, im ganzen Prozeß ein unschätzbarer Ratgeber und Förderer. Er stand mir jederzeit zur Seite, nicht nur bei Herausforderungen im wissenschaftlichen Bereich.

Prof. Dr. Christoph Lange danke ich für die Übernahme des Korreferat und für hilfreiche Anregungen, besonders im Controlling-Teil; Prof. Dr. Erich Bauer und Prof. Dr. Thorsten Poddig für ihre Teilnahme am Colloquium.

Ich danke Martin Zeyn, MA, für umfangreiches Korrekturlesen, meinem Bruder Dr. Jörg Heuer für exzellentes „Task Force"-Verhalten bei Computerproblemen, Dipl.-Kfm. Markus Wilken für verschiedenste Unterstützung, Dipl.-Kfm (FH) Torsten Büssow für intensive wissenschaftliche Diskussionen, besonders im Endstadium der Arbeit, stud. rer. pol. Ulrike Steeger bei der Literaturbeschaffung, meinen Mitstreitern am Lehrstuhl von Prof. Dr. Hüttner, Dr. Anette von Ahsen und Dipl.-Ök. Ulf Schwarting für unterschiedlichste Koordinations- und Unterstützungstätigkeiten.

Die Mühen einer Doktorarbeit, besonders neben der beruflichen Beanspruchung verlangen auch die volle Unterstützung der Menschen im engen Umfeld. Aus diesen wundervollen Menschen möchte ich besonders meine Eltern, Dipl.-Vw. Wilhelm Heuer und Gerda Heuer, meine Frau Beatrix und meine Kinder hervorheben. Letztere wissen wohl heute noch nicht, wie viel Kraft sie mir gegeben haben, die Arbeit erfolgreich zu beenden.

Vielen Dank auch an jene, die ich vergessen habe zu erwähnen.

Die Arbeit ist gewidmet Sina und Marvin.

Kai Heuer

Inhaltsverzeichnis

Abbildungsverzeichnis

Tabellenverzeichnis

1 Einleitung

1.1 Problemstellung

Schaut man sich Unternehmungen an, so könnte man meinen, die beständigste Entwicklung liegt in der Veränderung. Laufend werden neue Konzepte entwickelt und Trends aufgezeigt. „Ein Berater hat kürzlich gesagt: ‚In den siebziger Jahren war alles Organisation, in den achtzigern alles Marketing und heute ist alles Controlling.'“[1] Doch noch immer gilt Controlling als Phänomen[2] und ein scheinbares Allzweckmittel. Was ist Controlling? Wie ist es einzusetzen? Welche Schwerpunkte hat es? Welche Schwächen bestehen?

Nachdem das Controlling lange Zeit wissenschaftlich vernachlässigt wurde, wurden im letzten Jahrzehnt diverse Controlling-Lehrstühle eingerichtet. Gleichwohl gibt es bis zum heutigen Tage keine einheitliche Auffassung von Controlling. Eine klare Controlling-Konzeption ist aber die Voraussetzung dafür, durch Controlling Hilfestellung in den Unternehmen zu geben. Auch wenn eine übereinstimmende Controlling-Konzeption der verschiedenen wissenschaftlichen und praktischen Ansätze nicht so einfach geschaffen werden kann, so ist es zumindest erforderlich, die verschiedenen Ansätze zu systematisieren bzw. zu klassifizieren, um so die Erwartungen von Controlling in der Praxis mit den wissenschaftlichen Erkenntnissen in Einklang zu bringen.

In den meisten Unternehmen beschreibt das Controlling eine eher operative Dimension. Ein Schwerpunkt dieses Controlling besteht in der Abweichungsanalyse, die schon lange in Theorie und Praxis Berücksichtigung findet, jedoch

---

[1] P. Stahl: Vision und Praxis für ein Controllingkonzept im Mittelstand, in: Mayer, E./Liessmann, K./Freidank, C.-Ch.: Controlling-Konzepte, 4. Aufl., Wiesbaden 1999, S. 151-170, hier S. 153.

[2] Vgl. K. Benz: Effizienz des Controlling, Diss., Bamberg 1998, S. 14 ff.

noch nicht die erforderliche Qualität besitzt, um insbesondere das kurzfristige Controlling zu optimieren.[1] Vielfach kann die Art der Abweichungsanalyse das Ergebnis bestimmen, wodurch die Gefahr von darauf basierenden Fehlentscheidungen groß ist. Obwohl es zur Abweichungsanalyse verschiedene Ansätze gibt, die sich auch über die Jahre weiter entwickelt haben, sind diese teilweise noch nicht in der Unternehmenspraxis bekannt bzw. eingeführt. Insbesondere auf der Erlösseite (Erlösabweichungsanalyse) bestehen hier noch deutliche Defizite trotz jüngerer Forschungsanstrengungen über die Anforderungen und Umsetzung einer Erlösrechnung.[2]

Die Erlösabweichungsanalyse ist ein wichtiger Teil des operativen Controlling des Marketing. Controlling findet in verschiedenen Teilbereichen von Unternehmen statt, sogenanntes Bereichscontrolling. Dieses ist zweckmäßig, um eine bestmögliche Effizienz und Effektivität zu erreichen. Ohne eine klare Konzeption zum Controlling, kann aber auch keine klare Konzeption in einem Bereichscontrolling abgeleitet werden. Ein besonders wichtiger Teilbereich ist das Marketing-Controlling. Hier entscheidet sich letztendlich der Erfolg eines Unternehmens. Um den Erfolg eines Unternehmens im Sinne von optimaler Zielerreichung zu realisieren, ist ein konsequentes Marketing-Controlling auszuüben. Das Marketing-Controlling verbindet zwei Bereiche, das Marketing und das Controlling, die sich in den letzten Jahrzehnten in den Unternehmen

---

1 Wohl auch deshalb wird in regelmäßigen Abständen die Abweichungsanalyse wissenschaftlich untersucht, vgl. z.B. S. Wilms: Abweichungsanalysemethoden der Kostenkontrolle, Diss. Univ. Köln, Bergisch Gladbach 1988; B. Lause: Methoden der Abweichungsanalyse in der Kosten- und Erfolgsrechnung, Diss. Univ. Hamburg, Bergisch Gladbach 1992; S. Lengsfeld: Kostenkontrolle und Kostenänderungspotentiale, Diss. Uni Köln, Wiesbaden 1999, S. 31-47.

2 Vgl. T. Hänichen: Die Erlösentstehung im Industriebetrieb und ihre Abbildung im internen Rechnungswesen, Diss. Uni Mannheim 1994, Berlin 1995; P. Bischoff: Die Erlösrechnung - Entscheidungsinstrument im führungsorientierten Rechnungswesen, Diss., St. Gallen 1987.

etabliert haben, ohne daß eine klare Vision ihrer Eigenschaften besteht. Um ein erfolgreiches Marketing-Controlling zu gestalten und durchzuführen, sind verschiedene Schritte notwendig:

1. Es muß eine klare Vorstellung von der im Unternehmen vorherrschenden Marketing-Philosophie gegeben sein.
2. Eine klare Controlling-Konzeption ist herauszuarbeiten, die mit den Erwartungen der Unternehmensleitung, der Mitarbeiter und des Controlling abzustimmen ist.
3. Eine Erfolgsabweichungsanalyse ist einzuführen. Hierfür sind nicht nur Ist-, sondern auch Plandaten erforderlich. Um eine Erfolgsabweichungsanalyse zu entwerfen, sind eine Kostenabweichungsanalyse und eine Erlösabweichungsanalyse zu entwickeln. Dabei sind zwei gravierende Probleme zu lösen:
   a) Welche Methode zum Verrechnen der Abweichungen höheren Grades kommt in Frage und welche Methode ist anzuwenden? Je nach verwendeter Methode kann sich auch die Höhe der Abweichung verändern.
   b) Welche Erlösabweichungsanalysemethoden gibt es? Inwiefern eignen sie sich zur Anwendung? Wie sind sie anzupassen bzw. zu verändern? Die Erlösabweichung kann auf verschiedene Weise analysiert werden, dabei können unterschiedliche Abweichungsergebnisse ermittelt werden, die zu verschiedenen Entscheidungen führen.

Die Abbildung 1 auf der folgenden Seite zeigt die Problemstellung graphisch:

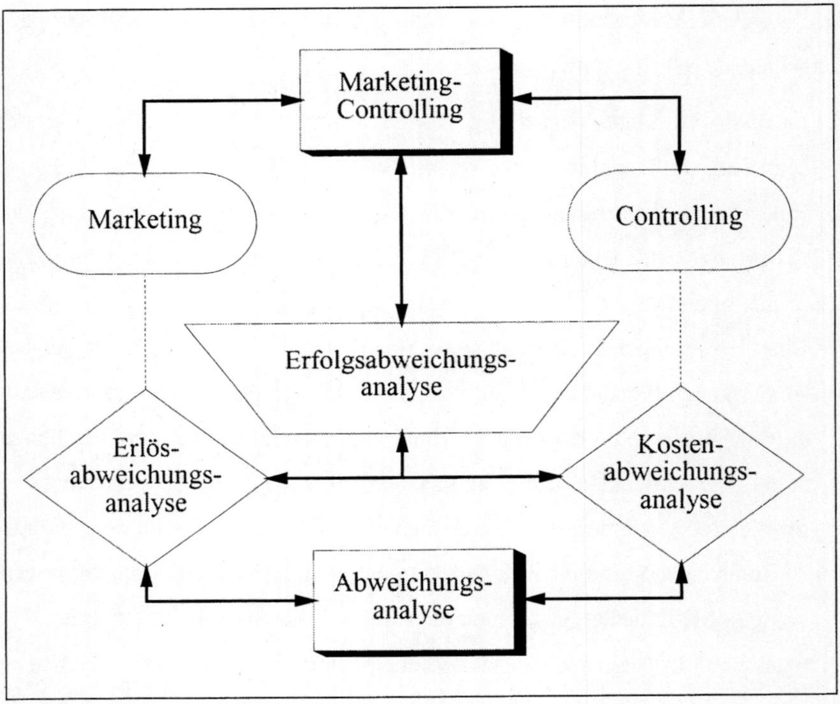

Abb. 1: Marketing-Controlling und Abweichungsanalyse (Untersuchungsfelder)

Aus der beschriebenen Problemstellung ergeben sich folgende Punkte der Bearbeitung, die in dieser Arbeit durchgeführt wird:

1. Die vorherrschenden verschiedenen Marketing-Philosophien sind darzustellen.

2. Der Controlling-Begriff ist zu systematisieren. Daraus ist eine Empfehlung zu geben, wie Controlling zu begreifen ist (Controlling-Konzeption).

3. Aus der entwickelten Controlling-Konzeption ist eine Marketing-Controlling-Konzeption mit ihren Aufgabenfeldern abzuleiten.

4. Die Abweichungsanalyse ist im einzelnen zu durchleuchten. Dabei sind folgende Schritte sinnvoll:

   a) Als Grundlage ist die Theorie der Abweichungsanalyse darzulegen. Insbesondere ist hier auf das Problem der Verrechnung von Abweichungen höheren Grades einzugehen und eine sinnvolle Lösungsmöglichkeit aufzuzeigen.

   b) Eine Kostenabweichungsanalyse ist unter Berücksichtigung der unter a) gefundenen Verrechnungsmethode zu erarbeiten.

   c) Danach ist eine Erlösabweichungsanalyse zu gestalten.

   d) Diese beiden Teilinstrumente sind zu einer Erfolgsabweichungsanalyse zusammenzufügen.

   e) Diese Erfolgsabweichungsanalyse ist auf ihre Einsatzfähigkeit für das Marketing-Controlling zu überprüfen. Gegebenenfalls ist sie zu erweitern. Sollte sie sich als nur bedingt brauchbar für das Marketing-Controlling erweisen, ist sie zu modifizieren oder neu zu gestalten.

   f) Neuere Ansätze sind vorzustellen und kritisch zu überprüfen.

   g) Abschließend sind die untersuchten Ergebnisse auf ihre Anwendungsrelevanz hin zu überprüfen.

1.2 Zielsetzung

Controlling, Marketing-Controlling und die Abweichungsanalyse sind über Jahre hinweg Gegenstand kontroverser Diskussionen. Controlling und Marketing-Controlling haben noch keine einheitliche Konzeption, welche als Voraussetzung für ihre weitere Entwicklung nötig ist. In der Literatur zur Abweichungsanalyse und dem Marketing-Controlling sind besonders zwei Bereiche umstritten, zum einen, welche Methode für die Abweichungsanalyse einer (Erfolgs-)Kontrolle, einschließlich der Verrechnung der Abweichungen höheren Grades,[1] am besten geeignet ist, zum anderen, welche Art der Erlösabweichungsanalyse für das Marketing-Controlling am sinnvollsten ist.[2] Die Vor- und Nachteile der bestehenden Lösungsansätze zu untersuchen, darzustellen und kritisch zu reflektieren und damit diese wissenschaftlichen Problemstellungen etwas weiter ihrer Lösung zuzuführen, ist das Anliegen dieser Arbeit.

1.3 Gang der Untersuchung

Aus der vorgegebenen Problemstellung ergibt sich zwangsläufig der Gang der Untersuchung. Zuerst werden das Marketing und seine verschiedenen Ansätze kurz skizziert. Daraufhin wird auf das Controlling eingegangen. Dieses geschieht ausführlich, da sich das Marketing-Controlling aus der Controlling-Konzeption ableitet und je nach vertretener Controllingauffassung differiert.

Dazu findet eine mehrdimensionale Reflexion des Controllingbegriffes unter detailliertem Herausarbeiten der verschiedenen Controllingansätze statt. Ein

[1] Vgl. aktuell dazu den Literaturstreit zwischen Wimmer und Ossadnik/Maus; K. Wimmer: Kostenabweichungsanalyse und Kostensenkung, in: ZfB, 64. Jg. (1994), S. 981-998, im folgenden zitiert als: Kostenabweichungsanalyse; W. Ossadnik/S. Maus: Kumulative versus differenziert-kumulative Kostenabweichungsanalyse, in: ZfB, 65. Jg. (1995), S. 1285-1297, im folgenden zitiert als: Kostenabweichungsanalyse; K. Wimmer: Innerbetriebliche Unwirtschaftlichkeit und Kostenabweichungsanalyse, in: ZfB, 65. Jg. (1995), S. 1299-1309, im folgenden zitiert als: Unwirtschaftlichkeit; W. Ossadnik/ S. Maus: Kostenabweichungsanalysen zur Quantifizierung der innerbetrieblichen Unwirtschaftlichkeit, in: ZfB, 65. Jg. (1995), S. 1311-1318, im folgenden zitiert als: Unwirtschaftlichkeit.

[2] Vgl. dazu den Literaturstreit zwischen Albers und Powelz; S. Albers: Ein System zur Ist-Soll-Abweichungs-Ursachenanalyse von Erlösen, in: ZfB, 59. Jg. (1989), S. 637-654, im folgenden zitiert als: Ursachenanalyse von Erlösen; H.J.H. Powelz: Ein System zur Ist-Soll-Abweichungs-Ursachenanalyse von Erlösen - Anmerkungen zu dem gleichlautenden Aufsatz von Albers, in: ZfB, 59. Jg. (1989), S. 1229-1234, im folgenden zitiert als: Anmerkungen; S. Albers: Der Wert einer Absatzreaktionsfunktion für das Erlös-Controlling. Entgegnung, in: ZfB, 59. Jg. (1989), S. 1235-1241, im folgenden zitiert als: Entgegnung; ders.: Ursachenanalyse von marketingbedingten Ist-Soll-Deckungsbeitragsabweichungen, in: ZfB, 62. Jg. (1992), S. 199-223, im folgenden zitiert als: Deckungsbeitragsabweichungen.

Controlling-Verständnis wird dargestellt, welches sich eignet, ein modernes Marketing-Controlling zu entwickeln.

Das darauffolgende Kapitel beschäftigt sich mit der Konzeption zum Marketing-Controlling mit seinen Aufgabenfeldern. Aus den vielfältigen Aufgaben des Marketing-Controlling wird die operative Ebene, insbesondere die Abweichungsanalyse, als zweiter Schwerpunkt der Untersuchung, weiter betrachtet. Zuerst gibt es einen Überblick über die Theorie der Abweichungsanalyse. Dabei liegt das Gewicht auf der Darstellung der Methoden zur bisher ungelösten Verrechnung der Abweichungen höheren Grades. Die Methoden zur Verrechnung der Abweichungen höheren Grades werden kritisch reflektiert und auf ihre logische und wissenschaftliche Präzision hin untersucht.

Danach schließt sich eine Darstellung der Erfolgsabweichungsanalyse in einem geschlossenen System an. Diese wird, soweit dem Verfasser bekannt, zum ersten Mal in der Literatur, konsequent nach der differenziert-kumulativen Methode durchgeführt.

Die Erfolgsabweichungsanalyse, die letztendlich nur eine Zusammenfassung der Kostenabweichungsanalyse und der Erlösabweichungsanalyse ist, kann regelmäßig nicht den erhöhten Informationsbedarf der Unternehmensleitung befriedigen. Daher werden zwei weitergehende Ansätze betrachtet. Zum einen der Ansatz von Powelz,[1] der die traditionelle Abweichungsanalyse um eine Kundenebene (Mix-Effekt) erweitert, zum anderen der Ansatz von Albers.[2] Letzterer setzt andere Prämissen und zielt in seinem Ansatz verstärkt darauf ab, die Vorteilhaftigkeit von Marketing-Maßnahmen zu beurteilen. Dieser Ansatz ist

---

[1] Vgl. H.J.H. Powelz: Gewinnung und Nutzung von Erlösinformationen, in: ZfB, 54. Jg. (1984), S. 1090-1115, im folgenden zitiert als: Erlösinformationen.

[2] Vgl. S. Albers: Ursachenanalyse von Erlösen, a.a.O., S. 637-654; ders.: Deckungsbeitragsabweichungen, a.a.O., S. 199-223.

besonders für Geschäftsfelder mit langfristigen Kundenverhältnissen aussagekräftig.[1] In diesem Bereich stellt dieser Ansatz eine deutliche Erweiterung der qualitativen Möglichkeiten des Marketing-Controlling, dar. Beide Ansätze werden einer kritischen Reflexion unterzogen.

Ein ausführliches Beispiel zeigt die Anwendungsrelevanz der untersuchten Abweichungsanalyse, insbesondere hinlänglich der verwendeten Daten und ihrer Gewinnung. Defizite und Entwicklungspotentiale der Erlösabweichungsanalyse werden dargestellt. Inbesondere wird gezeigt, ob die traditionelle Abweichungsanalyse, auch mit ihren Erweiterungen durch Powelz, zu falschen Ergebnissen führen kann. Dadurch können mögliche Fehlentscheidungen in der Praxis vermieden werden. Die Ergebnisse der Untersuchung werden kritisch gewürdigt und abschließend in Thesen zusammengefaßt.

Abbildung 2 auf der folgenden Seite zeigt die Untersuchungsanordnung zur Abweichungsanalyse.

[1] Vgl. S. Albers/B. Michalk: ERLAB: Marktsimulation und Erlösabweichungs-Analysen von Telekommunikationsdiensten, in: Hippner, H./Meyer, M./Wilde, K.D. (Hrsg.): Computer Based Marketing, Braunschweig/Wiesbaden 1998, S. 465-472, hier S. 465.

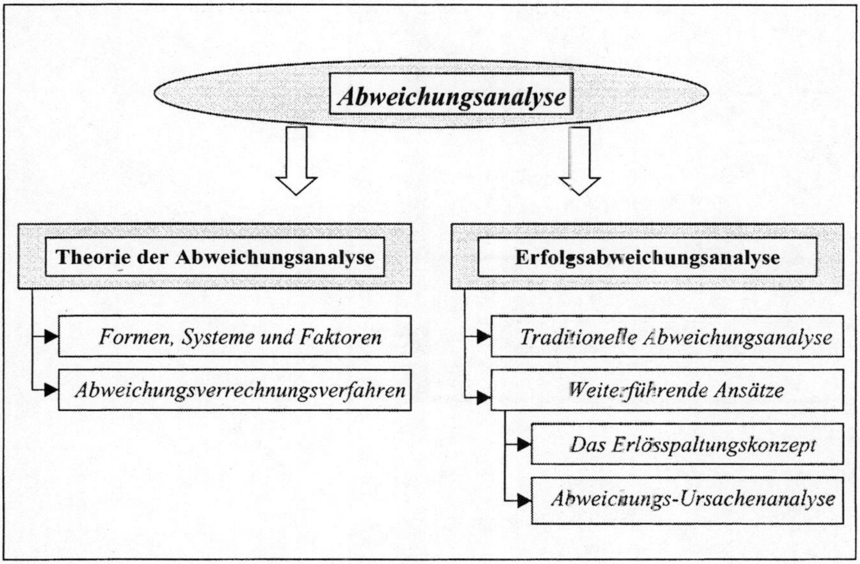

Abb. 2: Untersuchungsanordnung zur Abweichungsanalyse

Zusammenfassend ergibt sich für diese Untersuchung der auf der folgenden Seite skizzierte Ablaufplan:

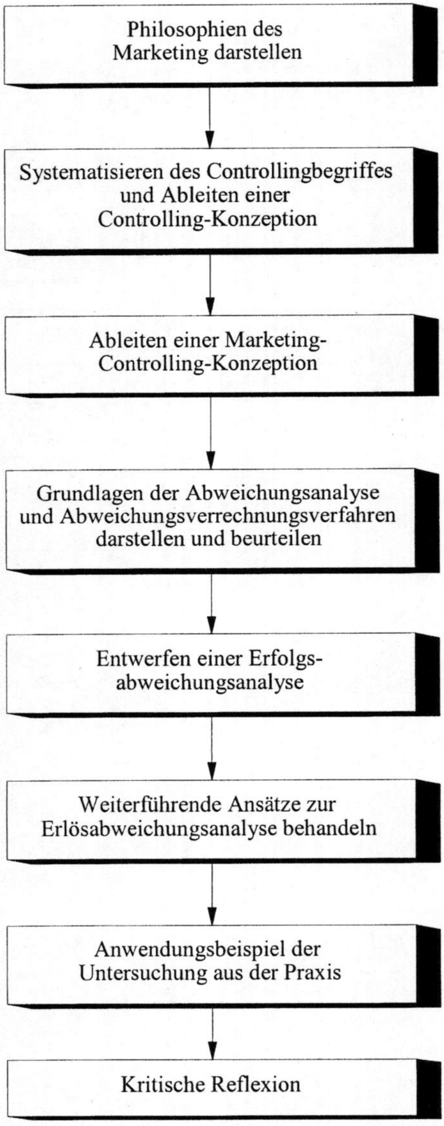

Abb. 3: Ablaufschritte der Untersuchung

2 Marketing

2.1 Marketing-Begriff und -Konzeption

Der Begriff Marketing wurde wie der Begriff Controlling aus dem angelsächsischen Sprachgebrauch übernommen. Beiden Begriffen ist gemein, daß sie sich nicht eindeutig übersetzen lassen.[1] Bisher konnte noch keine einheitliche Definition über Marketing herausgearbeitet werden. Es fehlen allgemeinverständliche Gesamtbetrachtungen und übersichtliche Darstellungen, in welchen die Zusammenhänge aufgezeigt werden. Auch ganzheitliche Modelle, um die einzelnen Bausteine richtig einzuordnen und ein widerspruchsfreies Begriffsinstrumentarium existieren nicht.[2]

Ausgehend von der amerikanischen Marketinggeschichte lassen sich verschiedene Ansätze unterscheiden. Sabel versteht Marketing als die Antwort auf die parallelen Phänomene aufkommenden Massenwohlstandes, wachsenden technischen Fortschritts und wachsender Konkurrenz der Anbieter.[3] Kotler vertritt einen Ansatz, bei dem er die zeittypischen Wesenszüge des Marketing im Zusammenhang mit vier geschichtlichen Entwicklungsstufen des kapitalisti-

[1] Vgl. J.S. Krulis-Randa: Theorie und Praxis des Marketing-Controlling, in: Siegwart, H./ Mahari, J.I./Caytas, I.G./Sander, St. (Hrsg.): Management Controlling, Stuttgart 1990, S. 257-272, hier S. 260.

[2] Vgl. K.M. Magyar: Das Marketing-Puzzle, Landsberg am Lech 1989, S. 7.

[3] Vgl. H. Sabel: Geschichte des Marketing in Deutschland, in: Lingenfelder, M. (Hrsg.): 100 Jahre Betriebswirtschaftslehre, München 1999, S. 169-180, hier S. 171.

schen Wirtschaftssystems darstellt.[1] Robert Bartels teilt acht charakteristische Entwicklungsstufen des Marketing in unserem Jahrhundert ein.[2]

Meffert[3] differenziert für den deutschsprachigen Raum fünf Entwicklungsstufen des Marketing: In den 50er Jahren orientierte sich Marketing ganz auf die Unternehmung und reduzierte sich infolge der vorherrschenden Massenproduktion auf eine Distributionsfunktion. In den 60er Jahren rückte der Verbraucher stärker in den Blickpunkt, und damit gewannen die einzelnen Marketinginstrumente an Bedeutung. Marketing galt seither als dominante Engpaßfunktion. Die 70er Jahre waren durch eine wachsende Macht des Handels geprägt, welcher seine Gatekeeperfunktion immer deutlicher zur Geltung brachte. Marketing ließ sich seither als Führungsfunktion auffassen. Als Geburtsstunde des strategischen Marketing gelten die 80er Jahre, welche noch von den Ölpreiskrisen nachhaltig geprägt waren und in denen die Suche nach Wettbewerbsvorteilen für die unternehmerische Entwicklung nun mehr denn je wesentlich wurden. Eine Ausweitung des Marketingbegriffs um die Umweltorientierung prägte die 90er Jahre. Nicht nur eine gleichberechtigte Unternehmensfunktion, auch ein gelebter Unternehmenswert („shared values") kennzeichnet nunmehr das Marketingverständnis.[4]

Andere Ansätze zur Systematisierung des Marketingbegriffs unterscheiden drei bis vier Entwicklungsstufen der betrieblichen Orientierung. Tabelle 1 auf der

---

[1] Vgl. Ph. Kotler: Defining the Limits of Marketing, in: Becker, B.W./Becker, H. (Hrsg.): Marketing Education and the Real World. Dynamic Marketing in a Changing World, Chicago, Ill. 1973, S. 48 ff.

[2] Vgl. R. Bartels: The History of Marketing Thought, Homewood, Ill. 1970, S. 141 ff.

[3] Vgl. H. Meffert: Marketing-Management, Wiesbaden 1994, im folgenden zitiert als: Marketing-Management, S. 3 f.

[4] Daneben läßt sich auch eine *individuelle Kundenorientierung* erkennen, vgl. M. Hüttner/A.v. Ahsen/U. Schwarting: Marketing-Management, 2. Aufl., München 1999, S. 9.

folgenden Seite faßt solche Systematisierungen einiger namhafter Autoren der angelsächsischen Literatur zusammen.

Autoren	Erste Entwicklungsstufe	Zweite Entwicklungsstufe	Dritte Entwicklungsstufe	Vierte Entwicklungsstufe
R.J. Keith: The Marketing Revolution, in: Journal of Marketing, 24 Jg. (1960), S. 35 ff.	Produktionsorientierung 1869 – 1930	Verkaufsorientierung 1930 – 1950	Marketingorientierung 1950 - 1960	Marketinglenkung 1960 -->
E.J. Kelley: Marketing, Strategy and Functions, Englewood Cliffs, N.J. 1965, S. 1 ff., S.68 ff.	Produktions- und Finanzorientierung 1860 - 1920	Produktions- und Verkaufsorientierung 1920 – 1946	Kundenorientierung 1946	Systemorientierung 1960 >
H.A. Lipson und J.R. Darling: Introduction to Marketing, New York 1971, S. 13 ff.	Massenverteilung 1850 - 1920	Aggressiver Verkauf 1920 – 1950	Marktorientierung 1950 -->	Marketingphilosophie Zukunft -->
M.L. Bell, Marketing: Concepts and Strategy, 2. Aufl., Boston, Mass. 1972, S. 3 ff.	Massenverteilung 1850 - 1900 [1920]	Aggressiver Verkauf 1900 [1920] – 1940	«Marketing-concept» 1940 -->	«Marketing company»
W. Rudelius et al: An Introduction to Contemporary Business, New York 1973, S. 229 f.	Produktionsorientierung 1700 - 1875	Verkaufsorientierung 1875 – 1960	Kundenorientierung 1960 -->	
J.E. McCarthy: Basic Marketing: A Managerial Approach, 5. Aufl., Homewood, Ill. 1975, S. 17 f.	Produktion	Verkauf	Marketingabteilung	«Marketing company»
W.Z. Stanton: Fundamentals of Marketing, 4. Aufl., New York 1975, S. 14 ff.	Produktion --> 1930	Verkauf 1930 – 1950	Marketing 1950 - 1970	Konsumerismus 1970 -->

Tabelle 1: Entwicklungsstufen des amerikanischen Marketing[1]

Die Tabelle 1 zeigt, daß in etwa seit den 50er Jahren sich stärker eine marktorientierte Sicht in der Literatur durchsetzte. Die Idee der Umsetzung des nachfrageorientierten Marketing wird General Electric zugeschrieben.[2] Sie beschreibt Marketing als eine „unternehmenspolitische Konzeption .., deren

[1] Modifiziert nach K.M. Magyar, a.a.O., S. 27.

[2] Vgl. M. Hüttner/A.v. Ahsen/U. Schwarting, a.a.O., S. 6.

Inhalt gesehen werden kann in der Ausrichtung der gesamten betrieblichen Tätigkeit auf den Absatzmarkt“[1].

Die theoretische Fundierung der damit untrennbar zusammenhängenden Kundenorientierung ist älter und geht auf den Wettbewerbsprozeßtheoretiker Ludwig von Mises zurück. Unternehmer ist demnach nur derjenige, „der sich täglich von neuem als vollkomenster Vollstrecker der Befehle der Verbraucher bewährt.“[2] In der Unternehmenspraxis blieb dieses bis Anfang der 70er Jahre häufig nur ein Lippenbekenntnis.[3] So schrieb Peter F. Drucker: „Trotz dem Bekenntnis zum Marketing und der Marketing-Methode ist dieses Konzept immer noch in viel zu vielen Unternehmungen *eher Theorie als Wirklichkeit*“[4]. Seit dieser Zeit überwindet Marketing seine spezifisch absatzwirtschaftliche Ausprägung hin zu einer „Schlüsselvariablen im Rahmen der Steuerung zwischenmenschlicher und gesellschaftlicher Prozesse.“[5]

In der deutschen Marketingliteratur können die Marketingdefinitionen „stark vereinfacht in zwei Kategorien eingeteilt werden, und zwar in eine klassische, ökonomische (enge) und in eine moderne, generische (weite) Fassung.“[6]

Die Abbildung 4 auf der folgenden Seite zeigt den Zusammenhang zwischen diesen beiden Definitionen. So ist das klassische Marketing eher absatzpolitisch

---

1 M. Hüttner: Produkt-Management, in: Wirtschaftsdienst, Nr. 5, 1966, S. 277-281, hier S. 277.

2 Vgl. L. von Mises: Nationalökonomie, Genf 1940, S. 277f.

3 Vgl. E.S. McKay: The Marketing Mystique, New York 1972, S. 19.

4 P.F. Drucker: Neue Management-Praxis, 1. Band: Aufgaben, 2. Band: Methoden, Düsseldorf 1974, S. 111.

5 R. Nieschlag/E. Dichtl/H. Hörschgen: Marketing, 18. Aufl., Berlin 1996, S. 25.

6 H. Meffert: Marketing, 8. Aufl., Wiesbaden 1998, im folgenden zitiert als: Marketing, 8. Aufl., S. 7; vgl. zum generischen Marketing grundsätzlich Ph. Kotler: A Generic Concept of Marketing, in: Journal of Marketing, 36. Jg. (1972), S. 46-54.

orientiert und zielt auf den Erfolg des Unternehmens sowie die Befriedigung der Kundenwünsche ab. Wird auch das Wohlsein der Gesellschaft mit berücksichtigt, wird das Marketing ein Verbindungsglied zwischenmenschlicher und gesellschaftlicher Prozesse. Dann liegt generisches Marketing vor. Der Verfasser ist der Ansicht, daß dies ein normaler Prozeß in der Marketingentwicklung eines Unternehmens im Zeitablauf ist, denn je mehr sich ein Unternehmen entwickelt, desto mehr hat es auf die Belange der Gesellschaft Rücksicht zu nehmen. So ist es ein logischer Weg, durch ein klassischen Marketing erfolgreich zu werden und dann ein Teil des Erfolges an die Gesellschaft weiterzugeben, natürlich auch, um weiterhin als Teil der Gesellschaft akzeptiert zu sein. Dies wiederum erscheint vorteilhaft, um zukünftig erfolgreich zu operieren.

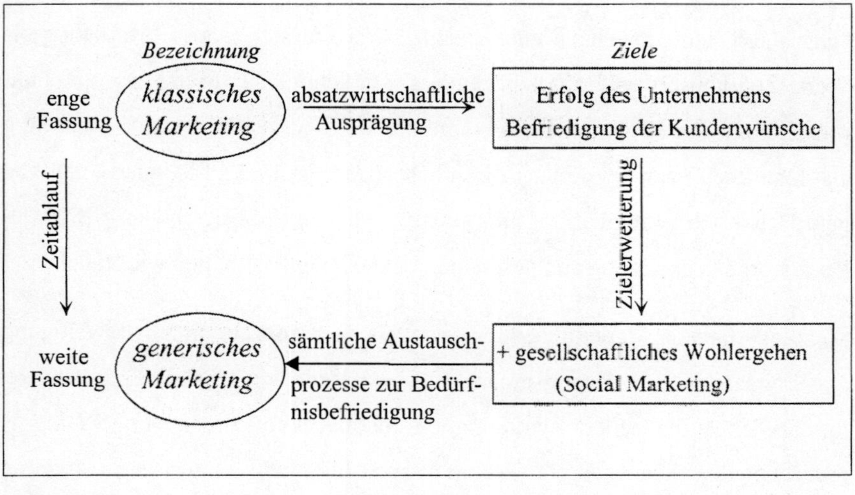

Abb. 4: Der Zusammenhang zwischen klassischem und generischem Marketing

Für die klassische Beschreibung des Marketing-Begriffes kann Marketing als Maxime (Management Philosophy), als Mittel oder als Methode verstanden werden. Marketing als Maxime ist eine vom Markt ausgehende, unternehmerische Grundeinstellung. Marketing als Mittel zielt auf die systematische Marktbeeinflussung und -gestaltung durch den Einsatz und die Koordination der zur Verfügung stehenden absatzpolitischen Instrumente, und Marketing als Methode meint die systematische Entscheidungsfindung, um die bestmögliche Erfüllung der Unternehmens- und Marktziele zu erreichen.[1]

Meffert verbindet diese drei Begriffsauffassungen unter dem Aspekt der Entscheidungsfindung und definiert Marketing als „Planung, Koordination und Kontrolle aller auf die aktuellen und potentiellen Märkte ausgerichteten Unternehmensaktivitäten. Durch eine dauerhafte Befriedigung der Kundenbedürfnisse sollen die Unternehmungsziele im gesamtwirtschaftlichen Güterversorgungsprozeß verwirklicht werden."[2]

Nieschlag/Dichtl/Hörschgen unterscheiden drei Einsatzfelder: 1. Marketing als Wertschöpfungsprozeß (absatzbezogenes Marketing); 2. Marketing als Führungskonzeption für Unternehmen (kommerzielles Marketing) und 3. Marketing als Instrument zur Förderung öffentlicher Anliegen, d.h. Vermarktung von gesellschaftlich verantwortungsbewußtem Verhalten (Sozialtechnik), z.B. Krankenfürsorge, Vemeidung von gesundheitsschädlichem Verhalten wie Rauchen.[3]

Sie konkretisieren Marketing „zu allererst als eine Konzeption zur Bewältigung von Engpässen."[4] Marketing grenzt sich vom Verkauf ab: „Selling focuses on the needs of the seller; marketing on the needs of the buyer. Selling is preoccupied with the seller's need to convert his product into cash; marketing with the idea of satisfying the needs of the customer by means of the product

---

[1] Vgl. z.B. K.M. Magyar, a.a.O., S. 55; H. Meffert: Marketing, 8. Aufl., a.a.O., S. 7.

[2] H. Meffert: Marketing, 8. Aufl., a.a.O., S. 7.

[3] Vgl. R. Nieschlag/E. Dichtl/H. Hörschgen, a.a.O., S. 3-27.

[4] R. Nieschlag/E. Dichtl/H. Hörschgen, a.a.O., S. 23.

and the whole cluster of things associated with creating, delivering and finally consuming it."[1]

Das klassische Marketing-Konzept besteht aus vier Schritten:[2] 1. Zielmarkt definieren, 2. Kundenwünsche verstehen, 3. Integriertes Marketing schaffen, d.h. alle Mitarbeiter arbeiten zusammen, um den Wünschen der Kunden zu dienen, und 4. Profitabilität. Die Marketing-Maxime lautet: „Know your target and how to satisfy it."[3]

In jüngerer Zeit werden neue Marketing-Konzepte gesucht. Unter den vorgeschlagenen Namen waren welche wie „humanistic marketing" oder „ecological marketing". Kotler bevorzugt den Begriff: „Societal Marketing Concept" und erweitert das klassische Marketing-Konzept zum Social Marketing. „The societal marketing concept holds that the organization´s task is to determine the needs, wants and interests of target markets and to deliver the desired satisfactions more effectively and efficiently than competitors in a way that preserves or enhances the consumer´s and the society´s well-being."[4] Dieses gesellschaftsorientierte Marketingkonzept bedeutet für das Marketing-Management, daß neben dem Erfolg der Unternehmung und der Befriedigung der Kundenwünsche auch die gesellschaftlichen Interessen zu berücksichtigen sind. Dadurch ergibt sich für das Marketing-Controlling die Konsequenz, daß auch die Umwelt betrachtet werden muß, auf die das Marketing abzielt.[5]

---

1 Th. Levitt: Marketing Myopia, in: Harvard Business Review, July/August 1960, S. 45-56, hier S. 50.

2 Vgl. Ph. Kotler, Marketing Management, 9. Aufl., New Jersey 1997, im folgenden zitiert als: Marketing-Management, S. 20-27.

3 Ph. Kotler: Marketing-Management, a.a.O., S. 27.

4 Ph. Kotler: Marketing Management, a.a.O., S. 27.

5 Vgl. J.S. Krulis-Randa, a.a.O., S. 262.

Für die Zwecke dieser Arbeit soll Marketing als eine Konzeption der Unternehmensführung verstanden werden, „bei der im Interesse der Erreichung der Unternehmensziele alle betrieblichen Aktivitäten konsequent auf die gegenwärtigen und zukünftigen Erfordernisse der Märkte ausgerichtet werden."[1] Diese Aktivitäten bilden einen Marketing-Prozeß, der in mehreren Phasen abläuft und in Abbildung 5 dargestellt wird.

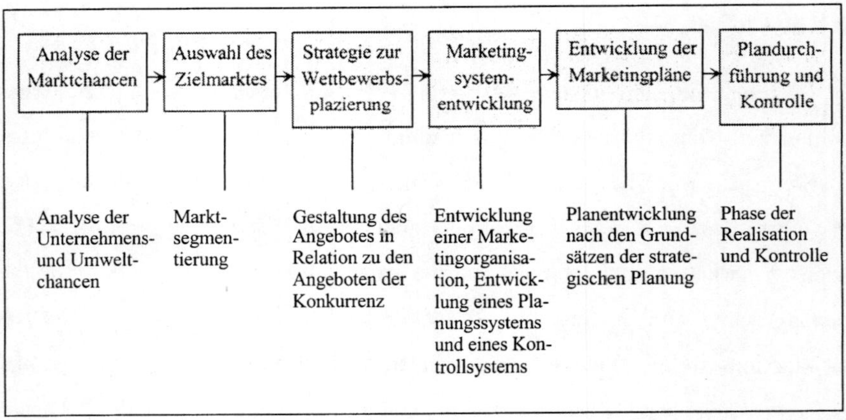

Abb. 5: Die Phasen des Marketing-Prozesses[2]

Ein ähnlich strukturierter Kreislauf, welcher schließlich in eine Marketingkonzeption mündet, beginnt mit der Situationsanalyse, führt über Ziele und Strategien zu den Maßnahmen, welche daraufhin einem Controlling unterzogen werden, bevor dieser systematische Prozeß sich wiederholt.[1] Die verantwortliche Ausführung des Marketing findet durch das Management statt. Das Marketing-Management initiiert und geleitet den Marketing-Prozeß.

---

[1] J. Bidlingmaier: Marketing, Reinbek 1973, S. 15.

[2] Modifiziert nach Ph. Kotler/F. Bliemel: Marketing-Management, 9. Aufl., Stuttgart 1999; S. 129-144; ähnlich Ph. Kotler: Marketing-Management, a.a.O., S. 88-95.

2.2 Marketing-Management

„Das Marketing-Management umfaßt die zielorientierte Gestaltung aller marktgerichteten Unternehmensaktivitäten. Es integriert die Prozesse der Planung, Koordination und Kontrolle sowie den Transaktionsprozeß."[2] Dabei stützt sich das Marketing-Management in erster Linie auf folgende Grundkonzepte: „Bedürfnisse, Wünsche und Nachfrage; Produkte; Nutzen, Kosten und Zufriedenstellung; Austauschprozesse und Transaktionen; Beziehungen und Netzwerke; Märkte; Marketer und Interessent."[3]

Drei verschiedene Aufgabenkomplexe des Marketing-Management lassen sich unterscheiden: 1. marktbezogene Aufgaben, 2. unternehmensbezogene Aufgaben und 3. gesellschaftsbezogene Aufgaben.[4] Dafür braucht das Marketing-Management Daten bzw. Informationen[5] über die Umwelt, die vorhandenen Instrumente und Möglichkeiten, über alle kurz- und mittelfristig nicht überwindbaren Beschränkungen (Finanzen, Produktion) und über die verschiedenen Wirkungen, mit denen zu rechnen ist, wenn Instrumente bei einer bestimmten Umwelt eingesetzt werden.[6]

---

1 Vgl. K. Backhaus/R. Weiber: Entwicklung einer Marketingkonzeption mit SPSS/PC+, Berlin, Heidelberg 1989, S. 6ff.

2 H. Meffert: Marketing, 8. Aufl., a.a.O., S. 10.

3 Ph. Kotler/F. Bliemel, a.a.O., S. 8.

4 Vgl. H. Meffert: Marketing, 8. Aufl., a.a.O., S. 10 ff.

5 Die Begriffe Daten und Informationen unterscheiden sich im Grunde nicht voneinander.

6 Vgl. R. Nieschlag/E. Dichtl/H. Hörschgen, a.a.O., S. 21-23.

2.3 Marketing-Planung und -Kontrolle

Die konkrete zielgerichtete Ausgestaltung der absatzpolitischen Instrumente - also die Optimierung des Marketing-Mix[1] - findet in der operativen bzw. taktischen Maßnahmen-Planung statt. Diese bildet zusammen mit der strategischen Planung die Marketing-Planung. Die Marketing-Planung kann definiert werden als das „systematische und rationale Durchdringen des künftigen Markt- und Unternehmensgeschehens mit dem Zweck, daraus Richtlinien für das Verhalten im Marketing-Bereich abzuleiten."[2]

Die Marketing-Planung ist Bestandteil der Unternehmensplanung und läßt sich, wie diese auch, durch die drei folgenden chronologisch differenzierbaren Phasen kennzeichnen, die in Abbildung 6 dargestellt werden:

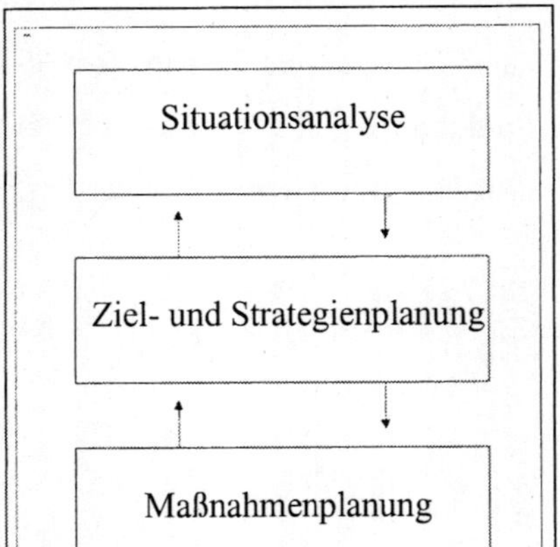

Abb. 6: Phasen der Marketing-Planung[3]

---

[1] Vgl. zum Marketing-Mix Abschnitt 2.4.

[2] R. Nieschlag/E. Dichtl/H. Hörschgen, a.a.O., S. 871.

[3] Nach R. Nieschlag/E. Dichtl/H. Hörschgen, a.a.O., S. 871.

- Die Situationsanalyse ist eine Analyse der gegenwärtigen und zukünftigen Situation des Unternehmens und seiner Umwelt.

- Die Ziel- und Strategienplanung legt daraufhin die Ziele und Strategien zu ihrem Erreichen fest.

- Die Maßnahmenplanung wählt die Instrumentenkombination aus, die die Strategien im Hinblick auf die Zielerreichung bestmöglicht umsetzt.

Kritische Punkte sind, wie die Umwelt sich entwickelt und wie die absatzpolitischen Maßnahmen wirken. Die Planung wird dadurch erschwert, daß es bisher noch keine allgemeingültige, umfassende Theorie über Ursache-Wirkungsbeziehungen hierzu gibt.[1]

Marketing-Kontrolle ist Teil der letzten Phase des Marketing-Prozesses. Mit Meffert kann sie definiert werden als die „systematische, kritische und unvoreingenommene Prüfung und Beurteilung der grundlegenden Ziele und der Politik des Marketing sowie der Organisation, Methoden und Arbeitskräfte, mit denen die Entscheidungen verwirklicht und die Ziele realisiert werden sollen."[2] Im Kern stellt diese permanente Überwachung einen Soll-Ist-Vergleich dar, der in vier Schritten gegliedert werden kann: 1. Festlegen der Soll-Werte, 2. Ermitteln der Ist-Werte, 3. Vergleich der Soll- mit den Ist-Werten und 4. Analysieren der Ergebnisse.[3]

---

[1] Vgl. R. Nieschlag/E. Dichtl/H. Hörschgen, a.a.O., S. 879.

[2] H. Meffert: Marketing, 7. Aufl., Nachdruck, Wiesbaden 1993, im folgenden zitiert als: Marketing, 7. Aufl., S. 557. Inzwischen ist die 8. Aufl. 1998 erschienen. In dieser neuen Auflage wird die Marketing-Kontrolle nicht mehr explizit definiert. Doch die Definition der 7. Aufl. ist noch immer aktuell.

[3] Vgl. z.B. G.A. Welsch/R.W. Hilton/P.N. Gordon: Budgeting. Profit Planning and Control, Englewood Cliffs, 5. Aufl., N.J. 1988, S. 3.

Treten signifikante Abweichungen auf, sind vor allem die zugrundeliegenden Einflußfaktoren zu identifizieren.[1]

Abbildung 7 auf der folgenden Seite zeigt den Prozeß der Marketing-Kontrolle, der bei Abweichungen eine Plananpassung nach sich zieht. Besonders deutlich zeigt sich im ersten Schritt die enge Verzahnung zwischen Marketing-Planung und Marketing-Kontrolle. So gehört das Festlegen der Soll-Werte in den Bereich der Marketing-Planung und ist begriffslogisch nicht Gegenstand der Marketing-Kontrolle.[2]

Doch ohne Vorgabewerte ist eine sinnvolle Kontrolle nicht durchführbar. Anders herum ist eine sinnvolle Planung nicht ohne Kontrollwerte möglich. Planung und Kontrolle üben eine „Zwillingsfunktion" aus. Gleichwohl bilden Planung und Kontrolle systemtheoretisch getrennte Führungsteilsysteme. Zudem sind sie meist auch zeitlich, sachlich und personell getrennt.

Die Marketing-Kontrolle ist zweckmäßigerweise in operative und strategische Kontrolle zu unterteilen.[3] Soll-Ist-Vergleiche gehören dann regelmäßig der operativen Kontrolle an.[4]

---

[1] Diese Abweichungen können grundsätzlich auch mit den Verfahren der Marktforschung weiter analysiert werden. Vgl. zu diesen M. Hüttner: Marktforschung, 6. Aufl., München 1998.

[2] Vgl. F. Böcker: Marketing-Kontrolle, Stuttgart 1988, S. 25.

[3] Vgl. hierzu die Ausführungen von H. Steinmann/G. Schreyögg: Management, 4. Aufl., Wiesbaden 1997, S. 147 f.; zum Beitrag des Marketing zur strategischen Kontrolle vgl. H. Steinmann/F. Hasselberg: Die strategische Kontrolle von Differenzierungsstrategien und der Beitrag des Marketing, in: DBW, 48. Jg. (1988), Heft 3, S. 371-392; vgl. zur strategischen Kontrolle ausführlich R.L. Schwienhorst: Strategische Kontrolle, Diss. Univ. d. BW Hamburg 1988, Wiesbaden 1989; P. Lorange/M.F.S. Morton: Strategic Control, St. Paul, Minn. 1986.

[4] Allerdings stellen sie nur dann zweckmäßige Kontrollmechanismen dar, wenn sichergestellt wird, daß der strategische Plan sinnvoll ist; vgl. F. Böcker: Ganzheitliche Marketing-Kontrolle, in: WiSt, o.Jg. (März 1991), Heft 3, S. 106-113, hier S. 106.

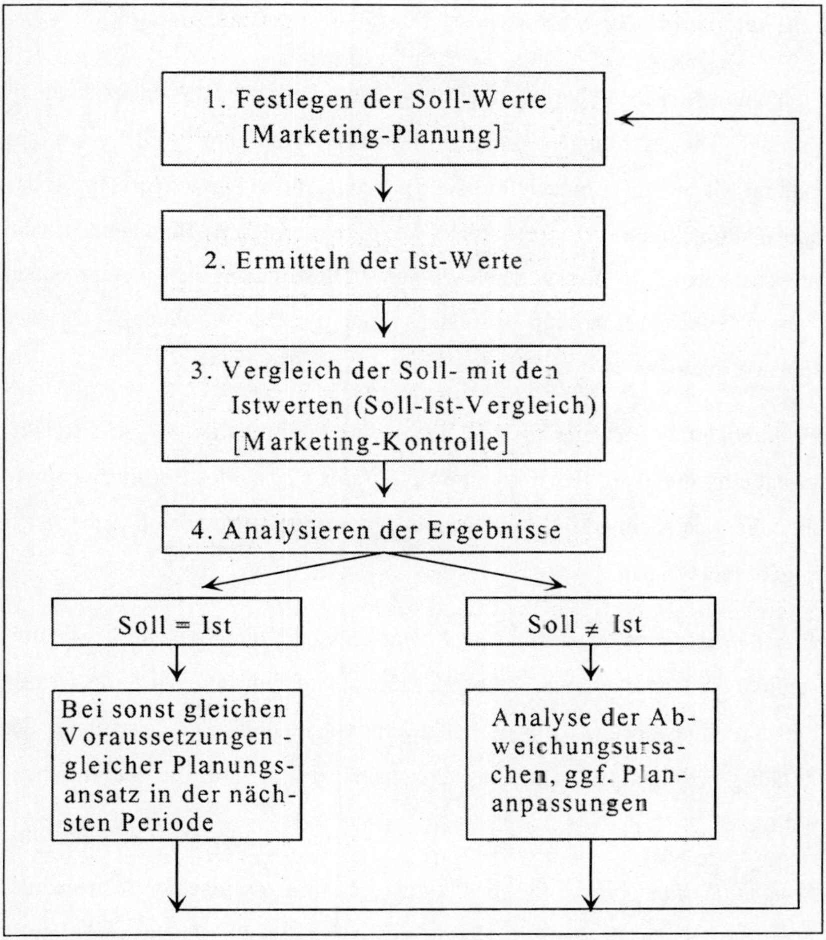

Abb. 7: Prozeß der Marketing-Kontrolle

2.4 Marketing-Mix

Die Kenntnis der Marktgegebenheiten ist von Fall zu Fall unterschiedlich ausgeprägt. Diesen Mangel in der Informationsversorgung sollte ein gutes Marketing-Management nutzen, um die Chancen auf den Absatzmärkten für das eigene Unternehmen zu verbessern. Dazu stehen dem Management die absatzpolitischen Instrumente zur Verfügung. Diese lassen sich - entprechend der amerikanischen Literatur[1] (Product, Price, Promotion, Place) - zu vier Gruppen verdichten:[2]

- *Produktpolitik.* Sie umfaßt die eigentliche Produktqualität, die Produktgestaltung, die Wahl des Produktionsprogramms bzw. des Sortiments sowie die Serviceleistungen. Das Beschwerdemanagement kann ihr auch zugeordnet werden.

- *Preispolitik (auch Kontrahierungs- oder Entgeltpolitik genannt).* Sie umschließt die Festsetzung von Preisen, Möglichkeiten der Preisdifferenzierung, die Kreditgewährung, die Rabattgewährungen und die Gestaltung der Zahlungsbedingungen, also das Preismanagement und die Konditionenpolitik.

- *Kommunikationspolitik.* Sie beinhaltet die absatzpolitischen Instrumente: Werbung, Sales Promotion, Sponsoring, Produkt Placement und Public Relations. Eventmarketing gilt als neueres Instrument der Kommunikationspolitik. Ein aktueller und potentieller Kunde soll informiert, von der Vorteilhaftigkeit des Produkts überzeugt und zum Kauf angeregt werden.

---

[1] Vgl. J.E. McCarthy: Basic Marketing: A Managerial Approach, 6. Aufl., Homewood, Ill. 1979, S. 32 ff. [1. Aufl. 1960, S. 74 ff.]

[2] Vgl. M. Hüttner/A.v. Ahsen/U. Schwarting, a.a.O., S. 116-119; H. Meffert: Marketing, 7. Aufl., a.a.O., S. 117-120; R. Nieschlag/E. Dichtl/H. Hörschgen, a.a.O., S. 21.

- *Distributionspolitik.* Sie umfaßt die Wahl der Absatzkanäle und die Logistik, also auch den Einsatz von Verkaufstechniken, außerdem Entscheidungen bezüglich Betriebs- und Lieferbereitschaft, der Betriebsgröße und des Standortes. Dabei können akquisitorische und physische Aspekte unterschieden werden.

Abbildung 8 stellt das Marketing-Instrumentarium dar.

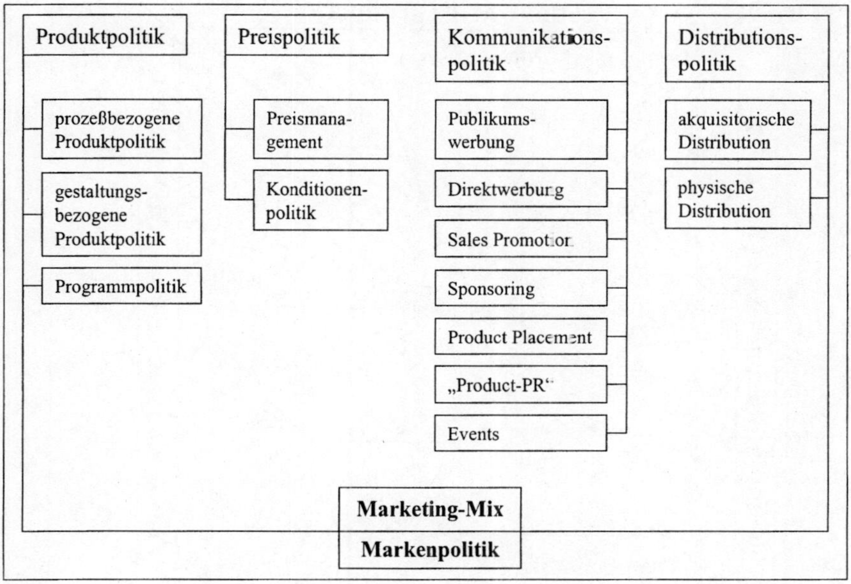

Abb. 8: Das Marketing-Instrumentarium nach Hüttner/v. Ahsen/Schwarting[1]

Die hier dargestellten absatzpolitischen Instrumente umfassen eine Fülle denkbarer Handlungsmöglichkeiten. Der richtig zeitlich abgestimmte kombinierte Einsatz aller absatzpolitischen Instrumente fördert den Absatz der Unterneh-

[1] Leicht modifiziert nach M. Hüttner/A.v. Ahsen/U. Schwarting, a.a.O., S. 118. Kommunikationspolitische Instrumente teilweise ergänzt.

mung. Die Auswahl, Gewichtung und Ausgestaltung der absatzpolitischen Instrumente zu einem bestimmten Zeitpunkt kennzeichnen das Marketing-Mix.[1]

Die Instrumente werden im Hinblick auf die Zielgruppen eingesetzt. Dies können Marktsegmente oder die Kunden sein. Sie lassen sich in strategische und operative Bereiche einteilen. Dies zeigt die Abbildung 9:

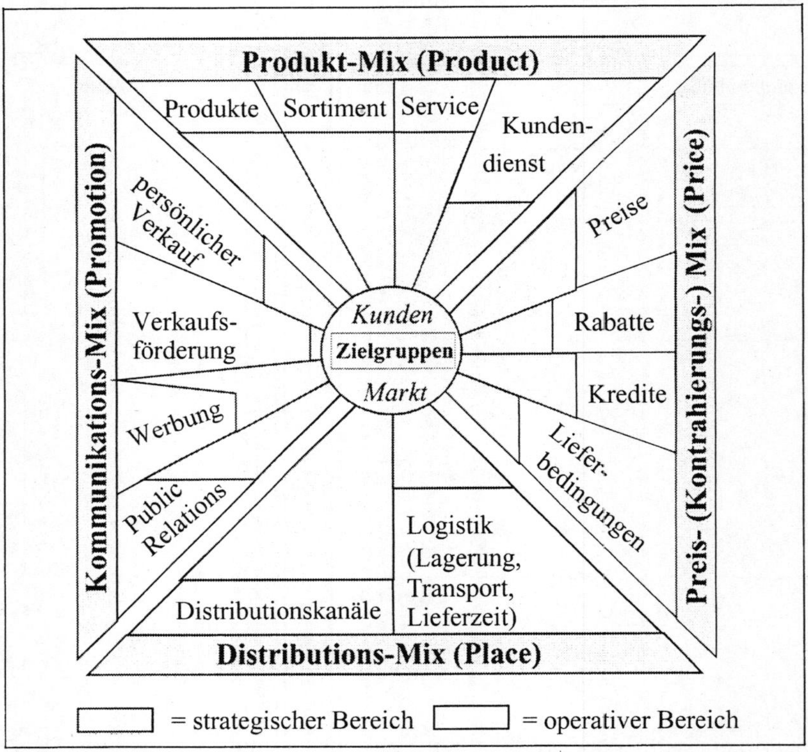

Abb. 9: Komponenten des Marketing-Mix[2]

[1] Vgl. R. Nieschlag/E. Dichtl/H. Hörschgen, a.a.O., S. 890-898.

[2] Modifiziert nach H. Meffert: Marketing, 7. Aufl., a.a.O., S. 115, Kommunikationspolitische Instrumente ergänzt nach A. Bänsch: Einführung in die Marketing-Lehre, 4. Aufl., München 1998, S. 207. Product-Placement, Sponsoring und Eventmarketing sind in der Darstellung noch nicht berücksichtigt.

Dabei sind die vorgegebenen Wettbewerbsstrategien[1] (Kostenführerschaft, Differenzierung oder Konzentration) für die verschiedenen Geschäftsfelder zu berücksichtigen.

Die Kunst des Marketing-Managements ist nun, den richtigen Mix unter den gegeben Bedingungen zu schaffen. Dies ist auch deshalb kompliziert, da „zwischen den einzelnen Instrumenten des Marketing eine Reihe von Wechselwirkungen besteht, so daß ein auf mehrere Instrumente geschickt verteilter Etat möglicherweise die Erlöse um ein Vielfaches in die Höhe treiben kann."[2] Hierfür gibt es verschiedene Ansätze.[3]

Die vorgestellte Einteilung des Marketing-Mix ist aber nicht umunstritten. Teilweise wird der persönliche Verkauf als fünfter eigenständiger Bereich definiert.[4] Sutrich möchte sogar das Mixmodell durch den Ansatz des Prozeßmarketing verdrängen.[5]

Durch die wachsende Bedeutung des Internet in den Industrienationen erscheint eine weitere Differenzierung der Mixinstrumente in solche klassischer Natur und in interaktive, wie z.B. die Website oder die Bannerwerbung begründbar.[6] In dieser Arbeit werden diese neuen Ansätze jedoch nicht weiter vertieft. Es sei

---

1 Vgl. zu Wettbewerbsstrategien allgemein M.E. Porter: Wettbewerbsstrategie, 10. Aufl., Frankfurt am Main-New York 1999; vgl. zu den drei genannten Strategien M.E. Porter: Wettbewerbsvorteile, 5. Aufl., Frankfurt am Main-New York 1999, S. 37-56.

2 J. Link: Das teuerste Marketing-Mißverständnis, in: Harvard Business Manager, 14. Jg. (1993), Heft 2, S. 19-23, im folgenden zitiert als: Marketing-Mißverständnis, hier S 19.

3 Vgl. H. Meffert: Marketing, 8. Aufl., a.a.O., S. 894-906.

4 Vgl. W. Hill/I. Rieser: Marketing-Management, 2. Aufl., Bern 1993, zitiert in: M. Hüttner/A.v. Ahsen/U. Schwarting, a.a.O., S. 116.

5 Vgl. hierzu O. Sutrich: Prozeßmarketing anstelle des Mix, in: Harvard Business Manager, 15. Jg. (1994), Heft 1, S. 118-125.

6 Vgl. z.B. F. Maruccia/M. Wilken: Online-Marketingforschung mit neuen Einsatzfeldern, in: planung & analyse, o.Jg. (1998), Heft 5, S. 61-62.

jedoch darauf hingewiesen, daß das Online-Marketing neue Instrumente vom Controlling fordert.[1] Im folgenden Kapitel wird das Controlling vorgestellt.

[1] Vgl. K.R. Heuer/M. Wilken: Ansätze zur Datengewinnung für das Controlling im *Online-*Marketing, in: Zerres, M.P. (Hrsg.): Handbuch Marketing-Controlling, Berlin, S. 315-326.

3 Controlling

3.1 Notwendigkeit einer Controlling-Konzeption

Unternehmen agieren in einer Umwelt. Diese Umwelt birgt zunehmend Überraschungen und Schwankungen in sich.[1] Unternehmen differenzieren sich stärker. Dies bringt der Unternehmungsführung zusätzliche Koordinations-, Kommunikations- und Anpassungsprobleme. Die Zielerreichung der Unternehmung wird dadurch beeinträchtigt, zumindest erfordert dies einen höheren Informations- und Koordinationsbedarf für die Führung. Dieser Sachverhalt wird als Grundlage für die Entstehung des Controlling im industriellen Bereich verstanden.[2] Im staatlichen Bereich tauchen erste Controlling-ähnliche Aufgaben schon vor Christi Geburt auf.[3] Die erste Stelle eines Controllers in einem Wirtschaftsunternehmen wurde 1880 in den U.S.A. bei *Atchinson, Topeka & Santa Fe Railway System* eingerichtet. In einem Industriebetrieb führte zuerst die *General Electric Company* 1892 - auch in den U.S.A. - die Stelle eines Controllers ein. Trotzdem blieb der Controller bis in die 20er Jahre dieses Jahrhunderts in fast allen amerikanischen Unternehmen unbekannt.[4]

---

[1] Vgl. I. Ansoff: Managing Surprise and Discontinuity - Strategic Response to Weak Signals, in: ZfbF, 28 Jg. (1976), S. 129-152, hier S. 130 ff. In neuerer Zeit wird versucht, Überraschungen in der Unternehmendynamik auch mit Erkenntnissen der Chaostheorie zu erklären. In dieser Arbeit soll dieser Ansatz nicht weiter verfolgt werden; vgl. hierzu z.B. G. Feichtinger/M. Kopel: Nichtlineare dynamische Systeme und Chaos: Neue Impulse für die Betriebswirtschaftslehre, in: ZfB, 64. Jg. (1994), H. 1, S. 7-34.

[2] Vgl. z.B. P. Horváth: Controlling, 7. Aufl., München 1998, im folgenden zitiert als: Controlling 1998, S. 10; K. Serfling: Controlling, 2. Aufl., Stuttgart 1992, S. 11-13.

[3] Vgl. V. Lingner: Geschichte des Controllings, in: Lingenfelder, M. (Hrsg.): 100 Jahre Betriebswirtschaftslehre in Deutschland, München 1999, S. 73-91, hier S. 73 f.

[4] Vgl. J.H. Jackson: The Controller - His Function and Organization, Cambridge/Mass. 1949, zitiert in: R. Bramsemann: Handbuch Controlling - Methoden und Techniken, 3. Aufl., München 1993, S. 25 f.

In Deutschland setzte die Controllingentwicklung verstärkt mit der ersten Divisionalisierungswelle Mitte der 60er Jahre ein. Henzler konnte schon 1974 berichten, daß laut einer *McKinsey*-Studie aus dem Jahre 1973 von 30 deutschen Großunternehmen (mehr als eine Milliarde Jahresumsatz) 90% eine Controllerposition besaßen.[1]

Obwohl Controlling praxiserprobt ist und längst zum Unternehmensalltag gehört,[2] steht dem „eine wenig klare und vieldeutige Abgrenzung seiner Aufgaben in Praxis und Wissenschaft gegenüber.“[3] Das liegt zum einen daran, daß der amerikanische Begriff „to control“ nicht nur für den deutschen Begriff „kontrollieren“, sondern auch für die Begriffe „führen, leiten, steuern, beherrschen“ benutzt wird. Zum anderen wird der Begriff Controlling in der betriebswirtschaftlichen Theorie und Praxis unterschiedlich verstanden.[4]

Hinzu kommt noch, daß Controlling in Deutschland eher als Schnittstelle zwischen dem Rechnungswesen und dem Finanzmanagement gesehen wird. In Amerika hingegen ist das Controllership[5] der eine Bereich des Finanzmanagement; der andere ist das Treasurership, vgl. hierzu die Abbildung 11.

---

1 Vgl. H. Henzler: Der Januskopf muß weg!, in: Wirtschaftswoche, 28. Jg. (1974), Nr. 38, S. 60-63.

2 Vgl. P. Horváth: Controlling 1998, a.a.O., S. 10.

3 H.-U. Küpper: Industrielles Controlling, in: Schweitzer, M. (Hrsg.): Industriebetriebslehre, 2. Aufl., München 1994, S. 849-959, im folgenden zitiert als: Industrielles Controlling, hier S. 853.

4 Vgl. hierzu etwa J. Weber: Einführung in das Controlling, 7. Aufl., Stuttgart 1998, im folgenden zitiert als: Controlling, S. 14-36; W. Strobel: Controlling und Unternehmensführung, in: Jacob, H. (Hrsg.): Controlling und Finanzplanung, Schriften zur Unternehmensführung, Bd. 26, Wiesbaden 1979, S. 6-40.

5 Das amerikanische Controllership entspricht den deutschen Controllingaufgaben. Zur Semantik vgl. P. Horváth: Controlling 1998, a.a.O., S. 25-27.

Die Ansätze zum Controlling gleichen sich insoweit, als daß das Controlling die Unternehmensführung unterstützen soll. Sie weichen voneinander ab darin, inwieweit der Umfang und Inhalt der Aufgaben geht, vgl. Abbildung 10.[1]

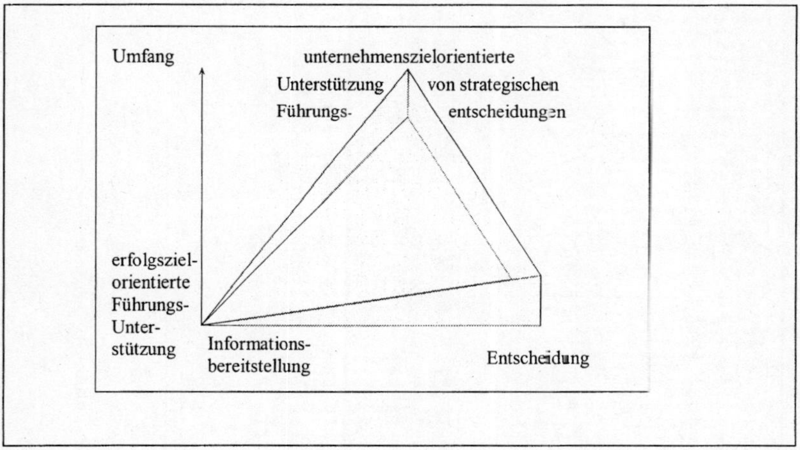

Abb. 10: Umfang von Controllingansätzen

So reicht die Aufgabenstellung von der Informationsbereitstellung bis zur Entscheidung und von der erfolgszielorientierten Unterstützung der operativen bis zur unternehmenszielorientierten Unterstützung der strategischen Führungsentscheidungen.[2] Für Bramsemann verkörpert Controlling eine „neue Qualität des Führungsprozesses."[3] Die Aufgabenschwerpunkte des Controlling liegen in den Bereichen Rechnungswesen, Budgetierung und Planung.[4]

---

1 Vgl. M. Schweitzer/B. Friedl: Beitrag zu einer umfassenden Controlling-Konzeption, in: Spremann, K./Zur, E. (Hrsg.): Controlling, Wiesbaden 1992, S. 141-167, hier S. 141.

2 Vgl. M. Schweitzer/B. Friedl, a.a.O., S. 142.

3 R. Bramsemann, a.a.O., S. 47.

4 Vgl. K. Serfling, a.a.O., S. 36.

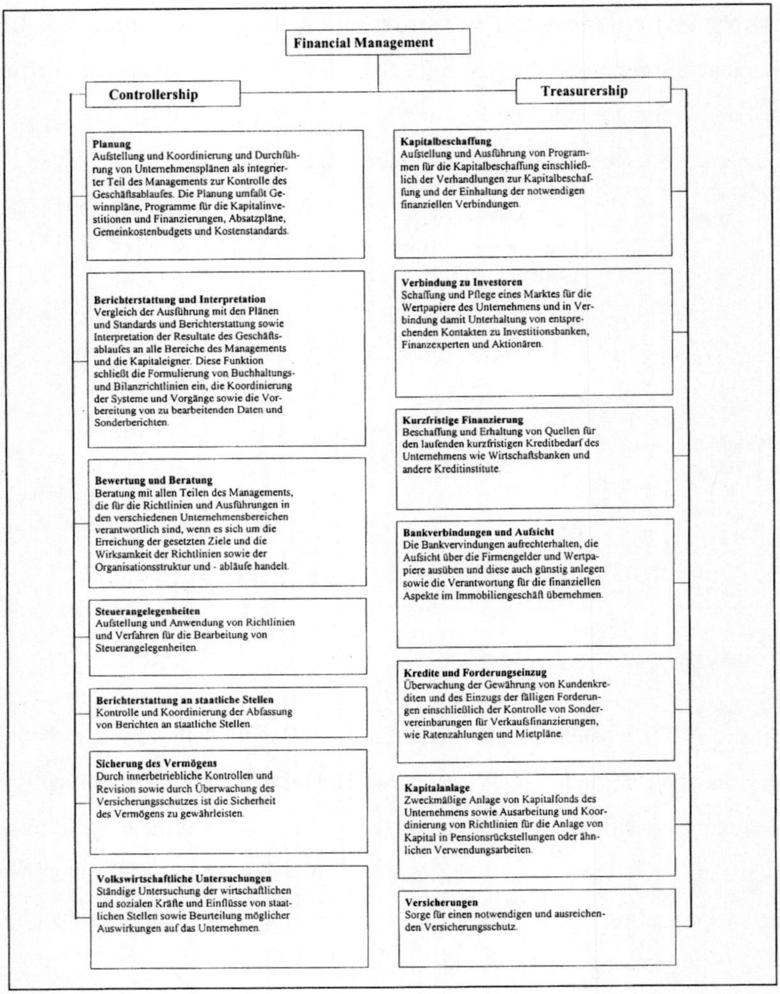

Abb. 11: Aufgaben im Financial Management[1]

[1] Leicht verändert entnommen aus P. Horváth: Controlling 1998, S. 33; vgl. Financial Executive Institute (Hrsg.): Controllership and Treasurership Functions Defined by FEI, in: The Controller, 30. Jg. (1962), S. 289; deutsche Fassung - in Textform - von K. Agthe: Controller, in: Grochla, E. (Hrsg.): HWO, Stuttgart 1969, Sp. 351-362, hier S. 353 ff.

Trotz oder vielleicht wegen der fehlenden theoretischen Untermauerung hat das Controlling in der Unternehmenspraxis einen „Siegeszug“[1] angetreten und wird nach einer Expertenuntersuchung aus dem Jahre 1991 von allen betriebswirtschaftlichen Teilgebieten in den nächsten zehn Jahren am meisten an Bedeutung gewinnen.[2] Dies führt zu einem verstärktem Bedarf an Controllingausbildungen.

Sinnvoll lassen sich Menschen in Controlling aber nur ausbilden, wenn auch eine klare, einheitliche Konzeption zum Controlling besteht, denn daraus leiten sich die Aufgabenschwerpunkte ab.[3] Nur dann lassen sich Problemstellungen antizipieren und wissenschaftliche Methoden - möglichst schon im voraus - entwickeln. Zudem werden die Denkmuster von Unternehmen durch die in ihnen tätigen Mitarbeiter beeinflußt, und diese werden durch ihre Ausbildung geprägt.

Noch immer jedoch ist die Abgrenzung des Controlling zu anderen betrieblichen Teilbereichen unklar. Auch die auf dem deutschsprachigen Markt angebotenen Bücher zum Controlling unterscheiden sich zum Teil erheblich.[4] Es ist sogar

[1] H.-U. Küpper/J. Weber/A. Zünd: Zum Verständnis und Selbstverständnis des Controlling, in: ZfB, 60 Jg. (1990), S. 281-293, hier S. 282. Dieser Bedeutungszuwachs zeigt sich auch in einer Untersuchung von Weber und Kosmider; vgl. J. Weber/A. Kosmider: Controlling-Entwicklung in der Bundesrepublik Deutschland im Spiegel von Stellenanzeigen, in: ZfB, 61. Jg. (1991), Ergänzungsheft 3/91, S. 17-35.

[2] Vgl. Institut der deutschen Wirtschaft Köln: Evaluation der betriebswirtschaftlichen Fachbereiche aus der Perspektive der Beschäftiger, Köln o.J., S. 134.

[3] Vgl. H.-U. Küpper: Konzeption des Controlling aus betriebswirtschaftlicher Sicht, in: Scheer, A.-W. (Hrsg.): Rechnungswesen und EDV, 8. Saarbrücker Arbeitstagung 1987, Heidelberg 1987, S. 82-116, im folgenden zitiert als: Konzeption, S. 84.

[4] Vgl. die Sammelrezension zu 13 Lehrbüchern von C.-Ch. Freidank: Controlling: Ein unscharfes Konzept gewinnt Konturen, in: DBW, 53. Jg. (1993), Heft 3, S. 399-415, hier S. 400.

umstritten, ob Controlling einen eigenständigen Bereich darstellt. Teilweise wird die Ausweitung des Controlling als gefährlich angesehen.[1]

Daher erfordert die „Diskrepanz zwischen dem teilweise schon selbstverständlichen Umgang mit dem (Wort) Controlling in der Praxis, der Unklarheit seiner Bedeutung und der Zurückhaltung in der Betriebswirtschaftslehre .. eine intensive Auseinandersetzung mit dem Gebiet.“[2]

Die Entwicklung einer klaren Konzeption des Controlling dürfte Voraussetzung dafür sein, ob Controlling eine Modeerscheinung oder ein eigenständiger, anerkannter betriebswirtschaftlicher Teilbereich wird. Die Bestrebungen dahin haben in den letzten Jahren zugenommen.[3]

Küpper[4] sieht drei grundsätzliche Entwicklungsmöglichkeiten, die sich aus der Abbildung 12 ergeben.

---

[1] Vgl. D. Schneider: Versagen des Controlling durch eine überholte Kostenrechnung, in: DB, 44. Jg. (1991), S. 765-772, im folgenden zitiert als: Versagen.

[2] H.-U. Küpper: Controlling, 2. Aufl., Stuttgart 1997, im folgenden zitiert als: Controlling, S. 3.

[3] Vgl. z.B. etwa F. Hermann: Modell für ein ganzheitliches Unternehmens-Controlling, in: Controlling, 4. Jg. (1992), Heft 2, S. 64-71; H.-U. Küpper: Koordination und Interdependenz als Bausteine einer konzeptionellen und theoretischen Fundierung des Controlling, in: Lücke, W. (Hrsg.): Betriebswirtschaftliche Steuerungs- und Kontrollprobleme, Stuttgart 1988, S. 163-183; H.-U. Küpper: Konzeption, a.a.O., S. 82-116; H.-U. Küpper/J. Weber/A. Zünd, a.a.O., S. 281-293; F.-O. Lehmann: Zur Entwicklung eines koordinationsorientierten Controlling-Paradigmas, in: ZfbF, 44. Jg. (1992), S. 45-61; oder auch den Literaturdisput zwischen Schneider und Weber; D. Schneider: Versagen, a.a.O., S. 765-772; J. Weber: Versagen des Controlling? - Ein Beitrag zur Theoriefindung, in: DB, 44. Jg. (1991), Heft 35, S. 1785-1788, im folgenden zitiert als: Versagen; D. Schneider: Controlling als „Koordinationsfunktion innerhalb eines dezentralen, planungs- und kontrolldeterminierten Führungsparadigmas“?, in: DB, 44. Jg. (1991), Heft 35, S. 1789-1790.

[4] Vgl. H.-U. Küpper: Controlling, a.a.O., S. 3 f.

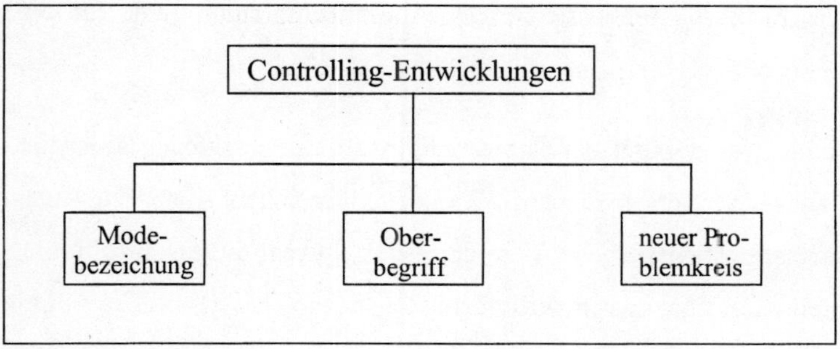

Abb. 12: Entwicklungsmöglichkeiten des Controlling

Im ersten Fall geht es lediglich darum, einem bestehenden Arbeitsbereich, meist „Kostenrechnung“, „Internes Rechnungswesen“ oder „Unternehmensrechnung“, einen modischen Anspruch zu geben. Damit wird vielfach eine Aufwertung dieser Unternehmensbereiche erhofft. Dies scheint auch nicht abwegig, denn wer kennt nicht den Student oder die Studentin, die bei Kostenrechnung an „langweilig“ und „trocken“ denkt, Controlling hingegen für einen „betriebswirtschaftlichen Krimi“ hält. Jedoch, wenn diese frische Begeisterung verflogen ist, wird anstelle von Controlling ein neuer Begriff kommen. In diesem Fall läge also „alter Wein in neuen Schläuchen“ vor.

Im zweiten Fall werden Arbeitsbereiche, z.B. Planung und Kontrolle, zu einem Bereich zusammengefaßt und Controlling genannt. Auch in diesem Fall scheint nur Unternehmensorganigramm-Kosmetik vorzuliegen. Doch werden zwei Bereiche zusammengefaßt, z.B. Planung und Kontrolle, so besteht dieser neue Bereich nicht nur aus seinen Einzelbereichen, sondern auch aus etwas neuem, nämlich der in diesem Bereich nun inhärenten Koordination. Allerdings umfaßt Controlling in einem solchen Fall nicht nur die Koordination der beiden Teilbereiche, sondern zusätzlich die Bereiche Planung und Kontrolle. Dies entspräche dem viel geschmähten Bild des Controllers als „omnipotenter

Alleskönner"[1]. Insofern eignet sich diese Abgrenzung auch nicht für eine Controlling-Konzeption.[2]

Die zunehmende Komplexität der Umwelt führt zu einen erhöhten Koordinationsbedarf zwischen verschiedenen Führungsteilbereichen, bzw. zu einem erhöhten Informationsbedarf dieser Bereiche. Versteht man nun Controlling als diesen erhöhten Koordinations- bzw. Informationsbedarf, stellt sich Controlling als relativ neuer Problemkreis heraus, der für die Unternehmen Nutzen schafft. Die verbesserte Koordination und Informationsversorgung führt zu Effektivitäts- und Effizienzsteigerungen. Bei dieser dritten Entwicklungsmöglichkeit ist zu prüfen, wie viele Führungsteilbereiche durch das Controlling zu koordinieren sind. In erster Linie kommen die finanzbezogenenen Führungsteilbereiche in Frage. Daneben ist aber auch eine Ausweitung auf alle Führungsteilsysteme denkbar. In der Literatur und Praxis sind gegenwärtig alle drei Entwicklungsmöglichkeiten deutlich zu erkennen.[3]

Die Abstimmung der Systeme und Prozesse bezieht sich überwiegend auf das Informieren. Daneben ist aber auch das Regulieren zum Beeinflussen der zu koordinierenden Aufgabenträger in jüngerer Zeit in die Literatur eingeführt worden.[4]

---

[1] J. Link: Die methodologischen, informationswirtschaftlichen und führungspolitischen Aspekte des Controlling, in: ZfB, 52. Jg. (1982), S. 261-280, im folgenden zitiert als: Controlling, hier S. 261.

[2] Wenngleich sich nach Ansicht des Verfasser auch bei dieser Abgrenzung neue wissenschaftliche Fragestellungen ergeben, da dieses Controllingverständnis die Koordination mit einschließt; vgl. anders H.-U. Küpper: Controlling, a.a.O., S. 4.

[3] Vgl. auch H.-U. Küpper: Controlling, a.a.O., S. 4.

[4] Vgl. D.W. Schwiering: Lean Management und Controlling als neuere Konzepte der Unternehmensführung, in: Schwiering, D.W. (Hrsg.): Mittelständische Unternehmensführung im kulturellen Wandel, Stuttgart 1996, S. 85-120, hier S. 90.

3.2 Anforderung an eine Controlling-Konzeption

Die Schwierigkeit, eine homogene Controlling-Konzeption zu erstellen liegt darin, einerseits „einen möglichst geschlossenen, von anderen Teilgebieten der Betriebswirtschaftslehre klar abgegrenzten eigenständigen Problemkreis zu definieren, andererseits sollte sich dieser Kreis auch nicht zu weit von den Vorstellungen lösen, die bisher vor allem in der Praxis mit Controlling verbunden werden.“[1] Zudem ändert sich das Controlling auch im Zeitablauf, da es in einer ständig wachsenden Anzahl von Bereichen genutzt wird.[2]

Konkret sind vier Anforderungen zu erfüllen: Controlling braucht eine (1.) eigenständige Problemstellung, die (2.) wissenschaftlich-theoretisch fundiert ist und sich (3.) in der Praxis bewährt. Zudem muß sie sich (4.) an Veränderungen des Controlling anpassen können. Dies zeigt die Abbildung 13 auf der folgenden Seite. Nur dann kann Controlling als betriebswirtschaftliche Teildisziplin eine selbständige Rolle spielen.

Die Problemstellung sollte nicht von anderen betriebswirtschaftlichen Bereichen abgedeckt werden. Zumindest sollte sie, falls es sich um eine Zusammenfassung von verschiedenen betriebswirtschaftlichen Bereichen handelt, ein gemeinsames Merkmal aufweisen, welches die Schaffung eines neues Bereiches sinnvoll erscheinen läßt.[3]

---

1 Th. Schildbach: Begriff und Grundproblem des Controlling aus betriebswirtschaftlicher Sicht, in: Spremann, K./Zur, E. (Hrsg.): Controlling, Wiesbaden 1992, S. 21-36, im folgenden zitiert als: Grundproblem, hier S. 22.

2 Man denke nur an all die „Bindestrich-Controllings“.

3 Vgl. H.-U. Küpper: Controlling, in: HWB, 5. Aufl., Stuttgart 1993, Sp. 647-661, im folgenden zitiert als: Controlling HWB, hier Sp. 648; ähnlich auch D. Schneider: Versagen, a.a.O., S. 771.

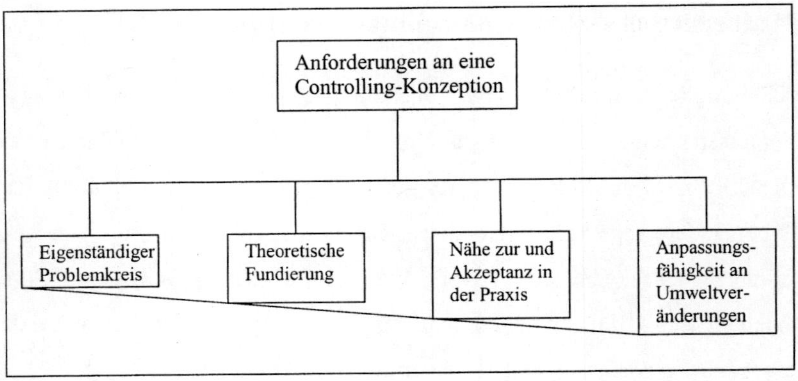

Abb. 13: Anforderungen an eine Controlling-Konzeption[1]

Die theoretische Fundierung baut sicherlich auf das Controlling in der Unternehmenspraxis auf. Dies ist auch sinnvoll, denn was nützt eine theoretische Fundierung in der Form, daß keine Ähnlichkeit zur Anwendung in der Praxis besteht. Jedoch sind dies lediglich Anhaltspunkte.[2] Die wissenschaftliche Forschung hat vielmehr theoretische Ansätze zu entwickeln, mit welchen sich wissenschaftlich begründete Hypothesen ableiten lassen, die Problemstellungen lösen, Aufgaben aufzeigen und Instrumente bewerten und weiterentwickeln.[3]

Letztendlich muß sich dann in der Praxis beweisen, ob die Konzeption sich bewährt. Zudem ist bei einer Controlling-Konzeption darauf zu achten, daß sie mit der ständigen Veränderung und Weiterentwicklung des Controlling Schritt

---

1 Ähnlich auch: H.-U. Küpper: Controlling, a.a.O., S. 4.

2 Vgl. hierzu die Ausprägungen des Controlling in der Praxis, dargestellt z.B. bei R. Bramsemann, a.a.O., S. 52; K. Serfling, a.a.O., S. 36-51.

3 Vgl. H.-U. Küpper: Konzeption, a.a.O., S. 84.

halten kann. Sie muß also einen gewissen flexiblen Charakter enthalten, der sie nicht schon bei ihrer Implementierung als veraltet dastehen läßt.[1]

3.3 Alternative Controlling-Konzeptionen

Die Anzahl der Controllingdefinitionen ist kaum noch zu überblicken und unterscheiden sich zum Teil nicht unerheblich. Verstärkt wird dies auch dadurch, daß sich das Controlling im Zeitablauf gewandelt hat. Preißler hält fest: „Jeder hat seine eigenen Vorstellungen darüber, was Controlling bedeutet oder bedeuten soll, nur jeder meint etwas anderes."[2] Dies führt dazu, daß heute schon die Ordnungsversuche der verschiedenen Controllingdefinitionen kaum noch überschaubar sind.[3] Gleichwohl fehlt es auch heute noch an einer einheitlichen Controlling-Konzeption.

Ein erster Schritt dorthin wäre die Untersuchung der Controllingfunktion in der Unternehmenspraxis. Tabelle 2 zeigt einen Ausschnitt einer Rangliste von Einzelaufgaben des Controlling. Diese Einzelaufgaben ergaben sich aus einer Analyse von Stellenanzeigen aus den überregionalen Zeitungen FAZ, Die Welt und Handelsblatt in der Zeit vom 1. Juli 1985 bis 31. Oktober 1986.[4] Allerdings ist ihre Aussagekraft laut Horváth „wegen der Idealisierung der Aufgabe in den Stellenanzeigen beschränkt."[5] Daher haben die Verfasser dieser Untersuchung

---

[1] Vgl. H.-U. Küpper/J. Weber/A. Zünd, a.a.O., S. 290.

[2] P. Preißler: Controlling, 10. Aufl., München 1998, S. 12.

[3] Vgl. J. Weber: Controlling, a.a.O., S. 19. Manche Monographien haben sich fast ausschließlich der Analyse von Controllingbegriffen und Controlling-Konzeptionen gewidmet; vgl. z.B. M. Buchner: Controlling - ein Schlagwort? Eine kritische Analyse der betriebswirtschaftlichen Diskussion um die Controlling-Konzeption, Frankfurt 1981; L. Harbert: Controlling-Begriffe und Controlling-Konzeptionen, Bochum 1980.

[4] Vgl. Th. Reichmann/U. Kleinschnittger: Die Controllingfunktion in der Unternehmenspraxis, in: ZfB, 57. Jg. (1987), S. 1095-1120, hier. S. 1091.

[5] P. Horváth: Controlling 1998, a.a.O., S. 55.

ihre Ergebnisse mit Hilfe der Antworten eines Fragebogens gewichtet, wobei eine primäre Aufgabe mit dem Wert 2 und eine sekundäre Aufgabe mit dem Wert 1 bewertet wurde. Sie kommen dann zu einer allgemeinen Rangliste der Einzelaufgaben nach Punktwerten.[1] Tabelle 3 zeigt nun einen Ausschnitt dieser gewichteten Rangliste der Einzelaufgaben. Hier zeigen sich Schwerpunkte des Controlling in den Bereichen Rechnungswesen, Planung und Budgetierung sowie Berichts- und Informationswesen. Zudem zeigt sich eine Verschiebung der Aufgaben vom Rechnungswesen zur Datenverarbeitung hin.[2] Dies sind Anhaltspunkte für die Entwicklung einer Controlling-Konzeption, die zumindest einen Rahmen geben.

Die genannten Aufgaben dienen den ökonomischen Zielen. Neben diesen konventionellen (finanzwirtschaftlichen) Zielen gewinnen zunehmend auch ökologische Ziele an Bedeutung (im Sinne einer umwelt- und ressourcenschonenden Produktion.[3] Diese neuere Entwicklung soll aber nicht weiter betrachtet werden. Eine geeignete Controllingkonzeption sollte aber auch aktuellen Entwicklungen des Unternehmensumfeld angepaßt werden können, mithin zukunftsfähig ausbaubar sein.[4]

---

1 Vgl. Th. Reichmann/U. Kleinschnittger, a.a.O., S. 1108 f.; ebenfalls erschienen in Th. Reichmann/U. Kleinschnittger/W. Kemper: Empirische Untersuchung zur Funktionsbestimmung und Funktionsabgrenzung des Controlling, in: Reichmann, Th. (Hrsg.): Controlling-Praxis, erfolgsorientierte Unternehmenssteuerung, München 1988, S. 16-59, hier S. 39.

2 Vgl. z.B. Th. Reichmann/U. Kleinschnittger/W. Kemper, a.a.O., S. 16-59; Th. Reichmann/U. Kleinschnittger, a.a.O., S. 1095-1120; K. Serfling, a.a.O., S. 36-51.

3 Vgl. C. Lange/S. Schaefer: Investitionscontrolling, in: Kern, W./Schröder, H.-H./Weber, J. (Hrsg.): Handwörterbuch der Produktionswirtschaft, 2. Aufl., Stuttgart 1996, Sp. 785-794, im folgenden zitiert als: Investitionscontrolling, hier Sp. 786.

4 Vgl. C. Lange/S. Schaefer: Umweltschutz-Controlling mit Kennzahlen: Modellierung und Bereitstellung umweltschutzbezogener Informationen, in: Lachnit, L./Lange, C./Palloks, M.: (Hrsg.): Zukunftsfähiges Controlling, München 1998, S. 295-319, im folgenden zitiert als: Umweltschutz-Controlling, hier S. 297.

Rang	Einzelaufgaben	absolut	relativ zur Gesamtzahl der Stellen- anzeigen	relativ zur Gesamtzahl der Aufgaben-nennungen
1.	EDV-gestütztes Controlling	576	40,02%	9,98%
2.	Berichtswesen	420	29,19%	7,27%
3.	Unternehmensplanung	334	23,21%	5,78%
4.	Budgetierung	313	21,75%	5,42%
5.	Finanzwesen	291	20,22%	5,04%
6.	Rechnungswesen	290	20,15%	5,02%
7.	Controlling (allgemein)	267	18,55%	4,62%
8.	Kostenrechnung	238	16,54%	4,12%
9.	Kurzfristige Erfolgsrechnung	214	14,87%	3,71%
10.	Jahresabschluß	205	14,25%	3,55%
11.	Abweichungsanalysen	189	13,13,%	3,27%
12.	Organisation u. Verwaltung	179	12,44%	3,10%
13.	Investitionsplanung	162	11,26%	2,81%
14.	Aufbau und Weiterentwicklung eines Controllingsystems	161	11,19%	12,79%
15.	Überwachung von Hauptkennziffern	146	10,15%	2,53%
.	.	.		.
.	.	.		.
25.	Absatz-Controlling	83	5,77%	1,44%
.	.	.		.
.	.	.	.	.
43	Forschungs- und Entwicklungs- Controlling	8	0,56%	0,14%

Tabelle 2: Rangliste der Einzelaufgaben des Controlling[1]

Die Spitzenposition des EDV-gestützten Controlling belegt deutlich den hohen Stellenwert der EDV für das Controlling. Für den Verfasser ist es erstaunlich, daß „qualitative" Aufgaben, wie z.B. Moderation von Prozessen, keine Berücksichtigung fanden. Gleichzeitig aber der Jahresabschluß, d.h. ein Informationsinstrument für externe Unternehmensbeteiligte,[2] als Controllingaufgabe relativ häufig genannt wurde.

[1] Entnommen aus Th. Reichmann/U. Kleinschnittger, a.a.O., S. 1093.

[2] Vgl. über die Informationsmöglichkeiten mittels des Jahresabschlusses ausführlich C. Lange: Jahresabschlußinformationen und Unternehmensbeurteilung, Stuttgart 1989.

Rang	Einzelaufgaben	1*	2*	3*	4*	5*	6*
1.	Abweichungsanalyse	104	8	112	95,7	216	1,85
2.	kumulierte Erfolgsplanung	103	9	112	95,7	215	1,84
3.	Berichtswesen	102	10	112	95,7	214	1,83
4.	kumulierte Kostenplanung	100	12	112	95,7	212	1,81
5.	Deckungsbeitragsrechnung, Profit-Center-Ergebnisrechnung	101	10	111	94,9	212	1,81
6.	Auf- und Ausbau des Controlling-Instrumentariums	97	17	114	97,4	211	1,80
7.	Budgetierung	100	11	111	94,9	211	1,80
8.	Aufbau/Weiterentwicklung eines Controlling-Systems	95	19	114	97,4	209	1,79
9.	operative Unternehmensplanung	97	12	109	93,2	206	1,76
.	.	.	.	.	.	.	.
.	.	.	.	.	.	.	.

Legende
* **1** = Anzahl: primäre Aufgabe
* **2** = Anzahl: sekundäre Aufgabe
* **3** = 1 + 2
* **4** = Prozentualer Anteil
* **5** = Gewichtete Punktwerte
* **6** = Gewogene durchschnittliche Punktwerte

Tabelle 3: Gewichtete Rangliste der Einzelaufgaben nach Punktwerten[1]

Ein weiterer Schritt wäre die Auswertung der zahlreichen Untersuchungen zum Begriff und Gegenstand des Controlling.[2] Es ergeben sich verschiedene Funktionen bzw. Zwecksetzungen des Controlling, die auf unterschiedliche Führungsbereiche angewendet werden können.

Dabei lassen sich vereinfachend drei Richtungen herausschälen.[3] Die eine spricht bei der zentralen Zielsetzung des Controlling von erfolgsorientierter

1 Leicht verändert entnommen aus Th. Reichmann/U. Kleinschnittger, a.a.O., S. 1109.

2 Vgl. u.a. H.-U. Küpper: Controlling, a.a.O., S. 8f.; M. Schweitzer/B. Friedl, a.a.O., S. 144 f.; H.J. Richter: Theoretische Grundlagen des Controlling, Frankfurt a.M. 1987, S. 46.

3 Schneider/Bäumler unterscheiden auch drei Ansätze, nämlich die von Reichmann, Horváth und Küpper. Damit berücksichtigen sie die erste hier genannte Orientierung praktisch nicht; vgl. Dietram Schneider/M. Bäumler: Controlling-Instrumente versus Unternehmertun, in: Controlling, 6. Jg. (1994), Heft 6, S. 370-372, hier S. 370.

Unternehmenssteuerung bzw. „Gewinnmanagement"[1] oder einer „gewinnorientierten Lenkung und Überwachung"[2] und setzt somit die Sicherung der Gewinnerzielung bei allen Handlungen und Entscheidungen des Unternehmens als wichtigsten Faktor fest. Eine zweite Richtung sieht Controlling als Informationsversorgungsfunktion, und die dritte Meinung erkennt als das Besondere im Controlling die Koordination der unterschiedlichen Teilsysteme der Unternehmensführung. Diese Richtung läßt sich noch nach dem Umfang der einbezogenen Teilsysteme unterscheiden.[3]

3.3.1 Erfolgszielorientierte Controlling-Konzeptionen

Die erfolgszielorientierte Stoßrichtung des Controlling ist besonders in der Praxis vertreten. Ihr ist sogar eine eigene Fachzeitschrift gewidmet.[4] Deyhle sieht den Controller als „Lotse ... besonders im Hinblick auf die Einhaltung des Gewinnziels."[5] Mann sieht Controlling als „Gewinnsteuerungssystem"[6]. Berschin formuliert: „Controlling ist das wirkungsvollste Instrument, die Aktivitäten des Unternehmens kompromißlos auf den Unternehmenserfolg

---

[1] H.-Ch. Pfohl/B. Zettelmeyer: Strategisches Controlling?, in: ZfB, 57. Jg. (1987), S. 145-175, hier S. 148 f.

[2] H. Siegwart: Controlling-Konzepte und Controller-Funktionen in der Schweiz, in: Mayer, E./Landsberg, G.v./Thiede, W. (Hrsg.): Controllingkonzepte im internationalen Vergleich, Freiburg im Breisgau 1986, S. 105-131, hier S. 109.

[3] Coenenberg/Baum systematisieren anders. Sie differenzieren zwischen Controlling als Teil der Managementfunktion, des Führungsprozesses, als Element der Organisationsstruktur und als Tätigkeitskomplex; vgl. A.G. Coenenberg/H.-G. Baum: Strategisches Controlling, Stuttgart 1987, S. 2-7; zu weiteren Darstellungen vgl. F.-O. Lehmann, a.a.O., S. 46-48.

[4] Controlling, im Untertitel explizit genannt: Zeitschrift für erfolgsorientierte Unternehmenssteuerung.

[5] A. Deyhle: Controller-Praxis, Bd. 1, 9. Aufl., Gauting 1992, S. 9.

[6] R. Mann: Praxis strategisches Controlling, 5. Aufl., Landsberg 1989, im folgenden zitiert als: Praxis, S. 21.

auszurichten."[1] Auch in der Theorie gibt es Vertreter dieser Meinung. So schreibt Hahn: „Die Ergebnisoptimierung (unter Beachtung von Liquiditätszielen) kann somit als kardinales Ziel des Controlling angesehen werden."[2] Weinrich definiert Controlling als ein Konzept, „das die Gewinnverantwortung im Unternehmen transparent macht und Maßnahmen zum Erreichen des Gewinnziels auslöst."[3]

Controlling ist demnach ein Führungsinstrument, ein Konzept der Unternehmenssteuerung, deren Hauptaufgaben in der Planung, Information, Kontrolle, Analyse und Steuerung liegen.[4] Controlling soll Führung unterstützen, nicht selbst führen. „Im Mittelpunkt der Controller-Tätigkeit steht der institutionalisierte permanente Soll-Ist-Vergleich, der mit den daraus resultierenden Abweichungsanalysen als ständiger Lernprozeß aller Unternehmensbereiche (einschließlich des Controlling-Bereiches) aufzufassen ist und zu entsprechenden Maßnahmen und Rückkopplungen führen soll."[5] Der vorrangige Aufgabenschwerpunkt besteht also „im Vergleich zwischen Ist und Soll und im gezielten Reagieren als Folge von Abweichungen".[6] Diese Abweichungen dienen als

---

1 H.H. Berschin: Handbuch Controlling, München 1989, S. 343.

2 D. Hahn: PuK Controllingkonzepte, 5. Aufl., Wiesbaden 1999, im folgenden zitiert als: PuK, S. 182.

3 G. Weinrich: Fehler beim Controlling, in: Harvard Manager, 10. Jg. (1988), S. 119-123, hier S. 119.

4 Vgl. z.B. H. Ehrmann: Marketing-Controlling, 3. Aufl., Ludwigshafen 1999, S. 16; E. Scheffler: Grundlagen des Controlling, in: WISU, 10. Jg. (1981), Heft 8, S. 382-386, hier S. 383; A. Heigl: Controlling - Interne Revision, 2. Aufl., Stuttgart-New York 1988, S. 3, S. 23.

5 H.E. Scheffler: Controlling auf Konzernebene, in: Jacob, H. (Hrsg.): Schriften zur Unternehmensführung, Bd. 27, Wiesbaden 1980, S. 19-32, hier S. 21.

6 A. Deyhle: Controller-Handbuch, Bd. 1, 3. Aufl., München 1990, S. 157 f.

Signal für die Steuerung. Die Steuerung wird in diesem Zusammenhang laut Deyhle als Controlling bezeichnet.[1]

Die damit erwünschte Ergebnisoptimierung bestimmt aber in den meisten erwerbswirtschaftlich betriebenen Unternehmen schon die Planung, Steuerung und Kontrolle sowie das Informationssystem, und es ist nicht einzusehen, daß zu diesen „Führungssystemen ein weiteres hinzutreten muß, das im Unterschied zu diesen die Zielausrichtung bewirkt."[2] Setzt man diesen Gedanken konsequent fort, verstärkt sich der Eindruck, daß das Controlling für den Gewinn im Unternehmen verantwortlich sei. Dies interpretiert die Funktion des Controlling nicht richtig. Wäre es jedoch so, würde der Unternehmensführung die Aufgabe entzogen. Die Ergebnisoptimierung weist somit keine eigenständige Problemstellung für das Controlling auf und eignet sich nicht, eine theoretisch saubere Controlling-Konzeption zu begründen.

Zudem wird der Erfolg als eher quantitative Größe verstanden, so daß das Controlling bei dieser Konzeption auf den operativen bzw. taktischen Bereich begrenzt wird. Die strategische Ebene wird nicht berücksichtigt, da diese auf die Erfolgspotentiale unternehmerischen Handelns abstellt. Damit aber Erfolg entstehen kann, muß ein heute nutzbares Erfolgspotential vorhanden sein, d.h. Erfolgspotentiale sind eine Vorsteuergröße des Gewinns bzw. des Erfolgs.[3]

---

1 Vgl. A. Deyhle: Controller-Praxis, Bd. 2, 9. Aufl., Gauting 1992, S. 17.

2 H.-U. Küpper: Controlling, a.a.O., S. 10.

3 Vgl. W. Hopfenbeck: Allgemeine Betriebswirtschafts- und Managementlehre, 12. Aufl., Landsberg am Lech 1998, S. 724; R. Mann: Strategisches Controlling, in: Mayer, E./Weber, J. (Hrsg.): Handbuch Controlling, Stuttgart 1990, S. 91-116, hier S. 104, R. Mann: Praxis, a.a.O., S. 189.

Der Aufbau zukunftsträchtiger Erfolgspotentiale führt regelmäßig zu einem kurzfristigen Gewinnverzicht.[1] Denn als Erfolgspotentiale sind „sämtliche geschäftsspezifischen Voraussetzungen anzusehen, die für die Realisierung des späteren Erfolges notwendig sind“[2]. Hierbei stehen im Vordergrund „die Fähigkeiten (Stärken und Schwächen), die sich aus der Unternehmensumwelt ergebenden Anforderungen (Chancen und Risiken) zu meistern.“[3] Das heißt aber, bei einer ausschließlichen Fokussierung auf das Gewinnziel würden Erfolgspotentiale und damit die nachhaltige Sicherung der Unternehmungsexistenz gefährdet werden. Insofern lassen sich operative und strategische Ebene nicht trennen, denn rücksichtsloses kurzfristiges Gewinndenken geht auf Kosten des Aufbaus zukünftiger Erfolgspotentiale.[4]

Die Abbildung 14 auf der folgenden Seite zeigt den Zusammenhang zwischen der operativen und strategischen Ebene eines Unternehmens.

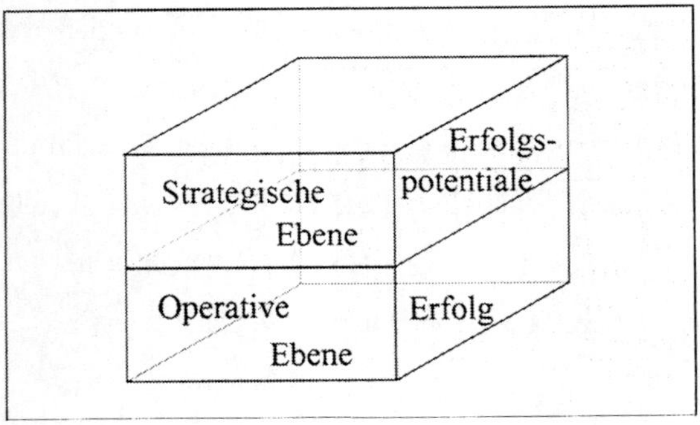

Abb. 14: Operative und strategische Ebene

[1] Vgl. B. Amshoff: Controlling in deutschen Unternehmungen, Diss. Uni Dortmund, Wiesbaden 1993, S. 167.

[2] R. Bramsemann, a.a.O., S. 71.

[3] H.-Ch. Pfohl/B. Zettelmeyer: Strategisches Controlling, in: ZfB, 57. Jg. (1987), S. 145-175.

[4] Vgl. W. Hopfenbeck, a.a.O., S. 917.

Interessant ist auch das häufige Abstellen auf den Gewinn (und nicht den Erfolg). So werden - ob beabsichtigt oder nicht - alle nichterwerbswirtschaftlichen Betriebe vom Controlling ausgeschlossen. Dieses Manko läßt sich umgehen, indem man auf die Unternehmensziele abstellt. Eine zielorientierte Führung jedoch ist nichts anderes als eine rationale Steuerung des Unternehmens.

Bräuchte man dazu Controlling, hieße das, daß Unternehmen ansonsten nicht rational geführt werden und erst durch Controlling eine rationale Leitung erfahren. Dies liegt durch folgende Aussage von Albach nahe: „In der Leitung von Unternehmen sind irrationale Komponenten enthalten und notwendig. Zwischen Rationalität und Irrationalität des dispositiven Faktors[1] besteht ein fruchtbares Spannungsverhältnis."[2]

Dann stellt sich aber die Frage, wo die Abgrenzung zum Management bzw. zur Unternehmensleitung besteht. Denn steht Controlling für das Sicherstellen von Rationalität der Unternehmensführung, müßten Manager und Controller als Team arbeiten.[3]

Dellmann[4] sieht das Controlling als einen Teil des Managementsystems. Den anderen Teil bildet das Führungssystem, welches streng personenbezogen ist

---

1 Der dispositive Faktor nach Gutenberg übt die Leitung, Planung und Organisation aus; vgl. E. Gutenberg: Grundlagen der Betriebswirtschaftslehre, Bd. 1: Die Produktion, 24. Aufl., Berlin 1983, S. 3-5.

2 H. Albach: Der dispositive Faktor in Theorie und Praxis, in: ZfB, 60. Jg. (1990), S. 533-548, hier S. 537.

3 Vgl. J. Weber/U. Schäffer: Der rote Faden des Controllers, in: 24. CM, Jg. (1999), S. 30-36, hier S. 36.

4 Vgl. K. Dellmann: Eine Systematisierung der Grundlagen des Controlling, in: Spremann, K./Zur, E. (Hrsg.): Controlling, Wiesbaden 1992, S. 113-140, im folgenden zitiert als Systematisierung, hier S. 115 f.

Eine ähnliche Aufteilung ergibt sich auch bei Staehle.[1] Dort werden die Managementfunktionen in sachbezogene (z.B. Planung, Organisation, Kontrolle) und personenbezogene (z.B. Personalführung) aufgeteilt.

Hierbei konkretisiert sich Führung „als zielorientierte soziale Einflußnahme zur Erfüllung gemeinsamer Aufgaben."[2] Führungsgrundsätze, Organisation, Personalentwicklung sowie Motivations- und Anreizsystem sind Subsysteme der so definierten Führung. „Das Controlling nimmt die Steuerungsfunktion des Leistungssystems wahr, indem es die Management-Teilsysteme Planung, Informations-(versorgungs-)system und Kontrolle zu einem in sich geschlossenen Subsystem verknüpft."[3], vgl. Abbildung 15 auf der nächsten Seite.

[1] Vgl. W.H. Staehle: Management, 8. Aufl., München 1999, S. 665-668.

[2] R. Wunderer/W. Grunwald: Führungslehre, Bd. 1, Berlin-New York 1980, S. 62.

[3] K. Dellmann: Systematisierung, a.a.O., S. 116.

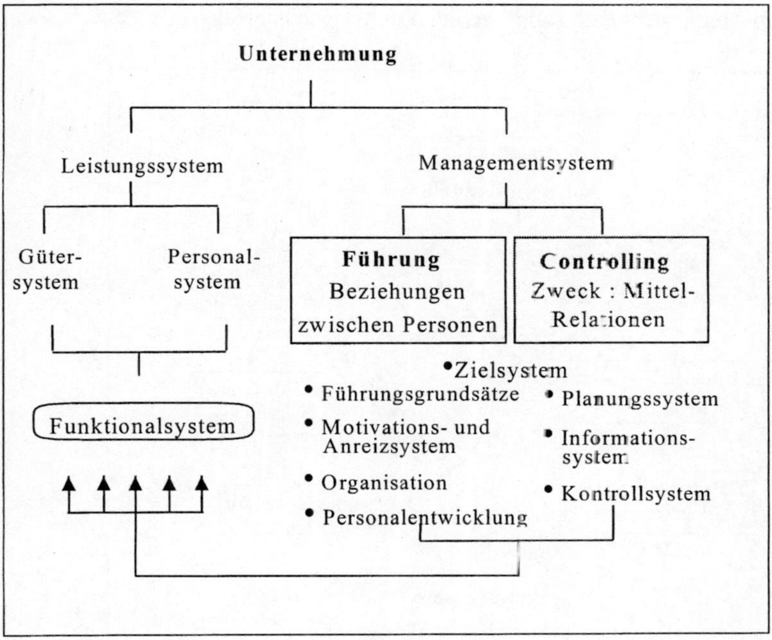

Abb. 15: Controlling als Subsystem des Managementsystems[1]

Ähnlich sieht auch Hüttner Controlling als „Integration von *Planung und Kontrolle*"[2]. Nach dieser Auffassung sind das Neue am Controlling nicht die zentralen Bausteine, Rechnungswesen, Planung und Berichtswesen, sondern ihre konzeptionelle Zusammenfassung unter dem Begriff Controlling und ihre organisatorische Eingliederung in einer Abteilung.[3] Es ist dann davon auszugehen, daß Controlling eine - wie auch immer bezeichnete - Verbindung zwischen Planung und Kontrolle darstellt.[4] Dabei wird der Planungsprozeß

[1] Nach K. Dellmann: Systematisierung, a.a.O., S. 115.

[2] M. Hüttner: Betriebswirtschaftslehre, 2. Aufl., München 1995, im folgenden zitiert als: Betriebswirtschaftslehre, S. 170.

[3] Vgl. W.H. Staehle, a.a.O., S. 667.

[4] Vgl. W.H. Staehle, a.a.O., S. 665-668.

systematisch mit dem Kontrollprozeß verknüpft, wie Abbildung 16 zeigt.

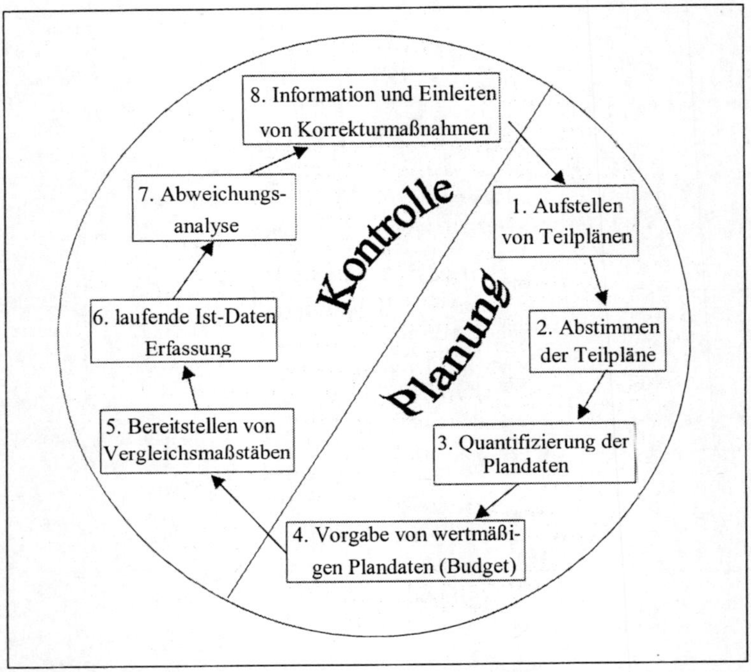

Abb. 16: Controlling als Verbindung von Planung und Kontrolle

3.3.2 Informationsorientierte Controlling-Konzeptionen

Eine große Gruppe von Definitionen sieht im Controlling eine „im Kern informationswirtschaftliche Dimension“[1]. Reichmann definiert: „Controlling ist die zielbezogene Unterstützung von Führungsaufgaben, die der systemgestützten Informationsbeschaffung und Informationsverarbeitung zur Planerstellung, Koordination und Kontrolle dient.“[2] Ebert/Koinecke/Peemöller definieren:

[1] J. Link: Controlling, a.a.O., S. 261.

[2] Th. Reichmann: Controlling mit Kennzahlen und Managementberichten, 5. Aufl., München 1997, S. 12.

„Controlling ist ein funktionsübergreifendes Steuerungsinstrument, das den unternehmerischen Entscheidungs- und Steuerungsprozeß durch zielgerichtete Informationser- und [-]verarbeitung unterstützt."[1]

Auch Korndörfer sieht die „Notwendigkeit einer Controlling-Funktion, deren wesentlichste Service-Aufgabe darin besteht, der Unternehmensspitze zur optimalen Steuerung schnell und zuverlässig weitgehend verdichtete und bewertete Führungsinformationen zur Verfügung zu stellen."[2] Hier ist auch zu erkennen, daß die verschiedenen Controlling-Konzeptionen sich meist nicht strikt trennen lassen, sondern ineinander übergehen. So lassen sich letztere Definitionsansätze sicherlich auch den erfolgszielorientierten Controlling-Konzeptionen zurechnen.

Durch den Vormarsch der elektronischen Datenverarbeitung sind Möglichkeiten entstanden, die eine betriebliche Informationswirtschaft rechtfertigen und notwendig machen. Denn eine „effiziente Unternehmensführung ist nur dann möglich, wenn die Unternehmensleitung jederzeit einen umfassenden und zeitgemäßen Kenntnisstand über die Lage der Unternehmung hat. Jede unternehmerische Entscheidung basiert auf ‚Informationen'. Damit besteht die Gefahr, daß unternehmerische Entscheidungen falsch getroffen werden, weil Informationen entweder gar nicht oder ungenügend bzw. verspätet zur Verfügung stehen."[3] Eine weitere Problematik kommt noch hinzu: Informationen sind nur sinnvoll, wenn der Informationsnutzen die Informationskosten übersteigt. Dies ist aber gar nicht so selbstverständlich in vielen Unternehmen. Daher sind auch Informationssysteme optimal zu gestalten, z.B. indem ein

---

1 G. Ebert/J. Koinecke/V. Peemöller: Controlling, 5. Aufl., Landsberg am Lech 1993, S. 16. Fast die gleiche Definition findet sich bei P. Preißler, a.a.O., S. 14.

2 W. Korndörfer: Unternehmensführungslehre, 8. Aufl., Wiesbaden 1995, S. 188.

3 W. Hopfenbeck, a.a.O., S. 812.

Informationssystem-Management entwickelt wird.[1] Ansatzpunkt dieses Controllingverständnisses bildet zumeist das Rechnungswesen.[2] Dieses wird zu einem entscheidungsorientierten oder - genauer - planungsorientierten Rechnungswesen ausgebaut, d.h. das vergangenheitsorientierte Rechnungswesen wird nun zukunftsorientiert ausgelegt.[3]

Abbildung 17 zeigt dies einprägsam. Damit ergeben sich Fragen der Informationsbedarfsermittlung und der Informationsbereitstellung, also des Berichtswesens[4], die durch das Controlling gelöst werden sollen.

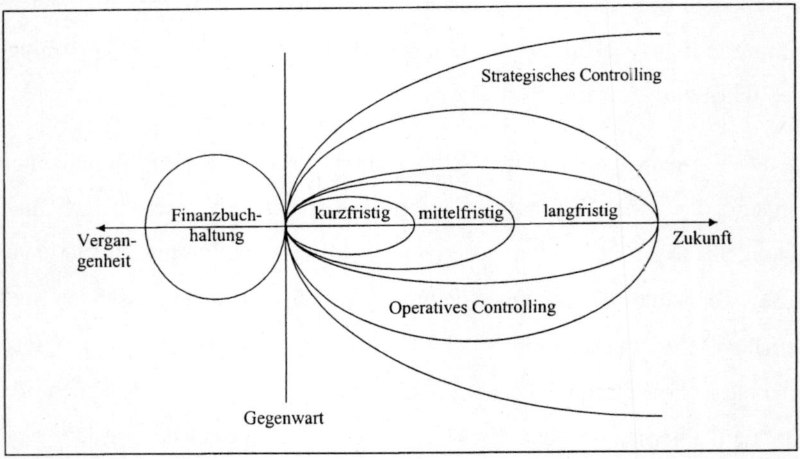

Abb. 17: Zeitorientierung des klassischen Rechnungswesens bzw. des Controlling[5]

[1] Vgl. W. Brenner/H. Österle: Wie Sie Informationssysteme optimal gestalten, in: Harvard Business Manager, 16. Jg. (1994), Heft 1, S. 46-52, hier S. 46 f.

[2] Vgl. J. Weber: Controlling, a.a.O., S. 20.

[3] Vgl. zu der Entwicklung der Kostenlehre W. Becker: Entwicklungslinien der betriebswirtschaftlichen Kostenlehre, in: krp, 10. Jg. (1993), Sonderheft 1/93, S. 5-18, im folgenden zitiert als: Entwicklungslinien.

[4] Vgl. H.-U. Küpper: Controlling, a.a.O., S. 11.

[5] In Anlehnung an R. Mann: Praxis, a.a.O., S. 22.

Preißler[1] sieht die Aufgabe des Rechnungswesens in der Funktion der Informationserarbeitung und Dokumentation. Das Rechnungswesen und das Berichtswesen ergeben bei Horvath & Partnern das Informationsversorgungssystem.[2] Die Aufgabe des Controlling liegt hingegen in der Informationsverarbeitung und -verdichtung sowie der Auswahl hinsichtlich des zielorientierten Erfolgsaspektes. Abbildung 18 auf der folgenden Seite stellt den Koordinationsbedarf zwischen Rechnungswesen und Controlling dar.

Ein Blick in verschiedene Standardwerke der Kostenrechnung[3] zeigt, daß diese Weiterentwicklung des Rechnungswesens tatsächlich in eine bisher kaum behandelte, also neue Materie führt. Hier ergibt sich eine eigenständige Problemstellung. Zum einen bezieht sie sich auf einen Koordinationsbedarf, besonders für das interne Rechnungswesen, zum anderen auf die Informationserarbeitung.[4] Allerdings ist fraglich, ob dies die Einführung der neuen Bezeichnung Controlling rechtfertigt.[5] Der Begriff „Entscheidungsorientiertes Rechnungswesen" trifft diesen Sachverhalt auch.

---

[1] Vgl. Preißler, a.a.O., S. 47.

[2] Vgl. Horváth & Partner: Das Controllingkonzept, 3. Aufl., München 1998, S. 10 f.

[3] Vgl. z.B. W. Eisele: Technik des betrieblichen Rechnungswesens, 6. Aufl., München 1999, S. Hummel/W. Männel: Kostenrechnung 1, 4. Aufl., Nachdruck, Wiesbaden 1995; dies.: Kostenrechnung 2, 3. Aufl., Nachdruck, Wiesbaden 1999; L. Haberstock: Kostenrechnung I, 9. Aufl., Hamburg 1997, im folgenden zitiert als: Kostenrechnung I; ders: Kostenrechnung II. 7. Aufl., Hamburg 1989, im folgenden zitiert als: Kostenrechnung II; J. Weber: Einführung in das Rechnungswesen, Bd. 2: Kostenrechnung, 5. Aufl., Stuttgart 1997; G. Eilenberger: Betriebliches Rechnungswesen, 7. Aufl., München 1995; J. Kloock/ G. Sieben/Th. Schildbach: Kosten- und Leistungsrechnung, 8. Aufl., Düsseldorf 1997. Theoriekonzepte sind teilweise schon entwickelt worden bei W. Kilger: Flexible Plankostenrechnung und Deckungsbeitragsrechnung, 10. Aufl., Wiesbaden 1993, S. 133-201.

[4] Vgl. H.-U. Küpper: Controlling, a.a.O., S. 11 Küpper bejaht allerdings nur den Koordinationsbedarf.

[5] Ähnlich kritisch auch J. Weber: Controlling, a.a.O., S. 20-23; F.-O. Lehmann, a.a.O., S. 48.

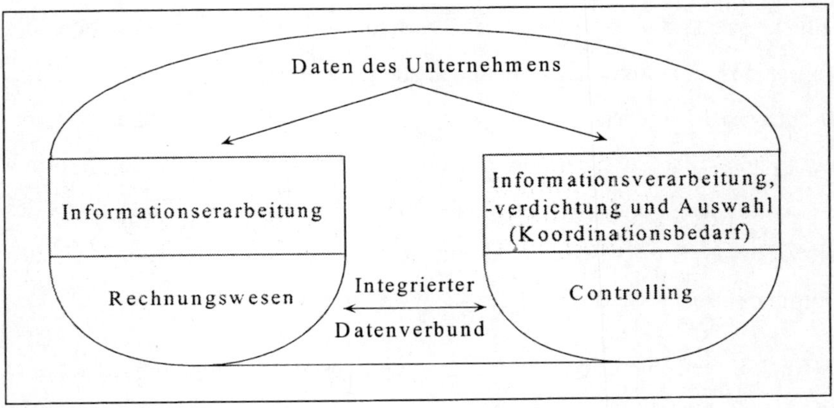

Abb. 18: Koordinationsbedarf im integrierten Datenverbund zwischen Rechnungswesen und Controlling

3.3.3 Koordinationsorientierte Controlling-Konzeptionen

Drei verschiedene Gruppen von koordinationsorientierten Controllingkonzeptionen lassen sich unterscheiden. Die engste Form geht beim Controlling nur von einer Koordination der Informationsfunktion aus, vgl. Abbildung 19. Sie wurde erstmals von Müller vertreten, der die Koordinationsaufgabe darin sieht, „in innovativer Weise ständig den Informationsbedarf der Planungs- und Entscheidungsträger der Unternehmung mit den Aktivitäten der innerbetrieblichen Informationserfassung und -verarbeitung möglichst effizient aufeinander abzustimmen.“[1]

[1] W. Müller: Die Koordination von Informationsbedarf und Informationsbeschaffung als zentrale Aufgabe des Controlling, in: ZfbF, 26. Jg. (1974), S. 683-693, hier S. 686 f.

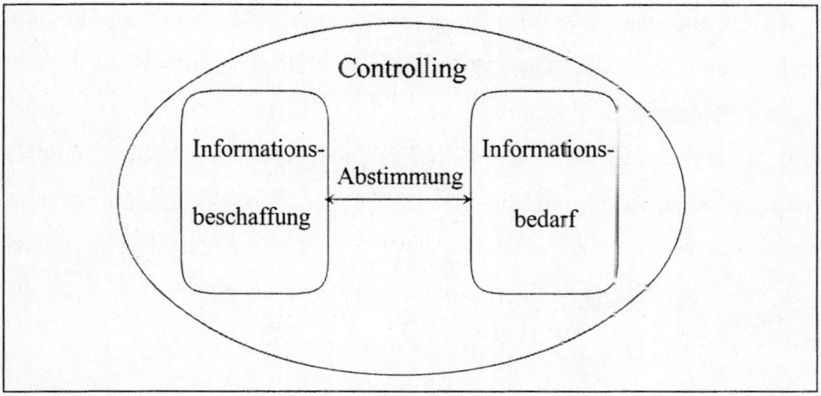

Abb. 19: Koordination von Informationsbeschaffung und -bedarf

Eine zweite Form erweitert die Koordinationsaufgabe auf die unterschiedlichen Teilsysteme der Unternehmensführung. Versteht man unter Führung „nichts anderes als Planung, Steuerung oder Kontrolle“[1], so folgt daraus, daß das Controlling Planungs-, Kontroll- und Informationssystem koordiniert. Der wohl bekannteste Vertreter dieser Ansicht ist Horváth, der Controlling bzw. das Controllingsystem als „Subsystem der Führung [sieht], das Planung und Kontrolle sowie Informationsversorgung systembildend und systemkoppelnd ergebniszielorientiert koordiniert und so die Adaption und Koordination des Gesamtsystems unterstützt.“[2] Er versteht in der Koordinationsaufgabe die zentrale Funktion des Controlling.[3]

1 J. Link: Controlling, a.a.O., S. 263.

2 P. Horváth: Controlling 1998, a.a.O., S. 144.

3 Vgl. P. Horváth: Die Koordinationsaufgaben des Controlling, in: Jacob, H. (Hrsg.): Schriften zur Unternehmensführung, Bd. 27, Wiesbaden 1980, S. 3-18, hier S. 4 ff.

Die Koordinationsaufgabe wird in eine systembildende und eine systemkoppelnde unterschieden.[1] Die systembildende Koordinationsaufgabe besteht darin, ein Planungs- und Kontrollsystem sowie ein Informationsversorgungssystem zu entwerfen, besondere Koordinationsorgane zu schaffen und/oder Regelungen aufzustellen, wie die im bestehenden Systemgefüge auftretenden Koordinationsprobleme zu behandeln sind.[2] Die systemkoppelnde Koordinationsaufgabe beschäftigt sich mit dem täglichen Funktionieren, also der laufenden Abstimmung.[3]

Die systembildende und die systemkoppelnde Koordination zielen darauf, die Aktivitäten des Controlling so auszurichten, daß das Erreichen des Gesamtzieles optimiert wird. Die Transaktionskosten sollen gleichzeitig minimiert werden.[4]

Abbildung 20 auf der folgenden Seite zeigt das Controllingsystem nach Horváth.

---

1 Matschke/Kolf unterscheiden zwischen Systemdifferenzierung und Systemkopplung; vgl. J. Matschke/J. Kolf: Historische Entwicklung, Begriff und organisatorische Probleme des Controlling, in: DB, 33. Jg. (1980), S. 601-607, hier S. 604; Schmidt spricht von Führungssystem gestalten und Führungsprozeß steuern; vgl. A. Schmidt: Das Controlling als Instrument zur Koordination der Unternehmensführung, Diss., Frankfurt 1986, S. 44.

2 Vgl. P. Horváth: Controlling 1998, a.a.O., S. 121 f.

3 Horváth & Partner, a.a.O., S. 10.

4 Vgl. C. Lange/S. Schaefer: Umweltschutz-Controlling, a.a.O., S. 299.

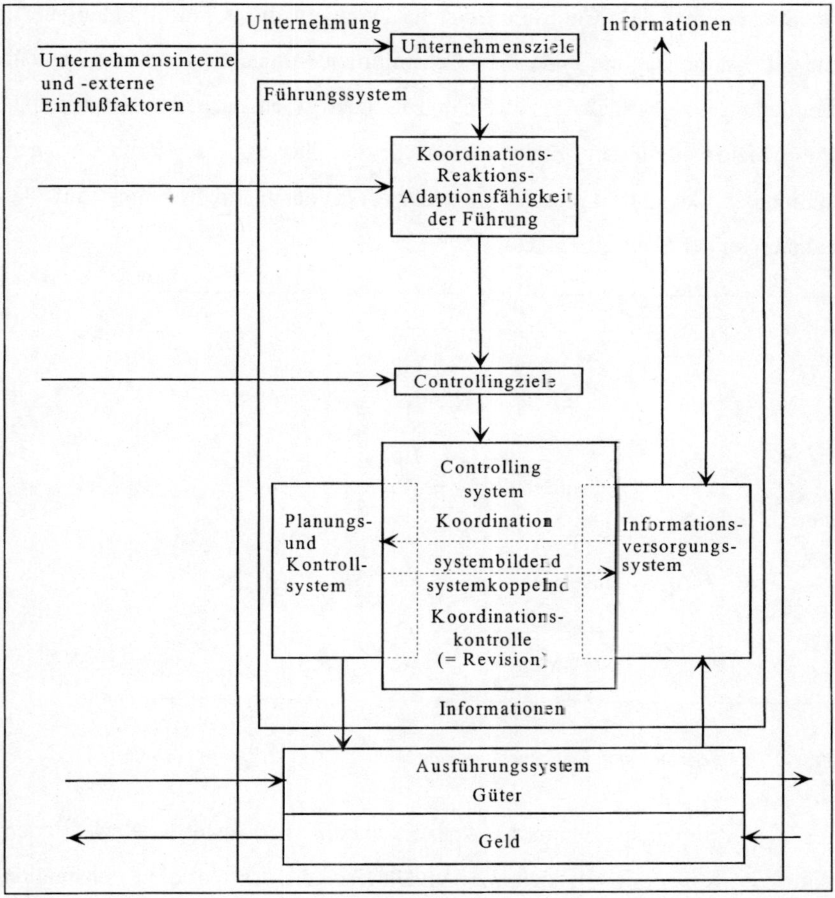

Abb. 20: Das Controllingsystem nach Horváth[1]

Die wesentlichen Probleme bei der Controllingarbeit liegen an den Systemschnittstellen.[2]

---

[1] Nach P. Horváth: Controlling 1998, a.a.O., S. 143.

[2] Vgl. P. Horváth: Controlling 1998, a.a.O., S. 144 f.

Als Subsysteme des Controllingsystems können die Controllingaufgaben, Controllingorganisation und die Controllinginstrumente gesehen werden. Abbildung 21 zeigt, daß sich die Controllingaufgaben nach der Verrichtung, dem Objekt oder den Zielen unterscheiden lassen. Sie umfassen den funktionalen Aspekt, d.h. alle einzelnen Aktivitäten im Hinblick auf die Realisierung der Controllingziele.

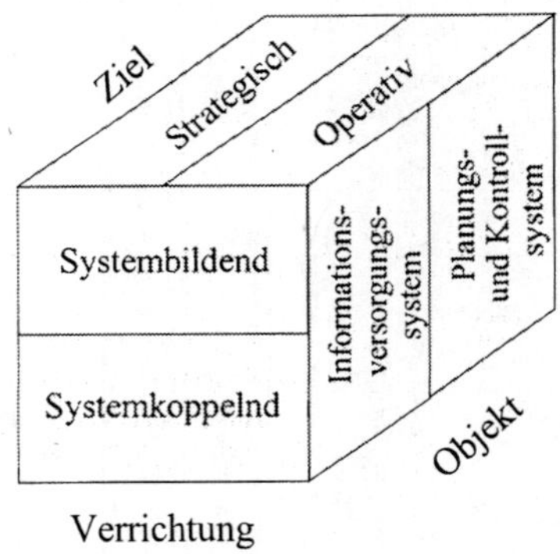

Abb. 21: Differenzierung der Controllingaufgaben[1]

Dieser koordinationsorientierte Ansatz ähnelt der erfolgszielorientierten Controlling-Konzeption, jedoch mit dem Unterschied, daß hier die Koordination die Basiszwecksetzung darstellt. Das Controlling umfaßt somit nicht die Planung und die Kontrolle, sondern nur die Koordination dieser Aktivitäten. Zudem schließt dieser Ansatz auch die strategische Ebene mit ein.[2]

Horváth zielt zwar auf das Ergebnisziel ab: „Controlling stellt damit eine Unterstützung der Führung dar: es ermöglicht ihr das Gesamtsystem *ergebnisziel-*

---

1 Leicht verändert entnommen aus P. Horváth: Controlling 1998, a.a.O., S. 144.

2 Vgl. H.-U. Küpper: Controlling, a.a.O., S. 12.

orientiert an Umweltveränderungen anzupassen und die Koordinationsaufgaben hinsichtlich des *operativen* Systems wahrzunehmen“[1], unterscheidet dann aber die Controllingaufgaben in operative und strategische.[2]

Dieser Koordinationsansatz wurde durch Schmidt auf das Ziel- und Organisationssystem erweitert: „Die Koordinationsfunktion des Controlling bezieht sich auf das Führungssystem und auf die Führungsprozeßphasen. Seine Aktivitäten bezwecken primär die gesamtunternehmensbezogene interne Abstimmung und integrierende Verknüpfung des Informations-, Ziel-, Planungs- und Kontroll- und Organisationssystems“[3].

Diesen Ansatz hat Küpper wenig später übernommen. Er erweitert die Koordinationsaufgabe so, daß das Controlling auf die Schaffung von geeigneten Organisationsstrukturen hinzuwirken und Anreizsysteme zu entwickeln hat, welche die Schaffung koordinierender Planungs- und Steuerungssysteme erleichtert.[4] Auch für ihn hat Controlling „als zentrale Zwecksetzung die Koordination des Führungssystems“[5], allerdings gehört zu seinen Führungsteilsystemen auch das Personalführungssystem.[6] Abbildung 22 zeigt die Einordnung des Controlling in das Führungssystem nach Küpper. Die Ausweitung auf das gesamte Führungssystem stellt die dritte und weiteste Form des koordinationsbezogenen Ansatzes dar.[7]

---

1 P. Horváth: Controlling 1998, a.a.O., S. 144 (Hervorhebungen durch den Verfasser).

2 Vgl. P. Horváth: Controlling 1998, a.a.O., S. 144.

3 A. Schmidt, a.a.O., S. 56 f.

4 Vgl. H.-U. Küpper: Konzeption, a.a.O., S. 96 ff.

5 H.-U. Küpper, Industrielles Controlling, a.a.O., S. 857.

6 Ebenso sieht Hüttner „Personal“ und „Organisation“ als Teil der Unternehmensführung; vgl. M. Hüttner: Betriebswirtschaftslehre, a.a.O, S. 166.

7 Vgl. W. Ossadnik: Controlling, München 1996, S. 25-37.

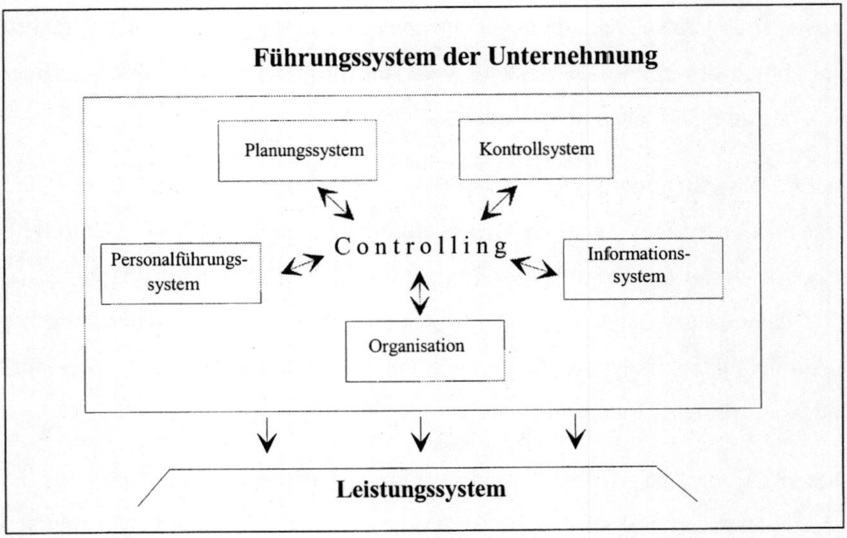

Abb. 22: Einordnung des Controlling in das Führungssystem der Unternehmung[1]

Küpper begründet die Erweiterung des Controlling auf die Personalführungsfunktion damit, daß für das Erreichen von koordiniertem Handeln in der Unternehmung die Art der Verhaltensbeeinflussung wichtig sei. Deshalb muß das Controlling auch entsprechende Anreizsysteme generieren. Dann bezieht sich Controlling aber auch auf das Personalführungssystem.[2] Diese Meinung wird auch von Weber gestützt, der die Koordinationsfunktion des Controlling ebenso umfangreich sieht.[3]

1 Leicht verändert entnommen aus H.-U. Küpper, Industrielles Controlling, a.a.O., S. 861.

2 Vgl. H.-U. Küpper: Konzeption, a.a.O., S. 96.

3 Vgl. J. Weber: Controlling, a.a.O., S. 24.

Die koordinationsbezogene Sichtweise des Controlling ist jedoch nicht unumstritten. So ist die Koordinationsaufgabe für Korndörfer eine derart originäre Aufgabe, daß sie nur von der Unternehmensleitung durchgeführt werden darf: „Nur die Unternehmensleitung ist auf Grund ihrer Übersicht und der Vollmacht in der Lage, Entscheidungen interdependenter Entscheidungsträger zu koordinieren, d.h. sie im Hinblick auf das Unternehmensziel optimal abzustimmen.“[1]

Diese Aussage trennt jedoch nicht klar zwischen Funktion und organisatorischer Zuordnung des Controlling. So kann eine Controllingfunktion durchaus auch von der Unternehmensleitung ausgeführt werden. Allerdings wäre es ineffizient, wenn Unternehmen zwar einen Controller besitzen, aber weiter durch persönliche Weisungen des Unternehmers geführt werden.[2] Daher versteht Becker die Integration und Koordination als „derivative Funktion des Controlling ... , weil Integration und Koordination schon immer als wesentliche Aufgaben der gesamten Führung angesehen wurden.“[3]

Integration ist ein Begriff aus der Organisationstheorie und bezeichnet die Koordination arbeitsteiliger Prozesse in einem Unternehmen, insbesondere deren Ausrichtung auf die Unternehmensziele.[4]

---

[1] W. Korndörfer, a.a.O., S. 51; eine ähnliche Kritik erscheint auch bei D. Schneider: Versagen, a.a.O., S. 770 f.

[2] Vgl. J. Weber: Die Koordinationssicht des Controlling, in: Spremann, K./Zur, E. (Hrsg.): Controlling, Wiesbaden 1992, S. 169-183, im folgenden zitiert als: Koordination, hier S. 181.

[3] W. Becker: Funktionsprinzipien des Controlling, in: ZfB 60. Jg. (1990), Heft 3, S. 295-318, im folgenden zitiert als: Controlling, hier S. 309.

[4] Vgl. A. Kieser/H. Kubicek: Organisation, 3. Aufl., Berlin-New York 1992; E. Frese: Organisationstheorie, 2. Aufl., Wiesbaden 1992; ders. E. Frese: Grundlagen der Organisation, 7. Aufl., Wiesbaden 1998, im folgenden zitiert als: Organisation, S. 6 f.

Koordination harmonisiert und stimmt Teilaktivitäten eines Unternehmens ab, um ein übergeordnetes Ziel erreichen zu können.[1] „Dabei bezeichnet Integration eher eine Abstimmung durch Festlegung längerer Strukturen, während mit Koordination oftmals die laufende Abstimmung gemeint ist.“[2]

Schneider sieht ein Versagen des Controlling darin, die Koordination von Führungsaufgaben zu beanspruchen, sich jedoch bei den rechnerischen Grundlagen für Management-Informationssysteme hauptsächlich auf eine überholte Kostenrechnung zu stützen.[3] Weber grenzt Controlling auf eine planungs- und kontrolldeterminierte Unternehmensführung ein und nimmt damit seiner Meinung nach diesem Vorwurf „den meisten Wind aus den Segeln. [Denn] das Betreiben der Kostenrechnung ist keine Controlling-Aufgabe, auch wenn mancher Controller in der Praxis damit befaßt ist.“[4]

Weiterhin geht Schneider der Anspruch des Controlling deutlich zu weit. Er spricht von „Selbstbeweihräucherung zum Supermann“[5] So scheint ihm besonders die Erweiterung auf die Führungsteilsysteme Organisation und Personalführung nicht angemessen zu sein. Außerdem mißfällt ihm am Controlling, daß „zu viele offene Probleme anderer Teilgebiete einbezogen werden, ohne bisher Lösungsansätze bieten zu können.“[6]

Die Erweiterung auf die Führungsteilsysteme Organisation und Personalführung ist sicherlich eine Frage der Zweckmäßigkeit, denn Definitionen, wie auch Begriffe, Termini und Fachwörter sind „nach heute wohl vorherrschendem

---

[1] Vgl. R. Pieper (Hrsg.): Lexikon Management, Wiesbaden 1992, S. 177, 212.

[2] H.-U. Küpper: Konzeption, a.a.O., S. 89.

[3] Vgl. D. Schneider: Versagen, a.a.O., S. 772.

[4] J. Weber: Versagen, a.a.O., S. 1787.

[5] D. Schneider: Versagen, a.a.O., S. 765.

[6] D. Schneider: Versagen, a.a.O., S. 771.

erkenntnistheoretischen Verständnis nicht grundsätzlich *wahr* oder *falsch* [..], sondern nur mehr oder weniger *zweckmäßig*."[1] Küpper begründet: „Die Verknüpfung zwischen verschiedenen Führungsteilsystemen spricht vielmehr dafür, daß die Koordinationsfunktion im Führungssystem über eine reine Organisations- oder Personalführungsaufgabe hinausgeht. Das Spezifische dieser Problemstellung besteht gerade in der Betrachtung der Beziehungen zwischen verschiedenen Führungsfunktionen."[2]

Eine Analyse der Einzelaufgaben des Controlling, vgl. Tabellen 2 und 3, gibt keine Hinweise darauf, die Koordination der Teilsysteme Organisation und besonders Personalführung unter das Controlling zu stellen. Zumindest in heutiger Zeit scheint es nicht zweckmäßig, bzw. verfrüht, das Controlling auf das Personalführungssystem auszudehnen. Auch Organisation läßt sich „nicht nur als Aufteilung im Sinne der Schaffung von Koordinationsbedarf, sondern auch im Sinne der Strukturierung zur Begrenzung und Verminderung von Koordinationsbedarf sehen."[3] Insofern ist die Koordinationsaufgabe sicherlich eine wichtige, jedoch keine exklusive Aufgabe des Controlling. So erscheint auch ein Vereinnahmen von Organisation in das Controlling nicht zweckmäßig.

Die Koordination im Führungsgesamtsystem stellt eine eigenständige Problemstellung dar. Dieser weite koordinationsbezogene Controlling-Ansatz ist auch anpassungsfähig an Umweltveränderungen. Da er alle Teilsysteme einschließt, gehört auch die Koordination zu jedem neu entstehenden Teilsystem zum Controlling. Dabei fällt auf, daß auch das Controlling zum Führungsteilsystem wird. Dann ist aber das Controlling für seine Koordination mit anderen Teilsystemen zuständig (Controlling des Controlling). Wenn das Controlling

---

1 M. Hüttner: Betriebswirtschaftslehre, a.a.O., S. 1.

2 H.-U. Küpper: Controlling, a.a.O., S. 16.

3 Th. Schildbach: Grundproblem, a.a.O., S. 24.

sich aber mit anderen Teilsystemen koordinieren kann, warum können dies nicht auch die anderen Teilsysteme, ohne, daß es Controlling gibt?

Aus diesen genannten Gründen scheint es zweckmäßig, das Controlling auf die „rational faßbaren und delegierbaren Führungsaufgaben“[1] und damit auf die Führungsteilsysteme Planung, Information und Kontrolle zu beschränken und zwar als „die Gesamtheit aller führungsunterstützenden Aufgaben, die die Koordination und Informationsversorgung der Führung zum Gegenstand haben.“[2] Mit diesem Arbeitsansatz soll nun eine eigene Controlling-Konzeption vorgestellt werden. Ziel ist dabei nicht, eine neue Controlling-Konzeption den vorhandenen hinzuzufügen, sondern eine Konzeption zu entwickeln, die integrativ die vorhandenen Ansätze miteinander verbindet.

3.4 Entwicklung einer Controlling-Konzeption

Hier wird die Auffassung vertreten, daß Controlling einen eigenständigen Bereich der Betriebswirtschaftslehre darstellt. Jedoch meint der Verfasser, daß nicht eine der vorgestellten Richtungen zweckmäßig ist, sondern eine Mischung der vorgegebenen Ansätze.

Um einen Bezugsrahmen zu schaffen, der die Rahmenbedingungen für die konkrete Ausgestaltung eines Controllingsystems festlegt, ist zuerst eine Controlling-Konzeption zu entwickeln.[3] Abbildung 23 auf der folgenden Seite zeigt, daß eine Controlling-Konzeption aus einer zielbezogenen, einer funktionalen,

[1] Th. Schildbach: Grundproblem, a.a.O., S. 23.

[2] P. Horváth: Controlling, in: HWR, 3. Aufl., Stuttgart 1993, Sp. 322-334, im folgenden zitiert als: Controlling HWR, hier Sp. 324.

[3] Vgl. Th. Reichmann, a.a.O., S. 5.

einer instrumentalen sowie einer institutionalen Ebene besteht,[1] d.h. sie ist die „Gesamtheit von Controllingziel, Controllingaufgaben, Controllinginstrumenten und –organisation".[2]

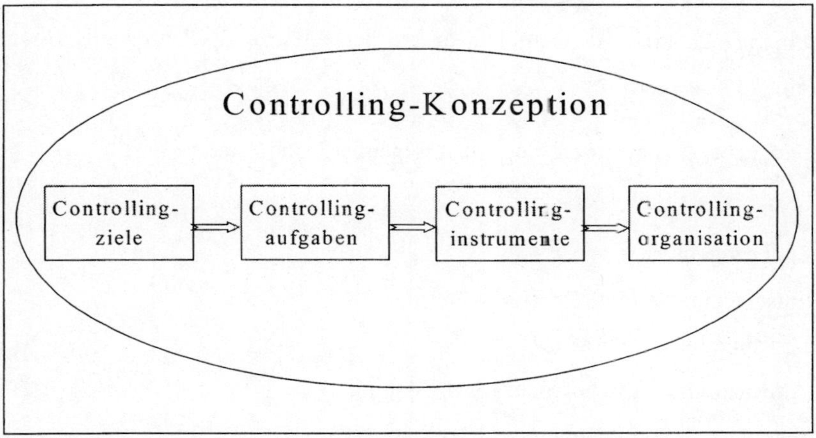

Abb. 23: Bestandteile einer Controlling-Konzeption

Die zielbezogene Ebene bildet die Grundlage der Controlling-Konzeption. Sie bietet das Kriterium zur Abgrenzung der Controllingaufgaben (funktionale Ebene). Aus den Aufgaben ergeben sich die Controllingaktivitäten, und aus diesen leitet sich schließlich das Controllinginstrumentarium ab (instrumentale Ebene). Die institutionale Ebene setzt sich mit der organisatorischen Einordnung des Controlling auseinander.

Ein Standardproblem bei der Definition von Controllingansätzen besteht darin, daß man je nachdem, ob man Controlling von einer funktionalen oder institutionalen Sicht aus sieht, zu einem anderen Controllingansatz kommt. Der

---

1 Vgl. H.-U. Küpper/J. Weber/A. Zünd, a.a.O., S. 282. Allerdings wird dort nicht auf eine zielbezogenen Aspekt abgestellt.

2 D. Hahn: PuK, a.a.O., S. 181.

funktionale Controllingansatz beschreibt die Aufgaben, für die das Controlling zuständig ist - unabhängig von der organisatorischen Stelle, die sie ausübt -.[1] Bei Controlling im institutionellen Sinne ist der Aufgabenbereich des Controllers gemeint. Dabei ist der „Controller .. eine Institution (Organisationseinheit) im Unternehmen, deren Hauptaufgabe es ist, den Controlling-Prozeß zu ermöglichen und zu steuern“.[2]

Die Konzeption zum Controlling weist folgende Grundelemente auf:[3]

1. Systemgedanke
2. Zielbezogenheit
3. Entscheidungsorientierung
4. Koordinationsfunktion
5. Informationsversorgung und –verdichtung
6. Unterstützen von Planung und Kontrolle.

3.4.1 Die Unternehmung als System

Ein System ist die „*geordnete* Gesamtheit von *Elementen*, zwischen denen relativ *dauerhafte* Beziehungen bestehen“[4]. Elemente sind Teile des Systems. Das System kann nun wieder ein Teil eines größeren Systems sein. Dieses System nennt man Umsystem oder Supersystem.[5] Dies zeigt Abbildung 24.

---

[1] Vgl. H.-W. Stahl: Controlling, Wiesbaden 1992, S. 13.

[2] K. Liessmann: Bestimmungsfaktoren und Varianten der Controller-Organisation, in: Mayer, E./Weber, J. (Hrsg.): Handbuch Controlling, Stuttgart 1990, S. 511-533, hier S. 513.

[3] Vgl. C. Lange/H. Ukena: Integrierte Unternehmensplanung und –kontrolle im Rahmen eines betrieblichen Umweltschutz-Controllingsystems, in: ZAU, 9. Jg. (1996), S. 67-85, hier S. 67 f.; C. Lange: Umweltschutz-Controlling, Vorlesungsskript, 7. Aufl., Universität Essen 1998, im folgenden zitiert als: Umweltschutz-Controlling, S. 7.

[4] M. Hüttner: Betriebswirtschaftslehre, a.a.O., S. 7.

[5] Vgl. C. Lange: Umweltschutz-Controlling, a.a.O., S. 7-1.

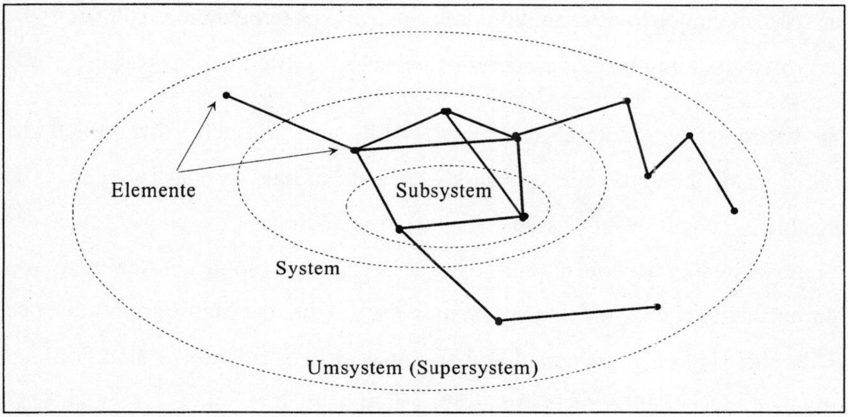

Abb. 24: System im Umsystem[1]

Die Unternehmung kann als System abgebildet werden. Subsysteme sind dann die Funktionsbereiche der Unternehmung. Die Umwelt bildet das Umsystem. Das System Unternehmung läßt sich - je nach den gestellten Aufgaben - in ein Führungs- und ein Ausführungssystem bzw. Leitungs- und Leistungssystem differenzieren.

3.4.2 Controlling als Führungssubsystem

Controlling läßt sich als Führungssubsystem betrachten, und zwar funktional als auch institutional. In funktionaler Sicht sind die Controllingaufgaben zu unterscheiden und der Zusammenhang zwischen ihnen. Institutional ist dann zu entscheiden, wer die Controllingaufgaben übernehmen soll. Die einzelnen Aufgaben stellen bei der funktionalen Betrachtung die Systemelemente dar. Bei

[1] Leicht verändert entnommen aus D. Hahn: PuK, a.a.O., S. 7.

der vorgenommenen Zweiteilung des Systems Unternehmung läßt sich die Controllingfunktion den Führungsaufgaben zuordnen.[1]

Die Literatur zum Führungsbegriff ist mehr als zahlreich. Hier sollen die Führungsaufgaben in eine prozessuale Reihenfolge zerlegt werden. Die einzelnen Teilaufgaben lassen sich dann funktional als Subsysteme des Führungssystems benennen. Abbildung 25 zeigt eine mögliche Ableitung von Führungstätigkeiten in der Unternehmung nach Hahn, die hier verwandt werden soll, wobei Hahn explizit darauf hinweist, daß „es jedem Praktiker und Forscher frei [steht], wie er einzelne Führungstätigkeit inhaltlich definiert."[2]

[1] Vgl. P. Horváth: Controlling 1998, a.a.O., S. 107 ff.; H.-U. Küpper/J. Weber/A. Zünd, a.a.O., S. 282 ff.

[2] D. Hahn: PuK, a.a.O., S. 45.

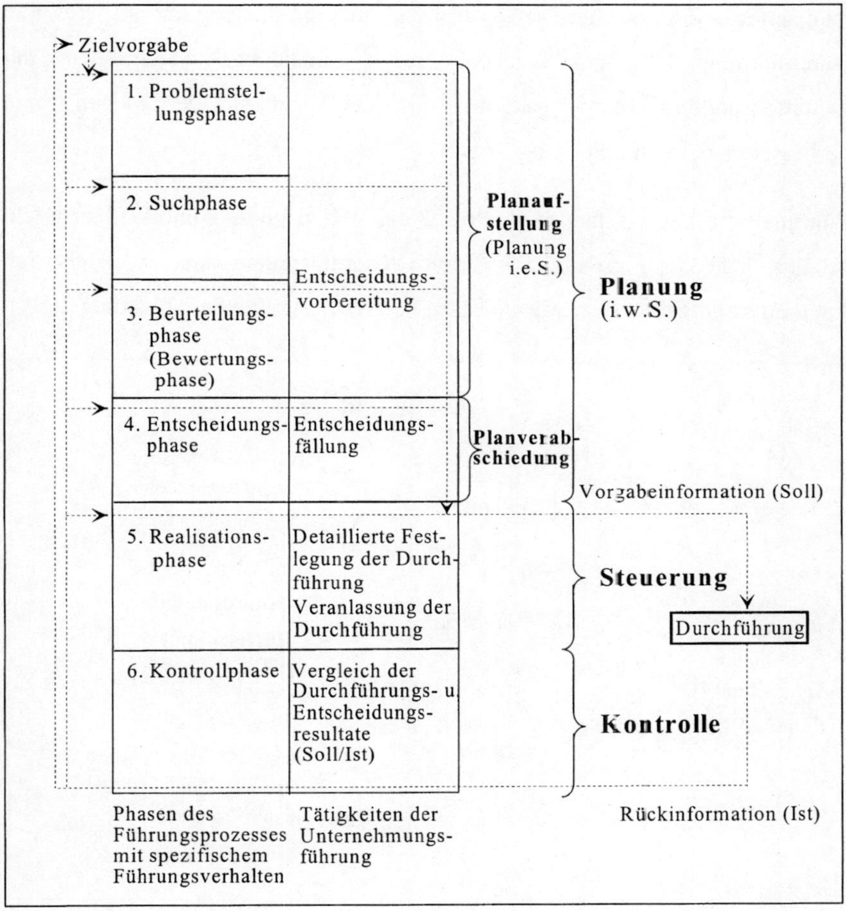

Abb. 25: Führungstätigkeiten in der Unternehmung[1]

Hiernach wird als Planung der gesamte Entscheidungsprozeß gesehen. Die Führungsentscheidungen fallen auf der Grundlage systematischer, strukturierter Entscheidungsvorbereitung. Anderenfalls liegen Entscheidungen durch Intuition vor. Die Steuerung veranlaßt die Umsetzung der Entscheidungsergebnisse. Sie

[1] Nach D. Hahn: PuK, a.a.O., S. 46.

realisiert also die Planung. Die Kontrolle ergänzt die Planung und begleitet ihre Durchführung. Im Kern vergleicht sie Entscheidungs- (Sollgrößen) mit Durchführungsergebnissen (Istgrößen). Dabei dient sie der Planung und verbessert generell die Führung.[1]

Führung wird hier verstanden als Prozeß der Willensbildung und Willensdurchsetzung. Sie ist grundsätzlich mit Koordinations- und vielfach mit Integrationsaufgaben verbunden. Diesen Sachverhalt zeigt die Abbildung 26.

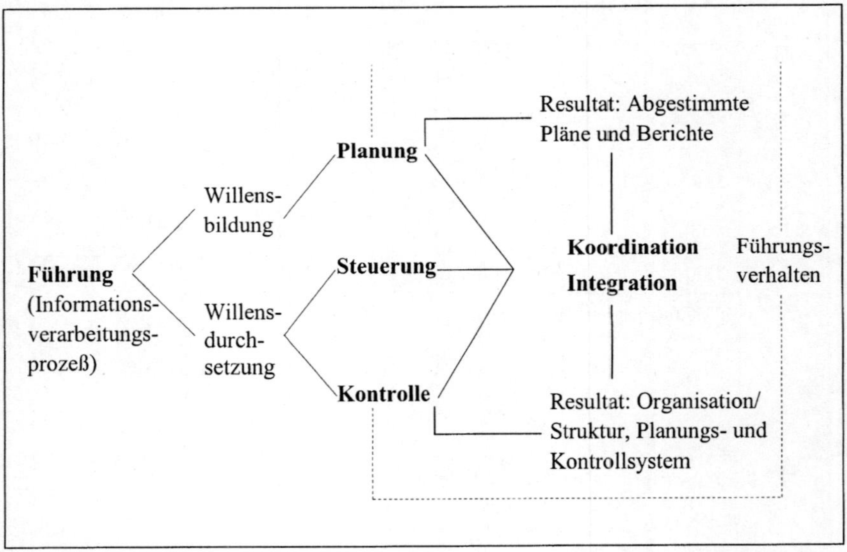

Abb. 26: Führungsprozeß in der Unternehmung[2]

Controlling als Führungssubsystem soll dem Führungssystem helfen. Die Führung ist im wesentlichen ein Informationsverarbeitungsprozeß, d.h. die Führung braucht vom Controlling zweckmäßige Informationen. Diese müssen

[1] Vgl. D. Hahn: PuK, a.a.O., S. 45-49.

[2] Nach D. Hahn: PuK, a.a.O., S. 44.

er- und verarbeitet bzw. abgestimmt werden. Ferner entsteht durch die verschiedenen Prozeßphasen - Willensbildung und Willensdurchsetzung - ein Koordinationsbedarf für die Führungsteilsysteme Planung, Steuerung und Kontrolle. Damit ergeben sich als direkte Aufgaben für das Controlling die Informations- und die Koordinationsaufgabe.

3.4.3 Zielbezogene Ebene

Controllingziele leiten sich aus den Oberzielen ab und stellen die Grundlage und Ursachen für den Aufbau von Controllingsystemen dar. Je nachdem, wie die Controllingziele gesetzt werden, verändert die Controlling-Konzeption ihr Aussehen und weist unterschiedliche Aufgaben aus. Denn unter „Controllingaufgaben ist eine Solleistung zu verstehen, die der Erfüllung des Controllingziels dient."[1] Abbildung 27 auf der folgenden Seite zeigt, daß die Summe der Controllingaufgaben die Controllingfunktion ergibt.

Die Steigerung der Wirtschaftlichkeit der Unternehmung ist ein wesentliches Controllingziel[2]. Sie wird durch die jeweilige konkrete Zielsetzung des Unternehmens mit Inhalt gefüllt. Dabei wird zwischen Effektivität und Effizienz unterschieden. Effektivität bezeichnet die Zweckmäßigkeit und drückt den Grad der Zielerreichung von bestimmten Sachverhalten aus, d.h. wie zielsystemoptimal wurden Maßnahmen und Ressourcen abgestimmt.[3] Allgemein ausgedrückt heißt das, die richtigen Dinge tun (*to do the right things*). Unter Effizienz versteht man das Verhältnis zwischen Aufwand (*Input*) und Ertrag (*Output*). Insofern entspricht Effizienz der Wirtschaftlichkeit i.e.S. Sie ist ein Maß für die

---

[1] Th. Reichmann, a.a.O., S. 3.

[2] Vgl. P. Horváth: Controlling 1998, a.a.O. S. 78 und S. 137-142; Th. Reichmann, a.a.O., S. 3.

[3] Vgl. K. Dellmann: Systematisierung, a.a.O., S. 121.

Ergiebigkeit der Ressourcennutzung.[1] Allgemein ausgedrückt meint Effizienz, die Dinge richtig tun (*to do the things right*).

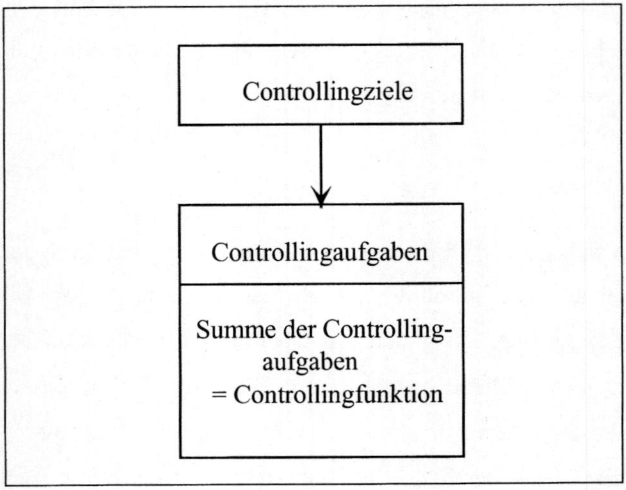

Abb. 27: Controllingziele und Controllingaufgaben[2]

Ausgehend von einer verstärkten Diskontinuität und Dynamik der Umwelt wird hier die Sicherung der Koordinations-, Reaktions- und Anpassungsfähigkeit der Unternehmensführung als generelles Ziel des Controlling vorgeschlagen.

3.4.4 Aufgabenbezogene Ebene

Die hier dargestellten Controllingaufgaben lassen sich in direkte und indirekte unterscheiden.

---

[1] Vgl. N. Thom/F. Cantin: Controlling und Auditing, in: Spremann, K./Zur, E. (Hrsg.): Controlling, Wiesbaden 1992, S. 185-203, hier S. 193; K. Dellmann: Systematisierung, a.a.O., S. 121.

[2] Nach Th. Reichmann, a.a.O., S. 4.

3.4.4.1 Direkte Aufgaben des Controlling

Die direkten Controllingaufgaben umfassen zum einen die Informationsaufgabe. Danach hat das Controlling die Unternehmensführung mit Planungs- und Steuerungsinformationen sowie mit Methoden und Modellen zu versorgen.[1]

Zum anderen wird die Koordinationsaufgabe mehr und mehr zur direkten Controllingaufgabe. Der Bedarf an Koordination wächst mit zunehmender Komplexität von Führungssystemen. Insbesondere bezieht sie sich auf die Gestaltung und Überwachung des Planungs-, Kontroll- und Informationssystems. Dies ergibt eine eigenständige Aufgabe für das Controlling, die von keinem anderen Führungsteilsystem abgedeckt wird.[2] Deshalb bilden die Informations- und Koordinationsaufgabe die Grundlage für eine einheitliche Controlling-Konzeption.

3.4.4.1.1 Die Informationsaufgabe

„Um auf unvorhersehbare, rasche Marktveränderungen umgehend reagieren zu können, müssen Manager das firmeneigene Wissen über Produkte und Prozesse schnell anzapfen können."[3] Information stellt die Grundvoraussetzung nachhaltig erfolgreichen unternehmerischen Handelns dar.[4]

---

[1] Vgl. J. Weber: Controlling, a.a.O., S. 29 f.

[2] Vgl. H.-U. Küpper/J. Weber/A. Zünd, a.a.O.; S. 281-293, hier S. 283 f.

[3] A.C. Boynton: Punktlandung statt Blindflug - mit den richtigen Informationssystemen, in: Harvard Business Manager, 15. Jg. (1993), Heft 4, S. 59-67, hier S. 61.

[4] Vgl. A. Picot: Informationsmanagement und Unternehmensstrategie, in: 3. Europäischer Kongreß über Büro-Systeme & Informations-Management, München 1986, S. 757-796, hier S. 759.

Voraussetzung für die Koordinationsfähigkeit der Unternehmensführung sind 1. detaillierte Informationen über die Zielwirkungen von Handlungsmöglichkeiten, 2. Austausch von Informationen zwischen den verschiedenen Handlungsträgern und 3. Bereitstellung von Koordinationsinstrumenten. Voraussetzung für die Reaktionsfähigkeit der Unternehmungsführung bei Planabweichungen ist die laufende Versorgung mit Kontrollinformationen und Informationen über mögliche Konsequenzen festgestellter Abweichungen auf die Zielerfüllung. Damit die Unternehmensführung Anpassungen auf Umweltveränderungen vornehmen kann, müssen Informationen über diese Veränderungen vorliegen. Die Informationsversorgung der Unternehmensführung ist daher eine Aufgabe zum Schaffen, Erhalten und Verbessern der Koordinations-, Reaktions- und Anpassungsfähigkeit der Unternehmungsführung. Sie ist die Kernaufgabe des Controlling.[1]

Das Erkennen und Ausnutzen von Informationsvorsprüngen stellt die Grundlage erfolgreicher unternehmerischer Strategien dar. Für das Controlling sind bezüglich der Informationsversorgung des Führungssystems besonders drei Effizienzkriterien wichtig: Vollständigkeit je nach Verdichtungsgrad, Termingerechtigkeit und Problemadäquanz.[2] Die Informationen sollen umfassend, zuverlässig und schnell verfügbar sein. Sie dürfen nur so umfassend sein, wie dies zum Lösen des Problems nötig ist. Informationen sind zuverlässig, wenn sie ein den tatsächlichen Verhältnissen entsprechendes Bild vermitteln.

„Allgemein verlangt das Informationsziel, daß die Bereitstellung aller im Planungs- und Steuerungsprozeß benötigten Informationen mit dem erforderlichen Aktualitäts-, Genauigkeits- und Verdichtungsgrad sowie aller notwendi-

---

[1] Vgl. P. Horváth: Controlling 1998, a.a.O., S. 343 ff.

[2] Vgl. E.F. Schröder: Modernes Unternehmens-Controlling, 6. Aufl., Ludwigshafen 1996, S. 27.

gen Methoden und Modelle sichergestellt wird."[1] Dabei ist, wie die Abbildung 28 zeigt, der objektive Informationsbedarf in den Planungs- und Steuerungsprozessen mit dem subjektiven Informationsbedarf der Unternehmensführung und dem Informationsangebot abzustimmen.[2]

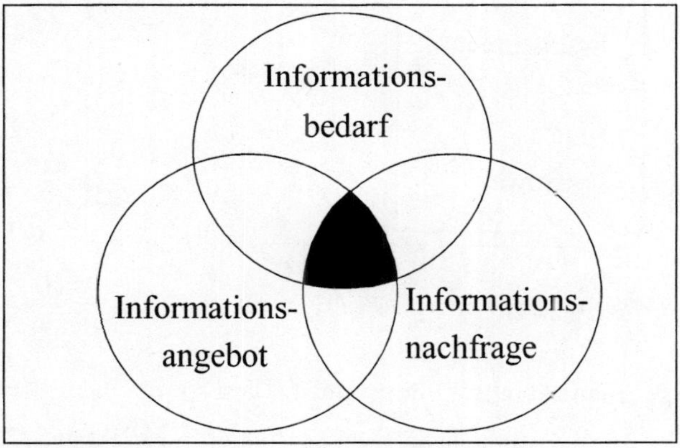

Abb. 28: Zusammenhang zwischen Informationsbedarf, -nachfrage und -angebot[3]

Der Informationsbedarf umfaßt die objektiv notwendigen Informationen, um eine Aufgabe zu erfüllen, die Informationsnachfrage lediglich die subjektiv notwendig empfundenen Informationen. Offen bleibt damit jedoch noch, welche Informationen von der Unternehmensführung benötigt werden. Informationen über ein Unternehmen oder die Umwelt sind intern oder extern, auf formellem (Berichtswesen) oder informellem (Privatgespräch) Weg erhältlich, vgl. die Abbildung 29.[4]

---

[1] Vgl. M. Schweitzer/B. Friedl, a.a.O., S. 149.

[2] Vgl. K. Rosenhagen: Informationsversorgung von Führungskräften, in: Controlling, 6. Jg. (1994), Heft 5, S. 272-280, hier S. 274.

[3] Entnommen aus K. Rosenhagen, a.a.O., S. 273.

[4] Vgl. K. Rosenhagen, a.a.O., S. 273.

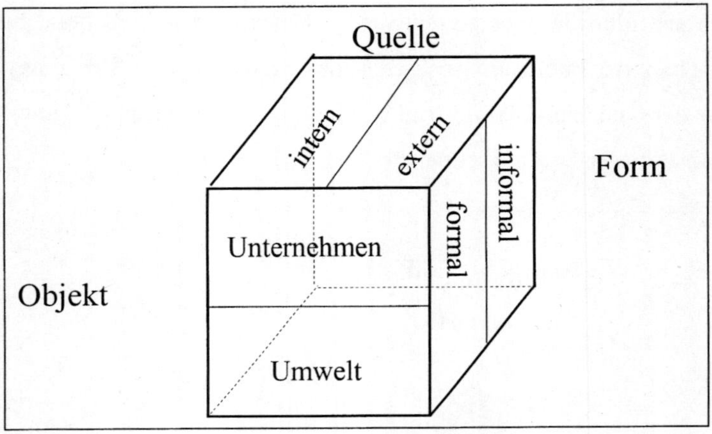

Abb. 29: Differenzierung von Informationsquellen[1]

Führungskräfte brauchen aktuelle Informationen. Diese sollten dem kognitiven Stil der Führungsperson entsprechen, und sie sollten zur richtigen Zeit am richtigen Ort in der richtigen Verdichtung bereitgestellt werden.[2] Außerdem sollten sie den Führungskräften gezielt zugeleitet werden, denn „nur so kann es Impulse für Verbesserungen geben.“[3]

Controlling als Informationsversorgungsfunktion hat das Informationsangebot mit der Informationsnachfrage und dem Informationsbedarf möglichst effizient aufeinander abzustimmen und den Führungskräften die Informationen zu übermitteln.[4] Hieraus wird deutlich, daß die Informationsversorgungsfunktion eine Koordinationsfunktion enthält. Je nachdem, wie man Koordination definiert,

---

[1] Entnommen aus K. Rosenhagen, a.a.O., S. 273.

[2] Vgl. H. Mintzberg: The Myths of MIS, in: California Management Review, 15. Jg. (1972), Nr. 1, S. 92-97, hier S. 96.

[3] K. Schützdeller: Neue Aufgaben für das Controlling, in: Harvard Manager, 13. Jg. (1991), Nr. 3, S. 116-123, hier S. 122.

[4] Vgl. W. Müller, a.a.O., S. 686 ff.

läßt sich diese Informationsversorgungsfunktion bzw. „das umfassende Erzeugen von Informationen“[1] auch als Teilbereich der Koordination sehen. Man gelangt dann zu einer engen Sicht der Koordinationsfunktion.[2]

Das Übermitteln der Informationen kann schriftlich oder mündlich, regel- oder unregelmäßig, formal oder informal geschehen, vgl. Abbildung 30. Welche Methode überwiegend verwendet wird, hängt von dem Unternehmen und der Person und Aufgabe des Informationsempfängers ab.

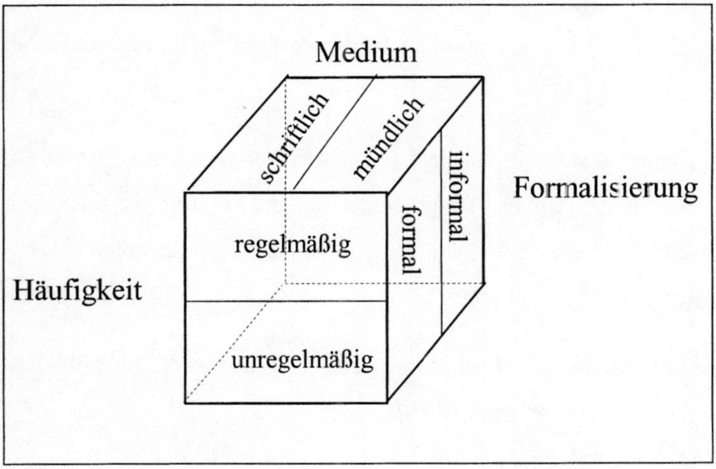

Abb. 30: Dimensionen der Informationsweitergabe[3]

[1] D.W. Schwiering, a.a.O., S. 90.

[2] Vgl. Abschnitt 3.3.2.

[3] Entnommen aus K. Rosenhagen, a.a.O., S. 274.

3.4.4.1.2 Die Koordinationsaufgabe

Die Koordinationsaufgabe innerhalb eines arbeitsteiligen, aufgabenspezialisierten Führungssystems der Unternehmen gilt zunehmend als die wesentliche Controllingaufgabe.[1] Möglicherweise ist diese Aufgabe zu vielgestaltig, um mit einem einheitlichen, trennscharfen Ansatz abgedeckt zu werden.[2]

Daher scheint es sinnvoll, die Art und Struktur der vom Controlling wahrgenommenen Koordination näher zu präzisieren. So können vier verschiedene Koordinationsmechanismen unterschieden werden: Koordination durch persönliche Weisungen, durch Selbstabstimmung, durch Programme und durch Pläne, vgl. Abbildung 31 auf der nächsten Seite.[3]

Die Effizienz solcher Koordinationsmechanismen hängt zum einen davon ab, wie komplex und dynamisch ein Unternehmenssystem ist, und zum anderen davon, inwieweit die Unternehmensführung ihre führungsrelevanten Eigenschaften erkennen und abbilden kann.[4]

Die Koordinationsaufgabe des Controlling läßt sich in systembildende und systemkoppelnde Koordination unterscheiden.[5]

---

[1] Vgl. J. Weber: Koordination, a.a.O., S. 172.

[2] Vgl. D. Schneider: Versagen, a.a.O., S. 772.

[3] Vgl. A. Kieser/H. Kubicek, a.a.O., S. 103 f.

[4] Vgl hierzu J. Weber: Koordination, a.a.O., S. 174-176.

[5] Vgl. zu diesem Abschnitt P. Horváth: Controlling 1998, a.a.O., S. 120-124.

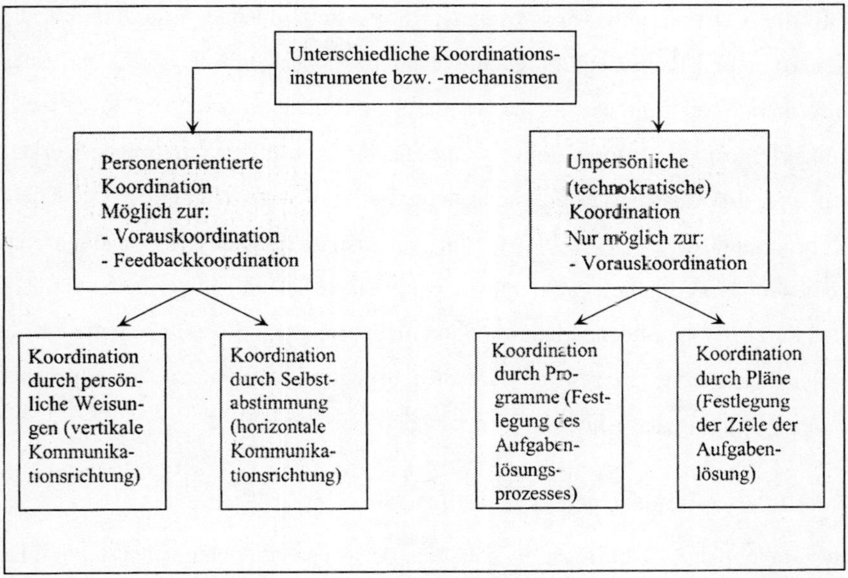

Abb. 31: Koordinationsinstrumente[1]

3.4.4.1.2.1 Systembildende Koordination

Systembildende Koordination besagt, daß die Koordination durch die Bildung aufeinander abgestimmter formaler Systeme (Subsysteme) erfolgt. Diese Systemdifferenzierung kann zunächst auf den sachlogischen Zusammenhang von Aufgaben abgestellt sein, d.h. funktionale Subsysteme werden gebildet und miteinander verknüpft. Institutionale Subsysteme werden durch das konkrete Zuordnen und Zusammenfügen von Aufgaben, Personen und Sachmitteln, also der organisatorischen Gestaltung, gebildet und verknüpft.

[1] Entwickelt nach A. Kieser/H. Kubicek, a.a.O., 103 f.; eine ähnliche Darstellung findet sich in J. Weber: Koordination, a.a.O., S. 173.

Für die Controllingfunktion bedeutet die systembildende Koordination die Schaffung und Implementierung eines Planungs- und Kontrollsystems und eines Informationsversorgungssystems. In der betrieblichen Praxis sind dies meist computergestützte Informationssysteme. Dadurch wird das funktionale Verketten über Informationsaustausch erreicht. Es sind Regeln und/oder besondere Koordinationsorgane zu schaffen, um die im bestehenden Systemgefüge sich zeigenden Koordinationsprobleme zu lösen. Ein vollständiges Formalisieren läßt sich durch systembildende Koordination nicht erreichen. So stellt sich die Frage, wie man unvorhergesehenen Situationen begegnet. Mit der Antwort zu dieser Frage beschäftigt sich die systemkoppelnde Koordination.

3.4.4.1.2.2 Systemkoppelnde Koordination

Systemkoppelnde Koordination soll hier den Zusammenhang aller Koordinationsaktivitäten darstellen, die nötig sind, um - innerhalb der Systemstruktur – Probleme zu lösen und Informationsverbindungen zwischen Teilsystemen aufrechtzuerhalten oder anzupassen. Die systemkoppelnde Koordination verkörpert somit Anpassungshandlungen. Dazu gehört auch, bestehende Informationskanäle zu ändern oder neue zu erarbeiten oder die sich überschneidende zeitliche, horizontale und vertikale Abstimmung der Planung.[1]

Allgemein ausgedrückt, bietet die systembildende Koordination das Gerüst, und die systemkoppelnde Koordination vermittelt zwischen den Einzelteilen und verändert das Gerüst so, daß es paßt. Sollten die Veränderungen zu stark sein, muß die systembildende Koordination wieder angewandt werden.

Daraus ergibt sich, daß die systembildende Koordination beim Aufbau des Controllingsystems überwiegend angewandt wird. Werden später neue Systeme

---

[1] Vgl. R. Schmidt: Grundfunktionen des Controlling, in: krp, o.Jg. (1993), Sonderheft 1/93, S. 63-70, hier S. 66.

gestaltet und implementiert, geschieht dies meist durch spezielle Projektteams.[1] Im Tagesgeschäft wird dann die systemkoppelnde Koordination stärker verwendet.

Die hier dargestellten direkten Controllingaufgaben können auch mit den im vorherigen Kapital besprochenen Controlling-Konzeptionen verknüpft werden. Der informationsorientierten Controlling-Konzeption liegt dann nur die Informationsaufgabe als direkte Controllingaufgabe zugrunde; der erfolgs- und steuerungsorientierten Controlling-Konzeption zusätzlich die Kombination der Informationsaufgabe und der koordinationsbezogenen Controlling-Konzeption die Koordination des Führungssystems.[2] Die hier vorgeschlagene Konzeption hat zwei generelle Controllingaufgaben zu verfolgen: die Informationsaufgabe und die führungssystemorientierte Koordinationsaufgabe.

3.4.4.2 Indirekte Aufgaben des Controlling

Die indirekten Controllingaufgaben präzisieren die direkten, indem sie aufzeigen, auf welche Aufgaben die Führungshandlungen im Zielsystem der Unternehmung abzustimmen sind. In den Controllingkonzeptionen von Küpper[3], Weber[4] und Schweitzer/Friedl[5] werden die direkten Controllingaufgaben auf das gesamte Zielsystem der Unternehmung bezogen. In denen von Hahn[6], Horváth[7]

---

[1] Vgl. P. Horváth: Controlling 1998, a.a.O., S. 139.

[2] Vgl. M. Schweitzer/B. Friedl, a.a.O., S. 146.

[3] Vgl. H.-U. Küpper: Industrielles Controlling, a.a.O., S. 855.

[4] Vgl. J. Weber: Controlling, a.a.O., S. 29-36.

[5] Vgl. M. Schweitzer/B. Friedl, a.a.O., S. 141-167.

[6] Vgl. D. Hahn: PuK, a.a.O., S. 182.

[7] Vgl. P. Horváth: Controlling 1998, a.a.O. S. 144. Allerdings bezieht er sich in seiner Darstellung zum Controllingsystem auf die Unternehmensziele, vgl. P. Horváth: Controlling 1998, a.a.O., S. 143.

und Reichmann[1] beschränken sie sich auf Erfolgsziele. Demzufolge können zielsystemorientierte und erfolgszielorientierte Konzeptionen unterschieden werden.

Unternehmungen verfolgen im allgemeinen ein Zielbündel aus wirtschaftlichen, technischen, sozialen und ökologischen Zielen.[2] Die indirekten Controlling-aufgaben beziehen sich in diesem Ansatz auf das gesamte Zielsystem der Unternehmung. Werden sie beschränkt, zum Beispiel auf das Erfolgsziel, so hat das Controlling auch nur die für die erfolgsorientierten Entscheidungen relevanten Informationen bereitzustellen.[3] Die Informations- und Koordinations-aufgaben, die mit anderen Unternehmenszielen zusammenhängen, verbleiben entweder bei der Unternehmensführung oder werden einem anderen Bereich zugeordnet.

Dann ist aber die hier vom Controlling geforderte Sicherung der Koordinations-, Reaktions- und Anpassungsfähigkeit der Unternehmensführung als generelles Ziel nicht zu gewährleisten, da z.B. für die strategische Planung und Kontrolle die relevanten Informationen nicht bereitgestellt werden und auch keine Koordination zwischen operativer und strategischer Ebene stattfindet.

Das Controlling beschränkt sich also nicht nur auf die Unterstützung der operativen und taktischen Führung, sondern vielmehr unterliegen dem Controlling auch die Entwicklung zielgerichteter Maßnahmen zur Vermeidung von Risiken und Wahrnehmung von Chancen.

---

[1] Vgl. Th. Reichmann, a.a.O., S. 4 f.

[2] Vgl. M. Schweitzer: Gegenstand und Methoden der Betriebswirtschaftslehre, in: Bea, F.X./Dichtl, E./Schweitzer, M. (Hrsg.): Allgemeine Betriebswirtschaftslehre, Band 1: Grundlagen, 7. Aufl., Stuttgart 1997, S. 12-80, hier S. 51 f.; D. Hahn: PuK, a.a.O., S. 10-21.

[3] Vgl. M. Schweitzer/B. Friedl, a.a.O., S. 151.

Allerdings soll hier nicht so weit gegangen werden, daß das Controlling auch für die Abstimmung zu den Führungsteilsystemen Organisation und Personalführung zuständig ist, wie dies Küpper fordert.[1] Würde das Controlling sich auf sämtliche Führungsteilbereiche ausdehnen, so wäre seine Durchsetzungsfähigkeit erschwert, denn das Controlling wäre so mächtig, das es „für alles" verantwortlich wäre. Dieses kann aber nicht im Interesse des Unternehmens sein. Statt dessen wird als Arbeitsdefinition für diese Arbeit weiterhin die folgende Definition von Horváth beibehalten: „Controlling ist die Gesamtheit aller führungsunterstützenden Aufgaben, die Koordination und Informationsversorgung der Führung zum Gegenstand haben."[2]

3.4.5 Aktivitätsbezogene Ebene

„Im Mittelpunkt der Controllingaktivitäten steht die Wirtschaftlichkeit und die Ergebniszielorientierung."[3] Mit dem Begriff Controllingaktivitäten sollen die einzelnen Arten von Tätigkeiten (Aktionsarten) bezeichnet werden, die der Erfüllung von Controllingaufgaben in der Planungs-, Realisations- und Kontrollphase dienen. Die Controllingaktivitäten können zur näheren, unternehmensspezifischen Charakterisierung der allgemeinen Controllingaufgaben in einem Controllingsystem herangezogen werden.[4]

---

1 Vgl. H.-U. Küpper: Konzeption, a.a.O., S. 82-116, hier 97 ff.

2 P. Horváth: Controlling HWR, a.a.O., Sp. 324.

3 P. Horváth: Controlling 1998, a.a.O., S. 78.

4 Vgl. C. Lange/S. Schaefer: Aufgaben, Aktivitäten und Instrumente eines DV-gestützten Investitions-Controllingsystems, in: DBW, 52. Jg. (1992), Heft 4, S. 489-504, im folgenden zitiert als: Aufgaben, hier S. 491; C. Lange: Investitionscontrollingaktivitäten, in: Horváth, P./Reichmann, Th. (Hrsg.) : Vahlens Großes Controlling Lexikon, München 1993, S. 311.

So ergeben sich als Aktivitäten der Informationsversorgung und Koordination der Unternehmensführung z.B. die folgenden abgeleiteten Planungs- und Steuerungsaktivitäten: die Unternehmensführung zum Planen anzuregen und zu motivieren, die Planung anzukurbeln, die Planungsarbeiten zu terminieren, die Planinhalte abzugrenzen und zu kontrollieren, die Prozeßkontrolle, die Planentwürfe zu sammeln und zu vervollständigen, die verschiedenen Pläne miteinander abzustimmen und die Planentwürfe für die Entscheidungsträger aufzubereiten. Weiterhin zählen auch das Bereitstellen von Informationen, Methoden und Modellen für die Kontrolle, das Abstimmen zwischen Planung und Kontrolle, das Ermitteln von Abweichungen, das Aufbereiten, Dokumentieren und Übermitteln der Kontrollergebnisse sowie das Anstiften der Planung zu Anpassungsmaßnahmen zu den Controllingaktivitäten.

Neben den abgeleiteten gibt es auch ursprüngliche Planungs- und Steuerungsaktivitäten wie das Festlegen der Ausgangsziele, das Identifizieren der Planungsprobleme, das Erarbeiten der Planprämissen und -alternativen sowie deren Bewertung, das Durchsetzen und das Planen von Anpassungsmaßnahmen. Sie stellen nach diesem Ansatz Aktivitäten der Führung und nicht des Controlling dar.[1]

---

[1] Vgl. M. Schweitzer/B. Friedl, a.a.O., S. 155 f.

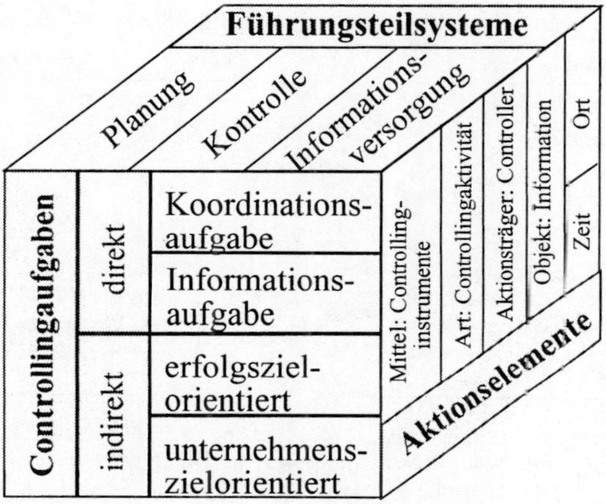

Abb. 32: Der Controllingwürfel[1]

Die Controllingaufgaben werden auf die Führungsteilsysteme Planung, Kontrolle und Informationsversorgung durch ein Aktionssystem angewandt. Die Aktivität ist ein Teil des Aktionssystems. Das Aktionssystem kann in Aktionselemente aufgeteilt werden. Dieses können z.B. Aktionsarten, Aktionsobjekte, Aktionsfelder, Aktionsträger, Aktionszeit und Aktionsort sein.[2] Aktionselemente dienen dazu, Gestaltungs- und Steuerungsmaßnahmen in einem Controllingsystem festzulegen und zu beschreiben. Dies zeigt die Abbildung 32.

---

1 In Anlehnung an Lange; vgl. C. Lange: Transparenz und Flexibilität: Erfolgsfaktoren für Investitionsentscheidungen, in: Controlling, 2. Jg. (1990), S. 134-141, hier S. 136.

2 Vgl. D. Hahn: PuK, a.a.O., S. 25.

Abbildung 33 stellt dar, wie man das Controlling aufteilen kann, wenn man die Controllingaktivitäten unter strategischen und operativen Aspekten sieht.

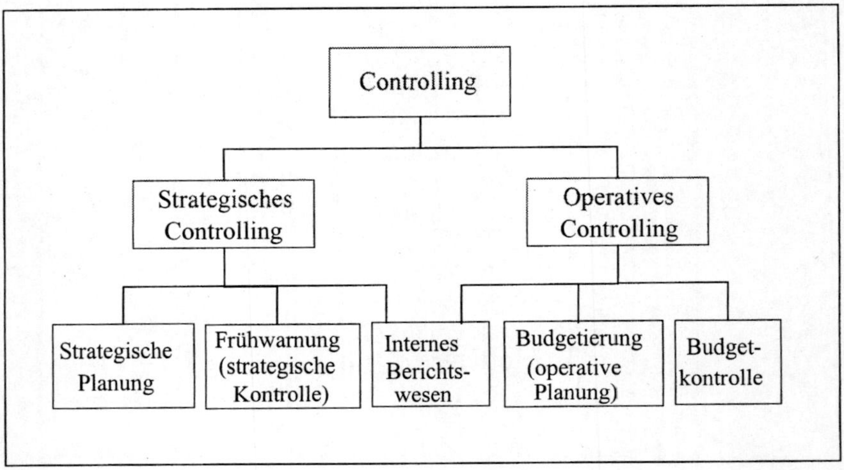

Abb. 33: Strategisches und operatives Controlling[1]

Das strategische Controlling arbeitet mit den Instrumenten der strategischen Planung und interessiert sich für sämtliche Größen, die für die dauerhafte Existenz des Unternehmens relevant sind. „Das Umfeld wird nicht mehr als gegeben angenommen, sondern problematisiert, systematisch in Frage gestellt. Das strategische Controlling will bewußt exogene und endogene Änderungen dieses Umfeldes aufzeigen und die *Führung rechtzeitig zum Handeln bewegen.*“[2] Das strategische Controlling entstand in den 80er Jahren und ergänzt die strategische Planung um Elemente der Steuerung, strategischen Kontrolle[3]

[1] Leicht verändert nach K. Ziegenbein: Controlling, 6. Aufl., Ludwigshafen 1998, S. 97.

[2] H.-U. Küpper/J. Weber/A. Zünd, a.a.O., S. 285.

[3] Vgl. hierzu ausführlich R.L. Schwienhorst, a.a.O.

und Frühaufklärung.[1] Es gewinnt in der Praxis zunehmend an Bedeutung.[2] Im Mittelpunkt des strategischen Controlling steht die Zukunftssicherung des Unternehmens. Von der strategischen Ebene aus ist das Controlling in die operative Ebene so durchzusetzen, daß, wie die Abbildung 34 zeigt, ein geschlossener Wirkungskreislauf entsteht, der die Planung, Überwachung und Steuerung jeder der genannten Ebenen ermöglicht.

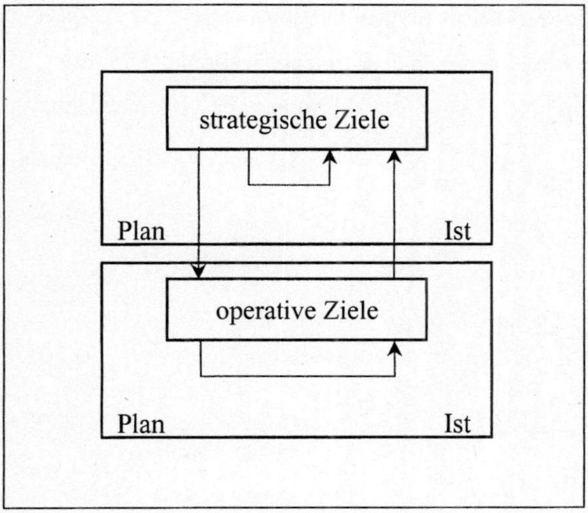

Abb. 34: Wirkungskreislauf des Controlling[3]

[1] Vgl. hierzu auch D. Hahn: Strategische Führung und Strategisches Controlling, in: ZfB, 61. Jg. (1991), Ergänzungsheft 3/91, S. 121-137, hier S. 126 ff.

[2] Einer Untersuchung zufolge wollten 143 betrachtete Unternehmen zu 72,1% das strategische Controlling - teilweise sogar stark - ausdehnen. 27% wollten beim status quo bleiben; vgl. A.G. Coenenberg/Th. Günther: Der Stand des strategischen Controlling in deutschen Unternehmen, in: Universitätsseminar der Wirtschaft Schloß Gracht - Working Papers, Erftstadt 1990, S. 2, 26; A.G. Coenenberg/Th. Günther: Der Stand des strategischen Controlling in der Bundesrepublik Deutschland, in: DBW, 50. Jg. (1990), S. 459-470, hier S. 460, 467 f.

[3] Verändert entnommen aus L.J. Heinrich, a.a.O., S. 59.

Das Controlling hat außerdem die Aufgaben zu koordinieren.[1] Obwohl das strategische Controlling die Grundlage für das operative Controlling darstellt, „liegt doch die Einführung eines *operativen Controlling* in der Praxis überwiegend zeitlich vor dem Aufbau eines strategischen Controlling."[2]

Das operative Controlling hat dafür zu sorgen, daß „sich einzelne Mitarbeiter oder Kleingruppen im Rahmen der vorgegebener Ziele sowie der darauf ausgerichteten Budgets möglichst selbst kontrollieren können."[3] Tabelle 4 zeigt die grundsätzlichen Unterschiede der beiden Bereiche, während Abbildung 35 die Aktivitäten in Abhängigkeit von der strategischen oder operativen Zugehörigkeit darstellt.

---

[1] Vgl. L.J. Heinrich: Informationsmanagement, 4. Aufl., München 1992, S. 59.

[2] H. Kraus: Operatives Controlling, in: Mayer, E./Weber, J. (Hrsg.): Handbuch Controlling, Stuttgart 1990, S. 117-172, hier S. 123.

[3] K. Ziegenbein, a.a.O., S. 96.

Bereich Merkmale	Operatives Controlling	Strategisches Controlling
Zentral verfolgte Zielgröße	Gewinnerzielung	Sicherung der langfristigen Unternehmenserhaltung
Zielformulierung	Quantitativ	Qualitativ und quantitativ
Vorherrschende Orientierung	Primär Unternehmensinnenwelt	Primär Unternehmensumwelt
Zeithorizont	Primär kurzfristig, im Rahmen rollierender Planung auch mittelfristig	Nicht begrenzt, eher langfristig
Berücksichtigte und/oder ausgewertete Informationen	Primär Kosten, Erlöse und Leistungsmengen des Unternehmens	Heterogene Informationsbeziehungen mit der gesamten Unternehmensinnen- und -umwelt
Meßbarkeit der Informationen	Kardinal	Kardinal und ordinal
Freiheitsgrad	Weitgehende Konstanz der grundsätzlichen Ziele und Handlungsmöglichkeiten	Bewußte Veränderbarkeit aller Planungs- und Kontrollparameter
Strukturierungs- und Formalisierungsgrad	Stark strukturiertes und formalisiertes Vorgehen durch hohe Komplexität und Kurzfristigkeit	Beschränkung auf die Vorgabe eines Vorgehensrasters
Autonomiegrad der Controller	Nebeneinander autonomer Aufgabenfelder des Controlling und kooperativ mit anderen Stellen zu bearbeitender Aufgabenbereiche	Notwendigkeit einer sehr engen Zusammenarbeit mit anderen Stellen in allen Phasen des strategischen Controlling
Arbeitsweise	Eher festgefügte Arbeitsabläufe, daher Teilaufgaben delegierbar	Hoher Freiheitsgrad im Arbeitsablauf, eher teamorientiert

Tabelle 4: Merkmale der operativen und strategischen Controllingaktivitäten[1]

[1] Entnommen aus H.-W. Stahl, a.a.O., S. 53.

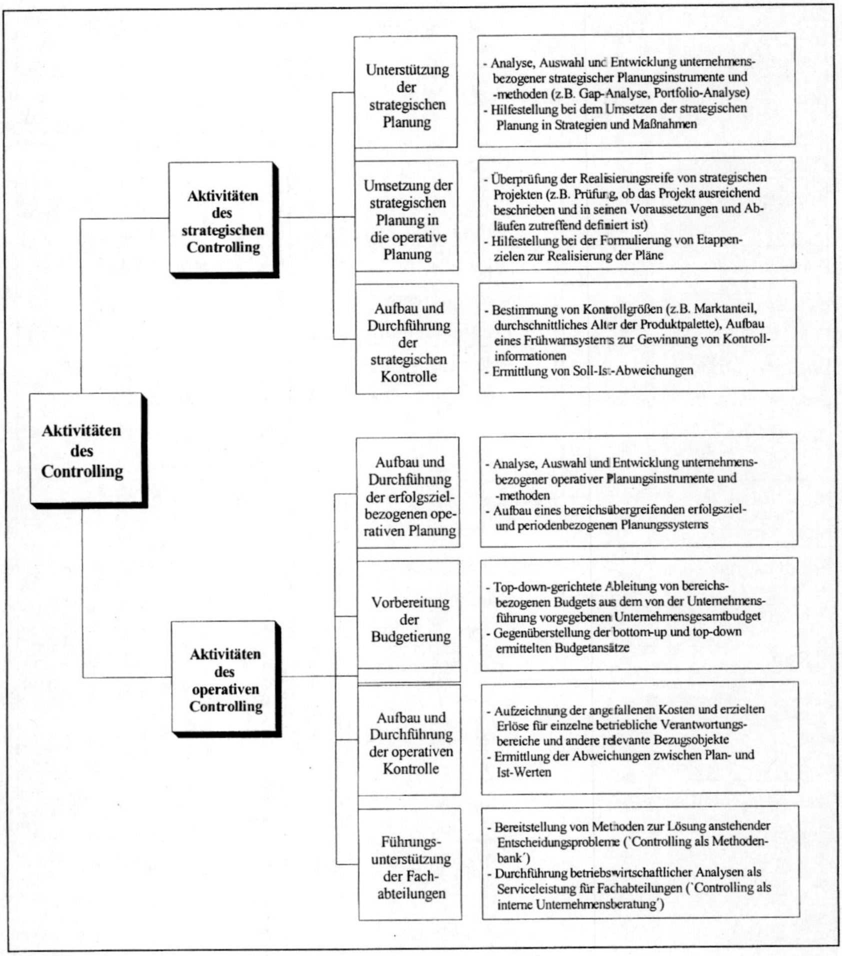

Abb. 35: Strategische und operative Controllingaktivitäten[1]

[1] Leicht verändert entnommen aus o.V.: Marketing Praxis Kalender 1992, S. 93.

3.4.6 Instrumentale Ebene

Controllinginstrumente[1] sind methodische Hilfsmittel, um die Controllingaktivitäten durchzuführen, bzw. die Controllingaufgaben zu erfüllen.[2] Die dabei eingesetzten technischen Hilfsmittel, wie z.B. DV-Anlagen, sollen hierunter nicht gefaßt werden.

Entsprechend den gesetzten Hauptaufgaben des Controlling umfaßt das Instrumentarium in erster Linie Informations-, Planungs- und Kontrollinstrumente. Traditionelle Instrumente des Controlling sind das interne Rechnungswesen, Kennzahlen-, Lenkungspreis- und Budgetierungssysteme. Das strategische Controlling benötigt auch prognostische bzw. heuristische Instrumente.[3] Die vielfältigen Möglichkeiten der Kombination verschiedener Verfahren und Einsatzmöglichkeiten im Controlling bedürfen aber noch weiterer theoretischer Untersuchungen und praktischer Erprobung.[4] Insbesondere die „in der Betriebswirtschaftslehre und Operation Research entwickelten *quantitativen Verfahren* zur Prognose und Entscheidungsfindung werden bisher in der Praxis recht zurückhaltend angewandt. Ihr Einsatz steigt aber mit Unternehmensgröße deutlich an.“[5]

---

[1] Sie sind auch Aktionselemente, genauer: Aktionsmittel.

[2] Vgl. C. Lange/R. Fischer: Umweltschutzbezogene Kostenrechnung auf Basis der Einzelkosten- und Deckungsbeitragsrechnung als Instrument des Controlling, in: ZfB, 69. Jg. (1998) Ergänzungsheft 1, S. 107-123, hier S. 112; C. Lange/S. Schaefer: Aufgaben, a.a.O., S. 498; P. Horváth: Controllinginstrumente, in: HWB, 5. Aufl. 1993, Sp. 669-680, im folgenden zitiert als: Controllinginstrumente, hier Sp. 670.

[3] Eine Übersicht über Prognoseverfahren bietet Hüttner, vgl. M. Hüttner: Marktforschung, a.a.O., S. 379. Ausführlich beschrieben werden die Prognoseverfahren auch bei M. Hüttner: Prognoseverfahren und ihre Anwendung, Berlin 1986; und M. Hüttner: Der Einsatz von Prognoseverfahren in der Praxis, in: Marktforschung, 31. Jg. (1987), S. 29-34.

[4] Vgl. H.-U. Küpper/J. Weber/A. Zünd, a.a.O., S. 288.

[5] H.-U. Küpper/B. Winckler/S. Zhang: Planungsverfahren und Planungsinformation als Instrumente des Controlling, in: DBW, 50. Jg. (1990), Heft 4, S. 435-458, hier S. 455.

Zwei Arten von Instrumenten lassen sich unterscheiden: zum einen die Instrumente, die das Controlling für andere Führungssysteme bereitstellt, und zum anderen die Instrumente, die das Controlling selbst zum Erfüllen seiner Informationsversorgungs- und Führungskoordinationsaufgabe braucht.

Manche Instrumente können einem, andere mehreren Führungsteilsystemen zugeordnet werden. Die nur einem Führungsteilsystem zuzurechnenden Instrumente werden isolierte oder controllingrelevante Instrumente genannt, da sie nicht für die Koordination von Führungsaufgaben, sondern eher für die Koordination im Leistungssystem entwickelt wurden, z.B. simultane Planungsmodelle. Die anderen, übergreifenden Koordinationssysteme des Controlling, werden übergreifende oder controllingspezifische Instrumente genannt, z.B. Budgetierungssysteme.[1] Abbildung 36 auf der folgende Seite gibt einen Überblick über verschiedene Controllinginstrumente.[2]

Das Instrumentarium ändert sich, je nachdem, welche Controlling-Konzeption verfolgt wird. Küpper unterscheidet drei Fälle: (1.) auf Koordinationsinstrumente beschränkt, (2.) alle betriebswirtschaftlichen Methoden und Modelle zur Planung und Steuerung umfassend und (3.) erweitert um Instrumente aus der Individual- und Organisationspsychologie.[3] Die letztgenannten Instrumente kommen aber nach der hier dargelegten Controllingauffassung nicht als Controllinginstrumente in Frage.

---

[1] Vgl. H.-U. Küpper: Controlling, a.a.O., S. 25 f.

[2] Ausführliche, wenngleich nicht erschöpfende, Übersichten über Controllinginstrumente finden sich bei Horváth, vgl. P. Horváth: Controllinginstrumente, a.a.O., Sp. 675-680. Mit Erläuterungen finden sich Controllinginstrumente in den einschlägigen Werken zum Controlling, vgl. z.B. J. Weber: Controlling, a.a.O., S. 45-118, S. 144-149 und S. 162-207; H.-U. Küpper: Controlling, a.a.O., S. 59-366; P. Preißler, a.a.O., S. 75-224; G. Ebert/J. Koinecke/V. Peemöller, a.a.O., S. 113-164. Die Kennzahlensysteme werden ausführlich bei Reichmann besprochen, vgl. Th. Reichmann, a.a.O., S. 19-95.

[3] Vgl. H.-U. Küpper: Konzeption, a.a.O., S. 83.

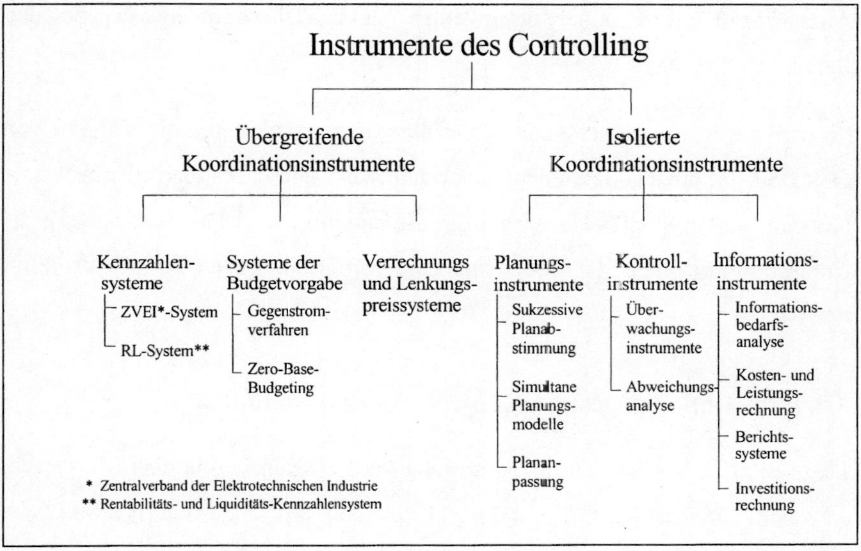

Abb. 36: Isolierte und übergreifende Koordinationsinstrumente[1]

Das Einordnen von altbekannten Instrumenten anderer Bereiche, z.B. der Kosten- und Erlösrechnung oder der Portfolio-Analyse, in den Controllingbereich ist nicht sinnvoll. Die Kosten- und Erlösrechnung ist zwar eine wichtige Hilfe für das Controlling. Sie ist aber nicht Teil des Controlling, sondern ein Teil des Rechnungswesens und die Portfolio-Analyse ein Instrument der strategischen Planung.[2] Controlling stützt sich überwiegend auf Instrumente aus anderen Teilbereichen, da durch die fehlende theoretische Untermauerung des Controlling noch zu wenig eigene Instrumente des Controlling vorhanden sind. „Zudem stehen die Instrumente im Hinblick auf ihre Leistungsfähigkeit und

[1] Verändert entnommen aus H.-U. Küpper: Übersicht und Entwicklungstendenzen im Controlling, in: Scheer, A.-W. (Hrsg.): Rechnungswesen und EDV (12. Saarbrücker Arbeitstagung 1991), Heidelberg 1991, S. 242-270, im folgenden zitiert als: Übersicht, hier S. 254; H.-U. Küpper: Controlling, a.a.O., S. 25.

[2] Vgl. J. Weber: Koordination, a.a.O., S. 178.

Aussagekraft oft in einer dependenten, zum Teil sogar interdependenten Beziehung.“[1]

So wird ein Instrument erst zum Controllinginstrument „durch die Vorgabe von Objekten, auf die das Instrument angewandt wird, und durch eine entsprechende Nutzung der Ergebnisse innerhalb der Gesamtaufgabe“.[2] Die Bestimmung als Controllinginstrument ist also keine exklusive Bindung an den Controllingbereich.

3.4.7 Institutionale Ebene (Controllingorganisation)

Im bisherigen Verlauf wurde Controlling als Funktion beschrieben. In diesem Abschnitt soll dargestellt, wie das Controlling auf organisatorischer Ebene verankert werden kann. Die Einordnung des Controlling hängt davon ab, wer die Funktionsträger des Controlling sind, sowie von der Unternehmensumwelt, der Unternehmensregion, der Unternehmensgröße und der Organisationsstruktur des Unternehmens.[3]

3.4.7.1 Der Einfluß der Unternehmensumwelt

Henzler[4] unterscheidet zwischen drei Erscheinungsformen des Controllers, dem historisch- und buchhaltungsorientierten, dem zukunfts- und aktionsorientierten und dem managementsystemorientierten Controller. Der erste ist mit dem

---

[1] B. Amshoff, a.a.O., S. 276.

[2] P. Horváth: Controllinginstrumente, a.a.O., Sp. 676.

[3] Welge hat 20 Studien ausgewertet und drei wichtige Kontextfaktoren erkannt: Unternehmensgröße (60%), Umwelt (55%) und Organisationsstruktur (40%); vgl. M.K. Welge: Organisation des Controlling, in: Controlling, 1. Jg. (1989), S. 140-149, im folgenden zitiert als: Organisation, hier S. 148; vgl. M.K. Welge: Unternehmensführung, Bd. 3: Controlling, Stuttgart 1988, im folgenden zitiert als: Controlling, S. 59-69.

[4] Vgl. H. Henzler, a.a.O., S. 60, S. 62.

traditionellen Leiter des Rechnungswesens zu vergleichen. Er ist in einer relativ statischen Umwelt vorherrschend.

Der zweite Typ untersucht Betriebsabläufe im Sinne der Wirtschaftlichkeitskontrolle, deckt Schwachstellen auf und arbeitet Maßnahmen zur Verbesserung der Wirtschaftlichkeit aus. Seine Arbeit ist zielorientiert, aber auch konfliktträchtig, insbesondere zur funktionalen Linieninstanz. Diese nächste Entwicklungsstufe geht mit der Änderung der Umwelt in einen begrenzt dynamischen Zustand einher.

Der managementsystemorientierte Typ betont die Informationsbereitstellungsfunktion und die Bereitstellung methodischer Planungs- und Kontrollhilfsmittel. Er entwickelt sich mit extremer Dynamisierung der Umwelt.[1]

Zünd stellt eine ähnliche Typisierung fest, spricht aber von den drei Controllertypen Registrator, Navigator und Innovator.[2] Auch diese Rollenverständnisse können mit den drei Umweltsituationen, relativ statische, begrenzt dynamische und extrem dynamische Umwelt verbunden werden.[3]

Der Registrator wirkt in einer relativ statischen Umwelt. Seine Funktionsbreite und -tiefe ist begrenzt, sein Hauptinstrument ist das externes Rechnungswesen. In einer begrenzt dynamischen Umwelt tritt der Controller als Navigator auf. Er erhöht die Effizienz und Effektivität der Führungsaufgaben, indem er die Planungs-, Kontroll- und Informationssysteme gestaltet und überwacht. Dabei

---

1 Vgl. H. Henzler, a.a.O., S. 61 f.

2 Vgl. A. Zünd: Vom Buchhalter zum Controller, in: CM, 3. Jg. (1978), S. 51-67.

3 Vgl. H.-U. Küpper/J. Weber/A. Zünd, a.a.O., S. 287.

wendet er Instrumente wie Kosten- und Erfolgsrechnungen, Kennzahlensysteme und Budgetrechnungen an.[1]

In einer extrem dynamischen Umwelt wird der Controller zum Innovator. Er nimmt an Problemlösungsprozessen teil und ist für den Aufbau von Frühwarn- und Früherkennungssystemen zuständig. Typische Instrumente sind für ihn Portfolio-Techniken, Szenario-Techniken und Lücken-Analysen.[2] Abbildung 37 auf der nächsten Seite verknüpft diese Vorstellungen. Da sich die Wirklichkeit aus verschiedenen Umwelten zusammensetzt, kommt dieser Darstellung sicherlich nur modellhafter Charakter zu.[3]

Die Region, in der das Unternehmen ansässig ist, beeinflußt die Kompetenzen des Controlling, denn ein amerikanisches Unternehmen z.B. ordnet dem Controlling einen anderen Aufgabenumfang zu als ein deutsches Unternehmen.[4] „So gehören im amerikanischen Controlling-Konzept neben dem internen Rechnungswesen auch das externe Rechnungswesen zum Controlling."[5]

---

1 Vgl. H.-U. Küpper/J. Weber/A. Zünd, a.a.O., S. 287.

2 Vgl. N. Thom/F. Cantin, a.a.O., S. 190.

3 Baumgartner erweitert die Ansätze von Zünd um den Faktor Technologie. Auf diese Weise erhält er vier unterschiedliche Situationstypen; vgl. B. Baumgartner: Die Controller-Konzeption. Theoretische Darstellung und praktische Anwendung, Bonn-Stuttgart 1980, S. 107 ff.

4 Vgl. hierzu insbesondere D. Hahn: PuK, a.a.O., S. 785-790, der zwischen dem amerikanischen und dem deutschen Kernkonzept des Controlling unterscheidet.

5 K. Pohle: Controlling und Organisation, in: HWB, 5. Aufl., Stuttgart 1993, Sp. 661-669, hier Sp. 667.

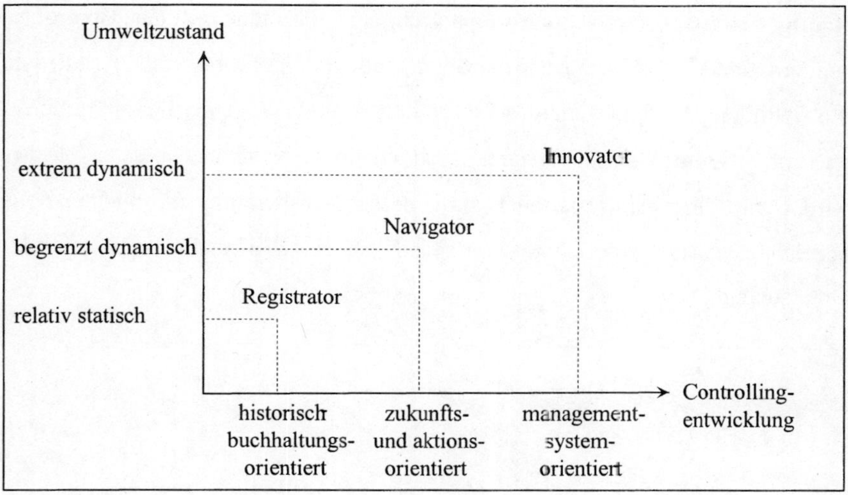

Abb. 37: Controlling-Erscheinungsformen und Umwelt

3.4.7.2 Der Einfluß der Unternehmensgröße

Der Einfluß der Unternehmensgröße auf die Einordnung des Controlling zeigt sich mehrfach: zum einen dadurch, wer als Funktionsträger des Controlling eingesetzt wird, zum anderen aber auch dadurch, welche Organisationsstruktur ein Unternehmen[1] wählt.

Prinzipiell gibt es die Möglichkeit, die Controllingfunktion intern oder extern zu aktivieren. Intern wird die Controllingfunktion regelmäßig von Controllern bzw. einer Controllingstelle übernommen. Je nachdem, wie diese in die Unternehmenshierarchie eingegliedert werden, entscheidet sich auch, wie wirkungsvoll das Controlling seine Aufgaben durchführen kann.[2]

---

1 Vgl. hierzu den nachfolgenden Abschnitt.

2 Vgl. P. Preißler, a.a.O., S. 43.

Häufig beschränkt sich Controlling nicht auf die Tätigkeit der Controller, sondern findet zwischen den Controllern und Linienführungskräften statt, wie die Abbildung 38 zeigt. Externes Controlling läuft im Wege der kontinuierlichen und arbeitsteiligen Zusammenarbeit mit einem Unternehmensberater.[1] Daher wird Controlling manchmal auch als Unternehmensberatung im eigenen Haus bezeichnet. Das externe Controlling soll in dieser Arbeit nicht Gegenstand der Untersuchung sein.

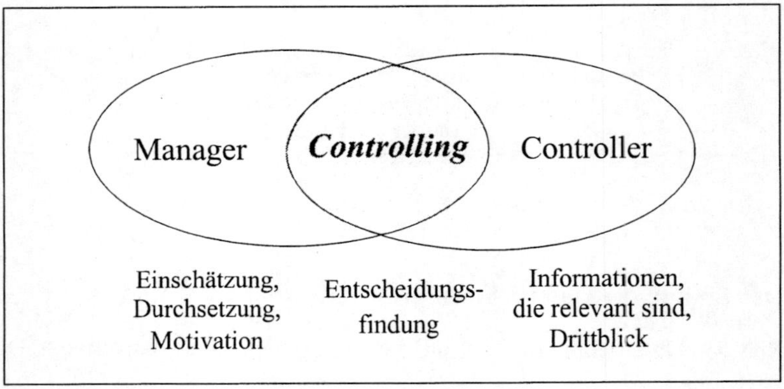

Abb. 38: Controlling als Schnittstelle von Manager und Controller[2]

In mittelständischen Unternehmen stellen auch die Geschäftsleitung und der Leiter des Rechnungswesen potentielle Funktionsträger des Controlling dar.[3] Sollte das Controlling von der Unternehmensleitung wahrgenommen werden,

---

[1] Vgl. V.E. Reich: Controlling im mittelständischen Unternehmen, 2. Aufl., Stuttgart 1993, S. 20.

[2] Leicht verändert nach A. Deyhle: Entwicklungsperspektiven des Controlling, in: Risak, J./Deyhle, A.: Controlling, 2. Aufl., Wiesbaden 1992, S. 359-385, hier S. 367 f.

[3] Dies belegen Studien von Kosmider und - aktueller - von Hoppenheit; vgl. A. Kosmider: Controlling im Mittelstand, Stuttgart 1991, S. 135; C.S. Hoppenheit: Controlling in Softwareunternehmen, Wiesbaden 1993, S. 146.

muß auch dort gelten, daß die Funktion des Controlling eigenständig ist und nicht nebenher erledigt werden kann.[1]

„Kleinere und mittlere Unternehmen tendieren zu der Lösung, einen Stabsmitarbeiter einzusetzen und ihn dem obersten Leiter der Unternehmung zuzuordnen."[2] Ob Controllingstellen eingerichtet werden oder nicht, ist nach ihrem Beitrag zur Verbesserung der Wirtschaftlichkeit des gesamten Führungssystems zu beurteilen.[3]

Bei größeren Unternehmen drängt sich eine Ausgliederung des Controlling auf, da die Teilaufgabe des Controlling eine Aufgabenteilung notwendig erscheinen läßt. Dies ist keine controllingspezifische Besonderheit, sondern folgt den Regeln der Arbeitsteilung und Spezialisierung in Organisationen.[4]

Durch neue Controllingstellen ist regelmäßig auch die Organisationsstruktur des Unternehmens zu ändern. Dabei bieten sich verschiedene Möglichkeiten, das Controlling einzuordnen. Aus dem Selbstverständnis des Controlling als funktionsübergreifendes führungsunterstützendes Subsystem bzw. als Bestandteil des Führungssystems ist zu fordern, daß die zentralen Controlleraufgaben der ersten oder zweiten Leitungsebene des Unternehmens zuzuordnen sind.

3.4.7.3 Der Einfluß der Organisationsstruktur

Die Organisationstruktur des Unternehmens hat Einfluß auf die Eingruppierung des Controlling, denn sie verursacht, je nach Ausprägung, einen unterschiedlich hohen Koordinationsbedarf.

---

1 Vgl. D. Solaro: Controller, in: HWO, 3. Aufl., Stuttgart 1992, Sp. 432-441, hier Sp. 437 f.

2 K. Pohle, a.a.O., Sp. 666.

3 Vgl. N. Thom/F. Cantin, a.a.O., S. 190.

4 Vgl. H.-U. Küpper/J. Weber/A. Zünd, a.a.O., S. 285.

Es ist zwischen reinen und Mischformen bei der Organisationstruktur zu unterscheiden. Abbildung 39 gibt eine Übersicht über die möglichen reinen Organisationsstrukturen.

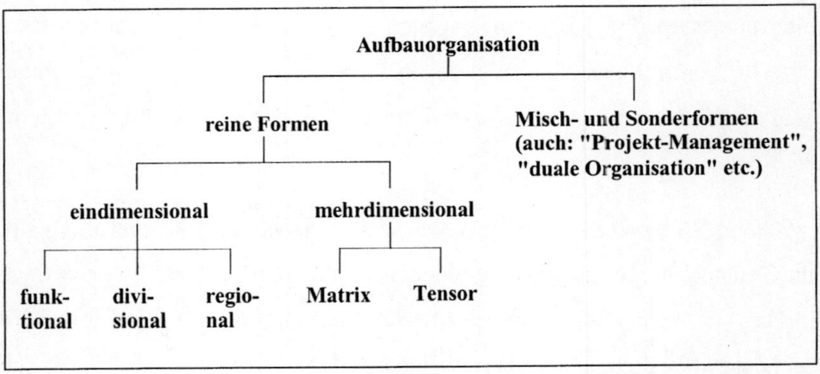

Abb. 39: Formen der Aufbauorganisation[1]

3.4.7.3.1 Controlling in einer eindimensionalen Aufbauorganisation

In einer eindimensionalen Organisationsstruktur lassen sich eine funktionale, divisionale und regionale Aufbauorganisation unterscheiden.[2] Eine funktionale (verrichtungsorientierte) Organisationsstruktur hat einen erheblich höheren Koordinationsbedarf als eine divisionale (objektorientierte) oder eine regionale. Von daher erscheint es sinnvoll, den Controller in einer divisionalen bzw. regionalen Organisationsstruktur höher anzusiedeln als in einer funktionalen.[3]

Eine Verankerung des Controlling auf der ersten Leitungsebene, vgl. Abbildung 40, schätzt die Controllingaufgaben so wichtig ein, daß der Controller über

---

[1] Nach M. Hüttner: Betriebswirtschaftslehre, a.a.O., S. 159.

[2] Die verschiedenen Formen der Aufbauorganisation werden dargestellt z.B. bei M. Hüttner: Betriebswirtschaftslehre, a.a.O., S. 159-164.

[3] Vgl. P. Horváth: Controlling 1998, a.a.O., S. 807 ff.

umfangreiche Entscheidungs- und Weisungsbefugnis verfügt. Die Informations- und Beratungsfunktion rückt damit in den Hintergrund. Der Controller ist dann auch an der leitenden Unternehmenspolitik beteiligt. Aber er verliert mit einer solchen Einbindung auch seine Unabhängigkeit vom Gesamtvorstand.[1] Dies ist konfliktreich, da das Controlling einerseits gleichberechtigtes Mitglied der Geschäftsleitung ist, andererseits Leistungen für die anderen Mitglieder der Geschäftsleitung erbringen muß.[2] Zudem hat das Controlling auch eine Überwachungsfunktion, d.h. es müßte als Mitglied des Gesamtvorstandes sich selbst überwachen.

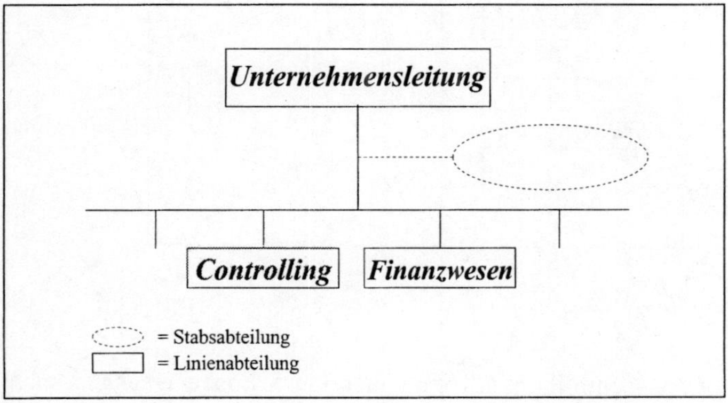

Abb. 40: Unmittelbare Unterstellung des Controlling unter die Unternehmensleitung

Ist das Controlling auf der zweiten Leitungsebene angesiedelt, unterstreicht dies seine herausgehobene Bedeutung, hat aber nicht die oben genannten Nachteile.[3] Insofern erscheint eine Einordnung des Controlling auf der zweiten Entscheidungsebene sinnvoller, z.B. eingegliedert im Bereich Rechnungs- und Finanzwesen bzw. Unternehmensplanung und Rechnungswesen, vgl. Abbildung 41.

---

[1] Vgl. H.-U. Küpper: Konzeption, a.a.O., S. 436 f.

[2] Vgl. H. Ehrmann, a.a.O., S. 21.

[3] Vgl. R. Bramsemann, a.a.O., S. 94.

Hier kann sich das Controlling von den Entscheidungen der Unternehmensführung distanzieren und sich stärker auf die eigentlichen Controllingaufgaben konzentrieren. Sein Einfluß hängt dann aber davon ab, inwieweit es ihn innerhalb seines Führungsbereiches geltend machen kann.[1] Auf der anderen Seite besteht die Gefahr, daß der Finanzbereich überbetont wird.[2]

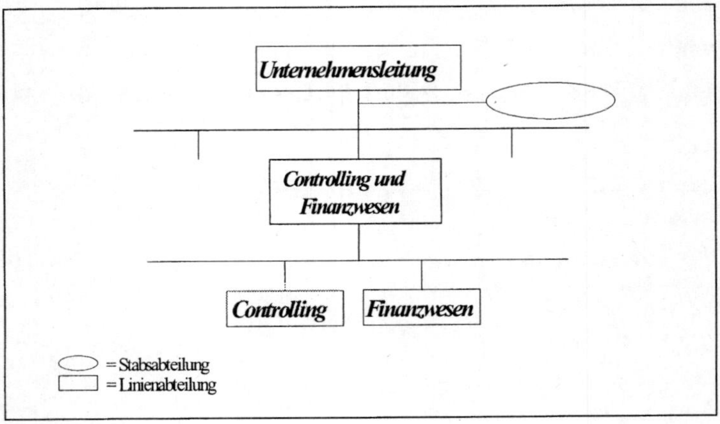

Abb. 41: Mittelbare Unterstellung des Controlling unter die Unternehmensleitung

Eine Einordnung des Controlling auf eine niedrigere Ebene erscheint nicht sinnvoll, da die Einflußmöglichkeiten des Controlling so weit abnehmen, daß er nur schwerlich noch der Koordination im Führungssystem nachkommen kann.

In der Praxis werden die Controllingstellen einer Untersuchung von Amshoff zufolge, in der 211 Unternehmen befragt wurden, überwiegend auf der zweiten oder dritten Ebene, also unmittelbar oder mittelbar unter der Unternehmensleitung, eingerichtet, siehe Tabelle 5 auf der nächsten Seite.

[1] Vgl. H.-U. Küpper: Konzeption, a.a.O., S. 438.

[2] Vgl. K. Ziegenbein, a.a.O., S. 99.

Hierarchieebene	Anzahl	relativ [in %]
a) Unternehmensleitung	95	9,1
b) erste Entscheidungsebene	370	35,5
c) zweite Entscheidungsebene	364	34,9
d) untere Entscheidungsebenen	88	8,4
e) keine Angaben	124	12,1
Gesamtzahl der eingerichteten Stellen bei 211 Unternehmungen	1.041	100,0

Tabelle 5: Einordnung der Controllingstellen in die Unternehmenshierarchie[1]

Eine weitere Möglichkeit besteht darin, das Controlling als Stabsfunktion anzusiedeln. Dann wird es einer Instanz zugeordnet, z.B. der Unternehmensleitung, vgl. Abbildung 42. Das Controlling besitzt dann keine direkten Entscheidungs- und Weisungsbefugnisse, sondern kann seinen Einfluß nur über den Vorgesetzten wirksam machen.[2]

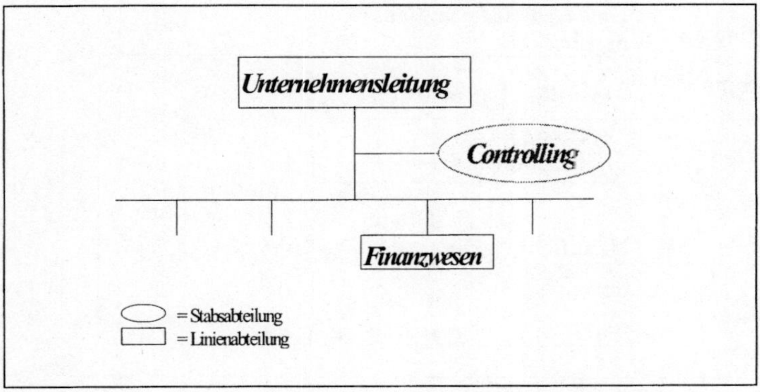

Abb. 42: Controlling als Stabsstelle der Unternehmensführung

Die Einordnung des Controlling als Stabsstelle ermöglicht die Kombination von Machtpromotion auf Seiten der Geschäftsleitung und von Fachpromotion auf Seiten des Controlling. Hierbei bilden Geschäftsleitung und Controlling ein

---

[1] Leicht verändert entnommen aus B. Amshoff, a.a.O., S. 333.

[2] Vgl. H.-U. Küpper: Konzeption, a.a.O., S. 439.

Promotorengespann. Die Machtgrundlagen hierfür werden in der Abbildung 43 dargestellt.[1]

Die Geschäftsführung als Machtpromotor regt u.a. zu Planungsprozessen an und entscheidet über Lösungsalternativen (Beseitigung von Willensbarrieren); das Controlling als Fachpromotor fördert und betreut u.a. Planungs- und Kontrollprozesse (Beseitigung von Fähigkeits- und Wissensbarrieren).[2]

Das Controlling kann aufgrund seiner Expertenmacht ein Entscheidungs- und Anordnungsrecht in System- und Verfahrenfragen der Planung, Kontrolle und Informationsversorgung und eine Vetorecht in bestimmten Sachfragen erhalten.

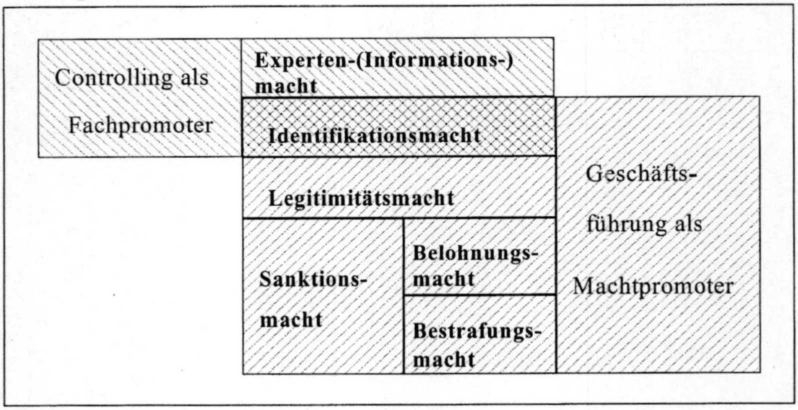

Abb. 43: Machtgrundlagen des Promotoren-Modell[3]

Ein besonderer Fragepunkt ist regelmäßig, ob Controlling als Stabs- oder Linieninstanz anzusiedeln ist.[4] Es gibt keine allgemeingültigen Regeln, wo das

---

[1] Wobei Macht hier als besondere Form des Einflusses verstanden wird.

[2] Vgl. K. Ziegenbein, a.a.O., S. 100 f.

[3] Leicht verändert entnommen aus K. Ziegenbein, a.a.O., S. 101.

[4] Vgl. z.B. P. Horváth: Controlling 1998, a.a.O., S. 797 ff.

Controlling in der Unternehmenshierarchie angesiedelt sein sollte. Witt untersuchte die Einschätzung von Managern und fand heraus, daß das Controlling als reine Stabsfunktion mit 5,8 auf einer 7er Ratingskala (7 = trifft besonders zu; 1 = trifft überhaupt nicht zu) angesehen wird.[1] Mit zunehmend aufkommenden mehrdimensionalen Organisationsstrukturen verliert diese Diskussion an Bedeutung. Welge schlägt vor, die Weisungsbefugnisse aufzuteilen.[2]

Dabei besteht innerhalb der Controllingabteilung fachliche und disziplinarische Anweisungsbefugnis (Linieninstanz). Gegenüber anderen Bereichen der Unternehmung herrscht funktionale Anweisungsbefugnis, d.h. das Controlling hat ein fachliches Weisungsrecht, agiert sozusagen als Zentralinstanz. Bei der Ausübung der Beratungs- und Servicefunktion für die Unternehmensleitung fungiert das Controlling als Stabsstelle.[3]

Man spricht dann von einer Organisation des Controlling als Querschnittsbereich.[4] „Dabei beinhaltet das disziplinarische Weisungsrecht die Entscheidung darüber, *was wann* gemacht werden soll, das funktionale (fachliche, aufgabenbezogene) Weisungsrecht dagegen die Entscheidung, *wie* etwas vollzogen werden soll."[5]

Diese Empfehlung wird in der Praxis offensichtlich nicht angenommen. In der vorgenannten Untersuchung von Amshoff wurden Unternehmen befragt, welche Controllingstellen sie wie geschaffen haben. Nur 8,2% der befragten

---

1 Vgl. F.-J. Witt: Gegenseitige Einschätzung von Managern und Controllern, in: Controlling, 1. Jg. (1989), S. 127-130, hier S. 128.

2 Vgl. M.K. Welge: Organisation, a.a.O., S. 142.

3 Vgl. H.-U. Küpper/J. Weber/A. Zünd, a.a.O., S. 285.

4 Vgl. K. Pohle, a.a.O., Sp. 665 f.; P. Horváth: Controlling 1998, a.a.O., S. 797 ff.; M. K. Welge: Controlling, a.a.O., S. 411 ff.

5 B. Amshoff, a.a.O., S. 292.

Unternehmungen richteten Controlling als Querschnittsbereichsstelle ein, jedoch knapp 47% als Linien- (Instanzen-) und gut 40% als Stabsstelle, vgl. Tabelle 6.

Stellencharakteristik	Anzahl	relativ [in %]
a) Linie (Instanz)	488	46,8
b) Stab	422	40,5
c) Querschnittsbereich	85	8,2
d) Ausschuß o.ä.	26	4,5
Gesamtzahl der eingerichteten Stellen bei 211 Unternehmungen	1.041	100,0

Tabelle 6: Charakteristik der Controllingstelle[1]

Ein ähnliches Ergebnis ergab sich schon 1988 in einer Untersuchung von Landsberg/Mayer, in welcher das Controlling (auf der Basis von 268 Antworten) eine Führungsposition als Linien- in 49,6 %, als Stabsstelle in 40,7 % und als Querschnittsabteilung in 9,7 % der Fälle inne hatte.[2] Zudem scheint sich nach Sahl/Schmidt eine Tendenz aufzuzeigen, daß das Controlling mit wachsender Unternehmensgröße zunehmend als Stabsstelle gebildet wird.[3]

3.4.7.3.2 Controlling in einer mehrdimensionalen Aufbauorganisation

Daneben ist Controlling noch in einer mehrdimensionalen Aufbauorganisation zu betrachten. Die bekannteste davon ist wohl die Matrix-Organisation. Sie entsteht durch Kombination von funktionalen und divisionalen Organisationsformen. Wird noch ein drittes Gliederungsprinzip, z.B. regionale Einteilungen, berücksichtigt, spricht man von einer Tensororganisation. Kommen noch mehr Gliederungsprinzipien hinzu, erhalten wir eine mehrdimensionale Tensororganisation.[4]

---

1 Leicht verändert entnommen aus B. Amshoff, a.a.O., S. 331.

2 Vgl. G. v. Landsberg/E. Mayer: Berufsbild des Controllers, Stuttgart 1988, S. 68.

3 Vgl. N. Sahl/R. Schmidt: Funktionen des Controllers und deren Einflußfaktoren, in: krp, o.Jg. (1991), S. 29-37, hier S. 36.

4 Vgl. K. Bleicher: Organisationsformen, mehrdimensionale, in: HWO, 2. Aufl., Stuttgart 1980, Sp. 1517-1525, hier Sp. 1520.

Es leuchtet ein, daß der Koordinationsaufwand steigt, je mehr Gliederungskriterien gleichzeitig gelten. Da aber damit auch immer mehr „institutionalisierte Konflikte“[1] entstehen, sinkt die Effizienz des Controlling, je mehr Dimensionen in einer Organisationsform gleichzeitig berücksichtigt werden müssen.[2]

Es ist sinnvoll, möglichst mehrere Kriterien zu beachten. Abbildung 44 auf der nächsten Seite zeigt beispielhaft das Controlling in einer Matrix-Organisation.

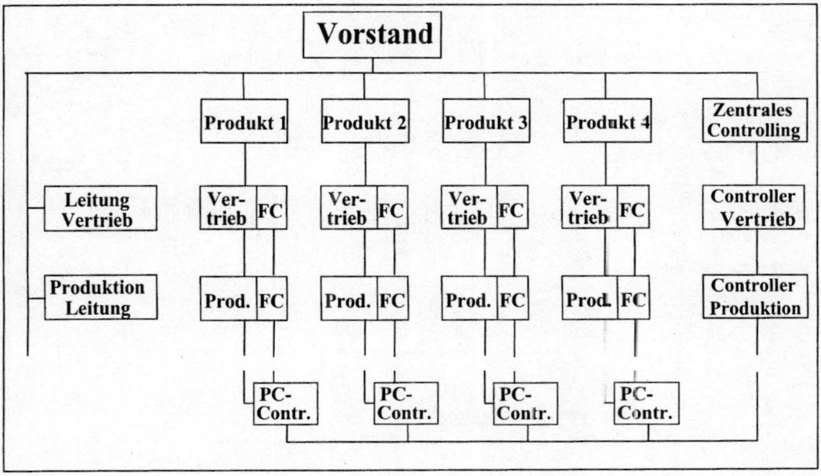

Abb. 44: Controlling in einer Matrix-Organisation[3]

Die Komplexität der Matrix- und Projektorganisation benötigt zur Steuerung eine strukturierte und weitverzweigte Controllingorganisation.[4] Die Projektorganisation kann als eine Sonderform der mehrdimensionalen Organisationsstruktur bezeichnet werden. Sie entsteht, wenn eine teamorientierte Organisa-

[1] K. Bleicher, a.a.O., Sp. 1524.

[2] Vgl. H.-W. Stahl, a.a.O., S. 39.

[3] Nach H.-W. Stahl, a.a.O., S. 38.

[4] Vgl. K. Liessmann, a.a.O., S. 527.

tionsstruktur nur auf Zeit für ein bestimmtes Projekt (wie etwa die Einführung eines Controllingsystems) gebildet wird.[1]

Eine häufiger anzutreffende Einordnung des Controlling in einer Projekt-Organisation zeigt die Abbildung 45, die von einer zur Projekt(gruppen)-organisation erweiterten Matrix-Organisation ausgeht.

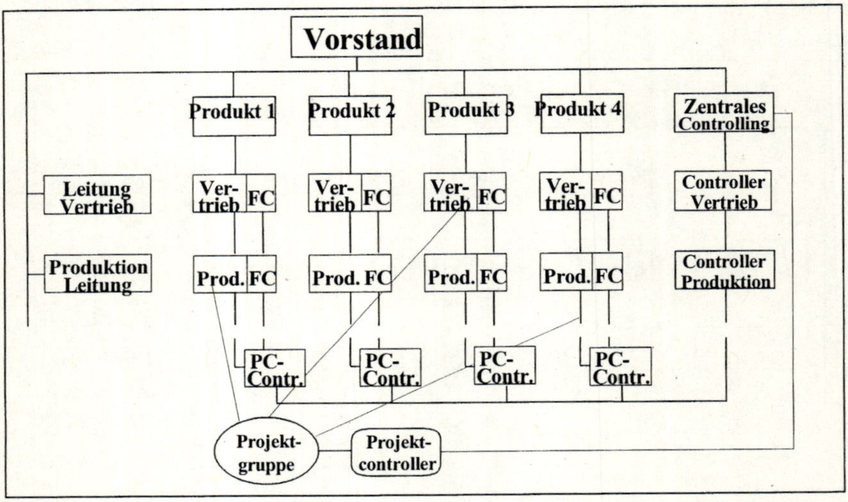

Abb. 45: Controlling in einer Projektorganisation[2]

Das Projektcontrolling kann Funktions- oder Liniencontrolling sein, das für die Zeit der Projektdauer zum Projektcontrolling bestimmt wurde. Meist wird es dem Zentralcontrolling unterstellt, denkbar ist aber auch eine nur fachliche Unterstellung unter das Zentralcontrolling und eine projekt-disziplinarische Unterstellung unter die Projektleitung.[3]

1 Vgl. M. Hüttner: Betriebswirtschaftslehre, a.a.O., S. 163 f.

2 Nach H.-W. Stahl, a.a.O., S. 40.

3 Vgl. H.-W. Stahl, a.a.O., S. 39 f.

3.4.7.4 Dezentrales Controlling

Bei großen Unternehmen können die Controllingaufgaben nicht mehr nur von einer zentralen Controllingabteilung erledigt werden. Vielmehr werden dezentrale Controllingabteilungen in verschiedenen Unternehmensbereichen geschaffen.[1] Der Controllingbereich gliedert sich in Teilbereiche. In Konzernen gibt es meist sogar eine eigene Controllingorganisationsstruktur.[2] Die Gesamtführungshilfsfunktion bleibt eine Aufgabe einer zentralen Controllingstelle.[3]

3.4.7.4.1 Controllingebenen

In der Praxis haben sich vier Controllingebenen[1] gebildet: 1.) das Zentralcontrolling, 2.) das Divisionscontrolling, 3.) das Funktionscontrolling und 4.) das Projektcontrolling. Das Zentralcontrolling wirkt vornehmlich auf strategischem Gebiet und konzentriert sich auf den Erhalt und Ausbau der strategischen Erfolgspositionen. Es operiert innerhalb eines strategischen Dreiecks, wie die Abbildung 46 auf der folgenden Seite zeigt.

Das Divisionscontrolling bestimmt seine Aktivitäten durch die wirtschaftliche Zielsetzung der Division. Es unterstützt das Spartenmanagement, stimmt sich aber mit dem Zentralcontrolling ab, um die Divisionszielsetzungen mit den Unternehmenszielsetzungen in Einklang zu bringen.

---

1 Vgl. Horváth & Partner, a.a.O., S. 233 ff.

2 Vgl. hierzu K. Vellmann: Organisation des Controlling in einem Konzern, in: Mayer, E./Weber, J. (Hrsg.): Handbuch Controlling, Stuttgart 1990, S. 535-563; A. Fischer: Organisation des Controlling in einem Großunternehmen (Am Beispiel der Continental AG, Hannover), in: Mayer, E./Weber, J. (Hrsg.): Handbuch Controlling, Stuttgart 1990, S. 565-578; vgl. allgemein zum Konzern-Controlling S. Höhn: Konzern-Controlling, in: Huch, B./Behme, W./Schimmelpfeng, K. (Hrsg.): EDV-gestützte Controlling-Praxis, S. 244-260.

3 Vgl. H.-U. Küpper/J. Weber/A. Zünd, a.a.O., S. 287.

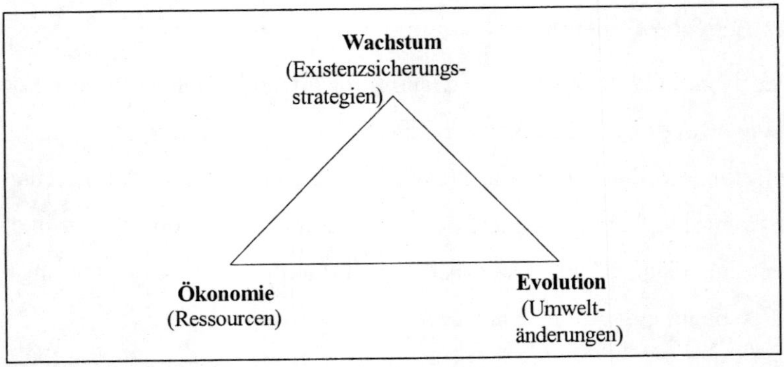

Abb. 46: Das strategische Dreieck des Zentralcontrolling[2]

Das Funktionscontrolling ist Spezialist, der für das Controlling von Querschnittsfunktionen und Verrichtungen verantwortlich zeichnet. Es hat eine weitgehend beratende und koordinierende Tätigkeit.

Das Projektcontrolling erarbeitet vornehmlich Lösungen für bereichsübergreifende Probleme. Dabei untersteht es meist dem Zentralcontrolling. Je nach Projekt ändert sich seine Aufgabe. Es ist für eine ständige Überwachung der Projektabwicklung besorgt.

3.4.7.4.2 Gestaltung der organisatorischen Beziehungen

Die Effizienz des Controlling hängt davon ab, zu welchen Handlungen das Controlling legitimiert ist. Es sollte die Verantwortung für seine Aufgaben übernehmen, aber auch die Kompetenz haben, sie durchzusetzen. Dabei ist der Beziehung zwischen dem Zentralcontrolling und dem dezentralen Controlling

---

1 Vgl. zu diesen Ausführungen K. Liessmann, a.a.O., S. 515-519. Eine ähnliche Einteilung findet sich bei Serfling. Dort wird aber von Werkscontroller an Stelle von Projektcontroller gesprochen; vgl. K. Serfling, a.a.O., S. 88.

2 Nach K. Liessmann, a.a.O., S. 518.

besondere Aufmerksamkeit zu widmen.[1] Grundsätzlich bilden sich vier Möglichkeiten[2] der Einordnung des dezentralen Controlling, siehe Tabelle 7.

	fachlicher Vorgesetzter	
Disziplinarischer Vorgesetzter	Zentralcontrolling	Fachbereichsleitung
Zentralcontrolling	1.)	3.)
Fachbereichsleitung	4.)	2.)

Tabelle 7: Alternative Einordnungen des dezentralen Controlling[3]

1. Das dezentrale Controlling wird dem Zentralcontrolling fachlich und disziplinarisch unterstellt;
2. Das dezentrale Controlling wird der Fachbereichsleitung fachlich und disziplinarisch unterstellt;
3. Das dezentrale Controlling wird der Fachbereichsleitung fachlich und dem Zentralcontrolling disziplinarisch unterstellt;
4. Das dezentrale Controlling wird dem Zentralcontrolling fachlich und der Fachbereichsleitung disziplinarisch unterstellt.

Die Formen 3) und 4) werden als *Dotted-Line-Prinzip*[4] bezeichnet.[5]

---

[1] Vgl. K. Serfling, a.a.O., S. 86.

[2] Hahn erweitert diese vier Möglichkeiten um eine weitere, bei der die Fachbereichsleitung fachlicher und disziplinarischer Vorgesetzter ist und das Zentralcontrolling gleichzeitig ein generelles und spezielles Informationsrecht im Hinblick auf alle Planungs- und Kontrollinformationen besitzt. Zusätzlich hat das Zentralcontrolling Mitentscheidungsrechte im Hinblick auf System-, Verfahrens- und spezifischen Sachfragen des Controlling sowie bei der Auswahl und Abberufung des dezentralen Controllers; vgl. D. Hahn: PuK, a.a.O., S. 792.

[3] Ähnliche Darstellungen finden sich z.B. bei H.-U. Küpper: Konzeption, a.a.O., S. 442; B. Amshoff, a.a.O., S. 295; H.-W. Stahl, a.a.O., S. 44; K. Ziegenbein, a.a.O., S. 102 f.

[4] Der Name resultiert daraus, „da in Organisationsschaubildern die funktionale Unterstellung anders (dotted line, gestrichelte Linie) dargestellt wird als die disziplinarische Unterstellung (durchgezogene Linie)“; K. Serfling, a.a.O., S. 87.

[5] Vgl. K. Pohle, a.a.O., Sp. 667 f.

Die Vor- und Nachteile der einzelnen Formen werden in der Literatur ausführlich diskutiert.[1] Bei der fachlichen und disziplinarischen Unterstellung unter das Zentralcontrolling besteht die Gefahr, daß das dezentrale Controlling keine Bindung zum jeweiligen Fachbereich bekommt und aufgrund seiner relativ unabhängigen Position leicht zu einem Fremdkörper in dem Fachbereich wird. Bei der fachlichen und disziplinarischen Unterstellung unter die Fachbereichsleitung besteht ein Maximum an Controllingdezentralisation. Die Koordinationsaufgabe des dezentralen Controlling zum Zentralcontrolling und zu den anderen Controllingabteilungen erscheint aber aufgrund von Kommunikationsproblemen gefährdet. Daher ist diese Lösung abzulehnen.

Bei fachlicher Unterstellung unter die Fachbereichsleitung und disziplinarischer Unterstellung unter das Zentralcontrolling oder umgekehrt entsteht auch ein Konfliktpotential, da das dezentrale Controlling auf der einen Seite das Controlling in dem jeweiligen Fachbereich durchsetzen soll, auf der anderen Seite aber dem Fachbereich unterstützen soll, seine Ziele zu erreichen. Stehen die Ziele des Fachbereiches im Widerspruch zu den Zielen des Zentralcontrolling, lassen sich Konflikte kaum vermeiden.

Auf der anderen Seite wird damit erreicht, daß „die Gesichtspunkte des Unternehmenscontrolling in entsprechendem Maß in den dezentralen Fachbereichen zur Geltung kommen. ... Grundsätzlich scheint es angemessener, wenn das Zentralcontrolling ihm fachliche Weisungen erteilt, da die Tätigkeit des Controlling auf die sachliche Abstimmung gerichtet ist. Ferner kann die Zentrale disziplinarische Funktionen wegen der räumlichen Distanz weniger zuverlässig als

[1] Vgl. z.B. M.K. Welge: Organisation, a.a.O., hier S. 142 f.; M.K. Welge: Controlling, a.a.O., S. 411 ff.; R. Eschenbach: Controlling - State of the Art, in: Journal für Betriebswirtschaft, o.Jg. (1988), S. 206-216, hier S. 213 ff.; S. Schüller: Organisation von Controllingsystemen in Kreditinstituten, Diss., Münster 1984, 210 ff.; vgl. zu den folgenden Ausführungen K. Serfling, a.a.O., S. 86 f.; K. Ziegenbein, a.a.O., S. 57 f.

der Fachbereichsleiter ausüben.“[1] Es bleibt also festzuhalten, daß eine Ideallösung nicht besteht, doch eine Tendenz zu den *Dotted-Line*-Formen besteht, und hier ist die 4.)-Form der 3.)-Form vorzuziehen. Zusätzlich dürfte die Bedeutung der Variante 1 in der Praxis zugenommen haben.[2]

3.5 Zusammenfassung

Controlling ist eine bestimmte Funktion innerhalb des Führungssystems, die der Verbesserung der Unternehmenssteuerung dient, also die Erreichung der Unternehmensziele unterstützt. Dabei führt das Controlling eine Anpassungs- und Servicefunktion aus.[3] Controlling ist in der Praxis gewachsen und durch höchst unterschiedliche Sachverhalte und im Zeitablauf wandelnde Vorstellungen gekennzeichnet. Die Fundierung des Controlling in der Theorie der Unternehmensführung ist bisher noch uneinheitlich.[4]

Es gibt verschiedene alternative Controlling-Konzeptionen, die sich in verschiedenen Stufen zu entwickeln scheinen. Anfänglich, als das Gewinnziel das vorrangige Unternehmensziel schien, wurde auch das Controlling nur auf die kurzfristige Ebene bezogen. Später, als erkannt wurde, wie wichtig Erfolgspotentiale für den Erfolg sind, hat sich das strategische Controlling dazu entwickelt. Mit der Veränderung in den Unternehmenszielen[5], wo das Erfolgsziel teilweise nur noch eines neben anderen Zielen (z.B. dem Sozialziel) ist, wird auch das Controlling auf die Unternehmensziele betrachtet.

---

[1] H.-U. Küpper: Konzeption, a.a.O., S. 443.

[2] Vgl. K. Serfling, a.a.O., S. 87.

[3] Vgl. H.-U. Küpper: Controlling, a.a.O., S. 17 ff.

[4] Vgl. Th. Schildbach: Grundproblem, a.a.O., S. 21 f.

[5] Vgl. zu den unternehmerischen Zielen W. Hopfenbeck, a.a.O., S. 355-365.

Die Unterstützung der Unternehmensführung geschieht in erster Linie durch eine zielgerichtete Informationsversorgung der Unternehmensführung; mit zunehmender Größe und Komplexität des Unternehmens nimmt auch der Koordinationsbedarf zu. Als zweite Säule hat das Controlling Koordinationsaufgaben der Führungsteilsysteme Planung, Information und Kontrolle zu übernehmen.

In der umfassendsten Konzeption koordiniert das Controlling sämtliche Führungsteilsysteme. Die Informationsaufgabe des Controlling wird hierbei scheinbar der Informationswirtschaft übergeben, dann aber quasi durch die Koordinationsaufgabe der Informationsversorgung doch wieder eingenommen.[1] Unternehmen können sich auf jeder dieser genannten Entwicklungsstufen des Controlling befinden.

Nach Ansicht des Verfassers bezeichnet *Controlling die systembildende und systemkoppelnde Koordination der sachbezogenen Führungsteilsysteme Planung, Kontrolle und Information, um eine zielgerichtete Informationsversorgung der Unternehmensführung zu unterstützen und zielsystemorientiert an veränderte Umweltbedingungen anzupassen. Dabei hat das Controlling eine Informations- und eine Koordinationsaufgabe zu erfüllen.*

Der Begriff Unternehmen ist hier weit zu sehen. So ist das Controlling nicht nur erwerbswirtschaftlich ausgerichtete Betriebe beschränkt, sondern kann auch in öffentlichen Institutionen als Steuerungsinstrument eingesetzt werden.[2]

---

[1] Vgl. J. Weber: Controlling, a.a.O., S. 25-29. und S. 157-215.

[2] Vgl. z.B. J. Weber: Controlling in öffentlichen Institutionen (Non Profit Organizations), in: Risak, J./Deyhle, A. (Hrsg.): Controlling, 2. Aufl., Wiesbaden 1992, S. 295-324; J. Weber: Überblick über die spezifischen Rahmenbedingungen des Controlling in öffentlichen Institutionen, in: Mayer, E./Weber, J. (Hrsg.): Handbuch Controlling, Stuttgart 1990, S. 581-608; D. Budäus: Controlling in öffentlichen Verwaltungen: Funktionen, Leistungsfähigkeit und Entwicklungsperspektiven, in: Mayer, E./Weber, J. (Hrsg.): Handbuch Controlling, Stuttgart 1990, S. 609-619.

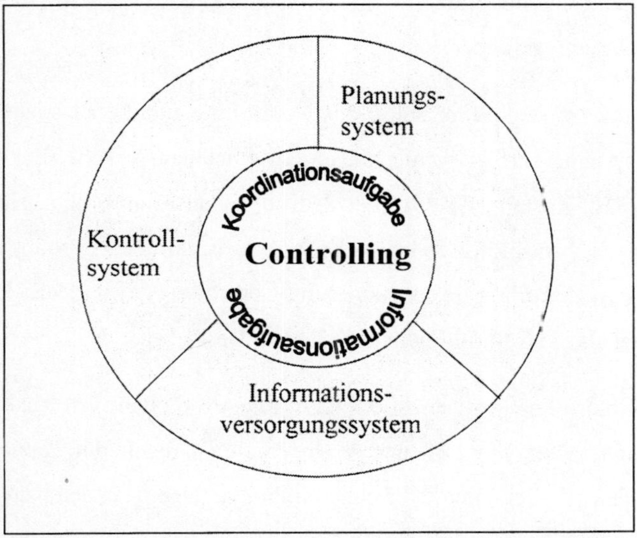

Abb. 47: Controlling als Koordinations- und Informationsaufgabe

Die Controllingaufgaben werden durch Controllingaktivitäten ermöglicht. Hier besteht zwischen der Unternehmenspraxis und der Theorie durchaus noch Uneinigkeit, inwieweit Planungs-, Kontroll- und Informationstätigkeit durch das Controlling ausgeführt oder nur initiiert werden sollen. Vom hier vertretenen Standpunkt aus gehört nur Letzteres zu den Controllingaktivitäten.

Eigene Controllinginstrumente sind erst bedingt entwickelt worden. Hierfür ist eine theoretische Manifestierung des Controlling notwendig. Vorerst sind die Instrumente noch anderen Teilbereichen zu entnehmen.

Die Einordnung des Controlling in die Unternehmensorganisation hängt von verschiedenen Kontextfaktoren ab. Dieses sind vor allem Unternehmensgröße, -umwelt, -region und Organisationsstruktur. Sinnvollerweise ist das Controlling direkt unterhalb der Unternehmensführung anzusiedeln. Es bietet sich an, das

Controlling als Querschnittsfunktion zu betreiben, so daß Linien- mit Stabsfunktionen kombiniert werden.

Je komplexer die Umwelt, desto eher sollte das Controlling funktional sowie institutional in Subsysteme zerlegt werden. Dadurch entstehen sowohl funktionsübergreifende, z.B. Kosten-, Erlös- oder Umweltschutz-Controlling, als auch funktionsbezogene Controlling-Teilbereiche, z.B. Beschaffungs-, Produktions- oder Marketing-Controlling.[1] Das Marketing-Controlling wird deutlich öfter institutionalisiert als ein Controlling in den anderen Bereichen.[2]

Das Umweltschutz-Controlling wird einen deutlich höheren Stellenwert erhalten. Öffentliche Umweltgüter wie Luft und Wasser können regelmäßig ohne Kosten genutzt werden. Dieses „market failure" führt zu einer Tendenz der extensiven Umweltnutzung.[3] Für das Controlling ergibt sich die Aufgabe, Umweltschutzkosten systematisch zu erfassen und zu bewerten. Ein konzeptioneller Ansatz wurde hierzu von Lange/Fischer vorgestellt.[4]

In der Praxis ist zunehmend zu beobachten, daß dezentrale Controllingbereiche eingeführt werden. Das bereichsbezogene Controlling ist konzeptionell wie das Unternehmenscontrolling zu gestalten.[5] Daher wird die hier vorgestellte Konzeption im nächsten Abschnitt auf das Marketing-Controlling übertragen.

---

[1] Vgl. C. Lange/H. Ukena: Integrierte Unternehmensplanung und –kontrolle im Rahmen eines betrieblichen Umweltschutz-Controllingsystems, in: ZAU, 9. Jg. (1996), S. 67-85, hier S. 67.

[2] Vgl. T. Czenskowsky/K. Füser/F. Thomas: Marketingkoordination, Köln 1999, S. 169.

[3] Vgl. C. Lange: Umweltschutz und Unternehmensplanung, Wiesbaden 1978, S. 27.

[4] Vgl. C. Lange/R. Fischer: Umweltschutzbezogene Kostenrechnung auf Basis der Einzelkosten- und Deckungsbeitragsrechnung als Instrument des Controlling, in: ZfB, 69. Jg. (1998) Ergänzungsheft 1, S. 107-123.

[5] Vgl. H.-U. Küpper: Übersicht, a.a.O., S. 257.

4 Marketing-Controlling[1]

4.1 Grundlagen und Gegenstand des Marketing-Controlling

In vielen Branchen ist das automatische Wachstum der Märkte zu Ende. Das Umsatzwachstum übersteigt nicht mehr die Kostensteigerungen. Die Märkte sind gekennzeichnet durch Rohstoffverknappung und –verteuerung, strukturelle Arbeitslosigkeit, kritischem Verbraucherbewußtsein und verstärktem Umweltbewußtsein. Die Möglichkeit, Kostensteigerungen und selbst Endverbrauchersteuern, wie die Umsatzsteuer, auf den Kunden abzuwälzen, wird durch den bestehenden Preis- unter Wettbewerbsdruck immer schwerer.[2]

So steigt auch im Absatzbereich das Kostenbewußtsein. Mit den verfügbaren finanziellen Mitteln ist die höchstmögliche Effizienz von Marketing-Maßnahmen zu erreichen. Aber nicht nur das Notwendige ist effizienter durchzuführen, sondern das Marketing ist auch gefordert, effektiver zu agieren. Um erfolgreich auch auf gesättigten Märkten mit hartem Verdrängungswettbewerb zu operieren, sind neue Strategien und ihr Umsetzen nötig.[3] Hierbei ist die Führung des Marketing bei dem Erfüllen ihrer Aufgaben zu unterstützen. Dies geschieht durch das Marketing-Controlling.

Obwohl Marketing-Controlling erst in einigen großen Unternehmungen als eigenständige organisatorische Einheit besteht, sind über seine Konzeption und

---

[1] Teile dieses Kapitels wurden veröffentlicht, vgl. K.R. Heuer: Marketing-Controlling, in: Ahsen, A.v./Czenskowsky, T. (Hrsg.): Marketing und Marktforschung, Hamburg 1996, S. 358-375

[2] Vgl. J. Buschbeck: Marketing-Controlling - Das betriebswirtschaftliche Gewissen der Marketingabteilung, in: Harvard Manager, 4. Jg. (1982), Heft 3, S. 87-96, hier S. 87 f. Zu jener Zeit noch als Vision für die Zukunft gesehen, heute inzwischen Realität.

[3] W.F. Liebl: Marketing-Controlling, Wiesbaden 1989, S. 12 f.

die anzuwendenden Methoden zahlreiche theoretische sowie praxisorientierte Beiträge erschienen.[1]

4.1.1 Marketing-Controlling als funktionsbereichsbezogenes Controlling

Das Marketing-Controlling kann als funktionales Subsystem eines gesamtunternehmensbezogenen Controllingsystems verstanden werden.[2] Es stellt ein Bereichscontrolling dar.[3] Daher sind auch die Ziele des Marketing-Controlling mit Rücksicht auf die gesamtunternehmensbezogenen Controllingziele - und damit auf die Sicherung der Unternehmensziele - zu entwickeln. Hierfür ist eine Abstimmung zwischen dem Führungsbereich der Unternehmung und dem Führungsbereich des Marketing notwendig.[4]

---

[1] Vgl. z.B. M. Ehlke: Das Marketing-Controlling: Organisatorische Zuordnung, Aufgaben, Entwicklungstendenzen, in: Koinecke, J. (Hrsg.): Handbuch Marketing, Band 1, Gernsbach 1978, S. 335-344; J. Kiener: Marketing-Controlling, Darmstadt 1980, im folgenden zitiert als: Marketing-Controlling; P. Horváth/H. Stark: Controlling für das Marketingmanagement, in: Marketing-ZFP, 4. Jg. (1982), S. 183-194; W. Graf: Absatzmarketing-Controlling, in: Hermanns, A./Meyer, A. (Hrsg.): Zukunftsorientiertes Marketing in Theorie und Praxis, Berlin-München 1984, S. 57-72; R. Eschenbach (Hrsg.): Marketing-Controlling, Wien 1986; E. Zahn: Marketing- und Vertriebscontrolling, Loseblattsammlung, 32. Nachlieferung, Landsberg am Lech 1999; P. Grögl: Marketing-Controlling, Wien 1988; J. Haag: Marketing-Controlling, in: Mayer, E./Weber, J.: Handbuch Controlling, Stuttgart 1990, S. 175-209; M.P. Zerres: Kooperatives Marketing-Controlling, Frankfurt am Main 1998.

[2] Vgl. M. Palloks: Marketing-Controlling, Diss. Universität Dortmund, Frankfurt a.M. 1991, S. 81.

[3] Vgl. zum Begriff z.B. J. Weber: Bereichscontrolling, in: HWB, 5. Aufl., Stuttgart 1993, Sp. 300-312.

[4] Vgl. H.-U. Küpper: Controlling, a.a.O., S. 370 f.

Marketing stellt eine Verbindung des Unternehmens mit der Umwelt dar.[1] Das Marketing-Controlling soll dem Marketing-Management helfen, das Unternehmen an veränderte Umweltbedingungen anzupassen. Das Marketing-Management soll unterstützt und entlastet werden. Dies geschieht vor allem durch Informationsversorgung und Koordination von Planung und Kontrolle im Marketing-Bereich. Insbesondere benötigt das Controlling betriebswirtschaftliche Daten, Kennzahlen und Analysen.[2] Abbildung 48 zeigt die grundlegenden Aufgaben des Marketing-Controlling.

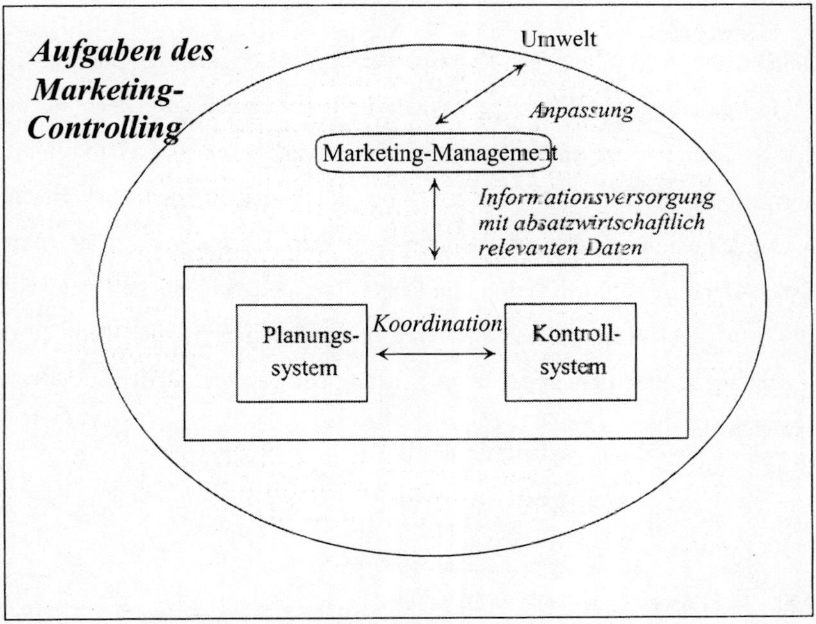

Abb. 48: Grundlegende Aufgaben des Marketing-Controlling

---

[1] Vgl. Ph. Kotler: Marketing Management, a.a.O., S. 24 f.

[2] Vgl. R. Geml: Marketing-Controlling, in: Geisbüsch, H.-J./Geml, R./Lauer, H. (Hrsg.): Marketing, 2. Aufl., Landsberg am Lech 1991, S. 219-240, hier S. 221.

Das Marketing-Controlling hat Marketing-Führungsteilsysteme, diese mit dem Unternehmens-Controlling und mit dem dezentralen Controlling anderer Bereiche zu koordinieren.[1] Köhler hat diese Ziele noch um die Schaffung eines Steuerungs- und Regelungssystems im Marketing erweitert.[2] Palloks gibt eine Auswahl zu weiteren Marketing-Controlling-Zielen, die in der deutschsprachigen Literatur diskutiert werden.[3] Insbesondere sind dies - neben den oben angesprochenen Zielen -, Transparenz der Märkte und Flexibilität der Entscheidung bei sich ändernden Marktchancen. Das Marketing-Controlling steht dem operativen Marketing-Management als wirtschaftlicher Ratgeber zur Seite.[4]

Während das Controlling ein Konzept der ergebnisorientierten Führung[5] ist, kommt Marketing vom Markt her. Durch die Kombination von Daten aus dem internen Rechnungswesen des Unternehmens mit spezifischen Marktforschungsinformationen wird eine Verbesserung der Marketing-Effizienz bei gleichen finanziellen Mitteln erwartet bzw. die gleiche Effizienz mit geringerem Mitteleinsatz. Denn obwohl Marketing und Controlling unterschiedliche Denkweisen und Arbeitstechniken besitzen, vereint beide Funktionen die Identität der Zielsetzung, nämlich eine bestimmte Leistung bei geringstmöglichen Aufwand zu erreichen.[6]

---

1 Vgl. H.-U. Küpper: Controlling, a.a.O., S. 369 f.

2 Vgl. R. Köhler: Marketing-Controlling, in: Köhler, R.: Beiträge zum Marketing-Management, 2. Aufl., Stuttgart 1991, S. 179-202, im folgenden zitiert als: Marketing-Controlling, S. 180 f.

3 Vgl. M. Palloks, a.a.O., S. 83.

4 Vgl. J. Buschbeck, a.a.O., S. 88.

5 Vgl. P. Horváth: Controlling 1998, a.a.O., S. 73.

6 Vgl. J. Buschbeck, a.a.O., S. 88.

Das Marketing-Controlling überprüft alle Anstrengungen des Marketing systematisch und regelmäßig, um mögliche Schwachstellen und Fehlentwicklungen möglichst frühzeitig zu entdecken.[1] Dazu ist es an den Bedingungsrahmen des Marketing zu knüpfen und hat stärker als andere Controllingbereiche externe Faktoren und nicht-monetäre Zielgrößen zu berücksichtigen.[2] Abbildung 49 zeigt eine Auswahl der situativen Kontextfaktoren, die das Marketing-Controlling notwendig machen und seine Ausgestaltung beeinflussen.

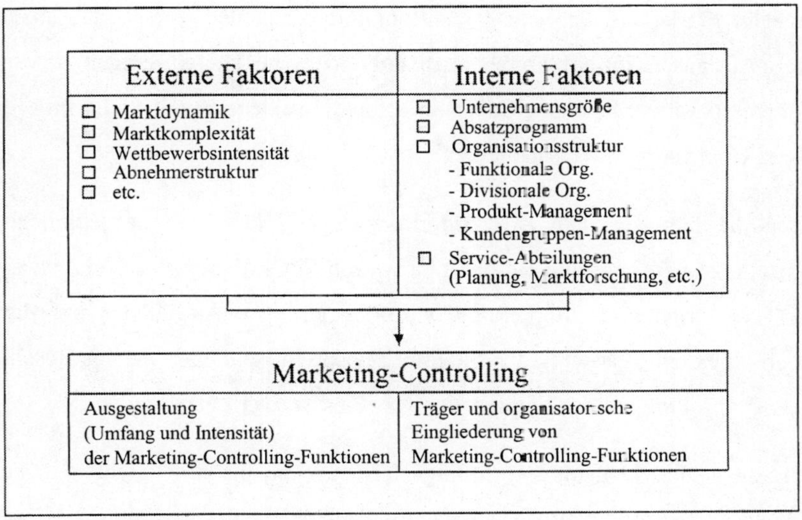

Abb. 49: Situative Kontextfaktoren des Marketing-Controlling[3]

[1] Vgl. R. Köhler: Marketing-Effizienz durch Controlling, in: Controlling, 1. Jg. (1989), S. 84-95, im folgenden zitiert als: Marketing-Effizienz, hier S. 87 ff.

[2] Vgl. H. Meffert: Marketing-Management, a.a.O., S.402 f.; H.G. Meissner: Marketing-Controlling für Multinationale Unternehmen, in: Reichmann, Th. (Hrsg.): Controlling-Praxis, Erfolgsorientierte Unternehmenssteuerung, München 1988, S. 215-221, hier S. 218.

[3] Leicht verändert nach H. Meffert: Marketing-Management, a.a.O., S. 404.

4.1.2 Abgrenzung des Marketing-Controlling

Abgrenzungen unterliegen einer gewissen Willkür. So soll Marketing-Controlling hier synonym zum Absatz-Controlling verstanden werden, da - wie oben dargestellt - im Marketing-Controlling die Controllingaufgaben auf den Absatzbereich übertragen werden. Die Bezeichnung Marketing-Controlling anstatt Absatz-Controlling verdeutlicht nur die konsequente Ausrichtung der Unternehmensaktivitäten auf gegenwärtige und künftige Marktbeziehungen.[1] Wird hingegen Marketing als Managementfunktion verstanden, die darauf abzielt, durch Austauschprozesse Bedürfnisse und Wünsche zu befriedigen bzw. zu erfüllen, so wäre Marketing-Controlling funktionsübergreifend und würde das Absatz-Controlling mit einschließen.[2]

Durch die hier verfolgte *enge* Begriffsauslegung läßt sich das Marketing-Controlling auch klar zum Beschaffungs-Controlling abgrenzen. Während sich das (absatzorientierte) Marketing-Controlling auf jene Aktivitäten am Markt bezieht, die dem Verwerten der Unternehmensprodukte dienen, ist das Beschaffungs-Controlling auf das Bereitstellen von Einsatzgütern gerichtet.[3]

Vertriebs- und Verkaufs-Controlling decken sich insofern nicht mit dem Marketing-Controlling, als sie sich nur auf Teilbereiche des Marketing beziehen. Vertriebs-Controlling bezieht sich z.B. auf die Gestaltung der Absatzwege und -kanäle, des Außendienstes und der physischen Distribution.[4] Der Begriff

---

[1] Vgl. H. Meffert: Marketing, a.a.O., S 7.

[2] Vgl. W. Plinke: Absatzcontrolling, in: HWR, 3. Aufl., Stuttgart 1993, Sp. 1-6, hier Sp. 1.

[3] Vgl. H.-U. Küpper: Controlling, a.a.O., S. 370 f.

[4] Vgl. H.-U. Küpper: Vertriebs-Controlling, in: HWM, 2. Aufl., Stuttgart 1995, Sp. 2623-2633, im folgenden zitiert als: Vertriebs-Controlling, hier Sp. 2624.

Verkaufs-Controlling kennzeichnet zudem eine andere Denkhaltung, nämlich das Produzierte möglichst erfolgreich zu verkaufen.

Heute spielt die individuelle Kundenorientierung eine wichtige Rolle.[1] Danach produziert man nicht, was man am besten produzieren kann, sondern produziert, was die Kunden brauchen, sich wünschen und sich kaufen wollen und können.[2] Denn sonst wechseln die Kunden zu den Konkurrenten, die ihren veränderten Wünschen mit paßgenaueren Produktkonzepten begegnen.[3] Liebl geht sogar einen Schritt weiter, wenn er Marketing beschreibt als: „Wissen was der Käufer will, ehe dieser selbst es weiß."[4] Obwohl Kundennähe und Kundenorientierung als Schlüsselfaktoren zum Geschäftserfolg gelten, klaffen Anspruch und Realität jedoch deutlich auseinander.[5] Das Marketing muß also noch marktgerechter werden, weg von der Buchhaltungs-/Produktionsorientierung hin zur Markt-/ Strategieorientierung.[6]

4.2 Spezifische Aufgaben des Marketing-Controlling

Die Aufgaben des Marketing-Controlling bestehen aus einer Informationsaufgabe und einer Koordinationsaufgabe. Dies ergibt sich aus dem Übertragen der Controllingfunktion auf den Marketing-Bereich und aus den speziellen Problemstellungen des Marketing. Dazu gehören das Bereitstellen geeigneter

[1] Vgl. M. Hüttner/A.v. Ahsen/U. Schwarting, a.a.O., S. 9 f.

[2] Vgl. J.S. Krulis-Randa, a.a.O., S. 262.

[3] Vgl. J. Link: Marketing-Mißverständnis, a.a.O., S. 22.

[4] W.F. Liebl, a.a.O., S. 12.

[5] Vgl. A.-W. Scheer/W. Kraemer: Kundenorientierte Geschäftsprozeßgestaltung, in: Hippner, H./Meyer, M./Wilde, K.D. (Hrsg.): Computer Based Marketing, Braunschweig-Wiesbaden 1998, S. 159-166.

[6] Vgl. D.F. Abell: Marktgelenkte Unternehmen brauchen Mittelsmänner, in: Harvard Manager, 10. Jg. (1988), S. 82-87, hier S. 82 ff.; W.F. Liebl, a.a.O., S. 12.

Planungs- und Kontrolltechniken sowie Organisationshilfen und die Versorgung mit relevanten Informationen.[1] Letzteres geschieht mehr und mehr mit Hilfe der EDV. Es handelt sich dann um Marketing-Informationssysteme. Diese können mit Marktforschung und Marketing-Informationsdiensten zu einer Marketing-Informationszentrale verbunden werden, was eine effizientere Informationsversorgung ermöglicht.[2]

Das Marketing-Controlling übt systembildende und systemkoppelnde Funktionen aus. Grundlage hierfür bilden die noch weiter unten zu erörternden Marketing-Audits. Zu den systembildenden Aufgaben gehören z.B. der Aufbau aussagefähiger Marketing-Informationssysteme, das Entwickeln von Planungs- und Kontrollrichtlinien und Marketing-Kennzahlensystemen. Die systemkoppelnde Aufgabe liegt in dem Unterstützen der absatzwirtschaftlichen Planungs- und Kontrollprozesse. Insbesondere ist die Effizienz von Marketing-Planung, Realisation und Marketing-Kontrolle sicherzustellen.[3]

Marketing-Controlling umfaßt nicht nur die Koordination der kurzfristigen Marketing-Planung und -Kontrolle, sondern auch der strategischen Marketing-Planung, die in jüngerer Zeit besonders betont wird. Sie soll langfristige Erfolgspotentiale sichern. Daher ist das Marketing-Controlling gefordert, auch strategische Planungs- und Kontrolltechniken zu entwickeln und strategische Informationssysteme zu schaffen.

---

[1] Vgl. R. Köhler: Marketing-Controlling, in: Horváth, P./Reichmann, Th. (Hrsg.): Vahlens Großes Controlling Lexikon, München 1993, S. 431-432, hier S. 432.

[2] Vgl. hierzu ausführlich K. Heinzelbecker: Informationssysteme und Instrumente im Marketing-Controlling, in: Huch, B./Behme, W./Schimmelpfeng, K. (Hrsg.): EDV-gestützte Controlling-Praxis, Frankfurt 1992, S. 33-49, hier S. 48 f.; K. Heinzelbecker: Informationsversorgung im Marketing-Controlling, in: Controlling, 3. Jg. (1991), H. 5, S. 244-251.

[3] Vgl. J. Kiener: Marketing-Controlling, a.a.O., S. 28 f.

Hierbei treten die quantitativen Daten aus dem Rechnungswesen in den Hintergrund. Vielmehr erstellt das Marketing-Controlling systematische Umfeldanalysen, entwickelt Früherkennungssysteme und führt Potentialanalysen durch, um künftige Produkt-Markt-Beziehungen zu beurteilen und auszuwählen.[1] Zusätzlich scheint sich besonders im amerikanischen Sprachraum ein weiterer Schwerpunkt des strategischen Bereiches zu bilden, nämlich das Beeinflussen der Umwelt, also bisher als unveränderbar geltender externer Faktoren.[2]

Die nachfolgende Tabelle 8 auf der folgenden Seite zeigt mögliche externe und interne Analysefelder und –faktoren des Marketing-Controlling:

---

[1] Vgl. R. Köhler: Marketing-Controllingaufgaben, in: Horváth, P./Reichmann, Th. (Hrsg.): Vahlens Großes Controlling Lexikon, München 1993, S. 432-433, im folgenden zitiert als: Marketing-Controllingaufgaben, hier S. 432 f.

[2] Vgl. P.R. Varadarajan/T. Clark/W.M. Pride: Controlling the Uncontrollable: Managing Your Market Environment, in: Sloan Management Review, 33. Jg. (Winter 1992), S. 39-47; W.T. Anderson/W.D. Hoyer: Marketing in the Age of Intelligence: The Case for Control, in: European Journal of Marketing, 25. Jg. (1991), S. 32-54; B.J. Jaworski: Toward a Theory of Marketing Control: Environmental Context, Control Types and Consequences, in: Journal of Marketing, 52. Jg. (1988), S. 23-39; K.A. Merchant: Progressing Toward a Theory of Marketing Control: A Comment, in: Journal of Marketing, 52. Jg. (July 1988), S. 40-44.

Analysefelder	Analysefaktoren
extern	
Branchenmarkt	Wachstumsrate Kapazitäten Innovationen
Konkurrenten	Betriebsgrößen Marktanteile Technologien Konkurrenzverhalten
Absatzmarkt	Marktpotential Marktvolumen Marktanteil Vertriebswege Kaufmotive
intern	
Absatz	Auftragseingänge Kundengruppen Absatzwege Absatzmengen Diversifikation
Verwaltung	Informationsversorgung Kostenvolumen Technologien

Tabelle 8: Analysefelder und –faktoren des Marketing-Controlling[1]

Der Planungsprozeß setzt grundsätzlich bei der strategischen Marketing-Planung an. Die operative Marketing-Planung konkretisiert die durch die strategische Planung vorgegebene Grundkonzeption.[2] Bei letzterer steht die Gestaltung des Marketing-Mix, d.h. produkt-, preis, kommunikations- und distributionspolitische Maßnahmen, im Mittelpunkt. Die Abstimmung der verschiedenen Instrumente des Marketing-Mix stellt eine wesentliche Rolle des Marketing-Controlling dar. Planungsrelevante Informationen und geeignete Verfahren zur Erfolgsunterstützung sind bereitzustellen. Daneben sind auch absatzwirtschaftliche Erfolgsanalysen durchzuführen, um die Gewinn- und Verlustquellen

---

1 Erstellt nach Angaben aus G. Ebert/J. Koinecke/V. Peemöller, a.a.O., S. 38-39.

2 Vgl. M. Hüttner/A.v. Ahsen/U. Schwarting, a.a.O., S. 334 f.

möglichst präzise bestimmen zu können. Diese Erkenntnisse werden dann wieder in den Planungsprozeß mit eingebracht.[1]

4.2.1 Controlling im Marketing-Planungsprozeß

Die Marketing-Planung kann definiert werden als das „systematische und rationale Durchdringen des künftigen Markt- und Unternehmensgeschehens mit dem Zweck, daraus Richtlinien für das Verhalten im Marketing-Bereich abzuleiten."[2] Sie ist Bestandteil der Unternehmensplanung und läßt sich, wie diese auch, durch die drei chronologisch differenzierbaren Phasen 1. Situationsanalyse, 2. Ziel- und Strategienplanung und 3. Maßnahmenplanung kennzeichnen. Die Aufgaben des Marketing-Controlling bestehen nun darin, den Marketing-Planungsprozeß durch geeignete Koordination und Informationsversorgung sicherzustellen, vgl. Abbildung 50.

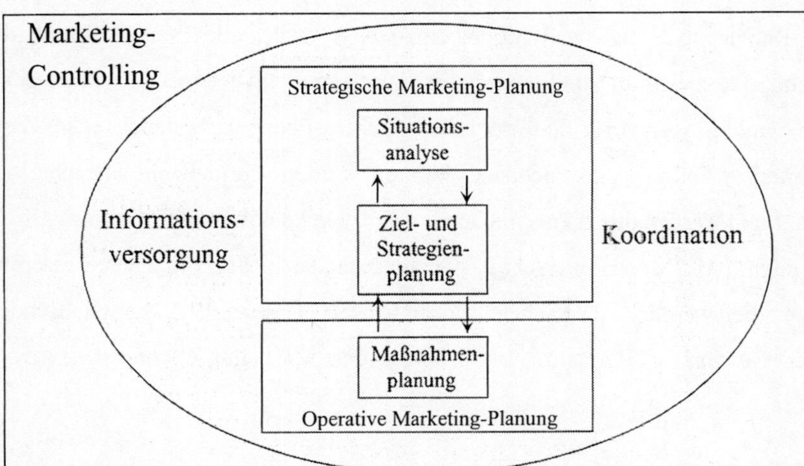

Abb. 50: Beziehung zwischen Marketing-Planung und Marketing-Controlling

[1] Vgl. R. Köhler: Marketing-Controllingaufgaben, a.a.O., S. 433.

[2] R. Nieschlag/E. Dichtl/H. Hörschgen, a.a.O., S. 820.

Die Situationsanalyse beschäftigt sich mit der strategischen Ausgangssituation. Sie umfaßt die Analyse des Sortimentes, des Marktes, der Umwelt und des Wettbewerbes. Dies kann erreicht werden z.B. durch eine Deckungsbeitragsanalyse des Sortiments, eine Kunden-Deckungsbeitragsanalyse, eine Umweltanalyse und eine Wettbewerbsanalyse.

Das Marketing-Controlling versorgt hierbei die Führung mit planungsgerechter Information. Externe Informationen, wie sie z.B. die Marktforschung bereitgestellt, werden mit internen Informationen abgestimmt.[1] Insbesondere ist darauf zu achten, daß die von der Marktforschung abgegrenzten Marktsegmente auch bei internen Informationen in der gleichen Struktur vorhanden sind. Weiterhin koordiniert das Marketing-Controlling die Zusammenarbeit zwischen den am Planungsprozeß beteiligten Stellen und die zeitliche Abfolge des Planungsprozesses.

Im Rahmen der Ziel- und Strategienplanung werden die Ziele definiert, die Zielmärkte bestimmt und alternative Strategien entwickelt. Die Marketing-Zielplanung ist primär auf der strategischen Ebene angesiedelt. Die Ziele können in Formal- und Sachziele definiert werden. Formalziele sind eher abstrakt und werden durch entsprechende Sachziele konkretisiert.[2] Als Formalziele könnten z.B. Marktführerschaft, Qualitätsstandards oder Imageverbesserung angestrebt werden. Als Sachziele kommen z.B. Umsatz, Marktanteil, Rendite oder Gewinn in Betracht.[3] Im Rahmen des Marketing-Controlling werden

---

[1] Vgl. zur Marktforschung z.B. M. Hüttner: Marktforschung, a.a.O., und M. Hüttner: Marktforschung, in: Diller, H. (Hrsg.): Vahlens Großes Marketinglexikon, München 1992, S. 721-724; D.A. Aaker/V. Kumar/G.S. Day: Market Research, 6. Aufl., New York 1997.

[2] Vgl. E. Frese: Organisation, a.a.O. , S. 44 ff.

[3] M. Hüttner/A.v. Ahsen/U. Schwarting, a.a.O., S. 334.

sinnvollerweise Sachziele operationalisiert, so daß sie gemessen werden können und bei Abweichungen von der Planung Korrekturen möglich sind.

Im Rahmen der Informationsaufgabe wendet das Marketing-Controlling z.B. die Portfolio-Technik oder die Szenario-Technik an, um die Ergebnisse der Situationsanalyse in Strategien und Ziele umzuwandeln und um den Einfluß von Umwelteinflüssen abzuschätzen. Mit der Planungsrechnung lassen sich die monetären Auswirkungen verschiedener Strategien ermitteln. Die Koordinationsaufgabe des Marketing-Controlling besitzt in diesem Teil besonderes Gewicht. Das Marketing-Controlling prüft, ob die Marketingziele mit übergeordneten Marketingzielen (bzw. -leitsätzen) und Unternehmenszielen vereinbar sind. Außerdem sind die Marketingziele mit den Zielen anderer Unternehmensbereiche abzustimmen.

Mit der Maßnahmenplanung wird die Instrumentenkombination ausgewählt, die die Strategien im Hinblick auf die Zielerreichung bestmöglich umsetzt; konkret zu verwirklichende Aktivitäten werden entwickelt. Als Planungsergebnis ergeben sich Budgets und Sollvorgaben. Begleitend werden die Maßnahmen meist durch ein Projekt-Controlling überwacht.[1] In diesem Bereich ergeben sich für das Marketing-Controlling eine Reihe von Aufgaben.

Dazu gehören u.a.:

- Zeit- und Kostenkontrollen sicherstellen oder selbst durchführen, z.B. mit Hilfe von Netzplänen,
- Wirtschaftlichkeitsanalysen ausarbeiten, z.B. mittels Break-Even-Analysen,
- Werbe- und Vertriebsbudgets überwachen.

[1] Vgl. R. Nieschlag/E. Dichtl/H. Hörschgen, a.a.O., S. 823, Vgl. hierzu Abschnitt 4.3.1 dieser Arbeit.

Das Marketing-Controlling soll sich aber nicht nur an quantitativen Größen orientieren, sondern auch qualitative Maßstäbe berücksichtigen, z.B., ob die Kunden zufrieden sind oder ob effiziente Planungsprinzipien angewendet werden.[1] Diese qualitativen Maßstäbe versucht das Marketing-Controlling zu operationalisieren. Dazu bedient es sich Punktwertungsverfahren bzw. Scoring-Modellen.

Die Aufgaben des Marketing-Controlling bei der Preis- und Produktgestaltung beziehen sich auf das Bereitstellen von Kalkulationswerten, Break-Even-Rechnungen, ABC-Analysen und Produkterfolgsrechnungen. Bei der Sortimentsplanung kann das Marketing-Controlling das Marketing-Management durch Portfoliobetrachtungen unterstützen, indem es die Portfolioposition jedes Produktes in einer Marktanteils-Marktwachstums-Matrix bestimmt.

Die Produkte sollten mit ihrem Umsatz bzw. Deckungsbeitrag berücksichtigt werden. Zusätzlich kann man in einer dritten Dimension die Position des Produktes auf der Lebenszykluskurve eintragen. Dann ist ein rationales Portfoliomanagement möglich. Sich daraus ergebende alternative Planungen werden über eine Investitionsrechnung, z.B. der *Discounted Cash Flow*-Methode, vergleichbar gemacht.[2] Zunehmend sind im Marketing-Controlling aber auch Zusammenhänge zwischen Preiselastizitäten und Deckungsbeiträgen und Aspekte des Sortimentsverbundes zu beachten.[3]

---

1 Vgl. z.B. J. Haag: Marketing-Controlling, in: Holl, H.-G.: Controlling - das Unternehmen mit Zahlen führen, Kissingen 1986, Ergänzungslieferung Mai 1994, Kap. 9.2.; R. Geml, a.a.O., S. 226.

2 Vgl. J. Buschbeck, a.a.O., S. 89 ff.

3 Vgl. S. Albers: Ursachenanalyse von Erlösen, a.a.O., S. 637-654; S. Albers: Deckungsbeitragsabweichungen, a.a.O., S. 199-223; H.J.H. Powelz: Erlösinformationen, a.a.O., S. 1090-1115.

4.2.2 Controlling im Marketing-Kontrollprozeß

Kontrollen werden unternommen, um Fehler aufzudecken und weitere Fehler zu vermeiden. Dadurch soll die zukünftige Planung und Realisation verbessert werden. Marketing-Kontrolle ist die laufende und systematische Überwachung des Marketing-Geschehens.[1] Der Marketing-Kontrollprozeß beinhaltet vier Schritte. Sie werden in der Abbildung 51 dargestellt.

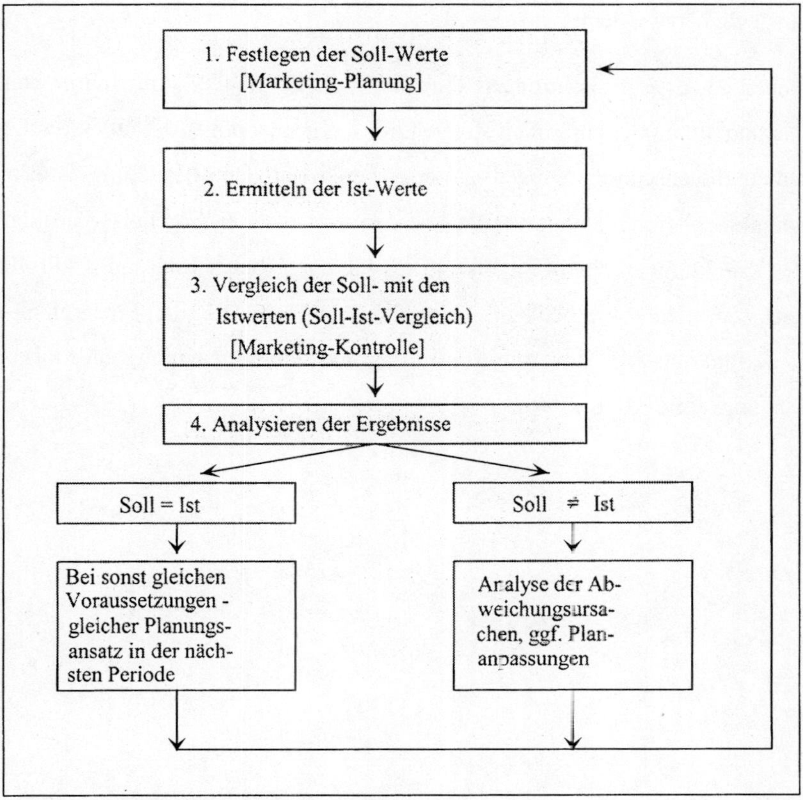

Abb. 51: Der Marketing-Kontrollprozeß

[1] Vgl. F. Böcker: Marketing-Kontrolle, a.a.O., S. 24.

Die in der Marketing-Planung festgelegten Soll- bzw. Planwerte werden mit den Istwerten verglichen. Bei Abweichungen wird eine Abweichungsanalyse durchgeführt. Fallen keine Abweichungen an, wird bei sonst gleichen Voraussetzungen der gleiche Planwert in der nächsten Periode angesetzt. Da strategische und operative Entscheidungen miteinander verbunden sind, kann es passieren, daß trotz falscher strategischer Entscheidungen Soll-Ist-Abweichungen ausbleiben, nämlich dann, wenn diese Fehler operativ durch erhöhten Mitteleinsatz ausgeglichen werden.

Neben der Ergebniskontrolle sind auch Tätigkeits- bzw. Planfortschrittskontrollen und Prämissenkontrollen notwendig, um eine optimale Verbesserung von Unternehmensentscheidungen zu erreichen. Aus dem Marketing-Controlling herzuleitende Steuerungsvorgänge setzen zumeist bei Ergebniskontrollen an, denn sie kommen einem Regelkreis aus Planung, Realisation und Kontrolle am nächsten.[1] Darauf aufbauend zeigt die Abbildung 52 die Steuerungs- und Regelfunktion des Marketing-Controlling und seine Mitwirkung am Marketing-Planungs- und Kontrollprozeß.

[1] Vgl. F. Böcker: Marketing-Controlling für Bankdienstleistungen, in: Spremann, K./Zur, E. (Hrsg.): Controlling, Wiesbaden 1992, S. 351-360, hier S. 353.

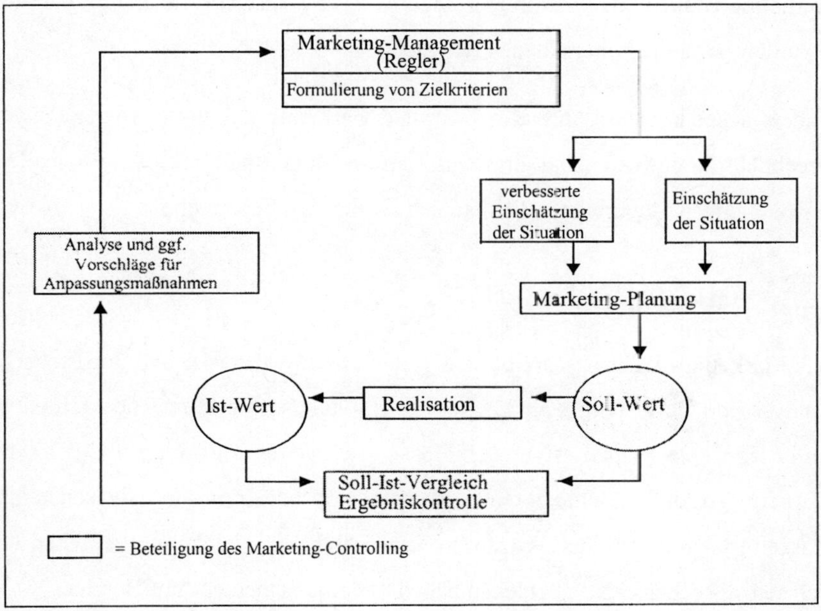

Abb. 52: Das Regelkreisschema der Steuerung des Marketing[1]

Es wird deutlich sichtbar, daß die Marketing-Kontrolle enge Verknüpfungen zum Marketing-Controlling aufweist. Allgemein anerkannt ist, daß die Abweichungsanalyse eine wesentliche Aufgabe des Controlling und einen wichtigen Teil des Kontrollprozesses darstellt. Die Kontrolle überschneidet sich hier mit dem Controlling. Ein Gleichsetzen der Kontrolle mit dem Controlling würde diesem nicht gerecht werden, da wesentliche Aufgaben des Controlling, wie die Koordination der Führungsteilsysteme Planung und Kontrolle, dann nicht gewährleistet wären. Auf der anderen Seite erstreckt sich der Aufgabenbereich des Controlling auch auf Kontrollprozesse.[2] Im Gegensatz zur Marketing-Kontrolle, die nur vergangenheitsbezogene Analysen umfaßt, beinhaltet das

---

1 Modifiziert nach M. Hüttner/A.v. Ahsen/U. Schwarting, a.a.O., S. 342.

2 Vgl. H.-U. Küpper: Controlling, a.a.O., S. 176.

Marketing-Controlling zukunftsorientierte Analysen von Plänen und die zukunftsorientierte Unterstützung der Zielsetzung.[1]

Anders ausgedrückt: Während man in der Marketing-Kontrolle Abweichungen errechnet, die gewesen sind, ermittelt man im Marketing-Controlling vor allem Abweichungen, die erwartet werden, denn diese sind beherrschbar.[2]

4.2.3 Marketing-Audit

Das Marketing-Audit beschreibt eine systematische, kritische und unparteiische Analyse und Bewertung aller Marketing-Aktivitäten.[3] Verschiedene Marketing-Audit-Konzepte haben sich gebildet.[4] Kotler/Gregor/Rodgers binden das Marketing-Audit ausschließlich an die strategische Kontrolle. Sie sehen das Marketing-Audit als einen Prozeß, in dessen Rahmen die Verantwortlichen vor sich selbst Rechenschaft abzulegen haben. Sie unterscheiden fünf Bereiche:

1. Marketing-Umwelt-Audit,
2. Marketing-Strategie-Audit,
3. Marketing-Organisations-Audit,
4. Marketing-Planungs-Audit und

---

[1] Vgl. T. Czenskowsky/K. Füser/F. Thomas, a.a.O., S. 168.

[2] Vgl. A. Deyhle: Kostenabgrenzungen beim Soll-Ist-Vergleich, in: CM, 20. Jg. (1995), S. 147-148, hier S. 147.

[3] Vgl. A. Shuchman: A Marketing Audit: Its Nature, Purposes, and Problems, in: American Management Association (Hrsg.): Analyzing and Improving Marketing Performance - Marketing Audits in Theory and Practice, AMA-Report No. 32, New York 1959, S. 11-19, hier S. 13.

[4] Vgl. R. Kühn: Marketing-Audit - Ein Führungsinstrument, in: Die Unternehmung, 31. Jg. (1977), S. 199-212; J. Kiener: Marketing-Audit, in: Absatzwirtschaft, 21.Jg. (1978), Heft 4, S. 68-73; K. Sommer: Marketing-Audit, Bern 1984.

5. Marketing-Wirtschaftlichkeits- und Marketing-Instrumenten-Audit.[1]

Köhler hat dieses System modifiziert, indem er die Rahmenbedingungen des Planens, Kontrollierens und Steuerns in den Mittelpunkt rückte und die strategische Orientierung des Marketing-Audit konsequent zu Ende führte. Danach ergeben sich vier Teilbereiche, vgl. Tabelle 9:

1. Verfahrens-Audit,
2. Strategien-Audit,
3. Marketing-Mix-Audit und
4. Organisations-Audit.[2]

Verfahrens-Audit	**Strategien-Audit**
Prüfung • der Planungsverfahren • der Kontrollverfahren • der Informationsversorgung	Prüfung • der zugrunde gelegten Prämissen • der strategischen Ziele • der Konsistenz von Schlußfolgerungen
Marketing-Mix-Audit	**Organisations-Audit**
Prüfung • der Vereinbarkeit mit den strategischen Grundkonzeptionen • der wechselseitigen Maßnahmenabstimmung • der Mittel-Zweck-Angemessenheit	Prüfung • der vollständigen Berücksichtigung von Marketing-Aufgaben • der aufgabenentsprechenden Organisationsform • der Koordinationsregelungen

Tabelle 9: Teilgebiete des Marketing-Audit[3]

[1] Vgl. Ph. Kotler/W. Gregor/W. Rodgers: The Marketing Audit Comes of Age, in: Sloan Management Review, 18. Jg. (1977), Nr. 2, S. 25-43, hier S. 35-43.

[2] Vgl. R. Köhler: Marketing-Audit, in: P. Horváth/Th. Reichmann (Hrsg.): Vahlens Großes Controlling Lexikon, München 1993, S. 428-429, im folgenden zitiert als: Marketing-Audit, hier S. 428.

[3] Nach R. Köhler: Marketing-Audit, a.a.O., S. 428.

Das *Verfahrens-Audit* überprüft, ob die angewandten Informations-, Planungs- und Kontrolltechniken der Unternehmung dem aktuellen Erkenntnisstand entsprechen oder modernisiert werden müssen. Zusätzlich wird untersucht, ob die eingesetzten Instrumente geeignet sind, Marketingentscheidungen zu unterstützen. Das *Strategien-Audit* beleuchtet die Systematik der Strategieentwicklung und deren Annahmen (deshalb auch als *Prämissen-Audit* bezeichnet), die Vereinbarkeit der Marketingziele mit den Unternehmenszielen sowie die Vollständigkeit und Operationalität des Zielsystems.

Das *Marketing-Mix-Audit* achtet auf die Konsistenz der einzelnen marketingpolitischen Maßnahmen, die Abstimmung zwischen operativer und strategischer Planung und die Angemessenheit der geplanten Budgets. Dem Marketing-Controlling hilft der Marketing-Mix-Audit bei der Bewertung, ob Änderungen bei der Koordination der Marketingplanung notwendig sind. Das *Organisations-Audit* beurteilt die bestehenden Aufbau- und Ablaufregelungen zum Erfüllen der Marketingaufgaben unter Effizienz- und Koordinationsaspekten. Dabei ist die Organisation des Marketingbereichs mit dessen weiteren Führungsteilsystemen abzustimmen.

Nieschlag/Dichtl/Hörschgen haben das Marketing-Audit weiter präzisiert und modifiziert. Sie sehen das Marketing-Audit als einen Pfeiler der Marketing-Kontrolle.[1] Der andere Pfeiler ist die ergebnisorientierte Marketing-Kontrolle. Sie teilen das Marketing-Audit auch in vier Bereiche auf, die aber semantische Differenzen zu den anderen Konzepten aufweisen:

1. Prämissen-Audit,
2. Ziel- und Strategien-Audit,
3. Maßnahmen-Audit,
4. Prozeß- und Organisations-Audit.[2]

Böcker hält die einseitig qualitative Ausrichtung des Marketing-Audit für nicht empfehlenswert, sondern möchte das Marketing-Audit nicht nur für strategische Planungen einsetzen. Zudem ist es nicht unabhängig von den Ergebnis-Kontrollen, sondern als ihre Ergänzung zu sehen. Das Marketing-Audit ist nach konstanten Regeln zu betreiben und in regelmäßigen Abständen vorzunehmen.[3] Das Marketing-Audit verwendet dazu Checklisten, um die Aufgabe zu erleichtern.[4]

---

[1] Für Nieschlag/Dichtl/Hörschgen ist das Marketing-Controlling „eine besondere, eher institutionalisierte Form der Marketing-Kontrolle .. also ein sehr umfassender und zum Teil vager Begriff“, R. Nieschlag/E. Dichtl/H. Hörschgen, a.a.O., S. 915. Sie halten deshalb am traditionellen Begriff der Kontrolle fest. Tatsächlich enthält das Marketing-Audit in erster Linie Kontrollaufgaben. Da aber im wesentlichen Beziehungen innerhalb des Marketing-Führungssystems überprüft werden, um zukünftige Verbesserungen zu erkennen, sollte das Marketing-Audit als Instrument des Marketing-Controlling eingeordnet werden.

[2] Vgl. R. Nieschlag/E. Dichtl/H. Hörschgen, a.a.O., S. 930-935; ähnlich auch M. Hüttner/ A.v. Ahsen/U. Schwarting, a.a.O., S. 348-350.

[3] Vgl. F. Böcker: Marketing-Kontrolle, a.a.O., S. 52-54.

[4] Vgl. R. Geml, a.a.O., S. 224.

4.3 Spezifische Instrumente des Marketing-Controlling

Die spezifischen Instrumente des Marketing-Controlling lassen sich in strategische und operative Instrumente gliedern. Nachfolgend wird erst über strategische Instrumente des Marketing-Controlling diskutiert. Danach werden einige wichtige Instrumente des operativen Marketing-Controlling vorgestellt.

4.3.1 Instrumente des strategischen Marketing-Controlling

Um die strategische Planung zu unterstützen, sind Instrumente erforderlich, welche die Entwicklung und Bewertung von Strategien zu unterstützen. Hierzu eigenen sich u.a. Umfeldanalysen, Gap-Analysen, Stärken-Schwächen-Analysen, Produktlebenszyklus-Analysen, Portfolio-Analysen, aktivitätsbezogene Konkurrenzanalysen, Impact Matrices, Suchfeldanalysen sowie Nutzwertanalysen.[1] Die strategischen Instrumente sollen hier nicht implizit erläutert werden, da sie für den weiteren Verlauf dieser Untersuchung von untergeordneter Bedeutung sind. Gleichwohl soll ihr Einsatz anhand einer Darstellung von Kostensenkungspotentialen durch Produktivitätsfortschritte im Marketing dargestellt werden.

Grundsätzlich gibt es zwei Möglichkeiten, das Ergebnis zu verbessern: zum einen, die Kosten zu senken, zum anderen, die Erlöse zu erhöhen. Die Erlöse erhöhen zu wollen, ist unsicherer und - zumindest auf kurze Sicht - für die Ergebniserwartung risikoreicher als die Kosten zu senken. Denn jede gesparte Geldeinheit erhöht das Ergebnis um eine Geldeinheit, jedoch eine in die

---

[1] Vgl. z.B. H.-U. Küpper: Controlling, a.a.O., S. 376 ff.; G. Ebert/J. Koinecke/V. Peemöller, a.a.O., S. 165-197; P. Preißler, a.a.O., S. 225-262; J. Weber: Controlling, a.a.O., S. 45-118.

Erlössteigerung eingesetzte Geldeinheit bedeutet nicht gleichzeitig eine Erhöhung des Ergebnisses um eine Geldeinheit.[1]

Dadurch liegt es nahe, daß Unternehmen dem steigenden Kosten- und Ergebnisdruck zuerst durch Kostensenkungsprogramme zu begegnen versuchen. Vorwiegend in der Produktion und der Logistik sind dort Produktivitätsfortschritte erzielt worden. Im Marketing gestaltet sich dies schwieriger, da in diesem Bereich produktivitätsorientierte Kennzahlen und methodische Ansätze zur Produktivitätssteigerung in vielen Unternehmen noch weitgehend unbekannt sind. Deshalb sollen nachfolgend drei Determinanten zur Verbesserung der Produktivität im Marketing dargestellt werden:[2]

1.) Kundenzufriedenheit,

2.) Kundenstruktur,

3.) Angebots- bzw. Auftragsstruktur.

Eine hohe Kundenzufriedenheit erhöht die Wiederkaufrate. Zudem berichtet ein Kunde von seinen Problemen sowie seiner Zufriedenheit mit einem Produkt/ Unternehmen. Dadurch verringert sich der kundenbezogene Marketingaufwand.

Hierüber gibt es Erfahrungswerte aus verschiedenen Branchen. So ist es 600% teurer, neue Kunden zu gewinnen, als vorhandene zu halten. Bei sehr zufriedenen Kunden ist die Wahrscheinlichkeit, daß sie wiederbestellen um 300% größer als bei „nur" zufriedenen Kunden, d.h. auch um die zufriedenen

---

[1] Durchaus zu diskutieren ist die Frage, ob kurzfristige Kostensenkungsmaßnahmen nicht auch notwendiges Potential und Know How für danachfolgende Expansions- und Innovationsmaßnahmen zerstören. Der daraus resultierende Schaden kann mittel- und langfristig dem Unternehmen deutlich teurer zu stehen kommen, ggf. – bei notwendigen Expansionen und Innovationen - sogar existenzbedrohend wirken.

[2] Vgl. Ch. Homburg: Produktivitätssteuerung in Marketing und Vertrieb, in: Controlling, 6. Jg. (1994), Heft 3, S. 140-146, hier S.140 f.

Kunden sollte man sich weiter bemühen. Taucht ein Problem auf und wird innerhalb von fünf Tagen gelöst, verzeihen dies 95% der Kunden, und 75% der Kunden, die zu einem Mitbewerber wechseln, stören sich an mangelnder Servicequalität.[1] Deshalb ist zu fordern, die Kundenzufriedenheit als Komponente des Controllingsystems und im Führungssystem zu verankern.[2]

Die Kundenstruktur hat verschiedene Einflüsse auf die Produktivität im Marketing. Zum einen kann bei verschiedenen Preisen für verschiedene Kundengruppen der Umsatz erhöht werden, ohne daß der Preis verändert wird, nur über die Änderung der Kundenstruktur. Auf der anderen Seite bedeutet eine gute Kundenstruktur auch geringeren Marketingaufwand. Die Kundenstruktur kann analog der BCG-Matrix durch einen Kundenportfolio bestimmt werden. Dabei werden die Kunden des Unternehmens nach ihrer Attraktivität und der Position, die das Unternehmen als Lieferant bei dem Kunden einnimmt, positioniert. Dies kann nach folgenden Kriterien beurteilt werden:[3]

- ✓ Attraktivität der Kunden
  - ➢ durchschnittliches jährliches Vergabevolumen,
  - ➢ Wachstum dieses Volumens,
  - ➢ realsierbares Preisniveau,
  - ➢ Image des Kunden im Hinblick auf ein mögliches Nutzen als Referenzkunde.
- ✓ Relative Lieferantenposition
  - ➢ Anteil des Lieferanten in Relation zum stärksten Wettbewerber,
  - ➢ Qualität der Geschäftsbeziehungen.

---

[1] Vgl. A. Töpfer/A. Mann: Kundenzufriedenheit als Meßlatte für den Erfolg, in: Töpfer, A. (Hrsg.): Kundenzufriedenheit messen und steigern, Düsseldorf 1996, S. 20.

[2] Vgl. Ch. Homburg, a.a.O., S. 143.

[3] Vgl. Ch. Homburg, a.a.O., S. 143.

Die folgende Abbildung 53 zeigt ein Kundenportfolio.

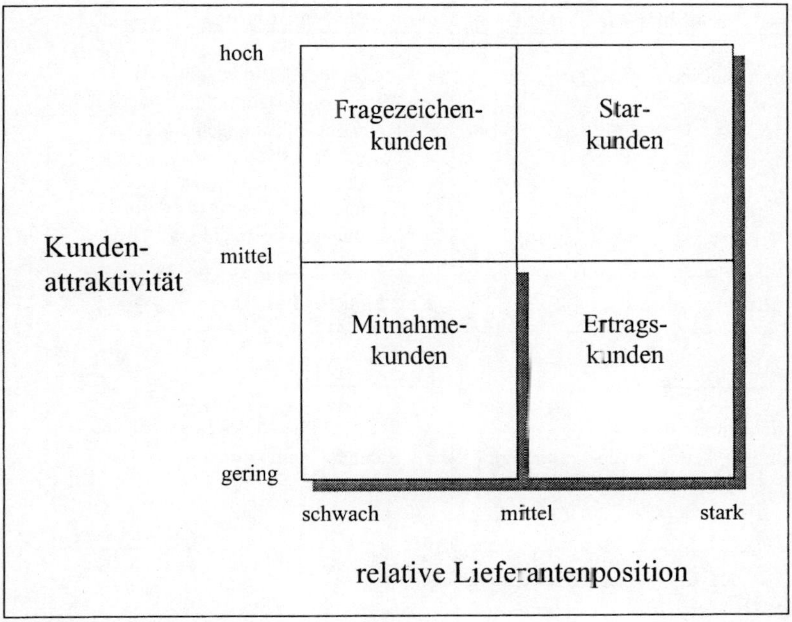

Abb. 53: Das Kundenportfolio[1]

Nach diesem Portfolio ergeben sich vier Kundenkategorien, die unterschiedliche Marketingaktivitäten erfordern. Die Besuchstätigkeit sollte sich auf Star- und ggf. Fragezeichenkunden konzentrieren. Bei Ertragskunden sollte darauf Wert gelegt werden, das Geschäft effizient abzuwickeln. Für Mitnahmekunden sollten keine Marketingressoursen bereitgestellt werden. Die nachfolgende Tabelle 10 gibt grundsätzliche Empfehlungen, wie Kunden unterschiedlicher Kategorien zu behandeln sind.

[1] Modifiziert nach Ch. Homburg, a.a.O., S. 144.

Fragezeichenkunden	Starkunden
Schlüsselentscheidung Big Step or Out? • Ggf. Kundenstrategien entwickeln	Position halten/ausbauen • Intensive Außendiensttätigkeit • Partnering-Programme • Kontakte auf Managementebene anstreben/ausbauen • Kundenverbindung über Rahmenvereinbarungen erhöhen • Wettbewerbsbeobachtung
Mitnahmekunden	**Ertragskunden**
Selektiver Rückzug • Aufwand minimieren • Indirekte Vertriebswege minimieren • Alternative Formen der Kundenbearbeitung prüfen	Position halten • Regelmäßige Außendienstbesuche • Rahmenvereinbarungen

Tabelle 10: Marketingeinsatz nach Kundenkategorien[1]

Das Kundenportfolio ist ein Indikator für das zukünftige Ertragspotential einer Unternehmung. Denn die Kundenstruktur hat sowohl auf die Produktivität als auch auf den Ertrag Einfluß. Das Marketing sollte eine unternehmensoptimale Kundenstruktur anstreben. Dies kann erreicht werden, indem sich die Zeitressourcen konsequent auf die Star- und Fragezeichenkunden konzentriert werden. Somit ist die Kundenstruktur ein wichtiger Hinweis auf die Qualität einer Marketingabteilung.

Die Angebots- und Auftragsstruktur ist eine weitere Determinante, um Verbesserungspotentiale für eine Marketingabteilung aufzuzeigen. Besonders

[1] Vgl. Ch. Homburg, a.a.O., S. 144.

zwei Kennzahlen[1] sollten in jeder Marketingabteilung konsequent beachtet werden:[2]

1.) „Trefferquote"[3] der Angebotserstellung, in Abhängigkeit der Anzahl der zu erstellenden Angebote,

2.) durchschnittliches Auftragsvolumen.

Jede Angebotserstellung verursacht Kosten. Daher sollten bei jeder Kundenanfrage die Erfolgschancen abgeschätzt werden, um die Ressourcen erfolgsoptimal zu verteilen.

Jeder Auftrag verursacht Abwicklungskosten, die unabhängig vom Auftragsvolumen sind. Diese Kosten können minimiert werden, wenn das Auftragsvolumen maximiert wird. Allerdings sind dann andere Koordinationskosten zu berücksichtigen, wie z.B. höhere Lagerkosten, um größere Mengen liefern zu können, oder höhere Rabatte für die größere Menge oder ggf. höhere Kostennachteile beim Einkauf, um vom eigenen Lieferanten in angemessener Zeit auch hohe Abnahmemengen zu erhalten. Hier sind im Einzelfall beide Seiten zu betrachten, um ein Gesamtoptimum zu errechnen. Im Ergebnis sind aber unwirtschaftliche Kleinstaufträge zu vermeiden, es sei denn, es bestehen Verbundwirkungen auf der Absatzseite. Im nächsten Abschnitt werden einige ausgewählte Instrumente des operativen Marketing-Controlling betrachtet.

---

[1] Vgl. ausführlich zu Kennzahlen Abschnitt 4.3.4 dieser Arbeit.

[2] Vgl. Ch. Homburg, a.a.O., S. 146.

[3] Unter Trefferquote ist der Anteil der Angebote zu verstehen, die tatsächlich zu Aufträgen wird. Dabei ist von einer sinnvollen Anzahl von zu erstellenden Angeboten auszugehen.

4.3.2 Instrumente des operativen Marketing-Controlling

Die operative Planung und Ergebniskontrolle im Marketing wird besonders durch Instrumente aus der Kosten- und Erlösrechnung und der absatzwirtschaftlichen Statistik unterstützt. Als Instrumente kommen hierfür Absatzsegmentrechnungen, marketinggerechte Deckungsbeitragsrechnungen und Profit-Center-Ergebnisrechnungen in Betracht. Durch das Anwenden solcher Bruttoerfolgsrechnungen werden willkürliche Gemeinkostenschlüsselungen vermieden. Insbesondere marketinggerechte Deckungsbeitragsrechnungen und Absatzsegmentrechnungen sind wesentliche Instrumente des Marketing-Controlling. Außerdem spielen Kennzahlensystem eine wichtige Rolle. Daher sollen sie nachfolgend kurz dargestellt werden. Dabei wird auch auf den Grundsatz der Veränderungsrechnung eingegangen, der streng einzuhalten ist.

4.3.2.1 Absatzsegmentrechnung

Die Effizienzkontrolle absatzpolitischer Maßnahmen erfolgt auf unterschiedlichen Teilbereichen der marktbezogenen Unternehmenstätigkeit, sog. Absatzsegmenten, denen sich gesondert Kosten und Erlöse zurechnen lassen. Bestimmte Merkmalsträger werden also zum Zweck der Erfolgsaufspaltung gruppiert. Segmente können nach den jeweiligen Entscheidungs- und Kontrollproblemen abgegrenzt werden. Für eine detaillierte Analyse eignen sich besonders mehrstufige Ergebnisanalysen. Sie können die Quellen des unternehmerischen Erfolges aufzeigen und dadurch die Planung verbessern. Eine solche mehrstufige Ergebnisrechnung ist die Absatzsegmentrechnung. Hier werden einzelne Bezugsobjekte logisch verknüpft, so daß sich Bezugsgrößenhierarchien bilden. Verbreitet ist die folgende Einteilung:[1]

---

[1] Vgl. z.B. F. Böcker: Marketing-Kontrolle, a.a.O., S. 103 ff.; R. Köhler: Absatzsegmentrechnung, a.a.O., Sp. 7; M. Hüttner/A.v. Ahsen/U. Schwarting, a.a.O., S. 345.

- Produkte
- Kunden
- Aufträge
- Absatzgebiete
- Absatzkanäle.

Innerhalb jeder dieser Betrachtungsdimensionen können dann Teilklassen gebildet werden. Konkret können dies z.B. sein:

- Produktgruppen
- Kundengruppen
- Auftragsgrößenklassen

So können mehrstufige Absatzsegment-Hierarchien entstehen. Abbildung 54 auf der folgenden Seite zeigt eine mögliche Bezugsgrößenhierarchie in der Absatzsegmentrechnung. Die niedrigste Ebene einer logischen Bezugsgrößenhierarchie ist dadurch bestimmt, daß sich das Datum gerade noch ohne Schlüsselung zurechnen läßt. Von hier aus lassen sich Beziehungen zu weiteren Absatzsegmenten herstellen.

In der dargestellten Bezugsgrößenhierarchie ist das Absatzsegment „Auftragsposition“ der Ausgangspunkt. Es ist durch die Artikelnummer logisch mit dem Absatzsegment „Produkt“ verbunden. Dieses Absatzsegment wird weiter summiert zum Absatzsegment „Produktgruppe“ und schließlich zum Absatzsegment „Zentraler Kostenstellenbereich“ vereinigt. Gleichzeitig können die Absatzsegmente „Auftragsposition“ logisch zum Absatzsegment „Gesamtauftrag“ verknüpft werden. Dabei ist es sinnvoll, die einzelnen Schritte der

Datenverdichtung mit zusätzlichen Beschreibungsmerkmalen, sogenannten Deskriptoren, auszustatten.[1]

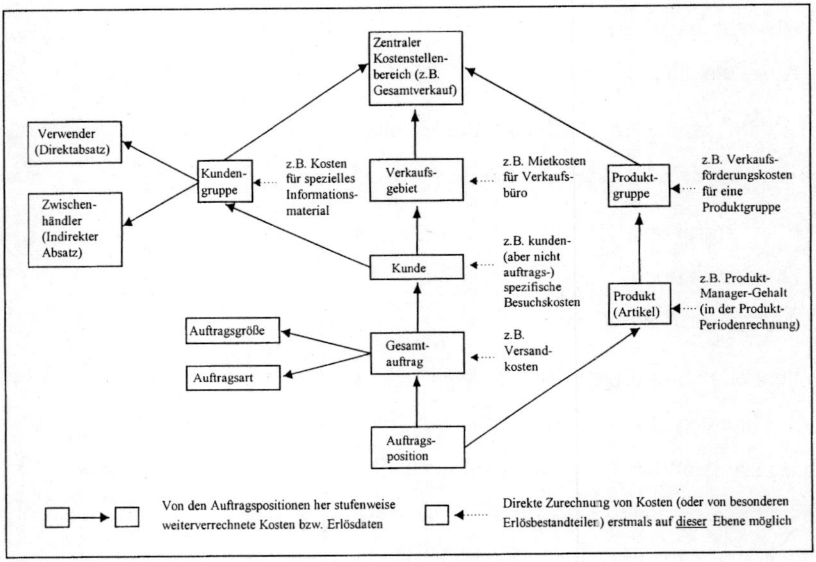

Abb. 54: Bezugsgrößenrechnung in der Absatzsegmentrechnung[2]

Absatzsegmentrechnungen stellen ein wichtiges Hilfsmittel zur Steuerung des Marketingbereiches dar. Für die Bereichsführung ist neben dem kurz- auch der langfristige Gewinnbeitrag einzelner Absatzsegmente wichtig. Hierfür stellt die Deckungsbeitragsrechnung ein geeignetes Instrument dar.

---

[1] Vgl. R. Köhler: Absatzsegmentrechnung, in: HWR, 3. Aufl., Stuttgart 1993, Sp. 7-15, im folgenden zitiert als: Absatzsegmentrechnung, hier Sp. 8-9.

[2] Nach R. Köhler: Absatzsegmentrechnung, a.a.O., Sp. 9-10.

4.3.2.2 Deckungsbeitragsrechnung

Um für die einzelnen Segmente eine aussagefähige Erfolgsanalyse durchzuführen, sind auf jeder Ebene, z.B. der Ebene der Aufträge, nur jene Kosten und Erlöse zu berücksichtigen, die dem Untersuchungsobjekt direkt zugerechnet werden können. Es handelt sich dann um eine Deckungsbeitragsrechnung. Der Deckungsbeitrag ergibt sich aus der Differenz zwischen dem Nettoerlös (Erlöse abzüglich Erlösschmälerungen wie Rabatte oder Skonti) und den variablen Kosten (produktabhängige Kosten, z.B. Fertigungsmaterial und Fertigungslöhne), bzw. – je nach Definition – den direkten Kosten.[1] Hieraus ergibt sich, welchen Erfolgsbeitrag die jeweiligen Produkte, Aufträge, Kunden, Verkaufsgebiete o.ä. zur Deckung des Fixkostenblocks, bzw. der Gemeinkosten und zum Ergebnis leisten, vgl. Tabelle 11. Das Segment wird so lange gehalten, wie der Deckungsbeitrag positiv ist.[2]

Nettoerlös	Nettoerlös
- variable Kosten	- Einzelkosten (direkte Kosten)
= Deckungsbeitrag	= Deckungsbeitrag
- fixe Kosten	- Gemeinkosten (indirekte Kosten)
= Ergebnis	= Ergebnis

Tabelle 11: Grunddarstellungen der Deckungsbeitragsrechnung

[1] Die Definition des Deckungsbeitrages als Erlös minus direkte Kosten (Einzelkosten) stellt nach Ansicht des Verfassers in der deutschen Literatur eine Mindermeinung dar, die besonders von Riebel vertreten wurde, vgl. P. Riebel: Einzelkosten- und Deckungsbeitragsrechnung, 6. Aufl., Wiesbaden 1990.

[2] Vgl. W. Männel: Deckungsbeitragsrechnungen, in: HWB 5. Aufl., Stuttgart 1993, Sp. 727-743, hier Sp. 729 f.

Der Deckungsbeitrag ist die zentrale Größe aller Teilkostenrechnungen. Dabei werden die Kosten nach der Beschäftigungsabhängigkeit in variable und fixe Kosten[1] bzw. bei Riebel in relative Einzelkosten aufgespaltet.[2] Unabhängig welche der verschiedenen Deckungsbeitragsrechnungen man benutzt, lassen sich die Kosten recht weit zerlegen.

Die einfache Deckungsbeitragsrechnung behandelt die fixen Kosten gleich. Dadurch können wichtige Informationen verloren gehen. Die mehrstufige Deckungsbeitragsrechnung ordnet die fixen Kosten einzelnen Bereichen zu. Dadurch ergeben sich mehrere Deckungsbeiträge.[3]

Die Deckungsbeitragsrechnung kann besonders über die Produkte des Unternehmens, über den Markt und über die erfolgreichen eigenen Mitarbeiter wertvolle Erkenntnisse liefern. Aussagen über ertragsstarke eigene Produkte können mittels einer Produkt-Deckungsbeitragsrechnung ermittelt werden. Eine Kunden-Deckungsbeitragsrechnung hilft festzustellen, welche Kunden, Branchen oder Regionen am profitabelsten sind. Eine Deckungsbeitragsrechnung pro Vertriebsbeauftragten zeigt, wie erfolgreich die eigenen Mitarbeiter sind. Die Deckungsbeitragsrechnung läßt sich erweitern, in dem man die fixen Kosten nach ihrer zeitlichen Beeinflußbarkeit (Abbaubarkeit) gliedert. Dies ist jedoch problematisch, da die gesamte Trennung der Kosten und Erlöse in fixe

---

1 Plaut und Kilger unterscheiden zwischen proportionalen und fixen Kosten. Proportionale Kosten sind linear verlaufende variable Kosten, vgl. H.G. Plaut: Die Plankostenrechnung in der Praxis, in: ZfB (1951), S. 531 ff., hier S. 537; W. Kilger: Flexible Plankostenrechnung und Deckungsbeitragsrechnung, Nachdruck der 9. Aufl., Wiesbaden 1992, S. 361 ff.

2 Vgl. P. Riebel: Einzelkosten und Deckungsbeitragsrechnung, 6. Aufl., Wiesbaden 1990.

3 Vgl. z.B. P. Preißler, a.a.O., S. 148-152.

und variable Bestandteile vom Zeithorizont der Betrachtung abhängt (Dispositionsbestimmtheit).[1]

Tabelle 12 zeigt eine Form einer Deckungsbeitragsrechnung. Die Marketingkosten korrespondieren zum Marketing-Budget, welches dem Marketing-Management zur Verfügung gestellt wird. Aus diesem Budget sind die Marketing-Maßnahmen, wie Werbung, Verkaufsförderung (einschließlich der Kosten, um einen strategisch wichtigen Auftrag zu erhalten) zu leisten. Deshalb wird die Leistung des Marketing-Managements, soweit dem Verfasser bekannt, grundsätzlich nach dem Deckungsbeitrag II gemessen.

	Bruttoerlös
-	Erlösschmälerungen (Sonderkonditionen, Skonti, Boni)
=	Nettoerlös
-	variable Herstellkosten
=	Deckungsbeitrag I
-	Marketingkosten
=	Deckungsbeitrag II
-	sonstige variable Kosten
=	Deckungsbeitrag III
-	fixe Kosten
=	Deckungsbeitrag IV (Betriebsergebnis)

Tabelle 12: Aufbau einer Deckungsbeitragsrechnung

Die Deckungsbeitragsrechnung läßt sich auch kombinieren mit der Absatzsegmentrechnung. Man erhält dann eine mehrdimensionale Deckungsbeitragsrechnung. Abbildung 55 auf der folgenden Seite veranschaulicht dies für drei Dimensionen und zwar Absatzgebiete, Produktgruppen und Kundengruppen. Dabei werden die Fixkosten allen drei Dimensionen, einer Kombination aus

[1] Vgl. R. Ewert/A. Wagenhofer: Interne Unternehmensrechnung, 2. Aufl., Berlin 1995, S. 671.

zwei Dimensionen oder nur einer Dimension zugeordnet. Die Höhe der Deckungsbeiträge hängt dann davon ab, in welcher Reihenfolge die Dimensionen berücksichtigt werden.

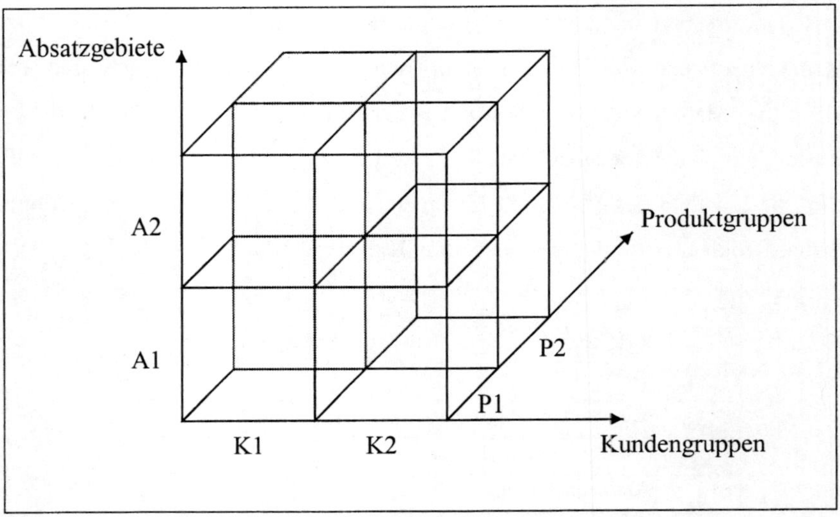

Abb. 55: Beispiel für eine mehrdimensionale Zerlegung des Absatzbereiches[1]

Bei wie in diesem Fall drei Dimensionen ergeben sich je nach Dekomposition bis zu sechs verschiedene Deckungsbeitragsrechnungen.

Die nachfolgenden Tabellen 13 und 14 auf der folgenden Seite zeigen ein Beispiel für eine hieraus resultierende mehrdimensionale Deckungsbeitragsrechnung mit unterschiedlicher Dekomposition:[2]

---

[1] Nach H.-U. Küpper: Controlling, a.a.O., S. 253.

[2] In Anlehnung an H.-U. Küpper: Controlling, a.a.O., S. 383.

Absatzgebiet (A)	A 1				A 2			
Kundengruppe (K)	K 1		K 2		K 1		K 2	
Produktgruppe (P)	P 1	P 2	P 1	P 2	P 1	P 2	P 1	P 2
Deckungsbeitrag I	50.000	85.000	45.000	35.000	95.000	10.000	25.000	55.000
- fixe Kosten je A und K	70.000		35.000		40.000		30.000	
Deckungsbeitrag II	65.000		45.000		65.000		50.000	
- fixe Kosten je A	30.000				20.000			
- fixe Kosten je A und P	35.000				40.000			
Deckungsbeitrag III	45.000				55.000			
- fixe Kosten für alle A	15.000							
- fixe Kosten für alle K	30.000							
- fixe Kosten für alle P	25.000							
- fixe Kosten des Unternehmens	10.000							
Ergebnis (Gewinn)	20.000							

Tabelle 13: Beispiel für eine mehrdimensionale Deckungsbeitragsrechnung für den Absatzbereich nach Absatzgebiet

Kundengruppe (K)	K 1				K 2			
Produktgruppe (P)	P 1		P 2		P 1		P 2	
Absatzgebiet (A)	A 1	A 2	A 1	A 2	A 1	A 2	A 1	A 2
Deckungsbeitrag I	50.000	95.000	85.000	10.000	45.000	25 000	35.000	55.000
- fixe Kosten je K und P	65.000		75.000		35.000		25.000	
Deckungsbeitrag II	80.000		20.000		35.000		65.000	
- fixe Kosten je K	20.000				15.000			
- fixe Kosten je K und A	25.000				40.000			
Deckungsbeitrag III	55.000				45.000			
- fixe Kosten für alle A	15.000							
- fixe Kosten für alle K	30.000							
- fixe Kosten für alle P	25.000							
- fixe Kosten des Unternehmens	10.000							
Ergebnis (Gewinn)	20.000							

Tabelle 14: Beispiel für eine mehrdimensionale Deckungsbeitragsrechnung für den Absatzbereich nach Kundengruppen

Grundsätzlich entsprechen sich in den verschiedenen Rechnungen nur die Deckungsbeiträge über die variablen Kosten, die einem Dimensionselement zurechenbaren fixen Kosten und das Periodenergebnis. Es werden also keine Ergebnisgrößen für verschiedene Segmente ermittelt, sondern die Zusammensetzung der Deckungsbeiträge wird aus unterschiedlicher Sicht durchleuchtet.

4.3.2.3 Break-Even-Analysen

Das Grundmodell der Break-Even-Analyse (Gewinnschwellenanalyse) berechnet eine Absatzmenge, die Break-Even-Menge, bei dem das Unternehmen weder einen Gewinn noch einen Verlust erreicht. Es wird besonders als Planungshilfe bei der Neueinführung von Produkten eingesetzt. Dies geschieht, indem man den mit der Maßnahme verbundenen Fixkostenblock durch den geschätzten Stückdeckungsbeitrag dividiert. Formeltechnisch läßt sich das für den Sonderfall einer Einprodukt-Unternehmung gemäß Abbildung 56 ausdrücken:

Break-Even-Analyse

$$x_{BEP} = \frac{K_F}{p - k_v}$$

mit: x_{BEP} = Absatzmenge, die innerhalb des Planungszeitraums zum Erreichen der Gewinnschwelle erforderlich ist

K_F = Fixe Kosten

p = Stückpreis

k_v = Variable Stückkosten

$p - k_v$ = Deckungsbeitrag/Stück

Abb. 56: Break-Even-Analyse im Einprodukt-Fall

Auf den ersten Blick sieht diese Mengenrechnung unproblematisch aus. Es ist aber zu beachten, daß die Gesamtkosten in beschäftigungsabhängige (variable) und beschäftigungsunabhängige (fixe) Kosten aufzulösen sind. In den fixen Kosten dürfen jedoch nur solche Kosten enthalten sein, die durch Entwicklung, Produktion und Absatz des neuen Produktes zusätzlich entstehen oder die abgebaut werden können, wenn auf die Produkteinführung verzichtet würde. Abbildung 57 auf der folgenden Seite zeigt die Break-Even-Analyse in einer Graphik.

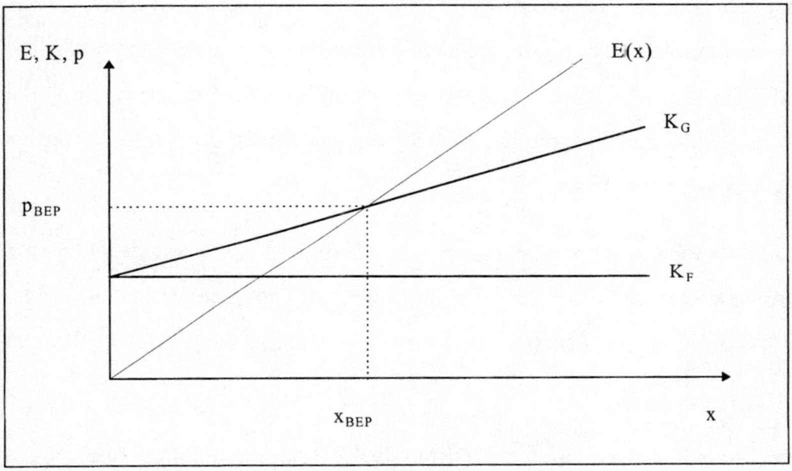

Abb. 57: Das Grundmodell der Break-Even-Analyse

Das Grundmodell der Break-Even-Analyse kann beliebig erweitert werden. Statt einer Gewinnerwartung von Null kann auch ein angemessener oder kritischer Gewinn unterstellt werden. In der Grundformel ist dann lediglich der angenommene Wert den fixen Kosten zu addieren. Das Gleiche gilt, wenn man die Auswirkungen von zusätzlichen Marketingkosten, z.B. einer Werbemaßnahme, auf die Veränderung der Break-Even-Menge ermitteln will. Analog dazu läßt sich durch Umformen und Unterstellen einer angenommenen Absatzmenge der kritische Preis, sog. Break-Even-Preis, ermitteln.[1]

Die Break-Even-Analyse ist auch anwendbar auf mehrere Produkte. Dann müßte für jedes Produkt eine isolierte Analyse durchgeführt werden. Anderenfalls bekäme man bei der Analyse von nur zwei Produkten gleichzeitig schon eine unendliche Anzahl von möglichen Lösungen.[2]

---

1 Vgl. hierzu im Detail mit Formeln: R. Ewert/A. Wagenhofer, a.a.O., S. 218-235.

2 Es sei denn, es wird ein konstanter Produktmix und keine Absatzverbundenheit zwischen den Produkten unterstellt.

Hier ist das Prinzip der Veränderungsrechnung zu berücksichtigen. Dieses Prinzip besagt, daß zur vergleichenden Beurteilung verschiedener Entscheidungsalternativen nur solche rechnerischen Größen einzubeziehen sind, die durch die Wahl einer bestimmten Entscheidungsalternative beeinflußt werden können, sog. relevante Daten.

Daten, die unabhängig von der anstehenden Entscheidung schon gegeben sind oder für jede der zu prüfenden Handlungsalternativen gleichermaßen gelten, sind für die Wahl der günstigsten Alternative unbedeutend, sog. irrelevante Daten.[1]

Nicht mehr veränderbare Größen dürfen in diese Rechnung nicht mit einbezogen werden. Hierzu gehören z.B. kalkulatorische Abschreibungen aus einer bereits bestehenden und nicht voll ausgelasteten Produktionsanlage. Es handelt sich also um Kosten, die nicht mehr beeinflußbar sind. Würden diese Kosten mit in die Break-Even-Analyse einbezogen, so würde die Gewinnschwellenmenge künstlich erhöht werden. Dies würde zu einer falschen Entscheidungsgrundlage führen.

4.3.2.4 Kennzahlen und Kennzahlensysteme

Kennzahlen sind ein zentrales Instrument des operativen Controlling. Sie dienen dazu, das geplante und realisierte Marketinggeschehen näher zu analysieren. Sie stellen entweder absolute Zahlen oder Relationen von absoluten Zahlen im Zeitbezug dar. Aus den vielen möglichen Kennzahlen sind diejenigen auszuwählen, die für das einzelne Unternehmen von Nutzen sind.[2] Für den Marketingbereich sind dies besonders Kennzahlen zur 1.) Kennzeichnung von

---

[1] Vgl. R. Köhler: Marketing-Effizienz, a.a.O., S. 89.

[2] Verschiedene Kennzahlen werden z.B. aufgezeigt bei P. Preißler, a.a.O., S. 131-139; G. Ebert/J. Koinecke/V. Peemöller, a.a.O., S. 115-121.

Marktmerkmalen, 2.) Analyse absatzpolitischer Maßnahmen und 3.) Erfolgs- und Kostenanalyse. Beispielhaft werden in der Tabelle 15 mögliche Untersuchungen in diesen Bereichen aufgezeigt:[1]

Kennzahlen zur ...		
Kennzeichnung von Marktmerkmalen	Analyse absatzpolitischer Maßnahmen	Erfolgs- und Kostenanalyse
Marktwachstumsraten	Bekanntheitsgrad	verschiedene Deckungsbeiträge
Marktanteile	Reichweitenmaße der Werbung	Kennzahlen für die Preis-, Absatzmengen- und Kostenbestandteile
Marktvolumen	Kaufkraftkennzahlen	Erlös-/Deckungsbeitragsanteile nach Produkten, Kunden und Regionen
Elastizitätskoeffizienten	Distributionsindices	Auftragsreichweite
Penetrationsraten	Lieferservicegrade	Umsatzprognoseabweichungen
Wiederkaufraten	Preiselastizitäten der Nachfrage	Break-Even-Point

Tabelle 15: Ansätze zur Kennzahlenermittlung im Absatzbereich

Einzelne Kennzahlen besitzen für sich allein in der Regel wenig Aussagekraft, wenn diese einzelnen quantitativen Informationen nicht durch qualitative Informationen ergänzt werden.[2] Zusätzlich wird die Aussagefähigkeit einzelner Kennzahlen dadurch begrenzt, daß sie vieldeutig interpretiert werden können. Damit Kennzahlen effizient zur Unternehmenskoordination und -steuerung genutzt werden können, ist es sinnvoll, sie zu einem Kennzahlensystem zusammenzufassen.

1 Vgl. R. Köhler: Marketing-Kennzahlensysteme, in: Horváth, P./Reichmann, Th. (Hrsg.): Vahlens Großes Controlling Lexikon, München 1993, S. 439-440, hier S. 439; H.-U. Küpper: Controlling, a.a.O., S. 385.

2 Vgl. z.B. W. Hopfenbeck, a.a.O., S. 824; Th. Reichmann, a.a.O., S. 18.

„Unter Kennzahlensystem wird im allgemeinen eine Zusammenstellung von quantitativen Variablen verstanden, wobei die einzelnen Kennzahlen in einer sachlich sinnvollen Beziehung zueinander stehen, einander ergänzen oder erklären und insgesamt auf ein übergeordnetes Ziel ausgerichtet sind.“[1] Prominent sind das von *Du Pont* entwickelte *Return on Investment (ROI)-System*[2] und das *ZVEI-Kennzahlensystem.*[3] Ersteres stellt ein rentabilitätsorientiertes System dar, welches in der ersten Stufe relative, aber ab der zweiten Stufe nur mehr absolute Kennzahlen verwendet. Das ZVEI-Kennzahlensystem verwendet durchgängig relative Kennzahlen.[4]

Daneben ist noch *das Rentabilitäts- und Liquiditätskennzahlensystem* (RL-Kennzahlensystem) von Reichmann maßgeblich. Auf eine formale Verknüpfung der Kennzahlen verzichtet Reichmann. Als zentrale Kenngrößen des Steuerungssystems fungieren Erfolg und Liquidität.[5] In der erweiterten Form befindet sich neben dem Bilanz-Kennzahlensystem auch ein Controlling-Kennzahlensystem.[6]

Ein umfassendes System für den gesamten Marketingbereich ist bisher noch nicht gelungen, und es ist fraglich, ob dies aufgrund der heterogenen

---

1 Th. Reichmann, a.a.O., S. 19.

2 Vgl. z.B. W. Hopfenbeck, a.a.O., S. 830 ff.

3 Vgl. Betriebswirtschaftlicher Ausschuß des Zentralverbandes der Elektrotechnischen Industrie e.V. (Hrsg.): ZVEI-Kennzahlensystem, 3. Aufl., Frankfurt am Main 1976, S. 118.

4 In der Literatur herrscht ein Disput, ob nur Verhältniszahlen oder auch absolute Zahlen zu den Kennzahlen zählen. In dieser Arbeit soll davon ausgegangen werden, daß eine Kennzahl sowohl Verhältniszahl als auch absolute Zahl sein kann, vgl. W. Hopfenbeck, a.a.O., S. 634.

5 Vgl. Th. Reichmann, a.a.O., S. 32-43.

6 Vgl. Th. Reichmann, a.a.O., S. 53-59.

Betrachtungsansätze überhaupt gelingen kann.[1] Aber es gibt Teilsysteme, z.B., um mehrere Logistikkennzahlen zu verbinden, oder auch Außendienstaktivitäten zu kontrollieren. Auch über Aufbau, Struktur und einzufließende Kennzahlen gibt es Ansätze.[2] Palloks geht in ihrem Entwurf von der Umsatzrentabilität aus und unterteilt diese in Marketing-Kosten- und -Erfolgskennzahlen sowie marktbezogene Kennzahlen, wie die Abbildung 58 zeigt.[3]

Zu letzteren zählen auch Marktwachstum, Marktvolumen und Marktanteile. Diese werden auch für die Analyse von Erlösabweichungen benutzt, auf die im weiteren Verlauf dieser Arbeit noch ausführlich eingegangen wird. Sie schaffen eine Möglichkeiten, Kennzahlensysteme zu generieren, die sich als Steuerungs- und Analyseinstrumente für das Marketing-Controlling eignen.

---

1 Vgl. M. Palloks, a.a.O., S. 255.

2 Vgl. O. Fröhling: Kennzahlen: Führungsinstrumente auch für das Marketing, in: io Management Zeitschrift, 59. Jg. (1990), Heft 5.

3 Vgl. M. Palloks, a.a.O., S. 247-255.

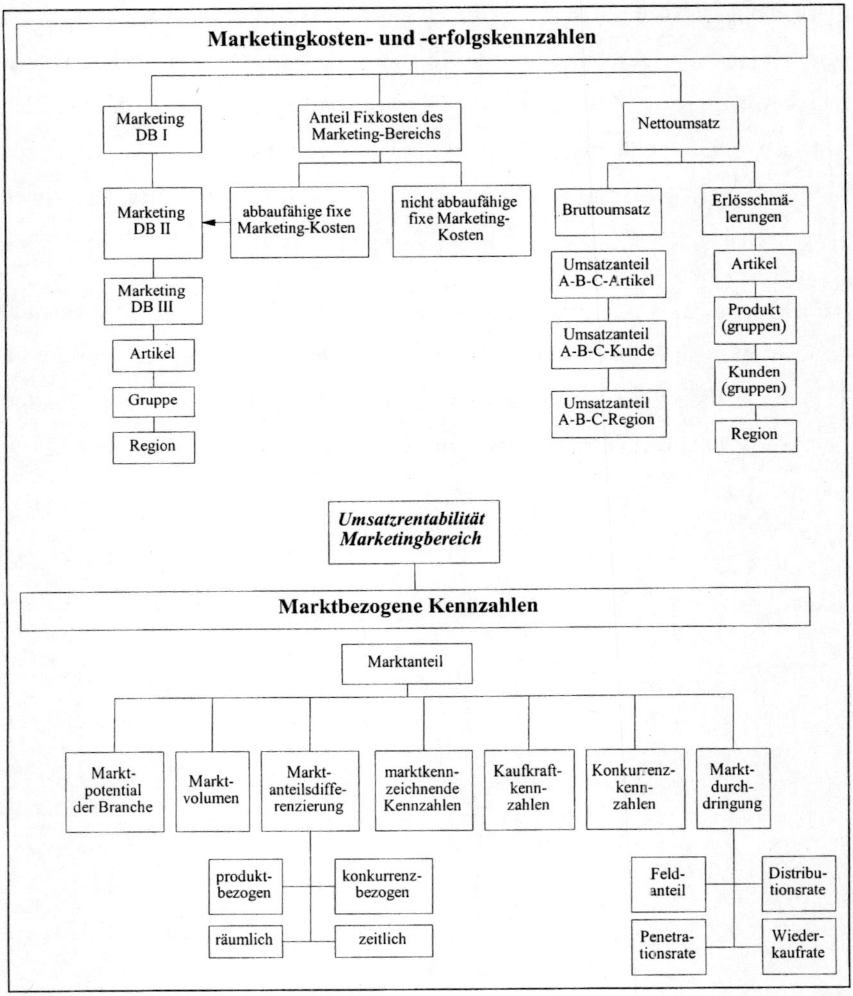

Abb. 58: Struktur eines Marketing-Kennzahlensystems[1]

[1] Vgl. M. Palloks, a.a.O., S. 252 f.

4.4 Organisatorische Einordnung des Marketing-Controlling

Die Trennung zwischen Funktion und Organisation des Marketing-Controlling ist zu beachten. Controllingaufgaben müssen nicht unbedingt vom Controller wahrgenommen werden, sondern können auch vom Marketing-Management selbst oder von externen Controllern erfüllt werden.[1] Die organisatorische Verselbständigung des Marketing-Controlling ist dann sinnvoll, wenn sie zu einer besseren Zielerreichung beiträgt.

In der Praxis setzen sich die Einrichtung von Marketing-Controlling-Abteilungen erst langsam durch. Folgerichtig hat sich auch noch keine einheitliche Organisationsstruktur herausgestellt. Auf die Stellung des Marketing-Controlling im Marketing-Bereich haben diverse Faktoren, wie z.B. die Unternehmensgröße, Kundenstruktur, Produktions- und Absatzprogramm, aber auch der Aufbau der Marketingorganisation selbst, Einfluß.

Für den Einbau des Marketing-Controllings in die Marketing-Organisation sind grundsätzlich verschiedene Wege denkbar. Tabelle 16 zeigt Vor- und Nachteile der verschiedenen Ausprägungen.

Fachlich sollte das Marketing-Controlling dem (Zentral-)Controlling unterstellt sein. Dann können die planenden, koordinierenden und kontrollierenden Aufgaben des Marketing-Controlling unproblematischer miteinander verknüpft werden, der Datenfluß ist ungehemmter, auch Kontakte zu anderen Bereichen, wo ebenfalls Sub-Controller tätig sind, werden erleichtert.

[1] Vgl. H. Meffert: 16 Meffert-Thesen zu Marketing und Controlling, in: Absatzwirtschaft. 25. Jg. (1982), S. 100-107, im folgenden zitiert als: Marketing und Controlling, hier S. 104.

Bezeichnung	Beschreibung	Bewertung	
		Vorteile	Nachteile
Funktionelles Marketing-Controlling	Stabstelle bei der Unternehmensleitung	mehr (informelle) Zuständigkeiten; keine Abhängigkeit von der Marketingleitung	abhängig von der Unternehmensleitung; Gefahr der „Alibi-Besetzung"; zu „weit" von den Marketing-problemen entfernt; Isolationsgefahr („Spitzel vom Chef")
Institutionalisiertes Marketing-Controlling	disziplinarisch und fachlich dem Controlling unterstellt	geringe Isolationsgefahr; keine Abhängigkeit von der Marketingleitung	fehlende Nähe zum Marketing
Integriertes Marketing-Controlling	disziplinarisch und fachlich dem Marketing unterstellt	enge Zusammenarbeit mit dem Marketing, umfangreiche Informationen	abhängig von der Marketingleitung; fehlende Durchsetz-barkeit; mögliche Isolation
Dotted Line-Prinzip	disziplinarisch dem Marketing und fachlich dem Controlling unterstellt	enge Bindung zum Marketing; geringe Abhängigkeit von der Marketingleitung	„doppeltes Unterstel-lungsverhältnis", in der Praxis oft problema-tisch

Tabelle 16: Organisationsformen des Marketing-Controlling

Disziplinarisch könnte das Marketing-Controlling der Marketing-Abteilung wie der Controllingabteilung unterstellt sein. In der Praxis ist letztere Lösung, also das institutionalisierte Controlling, häufig vorzufinden. In der Literatur wird überwiegend erstere Lösung bevorzugt. Hierbei ist aber kritisch anzumerken, daß das Marketing-Controlling dann zwei Vorgesetzten unterstellt wäre, was sich in der Praxis oft als problematisch erwiesen hat.[1]

Die disziplinarische Zuordnung des Marketing-Controlling zum Marketing würde die enge Bindung zum Marketing aufzeigen, den Kontakt zu den Marketing-Mitarbeitern fördern und die fachliche und menschliche Isolierung zu marketingspezifischen Sachbereichen verhindern. Das Marketing-Controlling sollte in diesem Fall, da es Leistungen für die Führungsebene erbringt, dem Marketing-Management unmittelbar zugeordnet werden.

---

[1] Vgl. ähnlich M. Hüttner: Marktforschung, a.a.O., S. 448. Dort allerdings auf die Organisation einer Marktforschungsabteilung bezogen.

Die nachfolgende Abbildung zeigt die Organisationstruktur nach dem *Dotted Line*-Prinzip.[1]

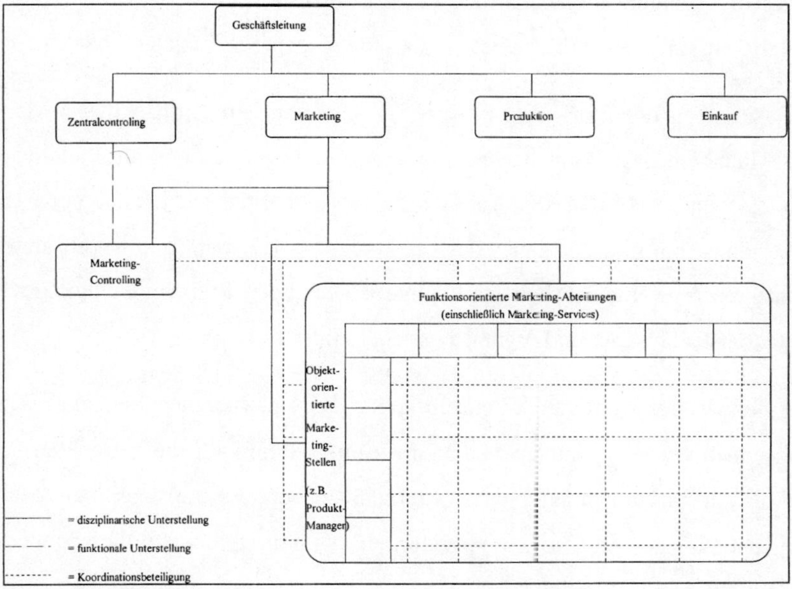

Abb. 59: Das Dotted-Line-Prinzip

4.5 Zusammenfassung

Marketing-Controlling ist ein Bereichscontrolling, das die Marketing-Führung unterstützt, quasi eine Servicefunktion für das Marketing-Management ausführt. Insbesondere die Informationsversorgung und Koordination der Marketing-Planungs- und Marketing-Kontrollprozesse, deren Aufbau und das regelmäßige Überprüfen der Organisation des Marketingbereiches durch Marketing-Audits sind seine wesentlichen Aufgaben. Neben der operativen Ebene wird inzwischen auch verstärkt die strategische Ebene betrachtet. Dadurch sind nicht nur

[1] Nach R. Köhler: Marketing-Controlling, a.a.O., S. 197.

operative, sondern auch strategische Instrumente zu entwickeln. Die in jüngerer Zeit zunehmende Umweltorientierung des Marketing führt dazu, daß Instrumente hervorzubringen sind, welche die Unternehmensumwelt analysieren und prognostizieren, um diese Erkenntnisse in den Planungsprozeß wieder einzubringen.

Die Aufgaben des Marketing-Controlling sind von den Aufgaben des Marketing-Management zu trennen. Das Marketing-Management legt die Ziele inhaltlich fest und bestimmt den Einsatz der absatzpolitischen Maßnahmen. Das Marketing-Controlling versorgt das Marketing-Management mit den absatzwirtschaftlich relevanten Daten und schafft geeignete Rahmenbedingungen in verfahrenstechnischer und organisatorischer Hinsicht.[1]

Der Nutzen des Marketing-Controlling für das Unternehmen liegt darin, „die Konsequenzen der geplanten Maßnahmen im Hinblick auf die gesteckten Ziele und die Auswirkungen auf andere Unternehmensbereiche transparent zu machen und schonungslos die Risiken aufzudecken, die eintreten, wenn die angepeilten Ziele nicht erreicht werden.“[2]

Organisatorisch sollte das Marketing-Controlling fachlich dem Controlling unterstellt sein. Die disziplinarische Unterstellung sollte vom Unternehmen abhängig beim Controlling oder Marketing liegen. Doch wie wirksam und effizient ein Marketing-Controlling sein wird, hängt nicht nur von den fachlichen Anforderungen ab, sondern auch von der Persönlichkeit des Marketing-Controller.[3]

---

1 Vgl. R. Köhler: Marketing-Controlling, in: Horváth, P./Reichmann, Th. (Hrsg.): Vahlens Großes Controlling Lexikon, München 1993, S. 431-432, hier S. 431.

2 W.F. Liebl, a.a.O., S. 167.

3 Vgl. W.F. Liebl, a.a.O., S. 168.

5 Theorie der Abweichungsanalyse

In diesem Abschnitt soll dargestellt werden, wie die Abweichungsanalyse theoretisch aufgebaut ist. Die Abweichungsanalyse ist sowohl Teil des Kontrollprozesses als auch eine wesentliche Aufgabe des Controlling.[1] Die Kontrolle hat zwei wesentliche Funktionen:[2]

1. Entscheidungsfunktion, d.h. Beeinflussen eigener Entscheidungen,

2. Verhaltenssteuerungsfunktion, d.h. Beeinflussen fremder Entscheidungen.

Die Differenz zwischen Sollgrößen und Istgrößen wird Abweichung genannt. Das Durchsetzen der Planvorgaben und die laufende Überwachung der Kosten kann grundsätzlich als Soll-Ist-Vergleich, Zeitvergleich oder Betriebsvergleich erfolgen. Beim Zeitvergleich werden Istkosten eines Betriebes aus verschiedenen Abrechnungsperioden gegenübergestellt, und beim Betriebsvergleich werden Istkosten verschiedener Betriebe aus einer Abrechnungsperiode betrachtet. Dabei besteht aber die Gefahr, wie Schmalenbach es ausdrückte, „Schlendrian mit Schlendrian" zu vergleichen.[3] Sind Abweichungen aufgetreten, schließt sich eine Analyse der Ursachen an. Darauf haben Anpassungsmaßnahmen zu folgen, welche die zukünftigen Maßnahmen verbessern, bzw. helfen, Kosten zu senken.[4] Die Ursache für Abweichungen können vielfältige

---

1 Vgl. P. Horváth: Controlling 1998, a.a.O., S. 272.

2 Vgl. J. Kloock/G. Sieben/Th. Schildbach, a.a.O., S. 264 ff.; H.P. Möller: Erfolgsabweichungsanalyse mit Erfolgsfunktionen (I), in: WISU, 14. Jg. (1985), S. 30-32, im folgenden zitiert als: Erfolgsabweichungsanalyse (I), hier S. 30; R. Ewert/A. Wagenhofer, a.a.O., S. 340.

3 Vgl. S. Hummel/W. Männel: Kostenrechnung 1, a.a.O., S. 31 f.

4 Vgl. M. Schweitzer/H.-U. Küpper: Systeme der Kosten- und Erlösrechnung, 7. Aufl., München 1998, S. 637 f.

Gründe haben, die sich in drei Gruppen gliedern lassen: Planungsfehler, Realisationsfehler und Auswertungsfehler, vgl. Abbildung 60.

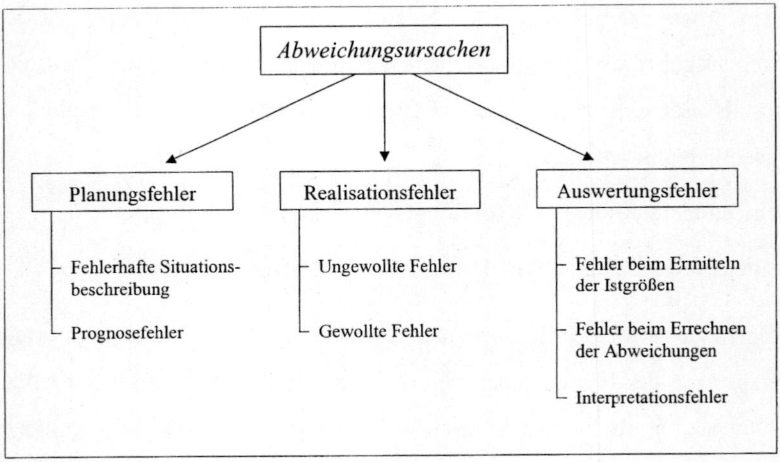

Abb. 60: Abweichungsursachen[1]

Die Abweichungsanalyse wird hier im Rahmen der Kostenkontrolle untersucht. Es gibt eine Vielzahl von Kostenrechnungssystemen. Diese lassen sich sinnvoll nach zwei Kriterien unterscheiden:

1. dem zeitlichen Horizont und
2. dem Ausmaß der Kostenzurechnung.

Nach dem zeitlichen Horizont unterscheidet man Ist-, Normal- und Plankostenrechnungssystem, nach dem Ausmaß der Kostenzurechnung Voll- und Teilkostenrechnung. Kombiniert man diese Möglichkeiten, ergeben sich sechs verschiedene Kostenrechnungssysteme, vgl. Tabelle 17 auf der nächsten Seite.

[1] Leicht modifiziert nach R. Ewert/A. Wagenhofer, a.a.O., S. 339.

Zeithorizont / Ausmaß der Kostenzurechnung	Istkosten-rechnung	Normalkosten-rechnung	Plankosten-rechnung
Vollkostenrechnung (VKR)	Ist-VKR	Normal-VKR	Plan-VKR
Teilkostenrechnung (TKR)	Ist-TKR	Normal-TKR	Plan-TKR

Tabelle 17: Kostenrechnungssysteme

In der Ist- und Normalkostenrechnung werden weder exakte Kostenvorgaben noch zur Kontrolle der Wirtschaftlichkeit erforderliche Sollgrößen berücksichtigt. Auch erwartete Plankosten als grundlegende Information für unternehmerische Entscheidungen werden nicht hervorgebracht. Daher sind diese Kostenrechnungssysteme für das Controlling nicht geeignet. Allerdings braucht - genaugenommen - jedes Kostenrechnungssystem eine Istkostenrechnung als Vergleichsmaßstab.[1] Dabei ist aber darauf hinzuweisen, daß sich die Istkosten der Istkostenrechnung von denen der Plankostenrechnung insofern unterscheiden, als daß bei letzterer die Istmenge mit dem Planpreis und nicht mit dem Istpreis zu multiplizieren ist.[2]

Sinnvollerweise benötigt man für eine Abweichungsanalyse Plan- bzw. Sollkosten, die man den effektiven, tatsächlichen Kosten (Istkosten) gegenüberstellt. Plankosten sind zukunftsbezogen. Sie werden nicht aus Vergangenheitszahlen, sondern aus der Unternehmensplanung abgeleitet. Ihnen liegen Verbrauchs- und Zeitstudien sowie sorgfältige Schätzungen in methodisch gesicherter Weise zugrunde.[3] Dieses geschieht in der Plankostenrechnung, die sich durch ihre

[1] Vgl. z.B. H.G. Plaut: Unternehmenssteuerung mit Hilfe der Voll- oder Grenzplankostenrechnung, in: ZfB, 31. Jg. (1961), S. 460-482, hier S. 461.

[2] Vgl. z.B. K. Olfert: Kostenrechnung, 10. Aufl., Ludwigshafen 1996, S. 250.

[3] Vgl. S. Hummel/W. Männel: Kostenrechnung 1, a.a.O., S. 114 f.

konsequente Ausrichtung auf künftige Kostengrößen von der Ist- und Normalkostenrechnung unterscheidet.[1]

Daher erscheint es zweckmäßig, die Formen der Plankostenrechnung darzustellen und sich auf diese zu beschränken. Danach sollen dann die Einflußgrößen auf die Kosten und das Bezugssystem untersucht werden, bevor sich dann der Fokus auf die Abweichungsanalyse richtet.

Die Abweichungsanalyse befaßt sich im wesentlichen mit der Aufspaltung der Gesamtabweichung in Teilabweichungen.[2] Daneben ist das Gewicht einer Abweichung von Bedeutung, d.h. wie stark der Einfluß der Abweichung auf das Ergebnis ist. Abhängig von der Zahl der Einflußgrößen kommt es zu Abweichungs-Interdependenzen. Ihre Entstehung und Lösungsansätze stellen den Schwerpunkt dieses Kapitels dar.

5.1 Formen der Plankostenrechnung

Die Plankostenrechnung hat zwei Hauptaufgaben: 1. die Kontrolle der Wirtschaftlichkeit und 2. eine Dispositions- und Dokumentationsaufgabe, d.h., Zahlenmaterial bereitzustellen für dispositive Zwecke und betriebliche Leistungen zu kalkulieren.[3] Die Plankostenrechnung läßt sich untergliedern in die starre und die flexible Plankostenrechnung. Erstere liegt vor, wenn der für eine Abrechnungsperiode gültige Ausnutzungsgrad der betrieblichen Kapazität als fest angenommen wird.

---

1 Vgl. J. Kloock: Plankostenrechnung, in: HWR, 3. Aufl., Stuttgart 1993, Sp. 1551-1568, hier Sp. 1564 f.

2 Vgl. H.-J. Hoitsch: Kosten- und Erlösrechnung, 2. Aufl., Berlin 1997, S. 330.

3 Vgl. L. Haberstock: Kostenrechnung II, a.a.O., S. 12 und S. 257 ff.

Werden Beschäftigungsänderungen hingegen berücksichtigt, liegt eine flexible Plankostenrechnung vor. Diese kann auf Vollkostenbasis oder auf Grenzkostenbasis durchgeführt werden.

Bei einer Plankostenrechnung auf Vollkostenbasis werden sämtliche, also die fixen und variablen (proportionalen)[1] Kosten, mit in die Planung einbezogen. Werden nur die entscheidungsrelevanten (variablen) Kosten in die Planung einbezogen, besteht eine Plankostenrechnung auf Grenz- bzw. Teilkostenbasis. Es ergibt sich folgende Einteilung, vgl. Abbildung 61:

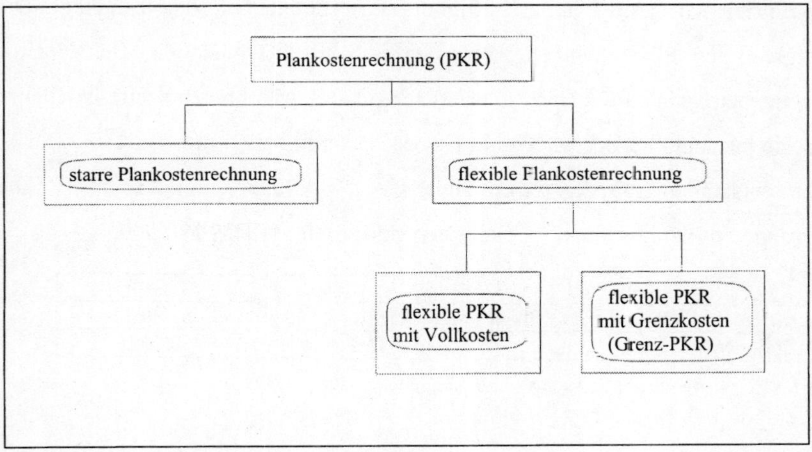

Abb. 61: Hauptformen der Plankostenrechnung[2]

[1] In der Kostenrechnung besitzen unter Annahme linearer Kostenfunktionen lediglich variable Kosten, die proportional sind, eine Bedeutung. Im folgenden sollen diese Ausdrücke - soweit nicht ausdrücklich anders dargestellt - synonym verwandt werden. Unter- und überproportionale Kosten werden als Mischkosten behandelt und wieder auf fixe und proportionale Kosten zurückgeführt, vgl. M. Schweitzer/H.-U. Küpper, a.a.O., S. 374.

[2] Ähnliche Klassifizierungen finden sich in verschiedenen Kostenrechnungsbüchern, vgl. z.B. W. Eisele, a.a.O., S. 759; L. Haberstock: Kostenrechnung II, a.a.O., S. 18.

5.1.1 Starre Plankostenrechnung

Bei der starren Plankostenrechnung werden die Plankosten lediglich für einen Beschäftigungsgrad, die Planbeschäftigung, ermittelt. Sämtliche weitere Kosteneinflußgrößen (Kostenbestimmungsfaktoren) werden konstant (starr) gehalten. Der Plankostensatz (Plankalkulationssatz) ergibt sich, indem man die Plankosten durch die Planbeschäftigung teilt. Er besteht aus fixen und variablen (proportionalen) Bestandteilen. Wird dieser nun mit der Istbeschäftigung multipliziert, ergeben sich die verrechneten Plankosten. Ein Beispiel soll dies verdeutlichen:

Ein Betrieb hat seine Planbeschäftigung (B_p) auf 5.000 Stück festgelegt. Die dazugehörigen Plankosten (K_p) belaufen sich auf DM 150.000. Der Plankostensatz beträgt also 30 DM/Stück. Während des Abrechnungszeitraum belief sich die tatsächliche Beschäftigung (Istbeschäftigung [B_i]) nur auf 4.000 Stück. Dabei entstanden Istkosten (K_i) in Höhe von DM 140.000, vgl. Tabelle 18. Die verrechneten Plankosten (K_p^{verr}) belaufen sich somit auf DM 120.000.

	Ist	Plan
Beschäftigung [in Stück]	4.000	5.000
Kosten [in DM]	140.000	150.000

Tabelle 18: Ausgangsdaten der Beispielrechnungen

Die Kostenabweichung kann als Differenz der entstandenen Istkosten (K_i) mit den verrechneten Plankosten (K_p^{verr}) bei Istbeschäftigung festgestellt werden. In diesem Beispiel beträgt die Kostenabweichung dann DM 20.000 (= DM 140.000 - DM 120.000). Die Abbildung 62 soll dies verdeutlichen:

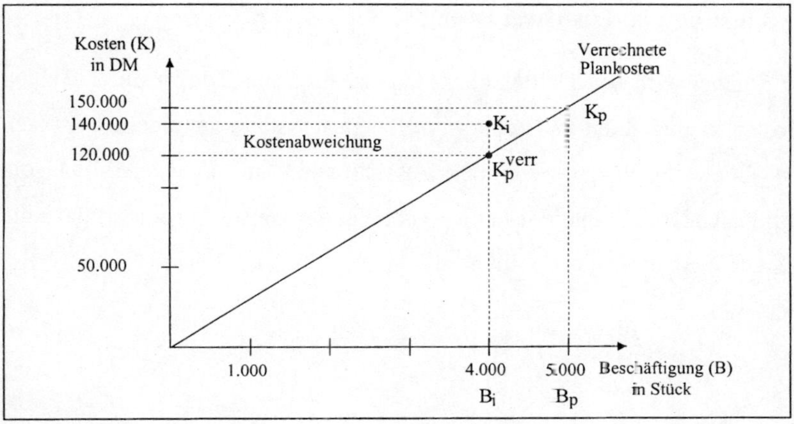

Abb. 62: Starre Plankostenrechnung

Die starre Plankostenrechnung ist relativ einfach und es ist keine Kostenauflösung erforderlich. Diesen Vorteilen stehen einige gravierende Nachteile gegenüber. Die Ist- und Plankosten beziehen sich regelmäßig auf verschiedene Bezugsgrößen (hier B_i = 4.000 Stück und B_p = 5.000 Stück).

In den verrechneten Plankosten sind fixe und proportionale Kostenbestandteile enthalten. Die fixen Kostenbestandteile verändern sich aber nicht proportional zur Beschäftigung, d.h. sie werden quasi falsch verrechnet. Die Aussagefähigkeit dieser Rechnung ist insbesondere hinsichtlich Wirtschaftlichkeitskontrollen und Analysen der Abweichungsursachen erheblich beeinträchtigt.[1] Als Controllinginstrument sind starre Plankostenrechnungen daher wenig geeignet.[2]

---

[1] Nur für den Spezialfall, daß die Istbeschäftigung gleich der Planbeschäftigung ist, sind die Istkosten mit den Plankosten vergleichbar.

[2] Auch in der Praxis sind sie kaum noch zu finden, vgl. z.B. L. Haberstock: Kostenrechnung I, a.a.O., S. 65.

5.1.2 Flexible Plankostenrechnung

Dieser Mangel wird bei der flexiblen Plankostenrechnung durch die Trennung der Kosten in ihre fixen und proportionalen Bestandteile gemildert. Die fixen Kosten fallen unabhängig von der Beschäftigung an. Paßt man nun die proportionalen Kosten an die jeweilige Istbeschäftigung an und addiert dazu die fixen Kosten, erhält man die Sollkosten.

(1) $K_S = K_{pF} + K_{pv} * (B_i/B_p)$

mit:

K_S = Sollkosten

K_{pF} = fixe Plankosten

K_{pv} = proportionale Plankosten

B_i = Istbeschäftigung

B_p = Planbeschäftigung

Da die proportionalen Plankosten dividiert durch die Planbeschäftigung den proportionalen Plankostensatz ergeben, ließe sich auch formulieren:

(2) $K_S = K_{pF} + KS_{pv} * B_i$

mit:

K_S = Sollkosten

K_{pF} = fixe Plankosten

KS_{pv} = proportionaler Plankostensatz

B_i = Istbeschäftigung

Die Sollkosten ergeben sich, wenn die Plankosten auf die Istbeschäftigung umgerechnet werden.[1] Plankosten gleichen den Sollkosten also nur, wenn auch Plan- und Istbeschäftigung identisch sind.

---

[1] Vgl. z.B. W. Eisele, a.a.O., S. 762; H.-J. Hoitsch, a.a.O., S. 328.

Graphisch stellt die Sollkostenkurve eine Gerade dar, die auf der Ordinate in Höhe der fixen Kosten beginnt und die Funktion der verrechneten Plankosten in Höhe der Planbeschäftigung schneidet. Sie gibt an, wie hoch die Plankosten bei wirtschaftlichem Kostengütereinsatz sein sollen.

Beschränkt man die Untersuchung auf einen Kostenbestimmungsfaktor, die Beschäftigung, liegt eine einfach-flexible Plankostenrechnung vor. Es wird nur eine Verbrauchs- und Beschäftigungsabweichung ermittelt. Berücksichtigt man hingegen daneben auch noch andere Kostenbestimmungsfaktoren, z.B. Auftrags- und Verfahrensänderungen, so spricht man von einer mehrfach-flexiblen Plankostenrechnung. Hierdurch lassen sich für die Kostenkontrolle genauere und aussagefähigere Vergleichsmaßstäbe entwickeln.[1] Dies ist aber auch durch eine detaillierte und geeignete Kostenstellenaufteilung (Platzkostenrechnung) möglich.[2] Eine voll-flexible Plankostenrechnung berücksichtigt die funktionalen Beziehungen zwischen sämtlichen Kostenbestimmungsfaktoren und den Kosten. Dieses ist aber eher eine theoretische Aufgabe, da nicht alle funktionalen Beziehungen bekannt und quantifizierbar sind.[3] Im weiteren soll diese Differenzierung unterbleiben.

5.1.2.1 Flexible Plankostenrechnung mit Vollkosten

Dieses Rechnungssystem teilt für Zwecke der Kostenkontrolle die Plankosten in fixe und proportionale Kosten auf. Damit wird die starre Plankostenrechnung um die Sollkosten erweitert.

Das voranstehende Beispiel für die starre Plankostenrechnung, vgl. Tabelle 18, soll um folgende Daten ergänzt werden: Die fixen Kosten betragen DM 50.000.

[1] Vgl. L. Haberstock: Kostenrechnung II, a.a.O., S. 23.

[2] Vgl. K. Olfert, a.a.O., S. 252.

[3] Vgl. L. Haberstock: Kostenrechnung II, a.a.O., S. 24.

Die proportionalen Kosten sind mit 20 DM/Stück geplant worden. Bei einer Istbeschäftigung (B_i) von 4.000 Stück betragen dann die Sollkosten (K_S) DM 130.000. Die Istkosten (K_i) in Höhe von DM 140.000 übersteigen die Sollkosten (K_S) um DM 10.000. Dies ist die sogenannte Verbrauchsabweichung. Sie drückt den mengenmäßigen Mehr- oder Minderverbrauch an Kostengütern aus. Sie ist somit ein guter Indikator der Kostenwirtschaftlichkeit.

Die Differenz zwischen Sollkosten (K_S) und verrechneten Plankosten (K_p^{verr}) gibt die Beschäftigungsabweichung an. Sie ist darin begründet, daß man versucht, die fixen Kosten auf die Kostenträger zu verteilen. Sie gibt quasi die Höhe der falsch verrechneten fixen Kosten an. Dieses wird in der Abbildung 63 illustriert.

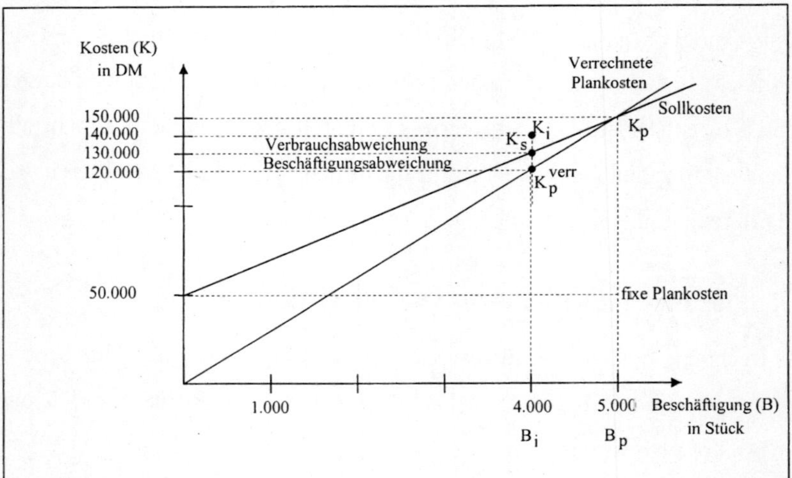

Abb. 63: Flexible Plankostenrechnung mit Vollkosten

Die flexible Plankostenrechnung ermöglicht eine leistungsfähige Kostenkontrolle und erhöht die Kalkulationsgenauigkeit. Sie ist damit anderen Kostenrechnungssystemen auf Vollkostenbasis überlegen. Allerdings teilt sie die Schwächen sämtlicher Kostenrechnungssysteme auf Vollkostenbasis. Insbesondere sind dies die weitgehend willkürliche Verrechnung der fixen Kosten.[1] Dadurch kann die Plankostenrechnung ihre Dispositions- und Dokumentationsaufgabe nur unzureichend erfüllen.[2] Als Controllinginstrument ist sie daher nur beschränkt verwendbar.

5.1.2.2 Flexible Plankostenrechnung mit Teilkosten

Die aufgeführten Nachteile der Kostenrechnungssysteme auf Vollkostenbasis führten zur Entwicklung der flexiblen Plankostenrechnung auf Teilkostenbasis, für die sich in Deutschland die Bezeichnung Grenzplankostenrechnung[3] durchgesetzt hat. Charakteristisch ist die strikte Trennung in proportionale und fixe Kosten. Lediglich die proportionalen Kosten werden auf die Kostenträgereinheiten verteilt. Die fixen Kosten werden dem Betriebsergebnis *en bloc* zugerechnet.[4]

Die Beschäftigungsabweichung ist dann Null, denn diese entsteht nur dadurch, daß die fixen Kosten auf die Kostenträger verrechnet werden. Die Verbrauchsabweichung bleibt grundsätzlich unverändert, d.h. wie bei der flexiblen Plankostenrechnung auf Vollkostenbasis errechnet. In dem eingeführten Beispiel

---

[1] Daneben wird in der Regel nur ein Kostenbestimmungsfaktor, der Beschäftigungsgrad, berücksichtigt, vgl. W. Eisele, a.a.O., S. 764. Je mehr Kostenbestimmungsfaktoren einbezogen werden, desto mehr Abweichungen höherer Ordnung entstehen. Hierauf wird im weiteren Verlauf der Arbeit noch eingegangen.

[2] Vgl. L. Haberstock: Kostenrechnung II, a.a.O., S. 27.

[3] Diese Bezeichnung geht laut Kilger auf Plaut zurück, vgl. W. Kilger, a.a.O., S. 72. Zu den grundlegenden Aufsätzen über die Grenzplankostenrechnung; H.G. Plaut: Die Grenz-Plankostenrechnung I, in: ZfB, 23. Jg. (1953), S. 347-363; H.G. Plaut: Die Grenz-Plankostenrechnung II, in: ZfB, 23. Jg. (1953), S. 402-413.

[4] Vgl. z.B. M. Schweitzer/H.-U. Küpper, a.a.O., S. 371 f.

beträgt - bei gleichem Datenkranz - die Verbrauchsabweichung als Differenz der Istkosten mit den Sollkosten weiterhin DM 10.000.[1]

Bei den Istkosten werden nun DM 90.000 angenommen (DM 140.000 - DM 50.000 fixe Kosten). Die Sollkosten ergeben sich dadurch, daß die proportionalen Plankosten an die Istbeschäftigung angepaßt werden. Daraus ergeben sich Sollkosten in Höhe von DM 80.000 (= DM 100.000 * 4.000 Stück/5.000 Stück). Sie lassen sich auch ermitteln, indem der Plankostenverrechnungssatz mit der Istbeschäftigung multipliziert wird. Hieraus ergeben sich also auch Sollkosten in Höhe von DM 80.000 (= 20 DM/Stück * 4.000 Stück). Da der Plankostenverrechnungssatz in der Grenzplankostenrechnung nur die proportionalen Kosten einschließt und die fixen Kosten nicht berücksichtigt werden, entsprechen sich die Sollkosten und die verrechneten Plankosten.[2] Abbildung 64 auf der nächsten Seite stellt diesen Zusammenhang graphisch dar:

---

[1] Die Istkosten und Sollkosten sind freilich um die fixen Kosten gemindert. Da aber von beiden gleich hohe (fixe) Kosten abgezogen werden, bleibt die Differenz unverändert.

[2] Häufig wird jedoch aus didaktischen Gründen der Fixkostenblock mit einbezogen, vgl. z.B. L. Haberstock: Kostenrechnung II, a.a.O., S. 31; K. Olfert, a.a.O., S. 355; anders hingegen z.B. W. Eisele, a.a.O., S. 765. Schweitzer/Küpper tragen zur Verdeutlichung die fixen Kosten negativ ein; M. Schweitzer/H.-U. Küpper, a.a.O., S. 408.

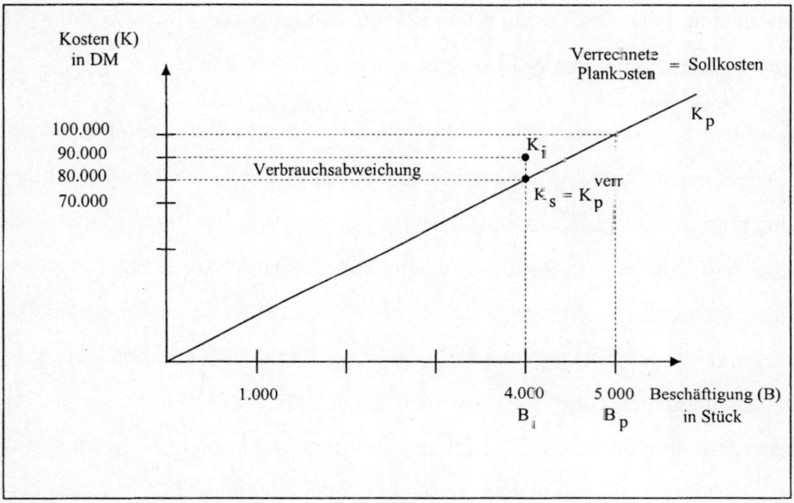

Abb. 64: Flexible Plankostenrechnung mit Teilkosten

Neben der Grenzplankostenrechnung gibt es weitere Teilkostenrechnungssysteme wie z.B. die ein- oder mehrstufige Deckungsbeitragsrechnung oder die Deckungsbeitragsrechnung mit relativen Einzelkosten.[1] Die Grenzplankostenrechnung ähnelt der Deckungsbeitragsrechnung. Allerdings werden bei letzterer Istwerte verwandt, während bei der Grenzplankostenrechnung Planwerte angesetzt werden.[2] Damit ist bei der Grenzplankostenrechnung der Soll-Ist-Vergleich und eine Abweichungsanalyse möglich.[3] Zudem scheint es sprachlich angemessener, die Deckungsbeitragsrechnung nicht als eine Form der Kostenrechnung

---

1 Zur Deckungsbeitragsrechnung siehe Abschnitt 4.3.2.2 dieser Arbeit.

2 Vgl. K. Olfert, a.a.O., S. 352.

3 Vgl. M. Hüttner: Betriebswirtschaftslehre, a.a.O., S. 292.

sondern als eine Form der kurzfristigen Erfolgsrechnung anzusehen, da bei jeder Deckungsbeitragsrechnung der Erlös eine der Komponenten ist.[1]

Die flexible Plankostenrechnung verbessert die Aufgabe der Kostenkontrolle, indem sie Kostenabweichungen errechnet und analysiert.[2] Die flexible Plankostenrechnung auf Teilkostenbasis hat gegenüber der flexiblen Plankostenrechnung auf Vollkostenbasis den Vorteil, daß der Beschäftigungsgrad unbedeutend ist, so daß das System auch für den Kostenstellenleiter überschaubar und verständlich wird. Das ist nicht unwichtig, denn die verbleibenden Verbrauchsabweichungen sind mit dem Kostenstellenleiter zu besprechen und gegebenenfalls ihm anzulasten. Allerdings darf man dabei nicht übersehen, daß etwaige Verbrauchsabweichungen sich auch auf Planungsfehler oder außerordentliche, nicht vorhersehbare Umstände begründen können.[3]

Die Grenzplankostenrechnung beseitigt auch die Schwächen der Kostenrechnungssysteme auf Vollkostenbasis bei ihrer Dispositions- und Dokumentationsaufgabe. Insbesondere Erfolgsplanungen und zukunftsbezogene Wirtschaftlichkeitsrechnungen wie die Entscheidung zwischen Eigenfertigung und Fremdbezug oder das Bestimmen von Preisuntergrenzen sowie Rentabilitätsvergleiche der Produkte untereinander sind mit der Grenzplankostenrechnung möglich.[4] „Die Grenzplankostenrechnung soll für alle Entscheidungsprobleme, die auf der Basis gegebener Kapazitäten zu lösen sind, die richtigen Kostendaten zur Verfügung stellen. In diesem Sinne ist sie als *entscheidungs-*

---

1 Ähnlich auch vgl. M. Hüttner: Betriebswirtschaftslehre, a.a.O., S. 291; L. Haberstock: Kostenrechnung II, a.a.O., S 32.

2 Vgl. W. Kilger, a.a.O., S. 171.

3 Vgl. G. Wöhe: Grundzüge der Betriebswirtschaftslehre, 19. Aufl., München 1996, S. 1335.

4 Vgl. z.B. H.G. Plaut: Deckungsbeitragsrechnung, in: krp, o.Jg. (1987), S. 71-73, hier S. 73.

orientierte Form der Kostenrechnung konzipiert."[1] Dadurch ist die Grenzplankostenrechnung das - von den hier vorgestellten Kostenrechnungssystemen - für das Controlling am meisten geeignete.

5.2 Kostenbestimmungsfaktoren und Bezugssystem

Die Gesamtkosten werden durch das Zusammenwirken verschiedener Kostenbestimmungsfaktoren verursacht. Dabei sind eine wirksame Kostenkontrolle und die richtige Ermittlung betrieblicher Daten nur möglich, wenn bekannt ist, welche Kostenbestimmungsfaktoren die Kosten einer Planungs- oder Abrechnungsperiode verursacht haben und welche funktionale Zusammenhänge hierbei wirksam werden. Kosten erhält man, indem man die Produktionsfaktormengen mit ihren Preisen (sog. Faktorpreise) multipliziert. Sie stellen den wertmäßigen Ausdruck des Faktoreinsatzes dar.[2] Faktormengen werden für die Ausbringung und das Aufrechterhalten der Betriebsbereitschaft verzehrt.

Als wesentliche Kostenbestimmungsfaktoren ergeben sich somit neben den Faktorpreisen und -mengen auch die Ausbringung (für die proportionalen Kosten) und die Kapazitäten (für die fixen Kosten). Die Kostenbestimmungsfaktoren lassen sich weiter zergliedern. So hängt eine bestimmte Ausbringung von den verschiedenen Prozeßbedingungen ab.

Kapazitäten können in quantitative und qualitative unterschieden werden. Die fertigungstechnischen und organisatorischen Verfahren beeinflussen sowohl die Prozeßbedingungen als auch die Betriebsbereitschaft. Die Faktorqualitäten wirken sich auch auf die Kosten aus. Denn sie beeinflussen sowohl den

[1] W. Kilger, a.a.O., S. 61 (Hervorhebungen im Original).

[2] Vgl. z.B. M. Hüttner: Betriebswirtschaftslehre, a.a.O., S. 50.

Mengenverbrauch als auch den Preis. Letzterer kann wiederum auf die Qualität einwirken. Schließlich verursacht die innerbetriebliche Unwirtschaftlichkeit Kosten, und zwar jene, die sich bei wirtschaftlichem Verhalten hätten vermeiden lassen können. Als Maßstab eignet sich hierfür die Faktormengenabweichung.[1] Ein System mit den wichtigsten Kostenbestimmungsfaktoren, die beim Aufbau einer flexiblen Plankostenrechnung zu berücksichtigen sind, ist in der Abbildung 65 dargestellt.

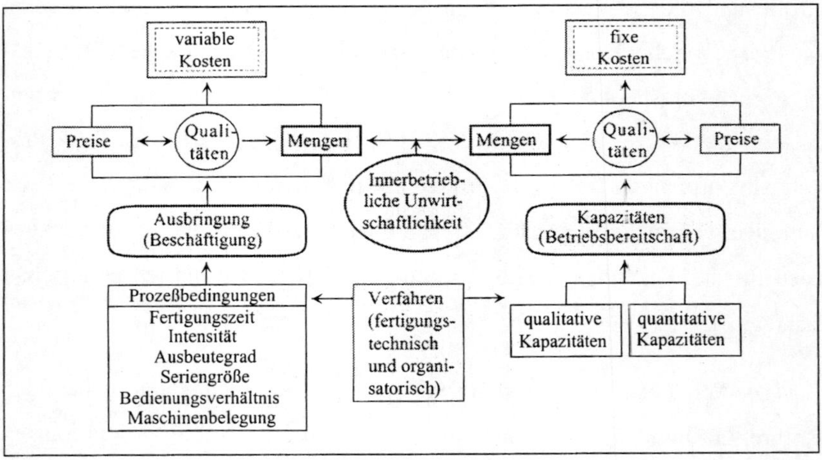

Abb. 65 System der Kostenbestimmungsfaktoren[2]

Die zu untersuchende Faktormengenabweichung wird meist Verbrauchsabweichung genannt. Genauer ist die Bezeichnung *globale Verbrauchsabweichung*, denn sie besteht aus einer Reihe von Kostenbestimmungsfaktoren. Grundsätzlich wird man nun bei der Ursachenermittlung versuchen, möglichst viele Bestimmungsfaktoren, sog. Spezialabweichungen, von der Verbrauchs-

[1] Marktpreisabweichungen sind meist außerbetrieblich und stören diesen Mengenver- gleich nur, vgl. L. Haberstock: Kostenrechnung II, a.a.O., S. 261 Fußnote 1.

[2] Leicht modifiziert nach L. Haberstock: Kostenrechnung II, a.a.O., S. 48.

abweichung abzuspalten. Die dann verbleibende Abweichung wird *echte Verbrauchsabweichung* genannt.[1] Da es aber regelmäßig kaum möglich sein wird, alle Bestimmungsfaktoren zu berücksichtigen, enthält diese Abweichung auch alle nicht weiter berücksichtigten Faktoren. Daher trifft der Begriff *Restabweichung* ebenso zu.[2]

Kilger weist darauf hin: „Nur wenn alle wesentlichen Kostenbestimmungsfaktoren vorher als Abweichungen isoliert worden sind, bildet die zuletzt ermittelte *Verbrauchsabweichung* einen Maßstab für die innerbetriebliche Wirtschaftlichkeit einer Kostenstelle. Vernachlässigt man dagegen wesentliche Kostenbestimmungsfaktoren, so wird die Verbrauchsabweichung zu einer undurchsichtigen *Restabweichung*, in der sich die Einflüsse der innerbetrieblichen Unwirtschaftlichkeiten und die der vernachlässigten Kostenbestimmungsfaktoren mischen.“[3] Ein besonderes Problem liegt darin, die Kostenbestimmungsfaktoren und ihre funktionalen Zusammenhänge zu quantifizieren. Man hilft sich hier mit Bezugsgrößen.[4]

„Unter Bezugsgrößen versteht man einen Maßstab der Kostenverursachung, wie z.B. produzierte Stückzahlen, gefahrene Maschinenstunden oder geleistete Arbeitsverrichtungen, zu dem die Kosten einer Kostenstelle ganz oder teilweise in einer proportionalen ... Abhängigkeit stehen.“[5]

---

1 Vgl. z.B. H.-J. Hoitsch, a.a.O., 331.

2 Vgl. K. Ziegenbein, a.a.O., S. 458.

3 W. Kilger, a.a.O., S. 177.

4 Diese Problematik soll in dieser Arbeit nicht weiter verfolgt werden. Vgl. zur Bezugsgröße ausführlich und mit weiteren Literaturangaben z.B. Haberstock: Kostenrechnung II, a.a.O., S. 51-86; W. Kilger, a.a.O., S. 313-340.

5 L. Haberstock: Kostenrechnung II, a.a.O., S. 51.

Neben den Bezugsgrößen spielt auch das Bezugssystem eine wichtige Rolle bei der Betrachtung von Abweichungen. Die Berechnung der Abweichung kann auf Basis der Plan- oder der Istgrößen erfolgen. Bei ersterem spricht man von Planbezugsbasis und bei letzterem von Istbezugsbasis. Bei einer Abweichungsermittlung auf Planbezugsbasis werden die Abweichungen an den Plangrößen gemessen, bei einer Abweichungsermittlung auf Istbezugsbasis an den Istgrößen.[1]

(3) $y_p = y_i + \Delta_i y$ Abweichungsermittlung auf Istbezugsbasis

(4) $y_i = y_p + \Delta_p y$ Abweichungsermittlung auf Planbezugsbasis

Die Auswahl der Bezugsbasis wirkt sich formell im Vorzeichen der Abweichungen aus. Materiell wirkt sich die Wahl der Bezugbasis aus, wenn - wie in der Praxis üblich - die Abweichungen regelmäßig in Prozent zur jeweiligen Basis dargestellt werden. Die Istbezugsgröße kann dann geeignet sein, wenn sie Abweichungen enthält, die auf nicht kontrollierbaren Ursachen fußen, und somit die aktuellere Vergleichsgröße beschreibt. Enthält die Istbezugsgröße jedoch Abweichungen, die auf kontrollierbaren Ursachen aufbauen, stellt die Plansituation die geeignetere Vergleichssituation dar.

Geht man davon aus, das Controlling auch eine Verhaltenssteuerung bei den Mitarbeitern bewirken soll, erscheint ein Planbezugssystem als Vergleichsgröße sinnvoller, da dies die ursprünglich gewünschte Entwicklung darstellt, die nur durch das Eintreten von Abweichungen nicht erreicht wurde.[2] Deshalb soll hier im weiteren Verlauf der Untersuchung die Abweichungsermittlung auf Planbezugsbasis verwendet werden.

---

[1] Vgl. R. Ewert/A. Wagenhofer, a.a.O., S. 350.

[2] Vgl. R. Ewert/A. Wagenhofer, a.a.O., S. 350.

5.3 Ermitteln der Gesamtabweichung

Die Abweichungsanalyse wird regelmäßig in zwei Schritten durchgeführt. Zuerst werden die Abweichungen durch einen Vergleich der Ist- mit den Soll-(Plan-)Werten der betreffenden Periode ermittelt und dann bezüglich ihrer Ursachen ausgewertet und den entsprechenden Verantwortungsbereichen zugerechnet.[1]

Ziel dieser Ursachenforschung ist die Dekomposition der Gesamtabweichung in Teilabweichungen, die nur noch auf einen Kostenbestimmungsfaktor zurückzuführen sind. Erst dann läßt sich feststellen, ob die Abweichung in einer innerbetrieblichen Unwirtschaftlichkeit oder durch eine unumgängliche Veränderung des Datenkranzes begründet ist.[2]

Formal läßt sich der Zusammenhang zwischen den Gesamtkosten und den Kostenbestimmungsfaktoren wie folgt darstellen:[3]

(5) $K = f(y_1, y_2, y_3, \ldots, y_n)$

mit K = Gesamtkosten

y = Maßgröße der Kostenbestimmungsfaktoren

n = Anzahl der Kostenbestimmungsfaktoren

Hierbei könnten z.B. y_1 bis y_4 die verschiedenen Ausbringungsmengen sein. y_5 könnte der Faktorpreis sein.

---

[1] Vgl. R. Brühl: Methoden der Kostenkontrollrechnung unter Berücksichtigung von Abweichungen höherer Ordnung, in: krp, o.Jg. (1993), S. 336-339.

[2] Vgl. A.G. Coenenberg: Kostenrechnung und Kostenanalyse, 4. Aufl., Landsberg/Lech 1999, S. 373 ff.

[3] Vgl. W. Kilger, a.a.O., S. 171; mit anderen Symbolen H.P. Möller: Erfolgsabweichungsanalyse (I), a.a.O., S. 31.

Setzt man in die obige Gleichung nun für alle Kostenbestimmungsfaktoren die geplanten Maßgrößen ein, so erhält man die Plankosten. Setzt man die effektiv realisierten Kosten ein, erhält man die Istkosten. Die Differenz zwischen den Istkosten (K_i) und den Plankosten (K_p) bildet die Gesamtabweichung. Die Plankosten entsprechen den Sollkosten, wenn unterstellt wird, daß die fixen Kosten bei den Istkosten und Sollkosten übereinstimmen. Diese Arbeitshypothese läßt sich vertreten, da fixe Kosten per Definition von der Beschäftigung unabhängig und kurzfristig nicht veränderbar sind. Sie werden zudem in der hier unterstellten flexiblen Plankostenrechnung mit Teilkosten nicht in der Analyse berücksichtigt. Im folgenden werden die Plankosten den Sollkosten gleichgestellt.

Grundsätzlich läßt sich die Gesamtabweichung auf zwei Arten darstellen, erstens als Soll-Ist-Vergleich (SIV) und zweitens als Ist-Soll-Vergleich (ISV). Dies läßt sich mit den folgenden Formeln ausdrücken:[1]

(6) $\Delta K = K_p - K_i = f(y_{p1}, y_{p2}, y_{p3}, \ldots, y_{pn}) - f(y_{i1}, y_{i2}, y_{i3}, \ldots, y_{in})$ **SIV**

(7) $\Delta K = K_i - K_p = f(y_{i1}, y_{i2}, y_{i3}, \ldots, y_{in}) - f(y_{p1}, y_{p2}, y_{p3}, \ldots, y_{pn})$ **ISV**

Welche Art der Ermittlung man durchführt, hat regelmäßig keine materielle Bedeutung. Formal ändert sich nur das Vorzeichen. Wenn eine Abweichung, die durch höhere Istkosten als Sollkosten entsteht, mit einem positiven Vorzeichen ausgewiesen ist, liegt ein Ist-Soll-Vergleich vor und anders herum. Im folgenden soll hier mit einem Ist-Soll-Vergleich weiter gearbeitet werden.

Die Ermittlung der Gesamtabweichung ist zwar notwendig, aber nicht hinreichend für eine wirksame Kostenkontrolle. Die Gesamtabweichung enthält alle Abweichungen zwischen vorgegebenen und effektiven Kostenbestimmungs-

[1] Vgl. R. Ewert/A. Wagenhofer, a.a.O., S. 349; W. Kilger, a.a.O., S. 172.

faktoren. Sie ist in solche Teilabweichungen aufzuspalten, die nur noch auf jeweils einen Kostenbestimmungsfaktor zurückzuführen sind. Denn nur auf diese Weise kann von der Kostenkontrolle über die Kontrollfunktion hinaus auch eine Steuerungsfunktion ausgehen.

Ergibt die Gesamtabweichung beispielsweise eine erhebliche Überschreitung der Plankosten durch die Istkosten, so weiß man dadurch noch nicht, woran es gelegen hat. Läßt sich diese Abweichung aber z.B. auf eine Verbrauchsabweichung zurückführen, die auf unwirtschaftliches Verhalten resultiert, so lassen sich gezielte Maßnahmen in den Folgeperioden ergreifen, um diesem unwirtschaftlichen Verhalten entgegenzuwirken.

Aber auch bei einer Gesamtabweichung von Null können die Teilabweichungen hoch sein und sich lediglich gegenseitig kompensieren. Durch die Aufspaltung der Gesamtabweichung wird vermieden, daß sich die Über- und Unterschreitungen einzelner Plandaten gegeneinander aufheben.[1]

5.4 Entstehung von Abweichungsüberschneidungen

Kosten sind stets das Produkt aus Faktormenge und Faktorpreis.[2] Somit besteht auch immer eine multiplikative Beziehung zwischen den Kostenbestimmungsfaktoren, die Verbrauchsmengen verursachen, und den Preisen der Produktionsfaktoren. Daraus resultieren Abweichungsüberschneidungen oder Abweichungen höheren Grades (zweiten, dritten, ..., n-ten) Grades, je nach Anzahl der multiplikativ miteinander verknüpften Abweichungen. Hierdurch treten Zurechnungsprobleme bei der Aufspaltung der Gesamtabweichungen in die Teilabweichungen auf, da die Einflußgrößen teilweise funktionale Beziehungen

[1] Vgl. W.H. Engelhardt: Erlösplanung, a.a.O., S. 659; A G. Coenenberg, a.a.O., S. 373.

[2] Vgl. W. Kilger, a.a.O., S. 172.

aufweisen. Kilger bezeichnet diesen Sachverhalt als „*Abweichungs-Interdependenz*“.[1] Das Abweichungsprodukt mit zwei Kostenbestimmungsfaktoren wird Abweichung zweiten Grades, Sekundärabweichung oder - in der angelsächsischen Literatur - *incidental variation, joint* oder *composite variance* genannt.[2]

Strebt man nach einer verursachungsgerechten Zuordnung, so können diese Abweichungs-Interdependenzen nicht den Abweichungen erster Ordnung, den sogenannten Primärabweichungen, gesamt zugerechnet werden. Abweichungen ersten Grades lassen sich lediglich auf die Plan-Ist-Differenz eines Einflußfaktors zurückführen.

Neben der Anzahl der errechneten Spezialabweichungen beeinflußt auch die Reihenfolge ihrer Abspaltung aus der Mengenabweichung die Aussagefähigkeit der Abweichungsanalyse.[3] Haberstock weist „auf das Reihenfolgeproblem der Abweichungsabspaltung als ein Kernproblem jeder flexiblen PKR“[4] (Plankostenrechnung) hin. Ein unterschiedliches Ergebnis kann also auch darauf beruhen, nach welchem Verfahren zur Verrechnung von Sekundärabweichungen[5] vorgegangen wird.

Dazu ein Beispiel: Eine Ein-Produkt-Unternehmung plante, 1.800 Elektrobauteile zum Preis von 40 DM/Stück zu kaufen. Tatsächlich benötigte die

---

1 W. Kilger, a.a.O., S. 172.

2 Vgl. L. Streitferdt: Entscheidungsregeln zur Abweichungsauswertung, Würzburg 1983, S. 43; W. Kilger, a.a.O., S. 198, Fn. 54; E.V. Mc Intyre: A Note on the Joint Variance, in: The Accounting Review, 51. Jg. (1976), S. 151-155, hier S. 152.

3 Vgl. A.G. Coenenberg, a.a.O., S. 375.

4 L. Haberstock: Kostenrechnung II, a.a.O., S. 269.

5 Aus Vereinfachungsgründen wird hier nur von einer Abweichung zweiten Grades ausgegangen. Selbstverständlich wären auch Abweichungen höheren Grades denkbar. Das Prinzip ist das gleiche, nur der Rechenaufwand wäre höher.

Unternehmung 2.000 Elektrobauteile und mußte dafür einen Preis von 50 DM/Stück zahlen. Diese Daten stellt Tabelle 19 dar:

	Ist	Plan
Preis [in DM/Stück]	50	40
Menge [in Stück]	2.000	1.800

Tabelle 19: Ausgangsdaten der Beispielrechnungen

Als Gesamtabweichung (ΔK) ergibt sich dann:

(8) $\Delta K = K_i - K_p = p_i * x_i - p_p * x_p$

$= 50 \text{ DM/Stk} * 2.000 \text{ Stk} - 40 \text{ DM/Stk} * 1.800 \text{ Stk}$

$= 100.000 \text{ DM} - 72.000 \text{ DM}$

$= \underline{28.000 \text{ DM}}$

Das geplante Budget ist also um DM 28.000 überschritten worden. Aus dieser Abweichung ist aber noch nicht zu erkennen, welche Ursachen zu dieser Abweichung geführt haben. Um dies festzustellen, sollen nun die Istpreise und die Istmengen wie folgt dargestellt werden:[1]

(9) $p_i = p_p + \Delta p$

(10) $x_i = x_p + \Delta x$

Für die Gesamtabweichung (ΔK) ergibt sich dann:[2]

(11) $\Delta K = K_i - K_p = p_i * x_i - p_p * x_p$

$= (p_p + \Delta p) * (x_p + \Delta x) - p_p * x_p$

$= (p_p * x_p + p_p * \Delta x + \Delta p * x_p + \Delta p * \Delta x) - p_p * x_p$

$= [p_p * \Delta x] + [\Delta p * x_p] + [\Delta p * \Delta x]$

---

1 Die Darstellung erfolgt auf Planbezugsbasis. Δ kennzeichnet die Differenz zwischen Ist und Soll.

2 Aus Gründen der Übersichtlichkeit wird hier und im folgenden auf die Indizierung der Kostenstellen verzichtet.

Es ist nun zu erkennen, daß sich die Gesamtabweichung aus drei Komponenten zusammensetzt (der Übersichtlichkeit halber in eckige Klammern gesetzt):

1. Mengenabweichung [$p_p * \Delta x$],
2. Preisabweichung [$\Delta p * x_p$] und
3. Sekundärabweichung [$\Delta p * \Delta x$].

Die Sekundärabweichung (ΔK_{px}) entsteht durch die multiplikative Verknüpfung der Mengen- (ΔK_x) und der Preisabweichung (ΔK_p). Sie wäre also nicht entstanden, wenn die Mengen- oder die Preisabweichung Null gewesen wäre.

Diese Interaktionsabweichung ist aber auch nicht eindeutig zurechenbar zu der Mengen- oder der Preisabweichung, da sie Bestandteile von beiden enthält. In der deutschen Literatur hat A. Müller diese Abweichungsüberschneidung zuerst festgestellt, vgl. Abbildung 66.[1]

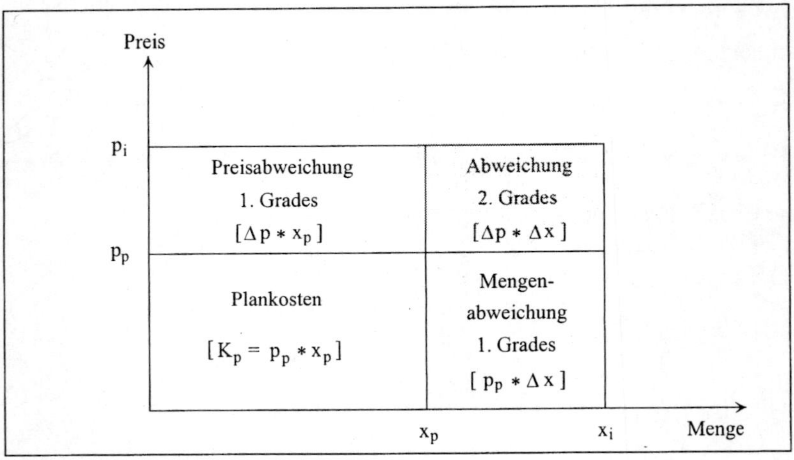

Abb. 66: Aufspaltung der Gesamtabweichung in Abweichungen 1. und 2. Grades[2]

[1] Vgl. A. Müller: Die Isolierung der Einflüsse auf die Selbstkosten im Eisenhüttenwesen, Diss. Köln 1933, S. 11, zitiert bei: W. Kilger, a.a.O., S. 173.

[2] Die Abweichungen 1. und 2. Grades sind die Primär- und die Sekundärabweichungen.

mit: K_p = Plankosten

p_i = Istpreis

p_p = Planpreis

x_i = Istmenge

x_p = Planmenge

Δp = Preisveränderung

Δx = Mengenveränderung.

Die Gesamtabweichung in Höhe von DM 28.000 verteilt sich auf die drei voneinander isolierten Abweichungen wie folgt:

(12) $\Delta K = [p_p * \Delta x] + [\Delta p * x_p] + [\Delta p * \Delta x]$

$= 40$ DM/Stk * 200 Stk + 10 DM/Stk * 1.800 Stk + 10 DM/Stk * 200 Stk

= 8.000 DM + 18.000 DM + 2.000 DM

= 28.000 DM

Die Mengenabweichung beträgt DM 8.000, die Preisabweichung DM 18.000 und die Sekundärabweichung DM 2.000. Nur die Sekundärabweichung ist nicht eindeutig zuzuordnen. Sie ist aber trotzdem zu berücksichtigen, damit die Abstimmung der Gesamtabweichung vorgenommen werden kann. Zudem lassen sich auch durch Sekundärabweichungen Steuerungsinformationen erhalten, die in den Folgeperioden zu einer verbesserten Zielerreichung genutzt werden können.[1]

Werden in der Zielfunktion drei statt nur zwei Einflußgrößen berücksichtigt, dann können auch Abweichungen dritten Grades auftreten. Unterstellt sei, daß neben dem Faktorpreis (p) und der Verbrauchsmenge (x) auch die Beschäftigungsintensität (b) berücksichtigt werden soll. Die Ist-Beschäftigungs-

[1] Anderer Meinung ist Powelz; er sieht in der Preis-Verbrauchsabweichung (Sekundärabweichung) „zwar eine Erklärungsgröße, aber keine Steuergröße“, H.J.H. Powelz: Ansätze zum weiteren Ausbau der differenzierten Kostenabweichungsanalyse, in: krp, o.Jg. (1985), S. 233-239, im folgenden zitiert als: Ansätze.

intensität (b_i) wird auch mit Hilfe der Plan-Beschäftigungsintensität (b_p) und einer Abweichung (Δ) dargestellt werden. Zwischen Ist- und Planwerten gelten folgende Beziehungen:

(13) $b_i = b_p + \Delta b$, und

$p_i = p_p + \Delta p$

$x_i = x_p + \Delta x$

Für die Gesamtabweichung (ΔK) ergibt sich dann folgende Formel:

(14) $\Delta K = K_i - K_p = p_i * x_i * b_i - p_p * x_p * b_p$

Durch Einsetzen, Ausmultiplizieren und Vereinfachen erhält man:

(15) $= (\Delta p * x_p * b_p + \Delta x * p_p * b_p + \Delta b * p_p * x_p$

$+ \Delta p * \Delta x * b_p + \Delta p * \Delta b * x_p + \Delta x * \Delta b * p_p$

$+ \Delta p * \Delta x * \Delta b)$

Aus der Formel wird deutlich, daß die Gesamtabweichung aus Teilabweichungen des ersten Grades (ein Δ-Ausdruck), zweiten Grades (zwei Δ–Ausdrücke) und dritten Grades (drei Δ-Ausdrücke) besteht.[1]

Die Teilabweichungen wie Preis- ($\Delta p * x_p * b_p$), Faktormengenverbrauchs- ($\Delta x * p_p * b_p$) und Beschäftigungsabweichung ($\Delta b * p_p * x_p$) sind eindeutig. Die Abweichungen zweiten und dritten Grades sind jedoch keinem der Einflußfaktoren allein zuzuordnen. Dies hat zur Folge, daß sich die Gesamtabweichung nur in einem gewissen Rahmen auf ihre Ursachen zurückführen läßt. Die Literatur bietet verschiedene Verfahren der Verrechnung der Abweichungen höherer Ordnung an, von denen fünf im folgenden Abschnitt dargestellt werden.

---

[1] Dieses Zustandekommen von Abweichungs-Interdependenzen wurde beispielhaft an der Kostenabweichungsanalyse dargestellt. Es ist aber schon hier festzustellen, daß diese Problematik genauso auf der Erlösseite besteht, wenngleich dort dann eher mit Deckungsbeiträgen gerechnet wird.

5.5 Verfahren für das Verrechnen von Abweichungen

Alle Kostenabweichungen, die nicht auf einen einzelnen Kostenbestimmungsfaktor zurückzuführen sind, können mittels der proportionalen, der alternativen, der kumulativen, der differenziert-kumulativen oder der symmetrischen Abweichungsanalyse zugeordnet werden. Jedes dieser Verfahren läßt sich als Ist-Soll-Vergleich oder als Soll-Ist-Vergleich durchführen. Jedoch führt die Abweichungsanalyse, mit Ausnahme der alternativen Abweichungsanalyse, zum gleichen Ergebnis, mit dem Unterschied, daß die Gesamtabweichung mit umgekehrtem Vorzeichen ausgewiesen wird.[1] In der deutschsprachigen betriebswirtschaftlichen Literatur wird im wesentlichen die kumulative Abweichungsanalyse empfohlen.[2] Auch die alternative Abweichungsanalyse wird als mögliches Verfahren dargestellt.[3]

Diese unterschiedlichen Verfahren für die Verrechnung sollen nun vorgestellt werden.[4] Dabei soll aber von der vereinfachenden Prämisse ausgegangen werden, daß alle mengenbestimmenden Einflußgrößen wie ein Kostenbestim-

---

1 In dieser Arbeit wird nur der Ist-Soll-Vergleich untersucht. Eine ausführliche Darstellung über beide Varianten gibt z.B. S. Wilms, a.a.O. S. 56-76; zu einer prägnanten Darstellung vgl. auch J. Kloock/W. Bommes: Methoden der Kostenabweichungsanalyse, in: krp, o.Jg. (1982), S. 227-229; H. Glaser: Zur Erfassung von Teilabweichungen und Abweichungsüberschneidungen bei der Kostenkontrolle, in: krp, o. Jg. (1986), S. 141-148, hier S. 145-148; B. Lause, a.a.O., S. 59-83.

2 Vgl. H. Glaser, a.a.O., S. 146 ff.; J. Kloock/W. Bommes, a.a.O., S. 225-237; K. Käfer: Standardkostenrechnung, 2. Aufl., Stuttgart 1964, S. 137-143; W. Kilger, a.a.O., S. 176 f.; Th. Günther: Ergebnisanalyse auf Basis einer flexiblen Plankostenrechnung, in: WISU, 23. Jg. (1994), Heft 10, S. 828-840, hier S. 834 f.

3 Vgl. E.A. Camman: Basic Standard Costs, New York 1932, S. 59f.; L. Haberstock: Kostenrechnung II, a.a.O., S. 270; W. Kilger, a.a.O., S. 174 f.; M. Schweitzer/H.U. Küpper, a.a.O., S. 650; L. Streitferdt, a.a.O., S. 40.

4 Hingewiesen sei auf die Möglichkeit, die Ansätze der Abweichungsanalyse direkt aus dem allgemeinen Spannenkalkül für Kostenansätze abzuleiten, vgl hierzu: A. Adam: Anwendung des linearen Spannenkalküls im Rechnungswesen, in: Adam, A. u.a. (Hrsg.): Anwendungen der Matrizenrechnung auf wirtschaftliche und statistische Probleme, 3. Aufl., Würzburg 1966, S. 215 ff.

mungsfaktor wirken. Anderenfalls würden die Zuordnungsprobleme erschwert, da auch zwischen den mengenbestimmenden Einflußgrößen funktionale Beziehungen bestehen können. Das Ergebnis wären mehrdimensionale Kostenfunktionen, die eine Hyperfläche im Raum dritter Ordnung darstellen.[1]

5.5.1 Proportionale Abweichungsanalyse

Dieses Verfahren verrechnet die Sekundärabweichung proportional auf die Primärabweichungen. Es wurde von Vance entwickelt, der auch die folgenden Formeln zur Verteilung der Sekundärabweichung aufstellte.[2]

(16) $\Delta K_p = \Delta p * x_p * (1 + (\Delta x * \Delta p)/(\Delta x * p_p + \Delta p * x_p))$

(17) $\Delta K_x = \Delta x * p_p * (1 + (\Delta x * \Delta p)/(\Delta x * p_p + \Delta p * x_p))$

Die Summe der Teilabweichungen ergibt wieder die Gesamtabweichung.[3]

Für das oben aufgestellte Beispiel ergeben sich dann die nachfolgenden Preis- und Mengenabweichungen.

$$\begin{aligned}\Delta K_p &= 10\text{ DM/Stk} * 1800\text{ Stk} * (1 + (200\text{ Stk} * 10\text{ DM/Stk})/\\ &\quad (200\text{ Stk} * 40\text{ DM/Stk} + 10\text{ DM/Stk} * 1800\text{ Stk}))\\ &= 18.000\text{ DM} * (1 + (2.000\text{ DM}/26.000\text{ DM}))\\ &= 18.000\text{ DM} + 1.384{,}62\text{ DM}\\ &= \underline{\underline{19.384{,}62\text{ DM}}}\end{aligned}$$

---

[1] Vgl. M. Schweitzer/H.-U. Küpper, a.a.O., S. 649 f.

[2] Vgl. L.L. Vance: The Fundamental Logic of Primary Variance Analysis, N.A.C.A.-Bulletin 1950 (1), Section 1, S. 625-632, hier S. 627.

[3] Den Beweis hierfür führt Kilger durch, vgl. W. Kilger, a.a.O., S. 198, Fußnote 57.

$$\Delta K_x = 200 \text{ Stk} * 40 \text{ DM/Stk} * (1 + (200 \text{ Stk} * 10 \text{ DM/Stk}) / (200 \text{ Stk} * 40 \text{ DM/Stk} + 10 \text{ DM/Stk} * 1800 \text{ Stk}))$$
$$= 8.000 \text{ DM} * (1 + (2.000 \text{ DM}/26.000 \text{ DM}))$$
$$= 8.000 \text{ DM} + 615{,}38 \text{ DM}$$
$$= \underline{\underline{8.615{,}38 \text{ DM}}}$$

Von der Sekundärabweichung in Höhe von DM 2.000 werden der Preisabweichung DM 1.384,62, der Mengenabweichung DM 615,38 zugeschlagen. Dieses Verfahren rechnet die Sekundärabweichung im proportionalen Verhältnis zu der Summe der Primärabweichungen diesen hinzu. Diese Zuordnung ist - wie auch bei allen anderen Verfahren - nicht streng verursachungsgerecht, sondern eher willkürlich. Das liegt daran, daß bei der Sekundärabweichung Einflußgrößen, hier die Menge und der Preis, multiplikativ verknüpft sind. Abbildung 67 stellt dies mittels der proportionalen Abweichungsanalyse graphisch dar:[1]

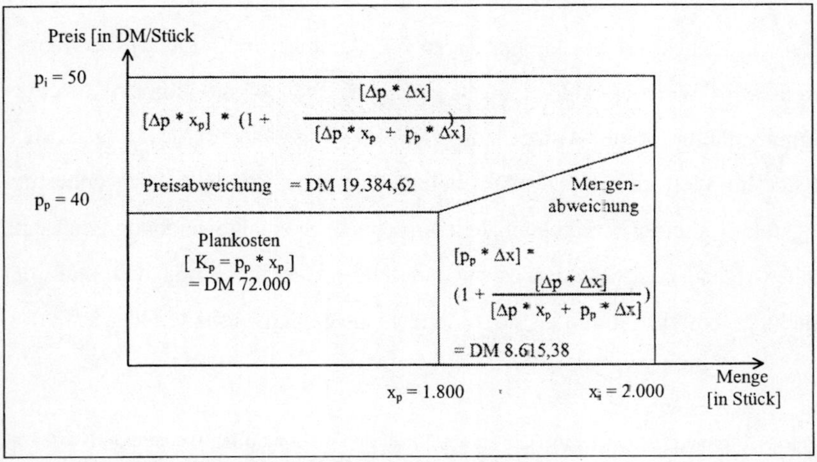

Abb. 67: Proportionale Abweichungsanalyse

[1] Diese und die weiteren Abbildungen zu den Abweichungsanalyseverfahren sind nicht maßstabsgetreu.

Daher entstehen die Abweichungen nur, soweit es auch eine Primärabweichung gibt. Da dies die Voraussetzung für das Entstehen der Sekundärabweichung ist, erscheint es durchaus begründet, die Sekundärabweichung in Abhängigkeit von der Höhe der Primärabweichung aufzuteilen. Zudem ist das Verfahren durch die heutigen Tabellenkalkulationsverfahren der automatischen Datenverarbeitung relativ einfach anzuwenden.[1] Die Summe der Teilabweichungen ist bei diesem Verfahren immer gleich der Gesamtabweichung.

Das Verfahren wird aber in diversen Werken, die sich mit der Darstellung und Beurteilung von Abweichungsanalysemethoden beschäftigen, nicht berücksichtigt.[2] Nicht zuletzt deshalb ist dieses Verfahren wohl etwas in Vergessenheit geraten.

5.5.2 Alternative Abweichungsanalyse

Zuerst wurde diese Abweichungsanalyse von Camman in der Literatur erwähnt.[3] Hierbei wird von der Annahme ausgegangen, daß bei nur einem Kostenbestimmungsfaktor eine Abweichung zwischen geplantem und tatsächlich realisiertem Wert eintritt. Die Abweichungen werden für jeden Kostenbestimmungsfaktor alternativ errechnet. Jede errechnete Spezialabweichung zeigt c.p., welche Mehr- oder Minderkosten dadurch entstanden sind, daß sich der betrachtete Kostenbestimmungsfaktor anders als geplant verhalten hat.

---

[1] Anderer Meinung ist Coenenberg, der dies Verfahren nicht empfiehlt, sondern als willkürlich und nicht verursachungsgerecht beurteilt, vgl. A.G. Coenenberg, a.a.O., S. 377.

[2] Die proportionale Abweichungsanalyse wird in der Darstellung von Verfahren zur Verrechnung der Sekundärabweichung nicht berücksichtigt z.B. bei J. Kloock/ W. Bommes, a.a.O., S. 225-237; A.G. Coenenberg, a.a.O., S. 356-366; M. Schweitzer/ H.-U. Küpper, a.a.O., S. 646-652; B. Lause, a.a.O., S. 59-83; S. Wilms, a.a.O., S. 63-81; L. Streitferdt, a.a.O., S. 38-48; H. Glaser, a.a.O., S. 145-148.

[3] Vgl. E.A. Camman, a.a.O., S. 59 f.

Dies läßt sich in einem Gleichungssystem darstellen:[1]

$$
\begin{aligned}
(18)\quad \Delta K_1 &= K_i - K_{p1} = f(y_{i1}, y_{i2}, y_{i3}, \ldots, y_{in}) - f(y_{p1}, y_{i2}, y_{i3}, \ldots, y_{in})\\
\Delta K_2 &= K_i - K_{p2} = f(y_{i1}, y_{i2}, y_{i3}, \ldots, y_{in}) - f(y_{i1}, y_{p2}, y_{i3}, \ldots, y_{in})\\
\Delta K_3 &= K_i - K_{p3} = f(y_{i1}, y_{i2}, y_{i3}, \ldots, y_{in}) - f(y_{i1}, y_{i2}, y_{p3}, \ldots, y_{in})\\
&\quad . \quad . \quad . \quad . \quad .\\
&\quad . \quad . \quad . \quad . \quad .\\
&\quad . \quad . \quad . \quad . \quad .\\
\Delta K_n &= K_i - K_{pn} = f(y_{i1}, y_{i2}, y_{i3}, \ldots, y_{in}) - f(y_{i1}, y_{i2}, y_{i3}, \ldots, y_{pn})
\end{aligned}
$$

---

mit $y_1, y_2, y_3, \ldots, y_n$:= explizit zu erfassende Kostenbestimmungsfaktoren

Nach diesem System kann also für jeden Kostenbestimmungsfaktor eine entsprechende Teilabweichung ermittelt werden. Allerdings gibt es hierbei Probleme mit der Erfassung der Abweichungs-Interdependenz. Zwar lassen sich Teilabweichungen ermitteln, es wird aber nicht nach Abweichungen ersten und höheren Grades unterschieden, d.h. jede Teilabweichung enthält nicht nur die auf den jeweiligen Kostenbestimmungsfaktor entfallende Abweichung ersten Grades, sondern zusätzlich sämtliche Abweichungen höheren Grades. Begründen läßt sich dies damit, daß, wenn jemand für die Abweichung mit verantwortlich ist, er sie auch alleine tragen können soll.

Eine solche Begründung überzeugt aus wissenschaftlicher Sicht sicher nicht. Vielmehr sieht man, daß die Abweichung höheren Grades bei *n* multiplikativen Kostenbestimmungsfaktoren genau *n*-fach erfaßt wird. Kilger folgert hieraus, daß die Summe der Teilabweichungen durch die Mehrfacherfassung stets größer sein muß als die Gesamtabweichung.[2] Er übersieht dabei, wie Streitferdt zu Recht feststellt, daß „die Summe der Teilabweichung größer als auch kleiner als

[1] Vgl. W. Kilger, a.a.O., S. 174.

[2] Vgl. W. Kilger, a.a.O., S. 175.

die Gesamtabweichung sein kann,"[1] je nachdem, welches Vorzeichen die Preis- und Mengenabweichung haben. Die Summe der Teilabweichungen stimmt mit der Gesamtabweichung überein, wenn die geplanten Werte realisiert werden, d.h. eine Abweichung höherer Ordnung nicht auftritt.

Dieses läßt sich analytisch nachweisen.[2]
Die Preisabweichung ergibt sich aus:

(19) $\Delta K_p = (p_i - p_p) * x_i$

Die Mengenabweichung ergibt sich aus.

(20) $\Delta K_x = (x_i - x_p) * p_i$

Die Gesamtabweichung ergibt sich aus der Summe der beiden Teilabweichungen:

(21)
$$\begin{aligned}
\Delta K_p + \Delta k_x &= (p_i - p_p) * x_i + (x_i - x_p) * p_i \\
&= (p_i - p_p) * x_i + x_i * p_i - x_p * p_i \\
&= (p_i - p_p) * x_i + x_i * p_i - x_p * p_i + p_p * x_p - p_p * x_p \\
&= [p_i * x_i - p_p * x_p] + (p_i - p_p) * x_i + (p_i - p_p) * (-x_p) \\
&= [p_i * x_i - p_p * x_p] + (p_i - p_p) * (x_i - x_p) \\
&= \Delta K + (p_i - p_p) * (x_i - x_p)
\end{aligned}$$

Aus der letzten Gleichung ist deutlich zu erkennen, daß die Summe der Teilabweichungen nur dann der Gesamtabweichung entspricht, wenn der geplante Preis und/oder die geplante Menge realisiert wird, mithin mindestens eine Primärabweichung Null ist. Dann entstünde keine Sekundärabweichung.

---

1 L. Streitferdt, a.a.O., S. 42.

2 Der Übersichtlichkeit halber nur für die zwei Kostenbestimmungsfaktoren Preis und Menge.

Die Summe der Teilabweichungen übersteigt die Gesamtabweichung, wenn zwei sich überlagernde Teilabweichungen das gleiche Vorzeichen haben. Ist eine Teilabweichung positiv und die andere negativ, liegt die Summe der Teilabweichungen unter der Gesamtabweichung. Die letzte Aussage soll durch ein erweitertes Zahlenbeispiel dargestellt werden, da diese Tatsache in der einschlägigen Literatur manchmal übersehen oder vernachlässigt wird.[1]

Beim Ist-Soll-Vergleich mit den zwei Einflußgrößen Preis und Menge kann der geplante Preis höher oder niedriger als der realisierte Preis sein. Für die Menge gilt das gleiche.[2] Es ergeben sich somit vier mögliche Ausprägungen. Die Daten aus dem eingeführten Beispiel sollen nun Stück für Stück vertauscht werden.

Die folgende Tabelle 20 zeigt die rechnerischen Ergebnisse:

p_i	p_p	x_i	x_p	Δp	Δx	ΔK_p	ΔK_x	$\Sigma\Delta$	ΔK	*
50	40	2.000	1.800	10	200	20.000	10 000	30.000	28.000	+2.000
40	50	1.800	2.000	-10	-200	-18.000	-8 000	-26.000	-28.000	+2.000
50	40	1.800	2.000	10	-200	18.000	-10.000	8.000	10.000	-2.000
40	50	2.000	1.800	-10	200	-20.000	8 000	-12.000	-10.000	-2.000

* = zuviel (+) oder zuwenig (-) verrechnet

$\Sigma\Delta$ = Summe der Einzelabweichungen

Tabelle 20: Mögliche Abweichungen bei der alternativen Abweichungsanalyse

1 Vgl. z.B. bei W. Kilger, a.a.O., S. 175; M. Schweitzer/H.-U. Küpper, a.a.O., S. 650; präzise dargestellt z.B. bei H. Glaser, a.a.O., S. 146.

2 Der Spezialfall, daß der geplante Preis und/oder die geplante Menge realisiert wird, mithin keine Abweichungsüberschneidungen vorliegt, ist für diese Aussage irrelevant und soll daher vernachlässigt werden.

Für das oben eingeführte Beispiel ergeben sich die folgenden Preis- (ΔK_p)[1] und Mengenabweichungen (ΔK_x)[2]:

(22) $\Delta K_p = x_i * (p_i - p_p)$

$= (x_p + \Delta x) * (p_i - p_p)$

$= (x_p + \Delta x) * (\Delta p)$

$= [x_p + \Delta p] + [\Delta x * \Delta p]$ [3]

==> 1.800 Stk * 10 DM/Stk + 200 Stk * 10 DM/Stk

= 18.000 DM + 2.000 DM

= <u>20.000 DM</u>

(23) $\Delta K_x = (x_i - x_p) * p_i$

$= (x_i - x_p) * (p_p + \Delta p)$

$= \Delta x * (p_p + \Delta p)$

$= [\Delta x * p_p] + [\Delta x * \Delta p]$

==> 200 Stk * 40 DM/Stk + 200 Stk * 10 DM/Stk

= 8.000 DM + 2.000 DM

= <u>10.000 DM</u>

Es ist leicht zu erkennen, daß die Sekundärabweichung [$\Delta x * \Delta p$] in diesem Beispiel in der Preis- wie auch in der Mengenabweichung enthalten ist. Sie wird also doppelt verrechnet.

Graphisch ist dies in Abbildung 68 auf der folgenden Seite festgehalten:

---

[1] Die Preisabweichung wird mit der Istmenge zu Plan- und Istpreisen ermittelt, d.h. der Preis variiert.

[2] Die Mengenabweichung wird mit der Plan- und Istmenge zu Istpreisen ermittelt, d.h. die Menge variiert.

[3] Der Übersichtlichkeit halber sind die verschiedenen Abweichungen in eckige Klammern gesetzt worden.

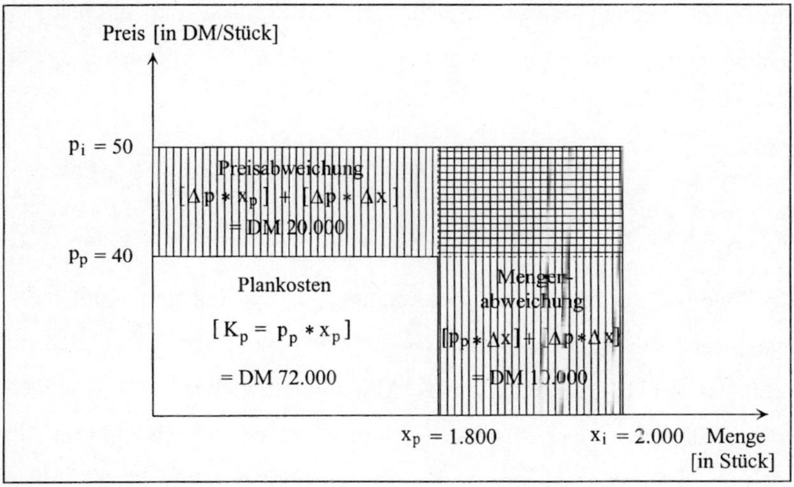

Abb. 68: Alternative Abweichungsanalyse

Das obere rechte Viereck ist in der Preis- und in der Mengenabweichung enthalten. Dadurch wird bei Anwendung der alternativen Abweichungsanalyse die Gesamtabweichung, die ursprünglich DM 28.000 betrug, um DM 2.000 zu hoch ausgewiesen. Wenn eine Sekundärabweichung vorliegt, weicht die Summe aus der Mengen- und Preisabweichung immer von der Gesamtabweichung ab, nämlich genau um die Sekundärabweichung.

Die alternative Abweichungsanalyse läßt sich auch als Soll-Ist-Vergleich durchführen. Im Gegensatz zum Ist-Soll-Vergleich besteht hier jede Teilabweichung nur aus der von ihr verursachten Abweichung ersten Grades. Abweichungen höheren Grades werden bei dieser Methode nicht erfaßt. Die Summe der Teilabweichungen ist also um die Abweichungsüberschneidung niedriger als die Gesamtabweichung.[1]

[1] Für eine präzise Darstellung dieser Variante mit Zahlenbeispiel, vgl. z.B. H. Glaser, a.a.O., S. 146; J. Kloock/W. Bommes, a.a.O., S. 228.

Die Preis- (ΔK_p) und Mengenabweichungen (ΔK_x) nach der alternativen Abweichungsanalyse als Soll-Ist-Vergleich lassen sich nach folgenden Formeln ermitteln:

(24) $\Delta K_p = p_p * x_p - p_i * x_p$

(25) $\Delta K_x = p_p * x_p - p_p * x_i$

Aufgrund der dargestellten Doppelerfassung bzw. Nichterfassung der Sekundärabweichung ist dieses Verfahren für die Praxis nicht zu empfehlen. „Weiterhin werden bei der alternativen Abweichungsanalyse Abweichungen ausgewiesen, die zwar nicht entstanden wären, wenn der jeweils kontrollierte Kostenbestimmungsfaktor planmäßig wirksam geworden wäre, die aber stets auch Teile enthalten, die nicht entstanden wären, wenn die übrigen Kostenbestimmungsfaktoren planmäßig gewirkt hätten.“[1] Es besteht also schon in der Grundannahme des Modells ein Widerspruch.

5.5.3 Kumulative Abweichungsanalyse

Die kumulative Abweichungsanalyse ist die in der Literatur und Praxis vorherrschende Methode. Bei ihr werden die Teilabweichungen nacheinander abgespalten. Die Reihenfolge ist von Bedeutung, da sich dadurch das Ergebnis ändern kann. Sie ist nicht fest vorgegeben. Die zuerst ermittelte Abweichung enthält sowohl die von ihr verursachte Abweichung ersten Grades als auch sämtliche Abweichungen höheren Grades, an denen sie beteiligt war.[2]

---

[1] W. Kilger, a.a.O., S. 175.

[2] Daneben ist - umstritten - auch das Vorzeichen dafür verantwortlich, welche Abweichungen höherer Ordnung den Primärabweichungen zugerechnet werden, vgl. W. Ossadnik/S. Maus: Kostenabweichungsanalyse, a.a.O., S. 1287; dies.: Unwirtschaftlichkeit, S. 1312 f. Anderer Ansicht ist Wimmer, der allerdings davon ausgeht, daß Abweichungen in der Kostenkontrolle beim Ist-Soll-Vergleich keinen negativen Wert annehmen können, vgl. K. Wimmer: Unwirtschaftlichkeit, a.a.O., S. 1301 f.

Durch das Berücksichtigen von immer mehr Plangrößen bei dem Ermitteln der Teilabweichungen wird das doppelte Erfassen der alternativen Abweichungsanalyse vermieden. Die zuletzt errechnete Teilabweichung enthält keine Abweichungsüberschneidungen mehr, so daß die dort ausgewiesene Abweichung direkt der betroffenen Kostenstelle zugerechnet werden kann.[1]

Somit kann betriebs-, bereichs- bzw. abteilungsspezifisch entschieden werden, welche Teilabweichung ohne Sekundärabweichung ausgewiesen werden soll.[2]

Unter dem Aspekt der Kostenkontrolle sollten zuerst die weniger aussagefähigen Abweichungen abgespalten werden. Das wäre also regelmäßig die Preisabweichung, denn ihre Ursachen sind meist unternehmensextern begründet, d.h. sie sind dem Kostenstellenleiter nicht zuzurechnen.

Für jeden Kostenbestimmungsfaktor wird bei dieser Methode die Abweichung einzeln berechnet. Dabei wird für den in der Reihenfolge ersten Kostenbestimmungsfaktor eine Abweichung zwischen geplantem und tatsächlich realisiertem Wert errechnet. Alle anderen Kostenbestimmungsfaktoren werden mit ihrem tatsächlich realisiertem Wert angesetzt. Die erste Abweichung ist also genauso groß wie bei der alternativen Abweichungsanalyse.[3]

Hierbei handelt es sich um eine kumulative Abweichungsanalyse mit sukzessiver Erfassung von Planwerten. Die kumulative Abweichungsanalyse hätte auch so aufgebaut werden, daß die Istwerte sukzessiv erfaßt werden. Diese leichte Variation der kumulativen Abweichungsanalyse führt dazu, daß die zuerst ermittelte Teilabweichung keine Sekundärabweichung enthält und sich

---

1 Vgl. C.-Ch. Freidank: Kostenrechnung, 6. Aufl., München 1997, S. 224.

2 Vgl. H. Vormbaum/H.G. Rautenberg: Kostenrechnung III für Studium und Praxis - Plankostenrechnung, Baden-Baden 1985, S. 214.

3 Vgl. A.G. Coenenberg, a.a.O., S. 381; H.-J. Hoitsch, a.a.O., S. 332.

die Abweichungen höheren Grades auf die danach ermittelten Teilabweichungen verteilen. Da dieses Verfahren grundsätzlich gleich aufgebaut ist, wird es hier nicht näher erläutert.[1]

Das folgende Gleichungssystem stellt die Grundvariante der kumulativen Abweichungsanalyse dar:[2]

$$
\begin{aligned}
(26)\quad \Delta K_1 = K_{i1} - K_{p1} &= f(y_{i1}, y_{i2}, y_{i3}, \ldots, y_{in}) - f(y_{p1}, y_{i2}, y_{i3}, \ldots, y_{in}) \\
\Delta K_2 = K_{i2} - K_{p2} &= f(y_{p1}, y_{i2}, y_{i3}, \ldots, y_{in}) - f(y_{p1}, y_{p2}, y_{i3}, \ldots, y_{in}) \\
\Delta K_3 = K_{i3} - K_{p3} &= f(y_{p1}, y_{p2}, y_{i3}, \ldots, y_{in}) - f(y_{p1}, y_{p2}, y_{p3}, \ldots, y_{in}) \\
\vdots \quad\quad &\quad\quad \vdots \\
\Delta K_n = K_{in} - K_{pn} &= f(y_{p1}, y_{p2}, y_{p3}, \ldots, y_{in}) - f(y_{p1}, y_{p2}, y_{p3}, \ldots, y_{pn}) \\
\hline
\Delta K = K_i - K_p &= f(y_{i1}, y_{i2}, y_{i3}, \ldots, y_{in}) - f(y_{p1}, y_{p2}, y_{p3}, \ldots, y_{pn})
\end{aligned}
$$

mit $y_1, y_2, y_3, \ldots, y_n$:= explizit zu erfassende Kostenbestimmungsfaktoren

Im Gegensatz zur alternativen Abweichungsanalyse schaltet man zur Ermittlung der in der Reihenfolge nächsten Abweichung die geplante Wirkung des ersten Kostenbestimmungsfaktors nicht wieder aus. Statt dessen werden die Planwerte der bereits analysierten Kostenbestimmungsfaktoren kumuliert. Die noch nicht untersuchten Kostenbestimmungsfaktoren werden weiterhin mit ihren tatsächlich realisierten Werten angesetzt. Die Summe der Teilabweichungen ergibt wieder die Gesamtabweichung.

---

[1] Vgl. hierzu z.B. H. Glaser, a.a.O., S. 147; H.P. Möller: Erfolgsabweichungsanalyse mit Erfolgsfunktionen (II), in: WISU, 14. Jg. (1985), S. 81-87; hier S. 84.

[2] Vgl. W. Kilger, a.a.O., S. 176.

Es sei unterstellt, daß zuerst die Preisabweichung abgespalten wird. Dann ergeben sich folgende Teilabweichungen:[1]

(27) $\Delta K_p = x_i * p_i - x_i * p_p$

$= x_i * (p_i - p_p)$

$= (x_p + \Delta x) * \Delta p$

$= [x_p * \Delta p] + [\Delta x * \Delta p]$

==> 1.800 Stk * 10 DM/Stk + 200 Stk * 10 DM/Stk

= 18.000 DM + 2.000 DM

= <u>20.000 DM</u>

(28) $\Delta K_x = x_i * p_p - x_p * p_p$

$= (x_i - x_p) * p_p$

$= \Delta x * p_p$

==> 200 Stk * 40 DM/Stk

= <u>8.000 DM</u>

Die Preisabweichung ΔK_p ergibt sich aus den Plan- und Istwerten der Preise sowie den Istwerten der Verbrauchsmengen. Die Mengenabweichung ΔK_x enthält die Plan- und Istwerte für die Verbrauchsmengen sowie die Planpreise. Es zeigt sich, daß die Preisabweichung als die zuerst abgespaltene Einzelabweichung bei diesem Verfahren die Sekundärabweichung in Höhe von DM 2.000 voll enthält, wie auch Abbildung 69 auf der nächsten Seite zeigt:

[1] Vgl. z.B. W. Kilger, a.a.O., S. 176 f.; A.G. Coenenberg, a.a.O., S. 381; B. Lause, a.a.O., S. 66.

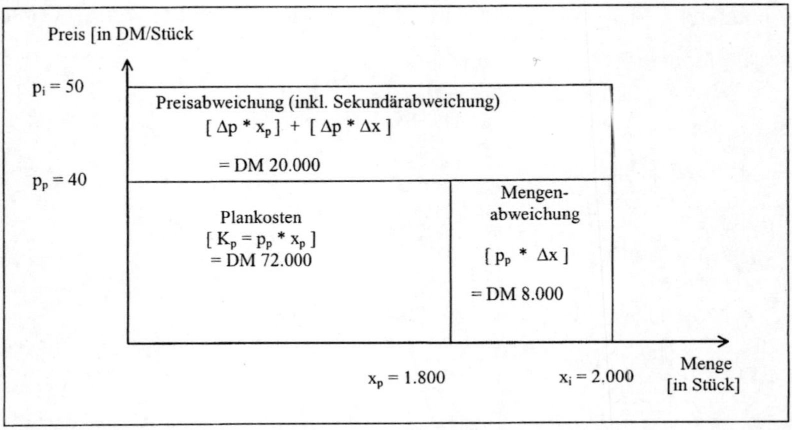

Abb. 69: Kumulative Abweichungsanalyse mit Abspaltung der Preis- vor der Mengenabweichung

Nun sei unterstellt, daß zuerst die Mengenabweichung abgespalten wird. Die Teilabweichungen werden dann wie folgt errechnet:[1]

(29) ΔK_x $= x_i * p_i - x_p * p_i$

$= (x_i - x_p) * p_i$

$= \Delta x * (p_p + \Delta p)$

$= [\Delta x * p_p] + [\Delta x * \Delta p]$

==> 200 Stk * 40 DM/Stk + 200 Stk * 10 DM/Stk

= 8.000 DM + 2.000 DM

= <u>10.000 DM</u>

(30) ΔK_p $= x_p * p_i - x_p * p_p$

$= x_p * (p_i - p_p)$

$= x_p * \Delta p$

==> 1800 Stk * 10 DM/Stk

= <u>18.000 DM</u>

[1] Vgl. A.G. Coenenberg, a.a.O., S. 382 f.

Jetzt schließt die Mengenabweichung ΔK_x die Plan- und Istwerte für die Verbrauchsmengen sowie die Istwerte der Preise ein. Die Preisabweichung ΔK_p enthält die Plan- und Istwerte für die Preise sowie die Planmengen. Die Mengenabweichung umfaßt als die zuerst abgespaltene Einzelabweichung die Sekundärabweichung in Höhe von DM 2.000 voll.[1] Abbildung 70 zeigt dies graphisch:

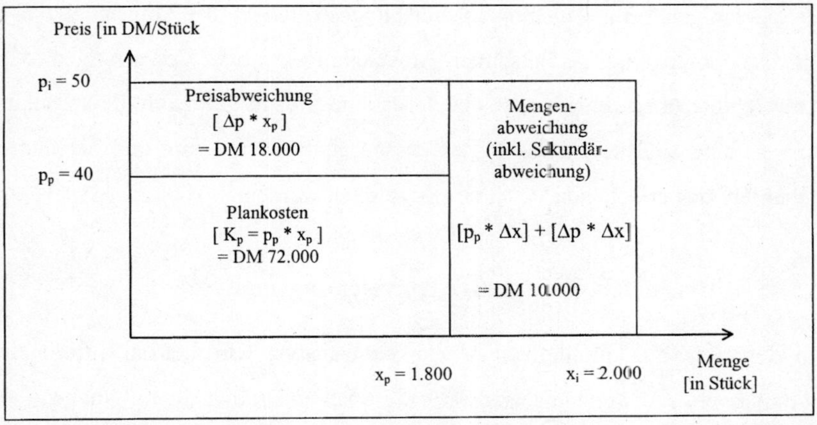

Abb. 70: Kumulative Abweichungsanalyse mit Abspaltung der Mengen- vor der Preisabweichung

Zusammenfassend ist festzustellen, daß bei der kumulativen Abweichungsanalyse der gerade betrachtete Kostenbestimmungsfaktor variiert wird. Die bereits analysierten Kostenbestimmungsfaktoren werden mit den Planwerten, und die noch zu untersuchenden Kostenbestimmungsfaktoren werden mit den Istwerten angesetzt.[2]

Die kumulative Abweichungsanalyse spaltet die Gesamtabweichung exakt in Teilabweichungen nach den quantitativen Ursachen (Menge, Preis) auf. Die

---

1 Vgl. K. Käfer, a.a.O., S. 141 f.

2 Vgl. A.G. Coenenberg, a.a.O., S. 386.

Summe der berechneten Teilabweichungen entspricht dabei immer genau der zu erklärenden Gesamtabweichung. Ein weiterer Vorteil ist der geringe Rechenaufwand.[1]

Allerdings beinhaltet die kumulative Abweichungsanalyse keine streng verursachungsgerechte Lösung für die Verrechnung von Abweichungen höheren Grades. Dem läßt sich jedoch entgegenstellen, daß die für das Controlling wenig aussagefähigen Teilabweichungen zuerst abgespalten werden können, so daß die für das Controlling bedeutsamen Abweichungen ohne Verzerrungen durch Abweichungsüberschneidungen abzulesen sind.[2] Insgesamt kann die kumulative Abweichungsanalyse als das in der wissenschaftlichen Lehre und der betrieblichen Praxis herrschende Verfahren angesehen werden.[3]

5.5.4 Differenziert-kumulative Abweichungsanalyse

Im Gegensatz zur kumulativen Abweichungsanalyse wird bei der differenziert-kumulativen Abweichungsanalyse die Sekundärabweichung neben den Primärabweichungen - also gesondert - ausgewiesen und nicht mit der jeweils zuerst abgespaltenen Primärabweichung zusammengefaßt. Dadurch bietet die differenziert-kumulative Abweichungsanalyse den Vorteil, daß eine willkürliche Verrechnung der Sekundärabweichung auf Primärabweichungen vermieden wird.[4]

---

[1] Vgl. J. Link: Schwachpunkte der kumulativen Abweichungsanalyse in der Erfolgskontrolle, in: ZfB, 57. Jg. (1987), im folgenden zitiert als: Schwachpunkte, S. 780-792, hier S. 780.

[2] Vgl. A.G. Coenenberg, a.a.O., S. 394.

[3] Vgl. H.-J. Hoitsch, a.a.O., S. 330 ff.; L. Streitferdt, a.a.O., S. 45; vgl. Fn. 113; J. Link: Schwachpunkte, a.a.O., S. 780.

[4] Vgl. J. Kloock: Erfolgskontrolle mit der differenziert-kumulativen Abweichungsanalyse, in: ZfB, 58. Jg. (1988), im folgenden zitiert als: Erfolgskontrolle, S. 423-434; L. Streitferdt, a.a.O., S. 49; M. Nolte: Abweichungen in der Plankostenrechnung, in: krp, o.Jg. (1973), S. 99-106, hier S. 101 ff.; J. Kloock/W. Bommes, a.a.O., S. 229.

Gleichzeitig wird sie somit auch keinem Kosten-, Erlös- oder Erfolgsverantwortlichem zugerechnet.[1] Diese Methode wurde schon 1930 in der Literatur vorgestellt, aber dann nicht weiter behandelt.[2] Erst in den achtziger Jahren wurde sie besonders in der theoretischen Diskussion wiederbelebt.[3]

Die Gesamtabweichung läßt sich wie folgt darstellen:

$$(31)\ \Delta K = [y_{i1} * y_{i2} * y_{i3} * \ldots * y_{in}] - [y_{p1} * y_{p2} * y_{p3} * \ldots * y_{pn}]$$
$$= [(y_{p1} + \Delta y_1) * (y_{p2} + \Delta y_2) * (y_{p3} + \Delta y_3) * \ldots * (y_{pn} + \Delta y_n)] - [y_{p1} * y_{p2} * y_{p3} * \ldots * y_{pn}]$$

Sie setzt sich bei der differenziert-kumulativen Abweichungsanalyse für zwei, drei und vier Kosteneinflußgrößen wie folgt zusammen:[4]

Für zwei Kostenbestimmungsfaktoren:

(32) $\Delta K =$	$+\ y_{p1} * \Delta y_2$	Abweichungen
	$+\ \Delta y_1 * y_{p2}$	1. Grades
	$+\ \Delta y_1 * \Delta y_2$	Abweichung 2. Grades

Für drei Kostenbestimmungsfaktoren:

(33) $\Delta K =$	$+\ y_{p1} * y_{p2} * \Delta y_3$	
	$+\ y_{p1} * \Delta y_2 * y_{p3}$	Abweichungen 1. Grades
	$+\ \Delta y_1 * y_{p2} * y_{p3}$	

[1] Ein ähnliches Verfahren entwickelt Streitferdt, der eine hierarchische Abweichungsaufspaltung vornimmt und dazu eine Residualgröße einführt, die er als Differenz zwischen der Gesamtabweichung und der Summe der Teilabweichungen definiert, vgl. L. Streitferdt, a.a.O., S. 49 f.

[2] Vgl. E.A. Camman, a.a.O., S. 53-59.

[3] Vgl. J. Kloock/W. Bommes, a.a.O., S. 225-237, hier besonders S. 229, 233 f., 236 f.; W. Bommes: Darstellung und Beurteilung von Verfahren der Kostenabweichungsanalyse bei ein- und mehrstufigen Fertigungsprozessen, Diss. Univ. Köln 1983, Essen 1984, S. 88-118.

[4] Auf Planbezugsbasis. Beim Ist-Soll-Vergleich auf Istbezugsbasis ist zu beachten, daß die Vorzeichen alternieren.

$+ \; y_{p1} * \Delta y_2 * \Delta y_3$

$+ \Delta y_1 * y_{p2} * \Delta y_3$ Abweichungen 2. Grades

$+ \Delta y_1 * \Delta y_2 * y_{p3}$

$+ \Delta y_1 * \Delta y_2 * \Delta y_{p3}$ Abweichung 3. Grades

Für vier Kostenbestimmungsfaktoren:

(34) ΔK

$+ \; y_{p1} * y_{p2} * y_{p3} * \Delta y_4$	
$+ \; y_{p1} * y_{p2} * \Delta y_3 * y_{p4}$	Abweichungen
$+ \; y_{p1} * \Delta y_2 * y_{p3} * y_{p4}$	1. Grades
$+ \Delta y_1 * y_{p2} * y_{p3} * y_{p4}$	
$+ \; y_{p1} * y_{p2} * \Delta y_3 * \Delta y_4$	
$+ \; y_{p1} * \Delta y_2 * y_{p3} * \Delta y_4$	
$+ \Delta y_1 * y_{p2} * y_{p3} * \Delta y_4$	Abweichungen
$+ \; y_{p1} * \Delta y_2 * \Delta y_3 * y_{p4}$	2. Grades
$+ \Delta y_1 * y_{p2} * \Delta y_3 * y_{p4}$	
$+ \Delta y_1 * \Delta y_2 * y_{p3} * y_{p4}$	
$+ \; y_{p1} * \Delta y_2 * \Delta y_3 * \Delta y_4$	
$+ \Delta y_1 * y_{p2} * \Delta y_3 * \Delta y_4$	Abweichungen
$+ \Delta y_1 * \Delta y_2 * y_{p3} * \Delta y_4$	3. Grades
$+ \Delta y_1 * \Delta y_2 * \Delta y_3 * y_{p4}$	
$+ \Delta y_1 * \Delta y_2 * \Delta y_3 * \Delta y_4$	Abweichung 4. Grades

Liegt mehr als eine Abweichung höheren Grades vor, werden diese auch separat aufgeführt. Die differenziert-kumulative Abweichungsanalyse spaltet die Gesamtabweichung detaillierter als die anderen vorgestellten Ansätze auf. Die dargestellten Formeln zeigen, daß sich die Teilabweichungen verursachungsgerechter zuordnen ließen, wenn dies gewollt ist. Die Summe der Teilabweichungen ergibt auch bei dieser Methode wieder die Gesamtabweichung.

Die bewußte Ausklammerung der meist nicht unbeträchtlichen Teilabweichungen vermeidet zwar eine letztendlich willkürliche Verrechnung der Abweichungen höheren Grades auf die Abweichungen ersten Grades,[1] jedoch bei „einer Erweiterung des Problems auf drei Kosteneinflußgrößen ist der Verbleib der Abweichungen zweiter und dritter Ordnung kaum noch nachzuvollziehen.

So können beispielsweise die Abweichungen dritten Grades in Abhängigkeit von der Kosteneinflußgrößenentwicklung innerhalb eines Ansatzes der differenziert-kumulativen Abweichungsanalyse bis zu siebenfach erfaßt werden."[2] Dies führt auch zur Kritik an der Praktikabilität dieses Verfahrens für die Praxis.[3] Man erhält zwar durch die gesonderte Darstellung jeder einzelnen Teilabweichungen höheren Grades zusätzliche Informationen. Aber es nimmt mit „wachsender Zahl der Kosteneinflußgrößen [..] auch die Wahrscheinlichkeit zu, daß Kompensationseffekte auftreten."[4]

Diese Interpretationsprobleme bezüglich der Abweichungen höheren Grades treten bei der Ist-Soll-Analyse besonders auf, wenn bei mehr als zwei Kosteneinflußgrößen die Planwerte über den Istwerten liegen. Dann entsteht die Situation, daß die Abweichung zweiten Grades positive Werte ausweist, die eine positive Entwicklung der betroffenen Kosteneinflüsse vermuten läßt. Tatsächlich ist bei den Kostenbestimmungsfaktoren eine kostensteigernde (negative) Wirkung eingetreten.

---

1 Inwiefern die differenziert-kumulative Abweichungsanalyse das Willkürfreiheitskriterium erfüllt, ist an späterer Stelle noch zu diskutieren.

2 S. Wilms, a.a.O., S. 88, mit weiteren Erläuterungen im Anhang.

3 Vgl. J. Link: Schwachpunkte, a.a.O., S. 785 f.

4 S. Wilms, a.a.O., S. 88.

Für die oben eingeführten Daten mit den beiden Kostenbestimmungsfaktoren Preis und Menge ergibt sich nach der differenziert-kumulativen Abweichungsanalyse die folgende Gesamtabweichung:

$$
\begin{aligned}
(35)\quad \Delta K &= (x_p * \Delta p) + (p_p * \Delta x) + (\Delta x * \Delta p)\\
&= 1.800 \text{ Stk} * 10 \text{ DM/Stk} + 40 \text{ DM/Stk} * 200 \text{ Stk} + 200 \text{ Stk} * 10 \text{ DM/Stk}\\
&= 18.000 \text{ DM} + 8.000 \text{ DM} + 2.000 \text{ DM}\\
&= \underline{\underline{28.000 \text{ DM}}}
\end{aligned}
$$

Die Mengenabweichung wird mit DM 18.000, die Preisabweichung wird mit DM 8.000 und die Sekundärweichung wird mit DM 2.000 ausgewiesen. Die Sekundärabweichung wird bei diesem Verfahren nicht aufgeteilt, sondern gesondert von den Primärabweichungen ausgewiesen. Graphisch wird das in der Abbildung 71 dargestellt:

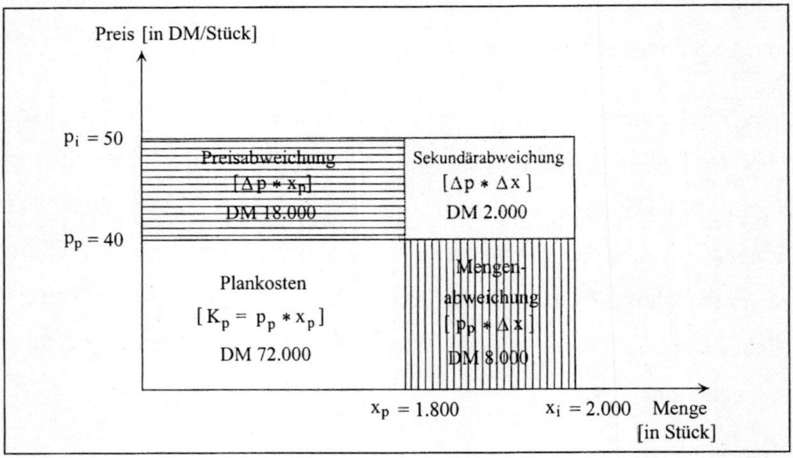

Abb. 71: Differenziert-kumulative Abweichungsanalyse

5.5.5 Symmetrische Abweichungsanalyse

Die symmetrische Abweichungsanalyse ist, genau genommen, eine Variante der proportionalen Abweichungsanalyse. Bei der symmetrischen Abweichungsanalyse wird die Sekundärabweichung so aufgespalten, daß die Mengendifferenz mit dem mittleren Preis und die Preisdifferenz mit der mittleren Menge multipliziert wird.[1] Die Sekundärabweichung wird dann zu gleichen Teilen den Primärabweichungen zugerechnet. Sie wurde in der Literatur als ein Verfahren der Erfolgskontrolle von Link vorgeschlagen.[2] Hier wird diese Methode hier bei den Verfahren der Kostenabweichungsanalyse vorgestellt.[3]

Besondere Aufmerksamkeit erhielt die symmetrische Methode durch einen Fachstreit in der Literatur zwischen Link und Kloock. Letzterer vertritt die differenziert-kumulative Abweichungsanalyse als überlegene Methode.[4] Die symmetrische Methode läßt sich analytisch mit den folgenden Formeln ausdrücken und mit den Daten des oben eingeführten Beispiels verdeutlichen:

(36) $\Delta K_p = \Delta p * (x_i + x_p) / 2$

$$\Longrightarrow \quad 10 \text{ DM/Stk} * (2000 \text{ Stk} + 1800 \text{ Stk}) / 2$$
$$= \underline{\underline{19.000 \text{ DM}}}$$

---

1 Vgl. K. Käfer, a.a.O., S. 141; J. Link: Schwachpunkte, a.a.O., S. 780-792, hier S. 786.

2 Vgl. J. Link: Schwachpunkte, a.a.O., S. 780-792.

3 Das ist auch vertretbar, da schon Kosiol im Rahmen der *Kosten*abweichungsanalyse die Möglichkeit geäußert hat, die Abweichungen hälftig aufzuteilen, vgl. E. Kosiol: Kostenabweichungen, Analyse der, in: Kosiol, E./Chmielewicz, K./Schweitzer, M. (Hrsg.): HWR, 2. Aufl., Stuttgart 1981, Sp. 983-998, hier Sp. 985.

4 Vgl. J. Link: Schwachpunkte, a.a.O., S. 780-792; J. Kloock: Erfolgskontrolle, a.a.O., S. 423-434; J. Link: Erfolgskontrolle unter ceteris-paribus-Bedingungen?, in: ZfB, 58. Jg. (1988), im folgenden zitiert als: Erfolgskontrolle, S. 1204-1215; J. Kloock: Erwiderung: Erfolgskontrolle unter ceteris paribus-Bedingungen, in: ZfB, 58. Jg. (1988), im folgenden zitiert als: Erwiderung, S. 1216-1221; J. Link: Entgegnung: Erfolgskontrolle unter ceteris-paribus-Bedingungen?, in: ZfB, 58. Jg. (1988), im folgenden zitiert als: Entgegnung, S. 1222-1223.

(37) $\Delta K_x = \Delta x * (p_i + p_p) / 2$

==> 200 Stk * (50 DM/Stk + 40 DM/Stk) / 2

= 9.000 DM

Die Summe aus Preis- und Mengenabweichung ergibt dann wieder die Gesamtabweichung. Die Abbildung 72 zeigt die graphische Lösung der Aufspaltung der Sekundärabweichung.

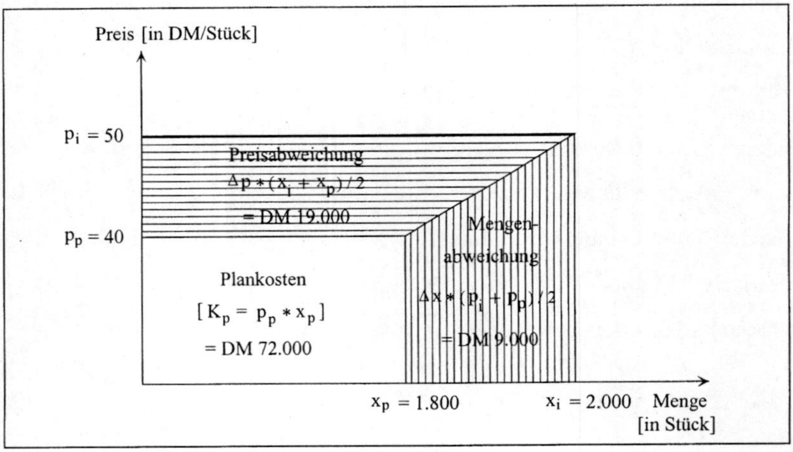

Abb. 72: Symmetrische Abweichungsanalyse

Diese Methode läßt sich damit begründen, daß, wer eine Abweichung verursacht, auch dafür verantwortlich gemacht werden sollte. Da sich nicht einwandfrei feststellen läßt, wer wieviel der Abweichung verursacht hat, wird die Abweichung gleich verteilt. Somit kommt hier das Durchschnittsprinzip zur Anwendung.[1]

---

[1] Vgl. J. Kloock: Erwiderung, a.a.O., S. 1219 und Anmerkung 21. Diese Abweichungsverrechnung zeigt auch deutliche Ähnlichkeit zur Regel des unzureichenden Grundes nach Laplace.

5.6 Beurteilung der Verrechnungsverfahren

Die richtige Ermittlung der Preis- und Mengenabweichungen ist schon das ganze Jahrhundert diskutiert worden.[1] Aktuell ist wieder ein Literaturstreit darüber ausgebrochen, welches Verfahren zur Abweichungsanalyse als das geeignetste angesehen werden kann.[2]

Ob ein Abweichungsanalyseverfahren seine Kontrollaufgabe erfüllen kann, hängt maßgeblich davon ab, inwiefern es Informationen für unternehmerische Steuerungsprozesse bereitstellt und diese Ergebnisse von den Mitarbeitern akzeptiert werden.[3] Gerade die Akzeptanz der Ergebnisse darf nicht unterschätzt werden, denn letzlich soll die Kontrolle das Verhalten der Mitarbeiter positiv beeinflussen. Deshalb ist es wichtig, „daß die Kontrollergebnisse mit den Verantwortlichen durchgesprochen werden und mit ihnen Möglichkeiten der Abhilfe oder Verbesserung erörtert werden."[4]

Kontrolle wird dabei meist als negativ empfunden. Die Kontrollergebnisse müssen für die Verantwortlichen verständlich und nachvollziehbar sein. Gelingt es nun, den Verantwortlichen plausible Ergebnisse darzulegen, wird die Akzeptanz sicherlich erhöht. Dies ist die Voraussetzung dafür, daß Abweichungsanalyseergebnisse sinnvoll verwandt werden.

Die Einstellung gegenüber dem Kontrollsystem hängt u.a. davon ab, wie richtig und rechtzeitig die Kontrollinformationen sind, ob die Kontrolleure legitimiert

---

1 Vgl. z.B. D.S. Blacklock: Accounting for Economic Management, Glasgow 1938, S. 39-48; L.L. Vance, a.a.O., S. 625-632.

2 Vgl. K. Wimmer: Kostenabweichungsanalyse, a.a.O., S. 981-998; ders.: Unwirtschaftlichkeit, S. 1299-1309; W. Ossadnik/S. Maus: Kostenabweichungsanalyse, a.a.O., S. 1285-1297; dies.: Unwirtschaftlichkeit, S. 1311-1318.

3 Vgl. S. Wilms, a.a.O., S. 9.

4 W.H. Staehle, a.a.O, S. 518.

sind, wie die Abweichungen kommentiert werden und wie die wahrgenommene Enge des Zusammenhangs zwischen dem Verhalten des Kontrollierten und der Kontrollinformation ist.[1] Gerade der letzte Punkt zeigt, daß Anforderungen oder Kriterien notwendig sind, nach denen man die einzelnen Verfahren zur Abweichungsanalyse bewerten kann.

Verschiedene Autoren haben sich damit beschäftigt, Anforderungen an Abweichungsanalyseverfahren zu entwerfen.[2] Im folgenden sollen hier die Anforderungen von Kloock/Bommes[3] und Link[4] dargestellt und kommentiert werden. Danach werden die vorgestellten Methoden anhand der sich als zweckmäßig verbleibenden Kriterien beurteilt.

5.6.1 Die Anforderungen nach Kloock/Bommes

Die Anforderungen ergaben sich für Kloock/Bommes aus folgenden Überlegungen: Zum einen müssen die ermittelten Teilabweichungen als Grundlage der Ursache für Kostenüberschreitungen und Maßgrößen für künftige Kosteneinsparungen von den Kontrollierten grundsätzlich akzeptiert werden. Anderenfalls kann die Kostenkontrolle ihre Kontrollaufgabe nicht erfüllen. Zum anderen sollen die Abweichungsanalysemethoden Lösungen hervorbringen, die den erforderlichen Informationsbedarf decken.[5]

---

1 Vgl. W.H. Staehle, a.a.O., S. 518.

2 Vgl. z.B. W. Bommes, a.a.O., S. 88-118; S. Wilms, a.a.O., S. 8-55; B. Lause, a.a.O., S. 52-59.

3 Vgl. J. Kloock/W. Bommes, a.a.O., S. 230-232.

4 Vgl. J. Link: Schwachpunkte, a.a.O., S. 780-792.

5 Vgl. J. Kloock/W. Bommes, a.a.O., S. 230.

Kloock/Bommes haben sechs konzeptionelle Anforderungen an methodische Ansätze der Kostenabweichungsanalyse[1] gestellt.[2]

1. Die *Vollständigkeit* der *ausgewiesenen Teilabweichungen* besagt, daß die Summe der Teilabweichungen wieder die Gesamtabweichung ergibt.

   Dies ist eine elementare Forderung, da andernfalls schon von vornherein bestimmte Abweichungsteile von der Analyse ausgeschlossen werden.

2. Die *Invarianz der ausgewiesenen Teilabweichungen* stellt darauf ab, daß die Reihenfolge der Abweichungsermittlung keinen Einfluß auf das Ergebnis hat.

   Diese Forderung ist verständlich, besonders unter rechentechnischen Aspekten. Die Akzeptanz von Teilabweichungen dürfte dadurch erhöht werden.

3. Die *Willkürfreiheit der ausgewiesenen Teilabweichungen* wird dann impliziert, wenn die einzelne Teilabweichung in einem eindeutigen kausalen Zusammenhang zu einem Kostenbestimmungsfaktor steht; hilfsweise genügt es auch, daß die Teilabweichung im alleinigen Verantwortungsbereich eines Kostenstellenleiters liegt.

   Diese Forderung mag zwar sinnvoll sein, aber sie hat keine Auswirkung auf die Lösung des Entscheidungsproblems. Bei multiplikativ verbundenen Kosteneinflußgrößen entstehen, wenn es Primärabweichungen ungleich Null gibt, immer Abweichungen höherer Ordnung. Diese sind *per definitione* auf mindestens zwei Ursachen zurückzuführen und lassen sich gerade nicht eindeutig einer Kosteneinflußgrößenänderung zuordnen.

   Besteht also eine Abweichung höherer Ordnung, so scheitert jedes mögliche Verfahren an dem Kriterium der Willkürfreiheit. Zwar erstreckt sich das

---

1 Analog können diese Ansätze auch für die Erfolgsabweichungsanalyse gelten.

2 Die Ausführungen in diesem Abschnitt beziehen sich im wesentlichen auf Ausführungen von Kloock/Bommes, vgl. J. Kloock/W. Bommes, a.a.O., S. 230-232.

Postulat der Willkürfreiheit nach Kloock/Bommes „nicht auf alle Teilabweichungen, sondern nur auf solche Teilabweichungsbeträge, die den einzelnen Kostenstellen und ihren Verantwortlichen angelastet werden“[1], aber auch diese Forderung ist nicht erfüllbar.

4. Die *Koordinations- und Integrationsfähigkeit der ausgewiesenen Teilabweichungen* ist anzunehmen, wenn zum einen die einzelnen Teilabweichungen sich nicht aus weiteren sich gegenseitig kompensierenden Teilabweichungen zusammensetzen und zum anderen sich wiederum in kontrollierbare und nicht kontrollierbare Teilabweichungen unterteilen lassen.

   Kloock/Bommes folgern daraus: „Offensichtlich erfüllen die einer Kostenstelle anzulastenden (Kosten-)Teilabweichungsbeträge diese Forderung nicht, wenn sie Abweichungen höheren Grades enthalten.“[2]

   Damit wären alle Verfahren, die versuchen, die Abweichung höherer Ordnung den Primärabweichungen zuzurechnen, nach diesem Kriterium nicht geeignet. Ob das sinnvoll ist, hängt von den Zwecken der Kontrolle ab. Steht die Verhaltensbeeinflussung der Mitarbeiter im Vordergrund, kann es zweckmäßig sein, „Abweichungen höheren Grades verantwortlichen Stellen insgesamt entsprechend dem alternativen oder kumulativen Verfahren oder anteilsweise zuzurechnen.“[3] Aus controllingorientierter Sicht ist dieses Kriterium somit entbehrlich.

5. Die *Relevanz der ausgewiesenen Teilabweichungen* ist gegeben, wenn der gewünschte Informationsbedarf von Kontrollrechnungen genau erfüllt wird.

---

[1] J. Kloock/W. Bommes, a.a.O., S. 231.

[2] J. Kloock/W. Bommes, a.a.O., S. 231.

[3] M. Schweitzer/H.-U. Küpper, a.a.O., 652.

Dies ist ein sehr subjektives Kriterium und hängt von den festgelegten Kontrollzielen ab. Daher ist dies Kriterium auch kaum geeignet für eine objektive Beurteilung der Abweichungsanalyseverfahren.

6. Die *Wirtschaftlichkeit und Praktikabilität von Abweichungsanalysemethoden* wird als letztes Kriterium von Kloock/Bommes gefordert. Dabei sollen die Kontrollkosten nicht den Kontrollnutzen übersteigen.

   Die Unterschiede der Kontrollkosten bei den vorgestellten Abweichungsanalyseverfahren können durch den Einsatz der elektronischen Datenverarbeitung als nicht relevant bezeichnet werden. Der Kontrollnutzen und damit auch die Unterschiede bei den einzelnen Verfahren sind nur schwer oder gar nicht zu quantifizieren. Daher schließt sich der Verfasser Kloock/ Bommes an, dieses Kriterium im folgenden zu vernachlässigen.

Nach Kloock/Bommes erfüllt aus konzeptioneller Sicht nur die differenziert-kumulative Abweichungsanalyse alle Kriterien.[1] Völlig zu Recht halten sie aber fest, daß „in der Regel jede Beschränkung der Beurteilungskriterien zu anderen Empfehlungen für einzusetzende Abweichungsanalysemethoden [führt].“[2]

---

1 Vgl. J. Kloock/W. Bommes, a.a.O., S. 232-234.

2 J. Kloock/W. Bommes, a.a.O., S. 233.

5.6.2 Die Anforderungen nach Link[1]

Die differenziert-kumulative Abweichungsanalyse ist in der Literatur durchaus umstritten.[2] Link hält die symmetrische Abweichungsanalyse für das überlegene Verfahren.[3] Der in der Literatur herrschenden kumulativen Abweichungsanalyse stehen seiner Meinung nach drei Schwachpunkte entgegen:[4]

1. die mangelnde Eindeutigkeit des Berechnungsverfahrens,
2. die mangelnde Plausibilität der Berechnungsergebnisse,
3. die mangelnde Konsistenz und Robustheit der Ergebnisse.

Der letzte Schwachpunkt wird durch Zahlenbeispiele bestärkt, die Link und auch Kloock/Bommes vorgestellt haben. Hierbei wurden bei sonst gleichen Zahlen andere Absolutwerte für die Teilabweichungen errechnet, je nachdem, welche Berechnungsrichtung vorlag (Soll-Ist- bzw. Ist-Soll-Berechnung).[5]

Es lassen sich also mit Link drei Anforderungen an Verfahren der Abweichungsanalyse formulieren:

1. *Eindeutigkeit des Berechnungsverfahrens.* Ist das Berechnungsverfahren nicht eindeutig, können Willkür, Manipulation und Methodenstreit in der betrieblichen Praxis die Folge sein.
2. Plausibilität der Berechnungsergebnisse. Sind die Abweichungsergebnisse nicht plausibel, werden die Verantworlichen sie nur schwerlich akzeptieren.

---

1 Für die folgenden Ausführungen vgl. J. Link: Schwachpunkte, a.a.O., S. 780-792.

2 Vgl. z.B. J. Link: Schwachpunkte, a.a.O., S. 780-792; ders.: Erfolgskontrolle, a.a.O., S. 1204-1215; ders.: Entgegnung, a.a.O., S. 1222-1223; K. Wimmer: Kostenabweichungsanalyse, a.a.O., S. 981-998; ders.: Unwirtschaftlichkeit, a.a.O., S. 1299-1309.

3 Vgl. J. Link: Schwachpunkte, a.a.O., S. 790.

4 Vgl. J. Link: Schwachpunkte, a.a.O., S. 781.

5 Vgl. hierzu J. Kloock/W. Bommes, a.a.O., S. 236-237; J. Link: Schwachpunkte, a.a.O., S. 783-786.

3. Konsistenz und Robustheit der Ergebnisse. Eine Methode ist nicht glaubwürdig, wenn ein Wechsel der Berechnungsrichtung, also Soll-Ist- statt Ist-Soll-Vergleich, bei sonst gleichen Zahlen zu - von einem Vorzeichenwechsel abgesehen - anderen Ergebnissen für die Teilabweichungen führt.

Diese drei Anforderungen faßt Link in vier Problematiken:[1]

1. Plausibilitätsproblematik,
2. Willkürproblematik,
3. Stringenzproblematik,
4. Kumulationsproblematik.

Diese vier Problematiken subsumiert Kloock als Unterkriterien des Relevanzkriteriums.[2]

Ad 1. Danach sind für die Verantwortlichen Abweichungen plausibel, wenn das Nichterreichen eines Ziels mit negativen und das Übertreffen eines Zieles mit positiven Abweichungen dokumentiert wird.

Ad 2. Willkür liegt vor, wenn die jeweils zu kontrollierenden Einflußgrößen von einem anderen Verantwortlichen manipuliert werden können. Gleichfalls liegt Willkür vor, wenn die Verantwortlichen die Teile der höheren Abweichungen, die sie zu verantworten haben, nicht zugerechnet bekommen.[3]

Ad 3. Werden Einflußgrößen in gleichem Maße gesenkt oder erhöht, müssen die übrigen Einflußgrößen zu positiven oder negativen Teilabweichungen in gleicher Höhe führen.

---

[1] Vgl. J. Link: Schwachpunkte, a.a.O., S. 784 f.

[2] Vgl. J. Kloock: Erfolgskontrolle , a.a.O., S. 427.

[3] Anders Kloock, der nur bei der Verknüpfung von Teilabweichungen erster Ordnung mit Solleinflußgrößen davon ausgeht, daß die Abweichungshöhe von keinem anderen Verantwortlichen manipuliert werden kann, vgl. J. Kloock: Erfolgskontrolle, a.a.O., S. 427.

Ad 4. Kumulationsfähige Teilabweichungen sollen über die Perioden zu Gesamtabweichungen in Höhe von Null führen. Umstritten ist dabei, ob die letzten beiden Kriterien an die Voraussetzung gleichbleibender Normen bzw. Sollerfolgsgrößen geknüpft sind oder nicht.[1]

5.6.3 Controllingorientierte Anforderungen

Um festzustellen, welche Anforderungen wirklich erfüllt sein müssen, ist erst zu klären, was mit der Abweichungsanalyse erreicht werden soll. Wird nicht die dem unternehmerischen Zielsystem entsprechende, wirtschaftlich günstigste Lösung erzielt, ist zu fragen, wo und in welcher Höhe Abweichungen aufgetreten sind, wie sich die Abweichungen im Zeitablauf entwickelt haben, was die Abweichungen verursacht hat, wer für die Abweichungen verantwortlich ist und welche Korrekturmöglichkeiten für das Unternehmen bestehen.[2]

Die Lösung des Abweichungs-Interdependenzproblems sollte möglichst theoretisch korrekt sein. Daher sind das Vollständigkeits- und das Invarianzkriterium wesentliche Anforderungen. Die proportionale, differenziert-kumulative und symmetrische Abweichungsanalyse erfüllen das Vollständigkeits- und das Invarianzkriterium in jedem Fall. Die kumulative Abweichungsanalyse erfüllt zwar das Vollständigkeits-, meist aber nicht das Invarianzkriterium. Die alternative Abweichungsanalyse erfüllt hingegen das Invarianz-, meist aber nicht das Vollständigkeitskriterium. Das Kriterium der Willkürfreiheit ist - wie oben beschrieben - nicht zu erfüllen. Für diese Arbeit wird das Kriterium der Willkürfreiheit durch das *Kriterium der relativen Objektivität* ersetzt.

---

[1] Zu erster Ansicht vgl. J. Kloock: Erfolgskontrolle, a.a.O., S. 428; ders.: Erwiderung, a.a.O., S. 1216-1221, hier S. 1216 f.; zu letzterer vgl. J. Link: Schwachpunkte, a.a.O., S. 781.

[2] Vgl. S. Wilms, a.a.O., S. 17 f.

Bei diesem Kriterium ist zu beurteilen, ob die Lösung eher in etwa richtig ist, also alle Abweichungsanteile einer Einflußgröße enthält, als präzise falsch zu sein.[1] Für die Entscheidungsfindung als auch für die Verhaltenssteuerung kann es nicht zweckmäßig sein, eine Lösung anzubieten, die gar nicht richtig sein kann. Abweichungen höherer Ordnung sind immer von verschiedenen Einflußgrößen abhängig. Folgt keine Zuordnung oder eine vollständige Zuordnung der Abweichung höherer Zuordnung zu einer Primärabweichung, so ist diese Zuordnung in jedem Fall falsch.

Obwohl es keine objektiv richtige Verrechnung der Abweichung höherer Ordnung auf die Primärabweichung geben kann, ist zumindest anzustreben, daß eine Lösung vorgeschlagen wird, die verursachungsgerecht sein und somit eine relativ objektive Lösungsalternative geschaffen ist. Eine Teilabweichung erfüllt danach das Kriterium der relativen Objektivität, wenn die Lösung richtig sein kann oder eine sinnvolle Begründung für diese Lösung besteht.

Wie schon oben argumentiert, wird nach Erachtens des Verfassers weder das Kriterium der Willkürfreiheit noch das Kriterium der relativen Objektivität von der differenziert-kumulativen Abweichungsanalyse erfüllt.

Insbesondere ist darauf hinzuweisen, daß der gesonderte Ausweis der höheren Abweichungen auch eine Willkür darstellt. Denn damit wird die Kostenverursachung nur auf die Primärabweichung einer Einflußgröße bezogen. Ein Teil der Abweichungen höheren Grades ist aber dadurch verursacht, daß Einflußgrößen auch interdependent wirken. Die Primärabweichung bildet dann nur einen Teil der Kostenverursachung durch diese Einflußgröße ab.

---

[1] Vgl. zu diesem Ansatz, allerdings in bezug auf die Besuchshäufigkeit, L.M. Lodish: 'Vaguely Right' Approach to Sales Force Allocations, in: HBR, 52. Jg. (1974), S. 119-124.

Wird nun nur die Primärabweichung als Grundlage für die Abweichungsverursachung genommen, so ist das Resultat - soweit eine Abweichung höheren Grades vorliegt - auf jeden Fall nicht präzise. Die differenziert-kumulative Abweichungsanalyse weist die Abweichungsüberschneidungen gesondert aus. Sie werden also keiner Primärabweichung zugerechnet. Hier liegt genauso eine Willkür vor, wie wenn die Abweichungen höheren Grades anteilig auf die Primärabweichungen verrechnet werden. Somit kann die kumulativ-differenzierte Methode aus theoretischer Sicht weder als willkürfrei noch als relativ objektiv bezeichnet werden.[1]

Bei der proportionalen und der symmetrischen Abweichungsanalyse liegt die Lösung näher an der Realität, denn von der Abweichungsüberschneidung wird ein Teil auf jeden Fall von dem jeweiligen Einflußfaktor verursacht, d.h. jede geschätzte Verrechnung der höheren Abweichungen auf die Primärabweichung liegt näher an der richtigen Lösung als eine getrennte Ausweisung der höheren Abweichungen, die keinem Verantwortlichem zugerechnet wird. Diese Verrechnungen können richtig sein. Sie entsprechen somit dem Kriterium der relativen Objektivität.

Die alternative Abweichungsanalyse enthält entweder alle Abweichungen höheren Grades oder keine Abweichungen höheren Grades und erfüllt das Kriterium der relativen Objektivität nur in Ausnahmefällen.

Auch die kumulative Abweichungsanalyse erfüllt das Kriterium der relativen Objektivität nur in Ausnahmefällen. Sie ist in mehrfacher Weise willkürlich. Zum einen werden der zuerst abgespaltenen Teilabweichung die Abweichungen höheren Grades zugewiesen, was diese Teilabweichung deutlich zu hoch werden

[1] Anderer Meinung ist Kloock, da er Willkürfreiheit anders definiert, vgl. J. Kloock: Erfolgskontrolle, a.a.O., S. 427.

läßt, zum anderen beinhaltet die letzte Teilabweichung nur noch die Primärabweichung, ohne den Anteil der Abweichungen höheren Grades, d.h. diese Teilabweichung wird zu gering ausgewiesen.

Die Koordinations- und Integrationsfähigkeit der ausgewiesenen Teilabweichungen besteht aus zwei Teilen. Zum einen sollen sich die einzelnen Teilabweichungen nicht aus weiteren sich gegenseitig ausgleichenden Teilabweichungen zusammensetzen, zum anderen sollen sie sich in kontrollierbare und nicht kontrollierbare Teilabweichungen unterteilen. Dies ist insbesondere für Auswertungsentscheidungen und Korrekturmaßnahmen von Bedeutung.

Das Kriterium der Koordinationsfähigkeit wird allerdings von keiner Abweichungsanalysemethode ständig erfüllt, so daß auch dieses Kriterium als Entscheidungskriterium nicht relevant ist.[1]

Als letztes Kriterium der konzeptionellen Anforderungen soll die Relevanz der ausgewiesenen Teilabweichungen mit seinen Unterkriterien überprüft werden. Im Grunde läßt sich dieses Kriterium damit umschreiben, daß für jede zur Erklärung der Gesamtabweichung ausgewiesenen Teilabweichung eine sinnvolle, ökonomische Interpretation möglich ist. Folgerichtig hat Wilms den Begriff der Interpretationsfähigkeit der ausgewiesenen Teilabweichungen in die Literatur eingeführt.[2] Dieser Begriff soll hier übernommen werden. Einflußgrößenänderungen rufen Teilabweichungen hervor. Diese sollen anzeigen, ob sie zu einer Steigerung oder Minderung geführt haben. Beim Ist-Soll-Vergleich weist die Veränderung eines Kostenbestimmungsfaktors, der zu einer Kostensteigerung geführt hat, ein positives Vorzeichen auf, wogegen ein Kosten-

[1] Der Beweis wird von Wilms durchgeführt, vgl. S. Wilms, a.a.O., S. 84-90.

[2] Vgl. S. Wilms, a.a.O., S. 90 f.

bestimmungsfaktor, der zu einer Kostensenkung führte, einem negativen Vorzeichen besitzt. Beim Soll-Ist-Vergleich ist dies umgekehrt.[1]

So verstanden, ergeben sich bei den vorgestellten Abweichungsanalysemethoden keine Interpretationsprobleme bei Abweichungen ersten Grades. Bei höheren Abweichungen ergeben sich Mischabweichungen, die bei der differenziert-kumulativen Methode zu Verwirrungen führen, da z.B. Abweichungen zweiten Grades positive Werte ausweisen, die auf eine positive Entwicklung der betreffenden Kostenbestimmungsfaktoren vermuten lassen, obwohl bei allen Einflußgrößen tatsächlich eine kostensteigernde (negative) Entwicklung eingetreten ist. Tabelle 21 zeigt die verbleibenden, für die Bewertung der Abweichungsanalysemethoden relevanten Kriterien:

Vollständigkeits-kriterium	Kriterium der relativen Objektivität
Invarianz-kriterium	Kriterium der Interpretationsfähigkeit

Tabelle 21: Kriterien zur Bewertung der Abweichungsanalysemethoden

Inwieweit die untersuchten Methoden die vorgenannten Kriterien erfüllen, wird in der Tabelle 22 auf der folgenden Seite zusammengefaßt:

[1] Vgl. S. Wilms, a.a.O., S. 91.

	Proportionale Abweichungs-analyse	Alternative Abweichungs-analyse	Kumulative Abweichungs-analyse	Differenziert-kumulative Abweichungs-analyse	Symmetrische Abweichungs-analyse
Vollständig-keitskrite-rium	+	-	+	+	+
Invarianz-kriterium	+	+	-	o[1)]	+
Kriterium der relativen Objektivität	+	-	-	-	+
Kriterium der Interpre-tierbarkeit	+	+	+	o[2)]	+

\+ = erfüllt

\- = nicht erfüllt (zumindest überwiegend)

o = teilweise erfüllt

1) = erfüllt bei separatem Ausweis aller Teilabweichungen höheren Grades

2) = erfüllt bei Abweichungen ersten Grades

Tabelle 22: Vergleich der Abweichungsanalysemethoden

5.7 Zusammenfassung

Im Ergebnis erfüllen die proportionale und die symmetrische Abweichungsanalysemethoden die gestellten Anforderungen an eine Abweichungsanalyse. Eine verursachungsgemäße Verrechnung aller Teilabweichungen ist - bei Vorhandensein Abweichungen höherer Ordnung - nicht möglich. Nur eine verrechnungsmäßige Erfassung von Teilabweichungen ist möglich.

Insbesondere die alternative und die kumulative Abweichungsanalyse sind - trotz anderer Meinungen in der Literatur - abzulehnen.[1] Die symmetrische und die proportionale Methode ähneln sich stark, wobei nach Ansicht des Verfassers, die proportionale Methode eine plausiblere Verrechnung der Abweichungen

1 Vgl. z.B. W. Ossadnik/S. Maus: Kostenabweichungsanalyse, a.a.O., S. 1286.

höheren Grades vornimmt. Die symmetrische Methode begnügt sich mit einer durchschnittlichen Verrechnung. Gerade die Gewichtung, die bei der proportionalen Methode vorgenommen wird, erhöht aber die Akzeptanz dieses Verfahrens erheblich.

Bei der differenziert-kumulativen Methode fällt es schwer, dem Aufgabenträger zu zeigen, welche Abweichungseffekte auf von ihm zu verantwortende Planungs- oder Ausführungsfehler zurückzuführen sind. Denn auch für „Abweichungseffekte nicht selbst kontrollierbarer Variabler (Beschaffungspreise, Marktwachstum, Konkurrenzverhalten) muß im Grundsatz Verantwortung übernommen werden, wenn aus falschen Prognosen und darauf basierenden falschen Planungen Verluste resultieren. ... [Es] besteht dabei immer auch eine klare Mitverantwortung für kombinierte Abweichungseffekte.“[1]

Die Abweichungen höheren Grades werden bei der differenziert-kumulativen Abweichungsanalyse zwar nicht wie bei den anderen Verfahren[2] mit den Primärabweichungen vermengt. Trotzdem bleibt das Zuordnungsproblem der Abweichungen höheren Grades bestehen, da sie keinem einzelnen Kostenbestimmungsfaktor eindeutig zugerechnet werden können.

Der Erklärungswert der differenziert-kumulativen Abweichungsanalyse ist höher als bei den anderen Verfahren, soweit Abweichungen dritter oder höherer Ordnung bestehen. Dadurch, daß die Abweichungen höherer Ordnung separat aufgeführt werden, sind weitere Interdependenzen von den Primärabweichungen unterschieden. Sowohl die alternative Abweichungsanalyse als Soll-Ist-Vergleich, welche die Abweichungen höheren Grades nicht separat erfaßt, als auch die alternative Abweichungsanalyse als Ist-Soll-Vergleich und die anderen

---

1 J. Link: Schwachpunkte, a.a.O., S. 789.

2 Mit Ausnahme der alternativen Soll-Ist-Abweichungsanalyse.

vorgestellten Analysemethoden, welche die Abweichungen höheren Grades mit den Primärabweichungen vermengen, lassen eine Beurteilung der Abweichungsinterdependenzen nicht zu.

Von den Zwecken der Kostenkontrolle hängt es ab, ob und wie man die Abweichungsüberschneidungen verrechnen möchte. Teilweise wird die innerbetriebliche Unwirtschaftlichkeit als zu kontrollierende Abweichung mit der Primärabweichung als Abweichung erster Ordnung gleichgesetzt, „die auftritt, wenn bei Variation der betrachteten Kosteneinflußgröße die restlichen Kosteneinflußgrößen mit ihren Planwerten in die Analyse eingehen.“[1]

Wilms definiert die Primärabweichung etwas anders: „Allgemein muß dann von einer Abweichung erster Ordnung gesprochen werden, wenn von nur einer Kosteneinflußgrößenveränderung gegenüber der Bezugsbasis ausgegangen wird.“[2] Nach Wimmer dürfte sogar „Einigkeit darüber bestehen, daß die vom Kostenstellenleiter zu vertretende innerbetriebliche Unwirtschaftlichkeit als Primärabweichung auszuweisen ist.“[3] Nach Meinung des Verfassers ist dies nicht der Fall. Es ist nicht einzusehen, daß der - meist durchaus nicht unerhebliche - Einfluß der Abweichungen höheren Grades, in Verantwortungs-, Lern- oder Steuerungsprozessen nicht einbezogen wird.

Sicherlich ist der Erklärungswert der differenziert-kumulativen Abweichungsanalysemethode bezüglich der Abweichungen höheren Grades höher als bei den anderen vorgestellten Methoden. Sicherlich akzeptieren auch die Verantwortlichen eine geringere, nur auf die Primärabweichung fokussierende

[1] K. Wimmer: Unwirtschaftlichkeit, a.a.O., S. 1301.

[2] S. Wilms, a.a.O., S. 57.

[3] K. Wimmer: Unwirtschaftlichkeit, a.a.O., S. 1300.

Abweichungszuordnung.[1] Doch gerade in einer immer komplexer werdenden Welt kann man nicht die Umwelt ausschließen und alle Abweichungen, die man zwar verursacht hat, die aber nicht verursachungsgerecht einem Verantwortlichen zuzurechnen sind, unberücksichtigt lassen.

Vielmehr kann die differenziert-kumulative Abweichungsanalyse nur der Ausgangspunkt sein, um dann im Wege einer sinnvollen Schätzung die Abweichungen höheren Grades den Primärabweichungen zuzurechnen. Zweckmäßigerweise sollte diese Verrechnung möglichst nahe an der Realität sein. Sie sollte auch plausibel und somit vertretbar bei den Verantwortlichen sein. Außerdem ist das Vollständigkeits- und das Invarianzkriterium zu erfüllen.

Danach erscheint es für den Verfasser aus controllingorientierter Sicht sinnvoll, die Abweichungen erst nach der differenziert-kumulativen Methode zu ermitteln und dann die Abweichungen höherer Ordnung den Primärabweichungen proportional zuzurechnen. Dadurch wird der Verrechnungsfehler der differenziert-kumulativen Methode behoben. Gleichzeitig bleibt aber der höhere Erklärungswert dieser Methode erhalten.

Im Rahmen dieser Untersuchung wird sich auf die vorgestellten Verfahren beschränkt. Trotzdem sollen noch zwei Richtungen für Lösungsansätze skizziert werden, zum einen mit Hilfe der Spieltheorie und zum anderen mittels der statistischen Methoden der Marktforschung.

Die jeweils Verantwortlichen einer Abweichung sind sicherlich grundsätzlich daran interessiert, eine möglichst geringe Abweichung zugerechnet zu bekommen. Werden die gesamten Abweichungen höheren Grades Verantwortlichen

[1] Wobei sich schon hier bei gerecht Denkenden Unmut bilden könnte.

zugerechnet, entsteht zwischen den beteiligten Verantwortlichen eine Situation der Spieltheorie.[1]

Konkret handelt es sich um ein *n*-Personen-Spiel mit konstanter Summe. *n* bezeichnet die Anzahl der beteiligten Verantwortlichen einer Abweichung höheren Grades. Die Summe der zu verrechnenden Abweichung höheren Grades bleibt konstant, da nach dem Vollständigkeitskriterium die gesamte Abweichung höheren Grades zu verrechnen ist.

Das Spiel kann kooperativ oder nicht-kooperativ sein. Dies hängt davon ab, ob die Verantwortlichen lediglich gegeneinander agieren, um so wenig wie möglich der Abweichungen angerechnet zu bekommen, oder ob die Verantwortlichen auch zu Absprachen bereit sind, so daß vielleicht die Verantwortung für eine Abweichung höheren Grades übernommen wird und der Betreffende statt dessen beispielsweise eine Ausgleichszahlung oder sonstige Kompensationsleistung erhält. Nach Ansicht des Verfassers wäre es denkbar, die Abweichungen höherer Ordnung mit den Verfahren der Spieltheorie zuzuordnen.

Eine andere Möglichkeit der Verrechnung bieten die Methoden der Datenanalyse in der Marktforschung.[2] Je nach Anzahl der untersuchten Variablen (Einflußgrößen) können uni-, bi- oder multivariate Methoden unterschieden werden.[3]

Bei *n* untersuchten Einflußgrößen bieten sich die Verfahren der multivariaten Analyse an. Soll nun ein Einflußfaktor, z.B. die innerbetriebliche Unwirtschaft-

---

[1] Vgl. zur Spieltheorie z.B. M. Bitz: Entscheidungstheorie, München 1981, S. 215-285; H. Müller-Merbach: Operations Research, 3. Aufl., 9. Nachdruck, München 1988, S. 470-482; G. Bamberg/A.G. Coenenberg: Betriebswirtschaftliche Entscheidungslehre, 9. Aufl., München 1996, S. 154-204.

[2] Vgl. zu diesen Verfahren ausführlich M. Hüttner: Marktforschung, a.a.O., S. 211-364.

[3] Vgl. M. Hüttner: Marktforschung, a.a.O., S. 156.

lichkeit, anderen Faktoren gegenübergestellt und ihr Einfluß untersucht werden, liegt eine Partitionierung vor. Dies läßt sich mit den Verfahren der Dependenz-Analyse angehen. Sollen nur die Wechselwirkungen der Einflußgrößen untersucht werden, eignen sich die Verfahren der Interdependenz-Analyse.[1]

Die nächsten Kapitel beschäftigen sich verstärkt mit der Abweichungsanalyse. Zunächst wird die traditionelle Sicht vorgestellt. Als Arbeitsdefinition wird weiteren Verlauf dieser Untersuchung mit der differenziert-kumulativen Abweichungsanalyse gearbeitet. Dies scheint auf den ersten Blick verwunderlich, da zuvor eine zweistufige Verrechnung vorgeschlagen wurde. Jedoch sollte die erste Stufe des Ermitteln der Abweichungen nach der differenziert-kumulativen Abweichungsanalysemethode erfolgen, um den vollen Datenkranz zu auszuschöpfen.

Erst dann sollten die Abweichungen höheren Grades nach einer weiteren Verrechnung den Primärabweichungen hinzugerechnet werden. Man erhält dann einen „Abweichungskorridor", der gleichzeitig auch Spielräume für ein Abweichungsgespräch enthält. Für diese zweite Stufe sind die proprotionale als auch die symmetrische Abweichungsanalysemethode geeignet. Den höchsten Erklärungsgehalt bekommt man schon auf der ersten Stufe, da dort noch alle Abweichungen „offen" liegen. Aus diesem Grunde soll auch mit der differenziert-kumulativen Abweichunganalysemethode weiter gerechnet werden.

---

[1] Diese Lösungsansätze sollen im Rahmen dieser Arbeit nicht weiter untersucht werden. Sie sollen aber durchaus als Anregung für zukünftige Forschungsvorhaben dienen.

6 Erfolgsabweichungsanalyse

6.1 Einleitung

Eine der wesentlichen Komponenten des Controlling ist die Abweichungsanalyse, die auf der Kostenseite schon weit entwickelt ist. Das Controlling in seinen verschiedenen Facetten bzw. Ausprägungen ist schon im Kapitel 3 ausführlich dargestellt worden. Danach ist von dieser Konstellation ausgehend das Marketing-Controlling besprochen worden. Im letzten Abschnitt wurde dann die Theorie der Abweichungsanalyse intensiv diskutiert. Das nun folgende Kapitel ist die konsequente Fortsetzung dieser Abhandlung.

Im Marketing-Controlling interessiert besonders die Erfolgsabweichungsanalyse. Hier sind, besonders in der deutschen Literatur, noch deutliche Defizite zu entdecken. So bietet kaum ein deutsches Lehrbuch eine Abweichungsanalyse, die sich auch auf den Erlös bezieht.[1]

Nachfolgend wird deshalb ein geschlossenes System der Erlösabweichungsanalyse vorgestellt, wie es in der amerikanischen Kostenrechnungsliteratur vorkommt. In der dortigen Literatur wird jedoch die gemeinsame oder Interaktionsabweichung regelmäßig nach der kumulativen Abweichungsanalyse durchgeführt.[2] Hier wird nun die Erfolgsabweichungsanalyse nach der differenziert-kumulativen Methode dargestellt. Dies ist nach Ansicht des Verfassers bisher noch nicht geschehen. Der Vorteil dieses Vorgehens liegt darin, daß man von reinen Abweichungen ausgeht, die aber noch die Möglichkeit lassen, durch

---

1 Eine Ausnahme bilden die Lehrbücher von R. Ewert/A. Wagenhofer, a.a.O., S. 363-383; A.G. Coenenberg, a.a.O., S. 398-429; und die Diss. von P. Wilden: Erfolgscontrolling und Produktivitätsmanagement, Diss. Univ. Kiel, München 1991, S. 167-194.

2 Vgl. für viele z.B. C.T. Horngren/G. Foster/S.M. Dakar: Cost Accounting, 9. Aufl., Englewood Cliffs, N.J. 1997, S. 576-610 mit Erklärungen; K.D. Larson/W.W. Pyle: Fundamental Accounting Principles, 11. Aufl., Homewood, Ill. 1988; P.E. Fess/C.S. Warren: Accounting, 18. Aufl., Cinn., Ohio 1996, S. 862-896.

leichte Umformulierungen die Erfolgsabweichungsanalyse nach der proportionalen oder symmetrischen Abweichungsmethode aufzubauen.

6.2 Problemstellung

Die Erfolgsabweichungsanalyse setzt sich aus zwei Komponenten zusammen, der Kostenabweichungsanalyse und der Erlösabweichungsanalyse. Während die Abweichungsanalyse auf der Kostenseite in den letzten Jahren eingehend untersucht wurde,[1] welches zur Entwicklung von entscheidungsorientierten Kostenrechnungssystemen geführt hat,[2] fristet die Erlösabweichungsanalyse noch ein „Stiefmütterchendasein“[3]. Zwar wurden in den 70er Jahren schon einige Abhandlungen veröffentlicht,[4] doch erst langsam scheint sich das Bewußtsein durchzusetzen, daß gerade auf dem Gebiet der Erlösrechnung ein deutlicher Forschungsbedarf besteht.[5]

1 Vgl. z.B. die Arbeiten von W. Bommes, a.a.O.; S. Wilms, a.a.O.

2 Vgl. W. Becker: Entwicklungslinien, a.a.O., S. 5-18.

3 S. Albers: Ursachenanalyse von Erlösen, a.a.O., S. 637; vgl. auch M. Schweitzer/H.-U. Küpper, a.a.O., S. 381 f.

4 Zu erwähnen sind hier insbesondere die Arbeiten von Riebel, Laßmann und Engelhardt; vgl. P. Riebel: Ertragsbildung und Ertragsverbundenheit im Spiegel der Zurechenbarkeit von Erlösen, in: Riebel, P. (Hrsg.): Einzelkosten- und Deckungsbeitragsrechnung, 7. Aufl., Wiesbaden 1994, S. 98-148 (Nachdruck aus: P. Riebel (Hrsg.): Beiträge zur betriebswirtschaftlichen Ertragslehre, Opladen 1971, S. 147-200.); G. Laßmann: Gestaltungsformen der Kosten- und Erlösrechnung im Hinblick auf Planungs- und Kontrollaufgaben, in: Die Wirtschaftsprüfung, o.Jg. (1973), S. 4-17; W.H. Engelhardt: Erlösplanung und Erlöskontrolle als Instrument der Absatzpolitik, in: ZfbF, 29. Jg. (1977), Sonderheft 6, S. 10-26, im folgenden zitiert als: Absatzpolitik.

5 So ist im Handbuch Kostenrechnung das gesamte sechste Kapital mit acht Aufsätzen der Erlös- und Ergebnisrechnung gewidmet, vgl. Männel, W. (Hrsg.): Handbuch Kostenrechnung, Wiesbaden 1992, S. 629-766; vgl. auch F.-J. Witt: Deckungsbeitragsmanagement, München 1991, im folgenden zitiert als: Deckungsbeitragsmanagement, S. 71, 405 f.

Soll die Abweichungsanalyse als Basis der Wirtschaftlichkeitskontrolle dienen, sind nicht nur die Kosten, sondern auch der Erlös zu planen und zu analysieren.[1]

Die Erlösplanung läßt sich in zwei Entwicklungsstufen unterscheiden.[2] In der ersten Entwicklungsstufe werden die Absatzmengen und -preise als zentrale Bestimmungsfaktoren angesehen. Daneben werden insbesondere die Erlösschmälerungen berücksichtigt.[3] Mithin wird dann lediglich die Abweichungsanalyse der Kostenseite auf die Erlösseite übertragen.

In einer zweiten Entwicklungsstufe wird der Abhängigkeit zwischen Preis- und Mengenkomponenten Rechnung getragen. Konsequenterweise sind dann auch Erlösfunktionen zu berücksichtigen. Ihre Bestimmung ist jedoch bisher kaum erforscht.[4] Außerdem ist zwischen internen und externen Einflußgrößen zu unterscheiden.

Im folgenden soll zuerst ein mehrstufiges Konzept zur Kontrolle und Steuerung des Betriebserfolges dargestellt werden, das sowohl eine Analyse der Kosten- als auch der Erlösseite zuläßt.[5] Dieses berücksichtigt noch nicht die Abhängigkeit der Preis- und Mengenkomponenten. Auf letzteres wird in dem anschließenden Kapital eingegangen, in welchem die weitergehenden Ansätze zur Erlösabweichung diskutiert werden.

---

1 Vgl. hierzu K. Dellmann: Kosten- oder Erfolgsanalyse als Basis der Wirtschaftlichkeitskontrolle, in: ZfB, 57. Jg. (1987), S. 367-383, im folgenden zitiert als: Wirtschaftlichkeitskontrolle.

2 Vgl. M. Schweitzer/H.-U. Küpper, a.a.O., S. 382 ff.

3 Vgl. zu Erlösschmälerungen W. Männel: Erlösschmälerungen, Wiesbaden 1975.

4 Ausführlich mit dieser Problemstellung hat sich Kolb beschäftigt; vgl. J. Kolb: Industrielle Erlösrechnung, Wiesbaden 1978.

5 Streng genommen müßte von der Leistungsseite gesprochen werden. Hier soll jedoch nur auf den Erlös abgestellt werden. Er entspricht dem Geldwert der abgesetzten Leistungen, vgl. G. Wöhe, a.a.O., S. 985.

6.3 Grundsystematik

Abweichungsanalysen des Betriebserfolges zielen auf die Ermittlung von Ursachen für die Abweichung zwischen dem geplanten (Soll) und dem erreichten (Ist) Erfolg. Der Erfolg setzt sich aus den Komponenten Erlös (Umsatz)[1] und Kosten zusammen.

Der Erlösbegriff ist in der Literatur nicht einheitlich definiert. In einer engen Fassung ist der Erlös das „geplante bzw. erzielte Entgelt für die an den Markt abzugebenden bzw. abgegebenen Leistungen."[2] In einer weiten Fassung definiert sich der Erlös als der gesamte Wertezuwachs, der durch die Leistungserstellung entsteht. Dabei werden neben den am Markt erzielten Erlösen, sog. Markterlöse, die bewerteten innerbetrieblichen Leistungen, sog. kalkulatorische Erlöse, berücksichtigt.[3]

Letztere leiten sich zum einen aus der Produktionsmengenplanung ab und bereiten für die Kosten- und Erlösrechnung keine spezifischen Probleme. Zum anderen ist die Kostenplanung für sie zuständig, da diese Mengen regelmäßig erfolgsneutral bewertet werden.[4] Daher soll im folgenden die enge Fassung des Erlösbegriffes zugrunde gelegt werden.

Erlös- und Kostenabweichungen erklären den Erfolg. Sowohl der Erlös als auch die Kosten sind durch die Komponenten Preis (bzw. Kostensatz) und Menge bestimmt. Bei beiden Komponenten können Abweichungen zwischen Soll und Ist auftreten. Die Preis- und Mengendifferenzen zwischen dem geplanten und

---

1 Die Begriffe Erlös und Umsatz werden im folgenden synonym verwandt.

2 W.H. Engelhardt: Erlösplanung und Erlöskontrolle, in: Männel, W. (Hrsg.): Handbuch Kostenrechnung, Wiesbaden 1992, im folgenden zitiert als: Erlösplanung, S. 656-670, hier S. 656.

3 Vgl. z.B. J. Kolb, a.a.O., S. 38 f.

4 Vgl. M. Schweitzer/H.-U. Küpper, a.a.O., S. 382 ff.

dem tatsächlich realisierten Erlös einer Periode bilden den ersten Teil der Erfolgsabweichungsanalyse. Diese Differenzen werden Erlöspreisabweichung und Absatzvolumensabweichung bezeichnet.

Neben der Erlösabweichung können auch noch Preis- und Mengendifferenzen in den Kosten enthalten sein. Diese Abweichungen bei den für die Ist- und Plan-Produktionsmenge verrechneten Einzel- und Gemeinkosten stellen den zweiten Teil der Erfolgsabweichung dar. Die Erlös- und die Kostenabweichungsanalyse bilden die Grundlage für ein strukturiertes System der Erfolgsabweichungsanalyse.[1]

Die nachfolgende Abbildung 73 stellt ein System mit verschiedenen Analysestufen, zunächst nur für die Erlösseite,[2] dar. Der Ast unter der Erlösabweichung zeigt die Abweichungen, die durch Differenzen zwischen geplanten und tatsächlich realisierten Verkaufspreisen und Absatzvolumen verursacht worden sind. Abbildung 73 enthält nicht alle denkbaren Abweichungsursachen, z.B. Erlösschmälerungen. Geplante Lagerveränderungen können auch auftreten. Dann wären die Produktions- und Absatzmengen nicht unbedingt identisch. Diese mögliche Beeinflussung ist aber aus Gründen der besseren Übersicht nicht im nachfolgenden Schema auf der nächsten Seite enthalten.

---

1 Vgl. R. Fickert: Analyse von Erfolgsabweichungen, in: Die Unternehmung, 42. Jg. (1988), S. 41-61, hier S. 42; A.G. Coenenberg, a.a.O., S. 398.

2 Eine differenzierte Untergliederung der Kostenabweichungen zeigt die Abbildung 76 auf Seite 260 statt.

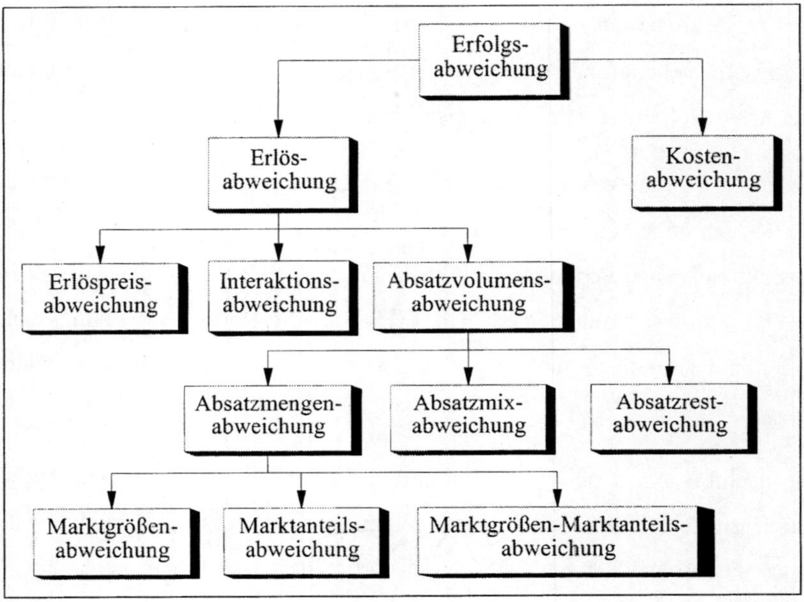

Abb. 73: System der Erfolgsabweichungsanalyse

Auch in diesem Abschnitt werden die Abweichungen systematisch nach einer einheitlichen Struktur mit Formeln, Graphen und Beispielrechnungen dargestellt und zwar mit folgenden Symbolen:

p_i = *Ist-Stückverkaufspreis*

p_p = *Plan-Stückverkaufspreis*

$\varnothing p_p$ = *gewichteter durchschnittlicher Plansortimentspreis*

x_i = *Ist-Absatzmenge des Produktes j*

x_p = *Plan-Absatzmenge des Produktes j*

Δp = *Preisveränderung*

Δx = *Mengenveränderung*

ma_i = *Ist-Mischungsanteil der Absatzmenge*

ma_p = *Plan-Mischungsanteil der Absatzmenge*

k_{iv} = *variable Ist-Stückkosten*

k_{pv} = *variable Plan-Stückkosten*

db_i = *Ist-Stückdeckungsbeitrag*

db_p = *Plan-Stückdeckungsbeitrag*

j = *Produktindex.*

y = *Kostenbestimmungsfaktorindex.*

X_i = *Ist-Absatzmenge aller Produkte*

X_p = *Plan-Absatzmenge aller Produkte*

x_i = *Ist-Absatzmenge des Produktes j*

x_p = *Plan-Absatzmenge des Produktes j*

MA_p = *geplanter Marktanteil*

MA_i = *tatsächlicher Marktanteil*

Folgende Ausgangsdaten gelten für die Beispielrechnungen: Eine Unternehmung stellt zwei Produkte A und B her. Die geplanten variablen Kosten (k_{pv}), die auch realisiert wurden, betragen für das Produkt A 12 DM/Stück und für das Produkt B 16 DM/Stück. Die geplanten Stückverkaufspreise betragen für das Produkt A 14 DM/Stück und für das Produkt B 23 DM/ Stück. Realisiert wurden als Stückverkaufspreis für Produkt A 15 DM/Stück und für das Produkt B 20 DM/Stück. Das Unternehmen plante, von Produkt A 800 Stück und von Produkt B 400 Stück abzusetzen. Tatsächlich wurden von Produkt A 750 Stück und von Produkt B 600 Stück abgesetzt. Diese Daten werden in der folgenden Tabelle 23 dargestellt :

	Produkt A		Produkt B	
	Ist	Plan	Ist	Plan
Stückverkaufspreise [in DM/Stück]	15	14	20	23
variable Stückkosten [in DM/Stück]	12	12	16	16
Stückdeckungsbeitrag [in DM/Stück]	3	2	4	7
Absatzmengen [in Stück]	750	800	600	400

Tabelle 23: Ausgangsdaten der Beispiele zur Abweichungsermittlung

Die nachstehende Erfolgsrechnung ergibt sich aus den obigen Zahlen, unter Berücksichtigung von hinzugefügten fiktiven Fixkosten.

[Alle Angaben in DM]	Produkt A		Produkt B		Gesamt	
	Ist	Plan	Ist	Plan	Ist	Plan
Umsatzerlöse	11.250	11.200	12.000	9.200	23.250	20.400
- variable Kosten	9.000	9.600	9.600	6.400	18.600	16.000
= Deckungsbeitrag	2.250	1.600	2.400	2.800	4.650	4.400
- Fixkosten der Fertigung	1.500	1.300	1.100	1.000	2600	2.300
- sonstige Fixkosten					900	800
= Erfolg					1.150	1.300

Tabelle 24: Erfolgsrechnung mit den Ausgangsdaten

Um Mißverständnissen bei den Vorzeichen der ermittelten Abweichungen vorzubeugen, werden den Beispielrechnungen, je nach Günstigkeit, ein "*g*" für günstig oder ein "*u*" für ungünstig beigefügt.[1]

6.4 Erlösabweichungen[2]

Die Erlösabweichung zeigt die Abweichung zwischen Isterlös und Planerlös. Sie ergibt sich aus der Summe von Erlöspreisabweichung und Absatzvolumensabweichung.[3] Sie läßt sich bei zwei Produkten wie folgt ermitteln:

Erlösabweichung = Isterlös - Planerlös

$$(38) \qquad = \sum_{j=1}^{2}(x_{ij} * p_{ij}) \; - \; \sum_{j=1}^{2}(x_{pj} * p_{pj}) \text{ , mit } j = 1, 2$$

1 In Anlehnung an die in amerikanischen Lehrbüchern übliche Bewertung der Abweichungen mit „f“ für *favorable* und „u“ für *unfavorable*.

2 Bei Powelz Erlösspaltung genannt und nicht als Soll-Ist-Vergleich, sondern als Vergleich der Istwerte mit den Werten des Vorjahres; vgl. H.J.H. Powelz: Erlösinformationen, a.a.O., 1090-1115.

3 Vgl. R. Fickert, a.a.O., S. 44.

==> 23.250 DM - 20.400 DM = 2.850 DM *(g)*

Die Erlösabweichung in Höhe von DM 2.850 ist günstig. Allerdings gibt diese Abweichung noch nicht die Ursachen für das positive Ergebnis an. Damit die betriebliche Steuerung fundiert vollzogen werden kann, ist es sinnvoll, in der Abweichungsanalyse Preis- und Mengenkomponenten getrennt zu ermitteln und auszuwerten. Dies geschieht in Form der Erlöspreisabweichung bzw. der Absatzvolumensabweichung. Traditionell werden diese Teilabweichungen aus der Formel für die Erlösabweichung durch Umformung wie folgt hergeleitet:[1]

Erlösabweichung = Isterlös ± [Null-Erweiterung] - Planerlös

$$(39) \implies \sum_{j=1}^{2}(x_{ij} * p_{ij}) - \sum_{j=1}^{2}(x_{ij} * p_{pj}) + \sum_{j=1}^{2}(x_{ij} * p_{pj}) - \sum_{j=1}^{2}(x_{pj} * p_{pj})$$

$$= \sum_{j=1}^{2} x_{ij} * (p_{ij} - p_{pj}) + \sum_{j=1}^{2} (x_{ij} - x_{pj}) * p_{pj}$$

= *Erlöspreisabweichung* + *Absatzvolumensabweichung*
(einschließlich Interaktionsabweichung)

Dabei wird aber der Erlöspreisabweichung auch die Preis-Mengenabweichung bzw. Interaktionsabweichung[2] zugeschlagen.[3] Da diese aber auch durch das Auftreten der Absatzvolumensabweichung entsteht, wäre es nach Ansicht des Verfassers falsch, diese nur der Erlöspreisabweichung zuzuschlagen. Vielmehr ist die Interaktionsabweichung erst getrennt zu ermitteln und dann gegebenen-

---

[1] Vgl. z.B. J.M. Hulbert/N.E. Toy: A Strategic Framework for Marketing Control, in: Journal of Marketing, 41. Jg. (1977), S. 12-20, hier S. 13 und Endnote 9 auf S. 19; J.A. Largay III.: Operation of a Standard Cost System, in: Davidson, S./Weil, R.L. (Hrsg.): Handbook of Cost Accounting, Kapitel 16, New York 1978, S. 1-31.

[2] Sie entspricht der Sekundärabweichung oder Abweichung höherer Ordnung.

[3] Dies entspricht der kumulativen Methode mit Abspaltung der Preis- vor der Mengenabweichung. Diese ist vor allem in amerikanischen Literatur weit verbreitet, vgl. z.B. C.T. Horngren/G. Foster/S.M. Datar, a.a.O, S. 223 f.; R.S Polimeni/F.J. Fabozzi/A.H. Adelberg: Cost Accounting, 3. Aufl., New York 1991, S. 1051. Sie taucht aber auch in der aktuellen deutschen Literatur auf, vgl. z.B. A.G. Coenenberg, a.a.O., S. 402.

falls beiden Abweichungen, z.B. mittels der proportionalen Methode,[1] zuzurechnen.[2]

Die Interaktionsabweichung läßt sich wie folgt aus der obigen Erlöspreisabweichung herausrechnen:[3]

$$(40) \quad \sum_{j=1}^{2} x_{ij} * (p_{ij} - p_{pj}) \quad = \quad \sum_{j=1}^{2} (x_{pj} + \Delta x_j) * \Delta p_j$$

$$= \sum_{j=1}^{2} \quad x_{pj} * \Delta p_j \quad + \quad [\Delta x_j * \Delta p_j] \quad mit \Delta p_j = p_{ij} - p_{pj} \wedge \Delta x_j = x_{ij} - x_{pj}$$

Erlöspreisabweichung + *Interaktionsabweichung*

Daraus ergeben sich die folgenden drei Abweichungen:

Erlöspreisabweichung: ==> 800 Stk * 1 DM/Stk + 400 Stk * (- 3 DM/Stk)
= 800 DM + (- 1.200 DM) = <u>- 400 DM</u> *(u)*

Absatzvolumensabweichung: ==> - 50 Stk * 14 DM/Stk + 200 Stk * 23 DM/Stk
= - 700 DM + 4.600 DM = <u>3.900 DM</u> *(g)*

Interaktionsabweichung: ==> - 50 Stk * 1 DM/Stk + 200 Stk * - 3 DM/Stk
= - 50 DM + (- 600 DM) = <u>- 650 DM</u> *(u)*

Die Erlöspreis-, Interaktions- und die Absatzvolumensabweichung ergeben dann addiert wieder die Erlösabweichung in Höhe von DM 2.850, welches aus der Abbildung 74 auf der nächsten Seite hervorgeht.

---

1 Vgl. hierzu Abschnitt 5.5.1 dieser Arbeit.

2 Im weiteren Verlauf der Arbeit wird aus Gründen der Übersichtlichkeit von der differenziert-kumulativen Methode ausgegangen.

3 Die Interaktionsabweichung ist in eckige Klammern gesetzt.

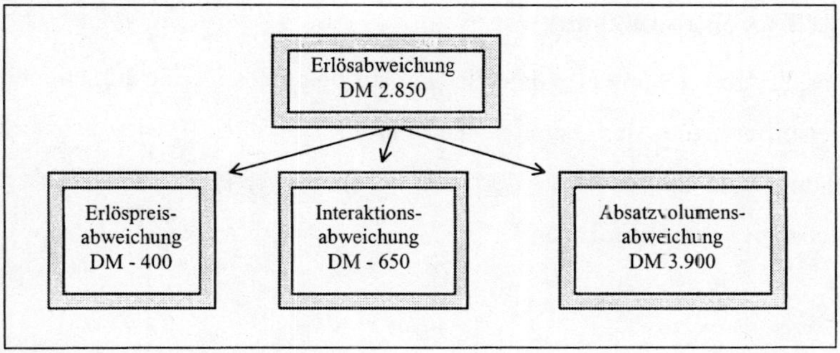

Abb. 74: Komponenten der Erlösabweichung

Die Bestandteile der Erlösabweichung werden in der Abbildung 75 graphisch dargestellt. Dabei wird exemplarisch von einer Datenkonstellation wie bei Produkt A ausgegangen.

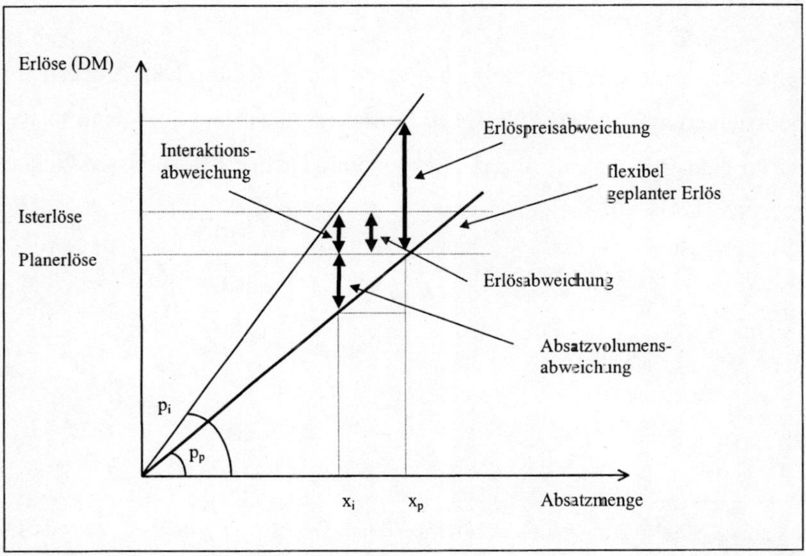

Abb. 75: Systematik der Erlösabweichungen[1]

[1] Die Abbildung ist nicht maßstabsgetreu.

6.4.1 Erlöspreisabweichung

Die Erlöspreisabweichung gibt die Wirkung auf den Erlös an, die ausschließlich auf Preisdifferenzen der betrachteten Periode beruhen.[1] Die Erlöspreisabweichung in Höhe von DM - 400 läßt sich bei zwei Produkten mittels der nachfolgenden Formel errechnen:[2]

$$(41)\ \textit{Erlöspreisabweichung} = \sum_{j=1}^{2} (p_{ij} - p_{pj}) * x_{pj}$$

Sie kann auch auf die beiden Produkte A und B aufgespaltet werden. Es ergeben sich dabei folgende Abweichungen:

Produkt A: (15 - 14) DM/Stk * 800 Stk = 800 DM *(g)*

Produkt B: (20 - 23) DM/Stk * 400 Stk = - 1.200 DM *(u)*

Durch die realisierte Preissteigerung von DM 1 bei Produkt A entsteht eine Erlössteigerung von DM 800. Diese Erlössteigerung fängt aber den Preisverfall bei Produkt B nicht auf, so daß noch eine ungünstige Erlöspreisabweichung in Höhe von DM - 400 verbleibt.

---

1 Vgl. R.S. Kaplan/A.A. Atkinson: Advanced Management Accounting, Englewood Cliffs, 3. Aufl., N.J. 1997, S. 304 f.

2 Bei dieser Darstellung enthält die Erlöspreisabweichung nicht die Sekundärabweichung, wie im Rahmen der kumulativen Abweichungsanalyse. Die gemeinsame Abweichung ist im Sinne der differenziert-kumulativen Abweichungsanalyse gesondert ausgewiesen. Sie könnte jedoch, wie oben schon erwähnt, z.B. mittels der proportionalen Abweichungsanalyse, der Erlöspreis- und Absatzvolumensabweichung zugerechnet werden.

6.4.2 Erlöspreis-Absatzvolumensabweichung

Die Interaktionsabweichung zwischen der Erlöspreis- und Absatzvolumensabweichung in Höhe von DM - 650 wird für zwei Produkte durch die folgende Formel ermittelt:

$$\text{(42) } \textit{Erlöspreis-Absatzvolumensabweichung} = \sum_{j=1}^{2} (p_{ij} - p_{pj}) * (x_{ij} - x_{pj})$$

Für die Produkte A und B ergeben sich die folgenden Erlöspreis-Absatzvolumensabweichungen:

Produkt A: (15 - 14) DM/Stk * (750 - 800) Stk = - 50 DM *(u)*

Produkt B: (20 - 23) DM/Stk * (600 - 400) Stk = - 600 DM *(u)*

Beide Produkte haben eine ungünstige Erlöspreis-Absatzvolumensabweichung, die sich auf DM - 650 summiert. Das liegt bei Produkt A daran, daß der erzielte höhere Preis nicht auf die geplante Menge umgesetzt werden konnte und bei Produkt B daran, daß das höhere Absatzvolumen durch eine Preisminderung nicht voll auf den Erlös durchschlug. Dieses Ergebnis ist nicht unbedingt überraschend. Unterstellt man, daß die Produkte auf einem Markt abgesetzt werden, der einer negativ verlaufenden Preisabsatzfunktion gehorcht, dann führt eine Preissenkung - bei konstantem Marktvolumen - zu einer Mengenerhöhung und umgekehrt.[1]

[1] Dieser Ansatz soll hier nicht weiter verfolgt werden. Statt dessen wird hierauf im nächsten Kapitel dieser Arbeit eingegangen.

6.4.3 Absatzvolumensabweichung

Die Absatzvolumensabweichung zeigt den Einfluß auf den Erlös auf, der ausschließlich auf Absatzmengendifferenzen beruht.[1] Die Absatzvolumensabweichung kann auch auf Basis der Deckungsbeiträge untersucht werden. Dies ist vor allem in der amerikanischen Literatur weit verbreitet.[2] Hier soll sie aber auf Basis der Erlöse untersucht und ausgewertet werden.[3]

Die Absatzvolumensabweichung ermittelt sich nach folgender Formel:

(43) Absatzvolumensabweichung $= \sum_{j=1}^{2} (x_{ij} - x_{pj}) * p_{pj}$

Für das oben eingeführte Beispiel ergeben sich für die Absatzvolumensabweichung folgende Werte:

Produkt A: (750 - 800) Stk * 14 DM/Stk = - 700 DM *(u)*

Produkt B: (600 - 400) Stk * 23 DM/Stk = 4.600 DM *(g)*

Durch das reduzierte Absatzvolumen von Produkt A entsteht ein Erlösrückgang in Höhe von DM 700. Dieser Erlösrückgang wird jedoch durch die Steigerung des Absatzvolumens von Produkt B überkompensiert, so daß sich insgesamt eine positive Absatzvolumensabweichung in Höhe von DM 3.900 ergibt. Die Absatzvolumensabweichung läßt sich aufteilen in die Absatzmengenabweichung und die Absatzmixabweichung.[4]

---

1 Der Begriff Absatz soll sich in den weiteren Ausführungen auf Absatzmengen beziehen.

2 Vgl. z.B. J.M. Hulbert/N.E. Toy, a.a.O., S. 12-20; R.S. Kaplan/A.A. Atkinson, a.a.O., S. 297; C.T. Horngren/G. Foster/S.M. Datar, a.a.O., S. 383-390; vgl. aber auch in der deutschsprachigen Literatur J. Kloock: Erfolgsrevision mit Deckungsbeitrags-Kontrollrechnungen, in: BFuP, 39. Jg. (1987), S. 109-126, im folgenden zitiert als: Erfolgsrevision; F. Klenger: Operatives Controlling, 4. Aufl., München 1997, S. 698-726; H.-J. Hoitsch, a.a.O., S. 358.

3 Vgl. hierzu insbes. A.G. Coenenberg, a.a.O., S. 400-410.

4 Vgl. A. G. Coenenberg, a.a.O., S. 403-410; C.T. Horngren/G. Foster/S.M. Datar, a.a.O., S. 583 ff.

6.4.3.1 Absatzmengenabweichung

Die Abweichungsanalysen lassen sich auf den gesamten Absatz oder nur auf einzelne Absatzleistungen beziehen, z.B. ein regionales Marktsegment. Wenn die Unternehmung relativ homogene Güter, d.h. Güter gleicher Art und Güte, verkauft und der Gesamtabsatz eines Unternehmens aus einzeln budgetierten Teilumsätzen der verschiedenen Produkte besteht, dann kann die Veränderung des Absatzvolumens eines Produktes auch Auswirkungen auf das Absatzvolumen der anderen Produkte haben. Selbst wenn die Gesamtabsatzmenge keine Differenz zwischen Ist und Soll aufweist, kann es vorkommen, daß Abweichungen bei den Teilumsätzen und deren Kosten auftreten.[1] Dann lassen sich mit der Absatzmengen- und Absatzmixabweichung zuverlässige Informationen erreichen. Sind die Güter hingegen heterogen, so können die Abweichungen mehrdeutig werden, insbesondere wenn es mehrere Möglichkeiten für die gemeinsame Abrechnungseinheit gibt. Dann wären Geldeinheiten als gemeinsame Maßeinheit zu wählen.[2]

Bei der Absatzmengenabweichung wird von einer konstanten Struktur des Produkt-Mix ausgegangen. Daher werden die budgetierten Preise der $j = 1,2,...,m$ verschiedenen Produkte durch den gewichteten durchschnittlichen Plansortimentspreis $\varnothing p_p$ ersetzt. Der durchschnittliche Planpreis ergibt sich als Quotient von geplantem Gesamterlös und geplantem Gesamtabsatz. Er kann für zwei Produkte nach der folgenden Formel ermittelt werden:

(44) Durchschnittlicher Planpreis $$\varnothing p_p = \frac{\sum_{j=1}^{2} x_{pj} * p_{pj}}{\sum_{j=1}^{2} x_{pj}}$$

---

1 Vgl. C.T. Horngren/G. Foster/S.M. Datar, a.a.O., S. 581 ff; R. Fickert, a.a.O., S. 46.

2 Vgl. Y.C. Peles: A Note on Yield Variance and Mix Variance, in: The Accounting Review, 61. Jg. (1986), S. 325-329.

Daraus ergibt sich mit den Beispielzahlen folgender durchschnittlicher Planpreis:

==> $\varnothing p_p$ = 20.400 DM ÷ 1200 Stk = 17 DM/Stk

Durch die Absatzmengenabweichung soll die Zu- und Abnahme der gesamten Absatzmenge gezeigt werden. Mit der folgenden Formel errechnet sich die gesamte Absatzmengenabweichung bei zwei Produkten:[1]

(45) Absatzmengenabweichung $= \sum_{j=1}^{2} (x_{ij} * \varnothing p_p - x_{pj} * \varnothing p_p)$

$$= \sum_{j=1}^{2} (x_{ij} - x_{pj}) * \varnothing p_p$$

Für die Daten des oben eingeführten Beispiels ergeben sich folgende Werte:

Produkt A: (750 - 800) Stk * 17 DM/Stk = - 850 DM *(u)*

Produkt B: (600 - 400) Stk * 17 DM/Stk = 3.400 DM *(g)*

Da in diesem Beispiel die Ist-Absatzmenge mit 1350 Stück über der Plan-Absatzmenge von 1200 Stück liegt, ergibt sich insgesamt eine Erfolgsverbesserung in Höhe von DM 2.550. Die Absatzmengenerhöhung von Produkt B überkompensiert den Absatzrückgang von Produkt A.

Allgemein ausgedrückt wird die Absatzmengenabweichung günstig, wenn mehr Einheiten eines Produktes als geplant verkauft werden. Umgekehrt wird die Absatzmengenabweichung ungünstig, wenn weniger Einheiten eines Produktes als geplant verkauft werden. Die Absatzmengenabweichung kann noch weiter in eine Marktgrößen-[2] und eine Marktanteilsabweichung aufgeteilt werden.[1]

[1] Vgl. C.T. Horngren/G. Foster/S.M. Datar, a.a.O., S. 583.

[2] Treffender wäre der Ausdruck Marktvolumensabweichung. Dieser wird aber schon von Albers in einer anderen Definition gebraucht; vgl. S. Albers: Ursachenanalyse von Erlösen, a.a.O., S. 637-654.

6.4.3.1.1 Marktgrößenabweichung

Im Gegensatz zur Kostenkontrolle hängt der Erlös in stärkerem Maße von der Entwicklung des Marktes, der eigenen Entwicklung zum Markt, dem Kunden- oder Konkurrenzverhalten ab. So ist es interessant zu wissen, ob eine Absatzvolumensabweichung durch die Marktentwicklung oder eine Veränderung des eigenen Marktanteils gekennzeichnet ist. Die Marktgrößenabweichung ist durch die Marktentwicklung gekennzeichnet. Sie läßt sich mit der folgenden Formel ausrechnen. Dabei beschreibt MA_p den geplanten eigenen Marktanteil:

$$(46)\ \textit{Marktgrößenabweichung} = \quad MA_p \ * \ (X_i - X_p) \ * \ \varnothing P_p$$

Die Ausgangsdaten werden für diese Abweichungsanalyse erweitert. Es sei unterstellt, daß das betrachtete Unternehmen nur in einem Markt tätig ist, d.h. das die Produkte A und B auf einem relevanten Markt gehandelt werden.[2] Der gesamte Markt für die zu betrachtenden Produkte soll auf 12.000 Stück geplant sein, d.h. es wurde geplant mit den Produkten A und B einen Marktanteil von 10% (= (800 Stück + 400 Stück) ÷ 12.000 Stück) zu erreichen. Tatsächlich erreichte der Markt eine Absatzmenge von insgesamt 15.000 Stück und der aktuelle Anteil des Unternehmens beträgt mithin nur 9% (= (750 Stück + 600 Stück) ÷ 15.000 Stück). Diese Daten sind in der nachfolgenden Tabelle 25 zusammengefaßt:

---

1 Vgl. hierzu z.B. J. Shank/N. Churchill: Variance Analysis: A Management-oriented Approach, in: Accounting Review, 52. Jg. (1977), S. 950-957, hier S. 955; C.T. Horngren/G. Foster/S.M. Datar, a.a.O., hierzu S. 584 ff.

2 Anderenfalls müßte die vorstehende Formel über die Anzahl der betreffenden Märkte summiert werden.

	Ist	Plan
Gesamter Markt für Produkte A und B (in Stück)	15.000	12.000
Marktanteil der Produkte A und B	9%	10%

Tabelle 25: Marktdaten für die Beispielrechnungen

Für die Beispielzahlen ergibt sich dann folgende Marktgrößenabweichung:

10% * (15.000 Stück - 12.000 Stück) * 17 DM/Stück = 5.100 DM *(g)*.

Die Marktgrößenabweichung in Höhe von DM 5.100 ist günstig. Sie kennzeichnet den durch das Marktwachstum zusätzlich zu erwartenden Erlös. Das Gegenstück zur Marktgrößenabweichung ist die Marktanteilsabweichung.

6.4.3.1.2 Marktanteilsabweichung

Die Marktanteilsabweichung läßt sich mit nachfolgender Formel ausrechnen:[1]

$$\text{(47) Marktanteilsabweichung} = \quad (MA_i - MA_p) \;*\; X_p \;*\; \varnothing p_p$$

Daraus ergibt sich mit den Beispielzahlen folgende Marktanteilsabweichung:

(9% - 10%) * 12.000 Stück * 17 DM/Stück = - 2.040 DM *(u)*.

Die Marktanteilsabweichung von DM - 2.040 ist ungünstig, da das Unternehmen seinen Marktanteil nicht hielt und dadurch am Marktwachstum nicht voll partizipieren konnte.

[1] Amerikanische Fachbücher bewerten die Marktanteilsveränderung meist mit den Istmengen. Das liegt daran, daß zur Abweichungsanalyse die kumulative Methode zugrunde gelegt wird, vgl. für viele C.T. Horngren/G. Foster/S.M. Datar, a.a.O., S. 584 ff.

6.4.3.1.3 Marktgrößen-Marktanteilsabweichung

Die Marktgrößen-Marktanteilsabweichung beschreibt den interdependenten Effekt der Marktgrößenveränderung und der Marktanteilsveränderung. Tritt eine Veränderung nicht ein, entsteht auch keine Marktgrößen-Marktanteilsabweichung. Diese läßt sich mit nachfolgender Formel ausrechnen:

$$(48)\ \textit{Marktanteilsabweichung} = \quad (MA_i - MA_p) \ * \ (X_i - X_p) \ * \ \varnothing p_p$$

Daraus ergibt sich mit den Beispielzahlen folgende Marktgrößen-Marktanteilsabweichung:

(9% - 10%) * (15.000 Stück - 12.000 Stück) * 17 DM/Stück = - 510 DM *(u)*.

Die Marktgrößen-Marktanteilsabweichung von DM - 510 ist ungünstig. Dies resultiert daraus, daß sich der eigene Marktanteil verringerte, obwohl das Marktvolumen stieg. Sie kennzeichnet, unter Berücksichtigung der Marktgrößenerweiterung, den durch die Marktanteilsverschlechterung entgangenen Erlös.

Die Absatzvolumensabweichung in Höhe von DM 2.550 setzt sich aus der günstigen Marktgrößenabweichung in Höhe von DM 5.100, der ungünstigen Marktanteilsabweichung in Höhe von DM - 2.040 und der ebenfalls ungünstigen Marktgrößen-Marktanteilsabweichung in Höhe von DM - 510 zusammen.

Daraus zeigt sich, daß die Absatzvolumensabweichung ganz wesentlich damit zusammenhängt, daß der gesamte relevante Markt deutlich mehr gewachsen ist als geplant, nämlich von geplanten 12.000 Stück auf 15.000 Stück. Dadurch, daß das Unternehmen nur einen Marktanteil von 9% (statt erwarteter 10%) behaupten konnte, verschlechtert sich die Absatzvolumensabweichung um DM - 2.040. Zusätzlich ungünstig beeinflußt wird die Absatzvolumensabweichung durch den kombinierten Effekt aus Marktgrößen- und Marktanteilsveränderung.

6.4.3.2 Absatzmixabweichung

Die Absatzmixabweichung[1] zeigt den Teil der Absatzvolumensabweichung, der sich aus einer Veränderung der geplanten Mengenstruktur ergibt. Hierzu sind die mengenmäßigen Mischungsabweichungen zu errechnen, d.h. die Abweichungen des tatsächlichen Absatzmix vom geplanten Absatzmix. Diese sind mit der Menge zu gewichten und mit den Abweichungen des durchschnittlichen Sortimentspreises vom Planpreis zu multiplizieren. Dies läßt sich für zwei Produkte in der folgenden Formel ausdrücken:[2]

(49) Absatzmixabweichung = $$\sum_{j=1}^{2} [(ma_{ij} - ma_{pj}) \quad * X_p] \; * \; (p_{pj} - \varnothing p_p)$$

Der Mischungsanteil ergibt sich wie folgt:

(50) Geplanter Absatzmix: $$ma_{pj} = x_{pj} \Big/ \sum_{j=1}^{2} x_{pj}$$

(51) Tatsächlicher Absatzmix: $$ma_{ij} = x_{ij} \Big/ \sum_{j=1}^{2} x_{ij}$$

Die Absatzmixabweichung wird positiv, wenn entweder anteilig mehr Produkte verkauft werden und diese einen höheren Preis als den gewichteten durchschnittlichen Plansortimentspreis erzielen oder anteilig weniger Produkte abgesetzt werden, die einen geringeren Stückpreis als den durchschnittlichen Plansortimentspreis erreichen.[3]

---

1 Die Absatzmixabweichung sollte nicht mit einer Marketing-Mixabweichung gleichgesetzt werden, da erstere sich auf die abgesetzte Menge bezieht. Eine Marketing-Mixabweichung sollte zweckmäßigerweise verschiedene Abweichungen beim Einsatz von Marketing-Mixinstrumenten berücksichtigen.

2 Vgl. R. Fickert, a.a.O., S. 47 f.; C.T. Horngren/G. Foster/S.M. Datar, a.a.O., S. 583 f.; die Abweichungen werden dort aber nach der kumulativen Methode ermittelt. Deshalb werden die Abweichungen im Mischungsanteil auch mit den Ist-Absatzmengen multipliziert. Dann ist in dieser Abweichung quasi auch eine Interaktionsabweichung enthalten, nämlich die zwischen der Mischungs- und der Mengenabweichung. Hier wird weiter differenziert-kumulativ abgespalten.

3 Vgl. C.T. Horngren/G. Foster/S.M. Datar, a.a.O., S. 584.

In dem genannten Beispiel ergeben sich die folgenden Mischungsanteile und Absatzmixabweichungen:

Geplanter Absatzmix:

Produkt A: ma_{pA} = 800/1200 = 6/9

Produkt B: ma_{pB} = 400/1200 = 3/9

Tatsächlicher Absatzmix:

Produkt A: ma_{iA} = 750/1350 = 5/9

Produkt B: ma_{iB} = 600/1350 = 4/9

Berechnung der Absatzmixabweichungen:

Produkt A: [(5/9 - 6/9) * 1200 Stk] * (14 - 17) DM/Stk

= - 400/3 Stk * (- 3) DM/Stk = 400,00 DM *(g)*

Produkt B: [(4/9 - 3/9) * 1200 Stk] * (23 - 17) DM/Stk

= 400/3 Stk * 6 DM/Stk = 800,00 DM *(g)*

Es ergibt sich eine positive gesamte Absatzmixabweichung in Höhe von (DM 400,00 + DM 800,00 =) DM 1.200,00. Das liegt zum einen daran, daß das Produkt A nicht nur einen unterdurchschnittlichen Planstückpreis, sondern auch um 50 Stück hinter der Planung zurückbleibt. Dabei ist der unterdurchschnittliche Planstückpreis ungünstig. Die negative Absatzvolumensabweichung ist an sich auch ungünstig. Insgesamt ist die Abweichung aber günstig, da sich der ungünstige Planstückpreis nicht voll auf die geplante Menge durchschlägt.[1] Zum anderen liegt es daran, daß das Produkt B nicht nur einen höheren Mixanteil, sondern auch einen überdurchschnittlichen Planstückpreis aufweist.

1 Obwohl rechnerisch nachvollziehbar, sind hier Bedenken angebracht, daß zwei ungünstige Ausprägungen zu einem günstigen Ergebnis führen, d.h. eine positive Entwicklung der betreffenden Faktoren vermuten lassen.

6.4.3.3 Absatzrestabweichung

Die Interaktionsabweichung zwischen der Abweichung im Mischungsanteil und der Abweichung zwischen geplanter und erzielter Absatzmenge ist gemäß der differenziert-kumulativen Abweichungsanalyse getrennt abzuspalten. In der Literatur wird diese Interaktionsabweichung meist der Absatzmixabweichung zugeschlagen.[1] Das ist auch sinnvoll, wenn die Abweichungsanalyse nach der kumulativen Methode durchgeführt wird. Dieser Ansatz wird hier aber nicht vertreten. Für die sich ergebende Interaktionsabweichung wird der Begriff Absatzrestabweichung vorgeschlagen und im weiteren Verlauf der Arbeit verwandt werden.

Die Absatzrestabweichung ergibt sich aus der Abweichung des Mischungsanteils gewichtet mit der Absatzmengenabweichung und multipliziert mit der Differenz des Planpreises und des durchschnittlichen Planpreises.

Für zwei Einflußgrößen läßt sich dies mit folgender Formel ausdrücken:

$$(52)\ Absatzrestabweichung = \sum_{j=1}^{2} [(ma_{ij} - ma_{pj}) \ * \ (X_i - X_p)] \ * \ (p_{pj} - \varnothing p_p)$$

Für das eingeführte Beispiel errechnen sich folgende Absatzrestabweichung:

Produkt A: [(5/9 - 6/9) * (1350 Stk - 1200 Stk)] * (14 - 17) DM/Stk

= - 50/3 Stk * (- 3) DM/Stk = <u>50,00 DM</u> *(g)*

Produkt B: [(4/9 - 3/9) * (1350 Stk - 1200 Stk)] * (23 - 17) DM/Stk

= 50/3 Stk * 6 DM/Stk = <u>100,00 DM</u> *(g)*

Es ergibt sich eine positive gesamte Absatzrestabweichung in Höhe von (DM 50 + DM 100,00 =) 150,00 DM. Das liegt zum einen daran, daß bei Produkt A die negative Abweichung des Mischungsanteils durch einen unterdurchschnittlichen Planpreis bei einer positiven Abweichung der Ist- von der Sollmenge ausgeglichen wird. Zum anderen ist bei Produkt B ein höherer Mixanteil mit einem überdurchschnittlichen Preis und einer positiven Mengenabweichung dafür verantwortlich, daß die Absatzrestabweichung positiv wird.

6.4.4 Zusammenfassung

Diese „erste Stufe“ der Erfolgsanalyse gibt der Unternehmensführung schon ein gewisses Maß an Steuerungshinweisen. Einige Spezifika der Erlösseite werden jedoch noch außer acht gelassen. Insbesondere hängen die Einflußgrößen voneinander ab, so bewirkt eine Preiserhöhung meist eine Absatzminderung. Dieses läßt sich mit Hilfe einer Preis-Absatz-Funktion berücksichtigen. Neben dem Absatzpreis sind aber auch andere Marketinginstrumente wie z.B. Werbeaktivitäten oder Distributionsmaßnahmen einzubeziehen. Zusätzlich läßt sich der Erlös auf verschiedene Ebenen dekomponieren und die kontrollierbaren sind von den nicht kontrollierbaren Einflußgrößen zu trennen.[2] Die Erlösanalyse der „zweiten Stufe“ wird im nächsten Kapitel durchgeführt. Die Bestandteile der Erlösabweichung dieser „ersten Stufe“ werden in der Abbildung 76 zusammengefaßt:

---

1 Vgl. z.B. C.T. Horngren/G. Foster/S.M. Datar, a.a.O., S. 583 f.; A.G. Coenenberg, a.a.O., S. 403-406.

2 Vgl. R. Ewert/A. Wagenhofer, a.a.O., S. 373 f.

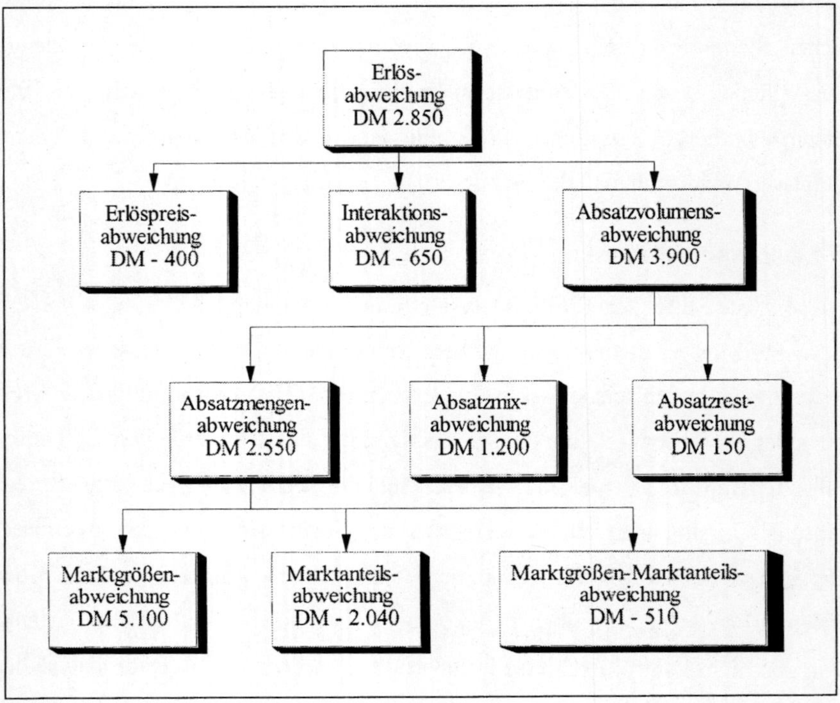

Abb. 76: Bestandteile der Erlösabweichung

6.5 Kostenabweichungen[1]

Die Gruppe der Kostenabweichungen stellt den zweiten Teil der Erfolgsabweichungsanalyse dar. Sie befaßt sich verstärkt mit den Unternehmensbereichen Beschaffung, Produktion und Verwaltung. Trotzdem ist dieser Bereich für das Marketing-Controlling von Bedeutung, da sich Kostenabweichungen direkt auf den Erfolg auswirken und auch im Marketing Kosten anfallen. Kosten können auf verschiedene Weise differenziert werden. Abbildung 77 zeigt einige Einordnungsmöglichkeiten auf:

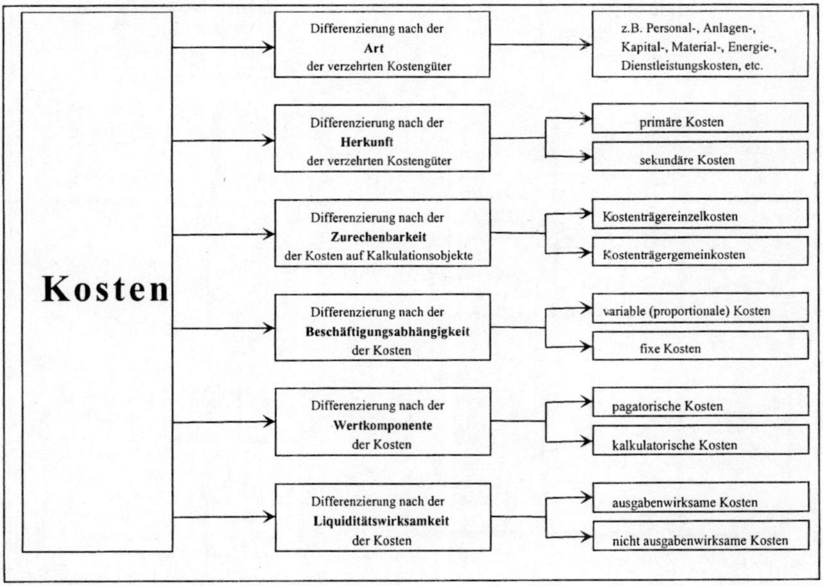

Abb. 77: Kostendifferenzierungen

---

[1] Vgl. zu diesem Abschnitt J.A. Largay III, a.a.O., Kapitel 16, S. 1-31; A.G. Coenenberg, a.a.O., S. 410-429; R.S. Polimeni/F.J. Fabozzi/A.H. Adelberg, a.a.O., S. 469-489; C.T. Horngren/G. Foster/S.M. Datar, a.a.O., S. 217-251 und 865-897.

Eine übliche Einteilung ist die Trennung in Einzel- und Gemeinkosten, die auch hier beibehalten werden soll. Einzelkosten sind einer Bezugsgröße direkt zuzuordnen, und Gemeinkosten sind auf verschiedene Bezugsgrößen aufzuschlüsseln.[1] Abbildung 78 zeigt eine mögliche Systematik der Kostenabweichungen:

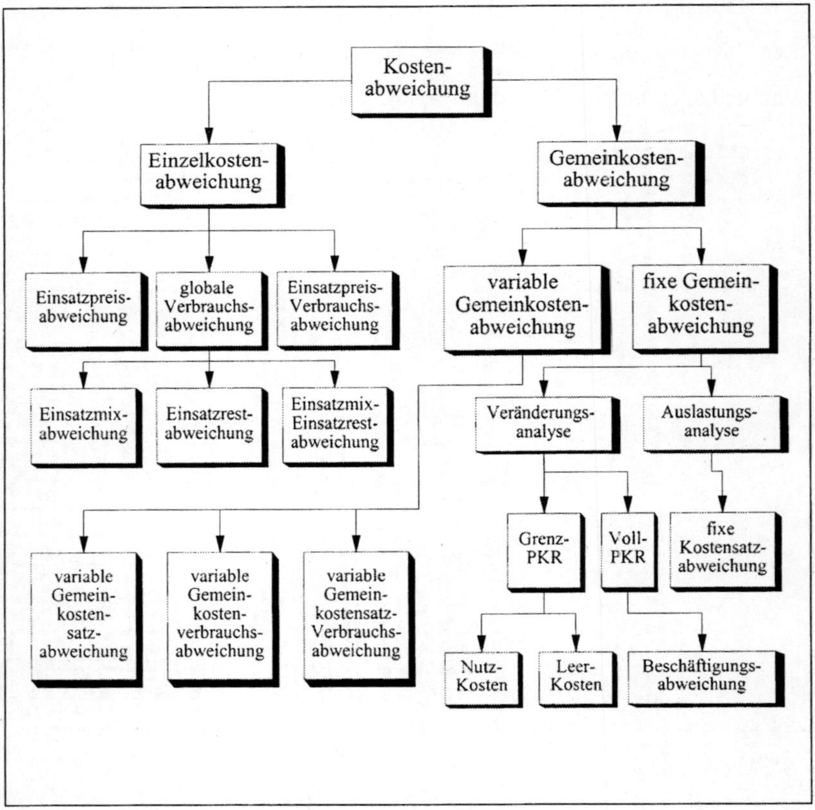

Abb. 78: Systematik der Kostenabweichungen[2]

[1] Vgl. z.B. W. Eisele, a.a.O., S. 626.

[2] Modifiziert nach A.G. Coenenberg, a.a.O., S. 411.

6.5.1 Einzelkostenabweichungen

Da die Einordnung als Einzelkosten definitionsgemäß von der Bezugsgröße abhängt, sollte zunächst eine geeignete Bezugsgröße gefunden werden.[1] Bisher wurde das Absatzvolumen als Bezugsgröße benutzt. Dies ist aber problematisch, da Produktions- und Absatzmengen der Produkte in einer Periode nicht unbedingt identisch sind. Eher ist das Einsatzvolumen der jeweiligen Absatzleistungen anstelle des Absatzvolumens als Bezugsgröße zu verwenden. Das hat für das Controlling den Vorteil, daß die Abweichungen früher ermittelt werden können.[2] Abbildung 79 zeigt die Systematik der Einzelkostenabweichungen.

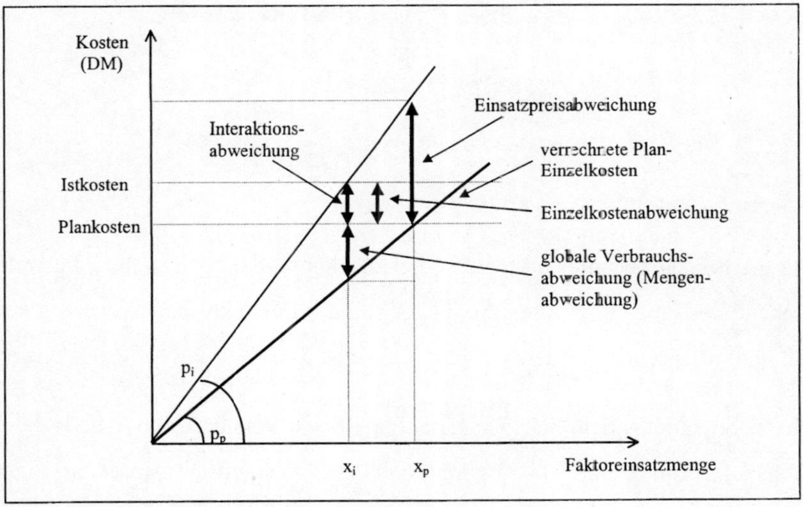

Abb. 79: Systematik der Einzelkostenabweichung

Für das Einsatzvolumen bieten sich zwei Werte an. Zum einen könnte die Preisabweichung errechnet und aufgezeichnet werden, wenn die Ausgaben anfallen, also wenn gekauft wird, zum anderen aber erst, wenn Kosten entstehen,

1 Zur Bezugsgrößenwahl vgl. ausführlich W. Kilger, a.a.O., S. 313-340.

2 Vgl. A.G. Coenenberg, a.a.O., S. 411.

also wenn Kosteneinflußgrößen verbraucht werden.[1] Die Einzelkostenabweichung gibt die Gesamtabweichung zwischen Ist- und Planeinzelkosten an. Sie läßt sich in Einsatzpreis-, Interaktions- und globaler Verbrauchsabweichung aufteilen. Dieses verdeutlichen die weiteren Formeln, für welche die folgenden Symbole gelten:

p_i = *Istpreis des Einsatzfaktors*

p_p = *Planpreis des Einsatzfaktors*

x_i = *Ist-Faktoreinsatz der Istbeschäftigung (Ist-Verbrauchsmenge)*

x_p = *Plan-Faktoreinsatz der Istbeschäftigung (Soll-Verbrauchsmenge)*

ma_i = *Ist-Mischungsanteil des Einsatzfaktors*

ma_p = *Plan-Mischungsanteil des Einsatzfaktors*

y = *Kostenbestimmungs-, Kosteneinsatzfaktoren*

Für die Beispielrechnungen werden die Ausgangsdaten der Tabelle 23 erweitert. Anhand der Einzelkosten für Produkt A soll die Einzelkostenabweichung ermittelt und interpretiert werden.

Es sei unterstellt, daß sich die variablen Kosten von Produkt A in Höhe von DM 12 pro Stück zum Teil aus Materialeinzelkosten zusammensetzen, die sich aus der Verbrauchsstruktur von vier Größen *T*, *U*, *V* und *W* ergeben. Die neuen, fiktiven Daten sind in der Tabelle 26 auf der nächsten Seite zusammengefaßt:

---

1 Vgl. J.A. Largay III, a.a.O., Kapitel 16, S. 7.

Einflußgrößen	Planverbrauch pro Stück	Planverbrauch pro Periode	Istverbrauch pro Periode	Planpreis pro Stück	Istpreis pro Stück
T	0,8 kg	640 kg	750 kg	1,60 DM/kg	1,80 DM/kg
U	5 kg	4.000 kg	3.600 kg	0,40 DM/kg	0,50 DM/kg
V	0,2 kg	160 kg	180 kg	20,00 DM/kg	22,00 DM/kg
W	2 kg	1.600 kg	1.470 kg	0,2 DM/kg	0,15 DM/kg

Tabelle 26: Kostendaten für die Beispielrechnungen

Die zum Herstellen des Produktes A notwendigen Plan- und Ist-Verbrauchsmengen sind in der vorstehenden Tabelle 26 schon eingefügt. Die geplante Absatzmenge beträgt 800 Stück, die tatsächliche Absatzmenge soll weiterhin mit 750 Stück angenommen werden. Für vier verschiedene Kostenbestimmungsfaktoren ergibt sich folgende Formel für die Einzelkostenabweichung:

(53) Einzelkostenabweichung $= \sum_{y=1}^{4} (x_{iy} * p_{iy}) - \sum_{y=1}^{4} (x_{py} * p_{py})$

Sie läßt sich in drei Teilabweichungen aufteilen.

$$\sum_{y=1}^{4} (x_{py} + \Delta x_y) * (p_{py} + \Delta p_y) - \sum_{y=1}^{4} (x_{py} * p_{py}), \quad mit \quad x_{iy} = x_{py} + \Delta x_y \wedge p_{iy} = p_{py} + \Delta p_y$$

Umgeformt: $\sum_{y=1}^{4} (p_{iy} - p_{py}) * x_{py} + \sum_{y=1}^{4} (x_{iy} - x_{py}) * p_{py} + \sum_{y=1}^{4} (\Delta p_y * \Delta x_y)$.

In der nachfolgenden Tabelle 27 wird die Einzelkostenabweichung für die oben beschriebenen Daten errechnet:

Einfluß-größen	(Bewerteter Istverbrauch)	-	(Bewerteter Planverbrauch)	=	Preis-abweichung
T	(750 kg * 1,80 DM/kg)	-	(640 kg * 1,60 DM/kg)	=	326,00 DM *(u)*
U	(3.600 kg * 0,50 DM/kg)	-	(4.000 kg * 0,40 DM/kg)	=	200,00 DM *(u)*
V	(180 kg * 22 DM/kg)	-	(160 kg * 20 DM/kg)	=	760,00 DM *(u)*
W	(1.470 kg * 0,15 DM/kg)	-	(1.600 kg * 0,2 DM/kg)	=	- 99,50 DM *(g)*
Gesamt:					1.186,50 DM *(u)*

Tabelle 27: Ermitteln der Einzelkostenabweichung

Die Einzelkostenabweichung beträgt DM 1.186,50. Liegen die Isteinzelkosten über den Planeinzelkosten, d.h. die Abweichung ist positiv, so ist dies als ungünstig zu beurteilen. Hier liegt also eine ungünstige Abweichung vor. Allerdings lassen sich durch die Einzelkostenabweichung noch nicht die Ursachen erkennen, die zu ihrer Entstehung geführt haben. Daher ist es sinnvoll, die Einzelkostenabweichnung weiter zu dekomponieren. Die oben dargestellte Formel läßt sich wie gezeigt in drei Bereiche aufspalten, die Einsatzpreisabweichung, die globale Verbrauchsabweichung der Einzelkosten und die Einsatzpreis-Verbrauchsabweichung. Diese sind zu ermitteln und auszuwerten.

6.5.1.1 Einsatzpreisabweichung

Die Einsatzpreisabweichung errechnet sich aus der Differenz der effektiven Preise mit den Planpreisen, bewertet mit den Plan-Einsatzmengen.[1] Sie läßt sich im eingeführten Beispiel nach der folgenden Formel ausrechnen:

$$(54)\ \textit{Einsatzpreisabweichung} = \sum_{y=1}^{4} (p_{iy} * p_{py}) * x_{py}$$

[1] Die Einsatzpreisabweichung wird im Rahmen der differenziert-kumulativen Abweichungsanalyse abgespalten. Sie enthält daher nicht die Sekundärabweichung.

Mit der nachfolgenden Tabelle 28 wird die für das eingeführte Beispiel sich ergebene Einsatzpreisabweichung dargestellt:

Einfluß-größen	(Istpreis	-	Planpreis)	*	Planverbrauch pro Periode	=	Preis-abweichung
T	(1,80 DM/kg	-	1,60 DM/kg)	*	640 kg	=	128 DM *(u)*
U	(0,50 DM/kg	-	0,40 DM/kg)	*	4.000 kg	=	400 DM *(u)*
V	(22 DM/kg	-	20 DM/kg)	*	160 kg	=	320 DM *(u)*
W	(0,15 DM/kg	-	0,2 DM/kg)	*	1.600 kg	=	- 80 DM *(g)*
Gesamt:							768 DM *(u)*

Tabelle 28: Ermitteln der Einsatzpreisabweichung

Die Einsatzpreisabweichung beträgt DM 768 und ist als ungünstig zu beurteilen. Für die Einflußgröße *W* liegt der Istpreis unter dem Planpreis. Diese günstige Teilabweichung reicht aber nicht aus, um die Verteuerungen der Einflußgrößen *T*, *U* und *V* auszugleichen. Dadurch ergibt sich eine Ergebnisverschlechterung. Allgemein hat das Management wenig Einflußmöglichkeit auf Preisabweichungen, besonders, wenn diese auch noch unerwartet auftreten. Aber trotzdem hat die Einkaufsabteilung doch gewisse Steuerungsmöglichkeiten, z.B. durch Preisvergleiche, ABC-Analysen oder optimale Bestellmengenmodelle. Daher wird in Unternehmen meist die Verantwortung für Preisabweichungen der Einkaufsabteilung übergeben.[1]

1 Vgl. R.S. Polimeni/F.J. Fabozzi/A.H. Adelberg, a.a.O., S. 472.

6.5.1.2 Einsatzpreis-Verbrauchsabweichung

Die Einsatzpreis-Verbrauchsabweichung ist eine Interaktionsabweichung.[1] Für vier Einflußgrößen ist sie mit der folgenden Formel ausrechnen:

$$(55)\ \textit{Einsatzpreis-Verbrauchsabweichung} = \sum_{y=1}^{4} (\Delta p_y * \Delta x)$$

Die Einsatzpreis-Verbrauchsabweichung beträgt in dem Zahlenbeispiel:

Einfluß-größen	(	Preisabweichung	*	Verbrauchs-abweichung	)	=	Einsatzpreis-Verbrauchsabweichung
T	(	0,2 DM/kg	*	110 kg	)	=	22,00 DM *(u)*
U	(	0,10 DM/kg	*	- 400 kg	)	=	- 40,00 DM *(g)*
V	(	2 DM/kg	*	20 kg	)	=	40,00 DM *(u)*
W	(	- 0,05 DM/kg	*	- 130 kg	)	=	6,50 DM *(u)*
Gesamt:							28,50 DM *(u)*

Tabelle 29: Ermitteln der Einsatzpreis-Verbrauchsabweichung

Die Einsatzpreis-Verbrauchsabweichung beträgt in diesem Beispiel DM 28,50. Sie entsteht dadurch, daß der Istpreis von dem Planpreis *und* der Istverbrauch von dem Planverbrauch abweicht. Inwiefern sie der Preis- und der globalen Verbrauchsabweichung zugerechnet wird, hängt von der Zielsetzung des Controlling und der verantwortlichen Personen ab.[2] Deshalb soll eine weitergehende Auswertung an dieser Stelle nicht erfolgen.

---

[1] Da dieser Begriff schon an verschiedenen Stellen benutzt wird, soll hier, um nicht unnötig zu verwirren, der Begriff Einsatzpreis-Verbrauchsabweichung eingesetzt werden.

[2] Vgl. hierzu Abschnitt 5.6.3 dieser Arbeit.

6.5.1.3 Globale Verbrauchsabweichung der Einzelkosten

Die globale Verbrauchsabweichung isoliert die Abweichung, die sich aus der Differenz der tatsächlichen und der geplanten Einsatzmenge zu geplanten Preisen ergibt.[1] Sie läßt sich für vier Kosteneinsatzfaktoren mit der folgenden Formel ausrechnen:

$$(56)\ \textit{Globale Verbrauchsabweichung} = \sum_{y=1}^{4} (x_{iy} - x_{py}) * p_{py}$$

Wenn die globale Verbrauchsabweichung negativ wird, ist dies als günstig zu bezeichnen. Wird sie positiv, ist dies ungünstig. Für das eingeführte Beispiel ergibt sich folgende globale Verbrauchsabweichung:

Einfluß-größen	(Istverbrauch	- Planverbrauch)	*	Planpreis	=	Preis-abweichung
T	(750 kg	- 640 kg)	*	1,60 DM/kg	=	176 DM *(u)*
U	(3.600 kg	- 4.000 kg)	*	0,40 DM/kg	=	- 160 DM *(g)*
V	(180 kg	- 160 kg)	*	20 DM/kg	=	400 DM *(u)*
W	(1.470 kg	- 1.600 kg)	*	0,2 DM/kg	=	- 26 DM *(g)*
Gesamt:						390 DM *(u)*

Tabelle 30: Ermitteln der globalen Verbrauchsabweichung

Die globale Verbrauchsabweichung beträgt in diesem Beispiel DM 390, d.h. für das Herstellen von Produkt A wurden mehr Einsatzfaktoren verbraucht als geplant. Dieses ist auf den höheren Istverbrauch bei den Einflußfaktoren *T* und insbesondere *V* zurückzuführen. Für eine detailliertere Analyse kann die globale Verbrauchsabweichung noch weiter in eine Mix- und eine Restabweichung aufgespalten werden.

---

[1] Vgl. z.B. J.A. Largay III, a.a.O., Kapitel 16, S. 5.

6.5.1.3.1 Einsatzmixabweichung[1]

Zum Herstellen eines Fertigproduktes werden gewöhnlich verschiedene Einsatzfaktoren benötigt. Analog zur Absatzmixabweichung zeigt die Einsatzmixabweichung für *n* verschiedene Einzelkostenarten die Auswirkungen veränderter Strukturen im Verbrauch der jeweiligen Einsatzfaktoren. Der Einsatzmix mißt also den Einfluß, der sich daraus ergibt, daß sich die relative Zusammensetzung zur Produktion benötigter Kosteneinflußfaktoren ändert.[2] Voraussetzung für eine sinnvolle Analyse der Abweichungen ist, daß die eingesetzten Mittel substituierbar sind. Die Analyse kann für die eingesetzten Fertigungsmaterialien und die benötigten Lohnkosten durchgeführt werden. Nachfolgend soll die Analyse exemplarisch für die Fertigungsmaterialien eines Produktes durchgeführt werden.

Die Abweichungen der geplanten Preise zum gewichteten durchschnittlichen Planpreis werden mit den Mengenabweichungen der Einsatzmaterialien multipliziert. Die folgende Formel zeigt dies für vier Einflußgrößen:[3]

$$(57)\ \textit{Einsatzmixabweichung} = \sum_{y=1}^{4} [(\mathrm{ma}_{iy} - \mathrm{ma}_{py}) * \mathrm{x}_{py}] * (\mathrm{p}_{py} - \varnothing \mathrm{p}_{p})$$

Der Mischungsanteil ergibt sich wie folgt:

$$(58)\ \textit{Geplanter Einsatzmix:}\quad ma_{py} = x_{py} \Big/ \sum_{y=1}^{4} x_{py}$$

$$(59)\ \textit{Tatsächlicher Einsatzmix:}\quad ma_{iy} = x_{iy} \Big/ \sum_{y=1}^{4} x_{iy}$$

1 Vgl. hierzu z.B. R. Fickert, a.a.O., S. 47 f.; C.R. Hasseldine: Mix and Yield Variances, in: The Accounting Review, 42. Jg. (1967), S. 497-515; J. Shank/N. Churchill, a.a.O., S. 950-957; H.I. Wolk/A.D. Hillman: Materials Mix and Variances: A Suggested Improvement, in: The Accounting Review, 47. Jg. (1972), S. 549-555.

2 Vgl. Y.C. Peles, a.a.O., S. 325-329, hier S. 325.

3 Vgl. C.T. Horngren/G. Foster/S.M. Datar, a.a.O., S. 866 ff.

Wird die Einsatzmixabweichung negativ, kann dies als günstig beurteilt werden. Wird sie positiv, ist sie für den betrieblichen Erfolg ungünstig.

Der durchschnittliche Planpreis $\varnothing p_p$ ergibt sich aus der gewichteten Summe der geplanten Einstandspreise, dividiert durch die geplanten Einsatzmengen der betreffenden Kostenart. Die Formel dafür lautet bei vier Einflußgrößen:

(60) Durchschnittlicher Planpreis $$\varnothing p_p = \frac{\sum_{y=1}^{4} x_{py} * p_{py}}{\sum_{y=1}^{4} x_{py}}$$

Im Beispiel errechnet sich der durchschnittliche Planpreis $\varnothing p_p$ wie folgt:

[(640 kg * 1,60 DM/kg) + (4.000 kg * 0,40 DM/kg) + (160 kg * 20 DM/kg) + (1.600 kg * 0,2 DM/kg)] ÷ 6.400 = [1.024 DM + 1.600 DM + 3.200 DM + 320 DM] ÷ 6.400 kg
= 6.144 DM ÷ 6.400 kg
= <u>0,96 DM/kg</u>.

Der geplante und tatsächliche Einsatzmix wird nachfolgend für das eingeführte Zahlenbeispiel errechnet:

Geplanter Einsatzmix:	*Tatsächlicher Einsatzmix:*
Einflußgröße T: 640 ÷ 6.400 = 0,1	Einflußgröße T: 750 ÷ 6.000 = 0,125
Einflußgröße U: 4.000 ÷ 6.400 = 0,625	Einflußgröße U: 3.600 ÷ 6.000 = 0,6
Einflußgröße V: 160 ÷ 6.400 = 0,025	Einflußgröße V: 180 ÷ 6.000 = 0,03
Einflußgröße W: 1.600 ÷ 6.400 = 0,25	Einflußgröße W: 1.470 ÷ 6.000 = 0,245

Tabelle 31: Geplanter und tatsächlicher Einsatzmix

Daraus ergibt sich die folgende Mixabweichung:

Einfluß-größen	(Tatsächlicher Einsatzmix	-	Geplanter Einsatzmix)	*	Planmenge [in kg]	*	(Planpreis [in DM/kg]	-	∅Planpreis [in DM/kg])	=	Mixabweichung
T	(0,125	-	0,1)	*	6.400	*	(1,60	-	0,96)	=	102,40 DM *(u)*
U	(0,6	-	0,625)	*	6.400	*	(0,40	-	0,96)	=	89,60 DM *(u)*
V	(0,03	-	0,025)	*	6.400	*	(20,00	-	0,96)	=	609,28 DM *(u)*
W	(0,245	-	0,25)	*	6.400	*	(0,2	-	0,96)	=	24,32 DM *(u)*
Gesamt:											825,60 DM *(u)*

Tabelle 32: Ermitteln der Einsatzmixabweichung

Die Einsatzmixabweichung wird insgesamt gesehen positiv und führt damit zu einer Ergebnisverschlechterung. Die Einflußgrößen *T* und *V*, deren Preis über dem durchschnittlichen Planpreis liegt - bei *V* sogar beträchtlich -, sind stärker als geplant eingesetzt worden. Die Einflußgrößen *U* und *W* wurden nicht so stark wie geplant eingesetzt, und das, obwohl ihr geplanter Preis unter dem durchschnittlichen Preis liegt.

Nachdem die Mixabweichung von der globalen Verbrauchsabweichung abgespalten wurde, verbleiben zwei restliche Abweichungen, zum einen die gemeinsame Abweichung aus Mix- und Restabweichung und zum anderen die Restabweichung.

6.5.1.3.2 Einsatzmix-Einsatzrestabweichung

Die Einsatzmix-Einsatzrestabweichung ist eine gemeinsame Abweichung der Mixabweichung und der Restabweichung. Sie ist im Rahmen der differenziert-kumulativen Abweichungsanalyse getrennt zu ermitteln.

Für vier Einflußfaktoren ist sie mit der nachstehenden Formel zu errechnen:

$$\textit{(61) Einsatzmixabweichung} = \sum_{y=1}^{4} [(ma_{iy} - ma_{py}) * (x_{iy} - x_{py}] * (p_{py} - \varnothing p_p)$$

Daraus ergibt sich für das Zahlenbeispiel die folgende Einsatzmix-Einsatzrest-abweichung:

Einfluß-größen	(Tatsächlicher - geplanter Mix)	*	(Istmenge - Planmenge)	*	(Planpreis - ∅Planpreis)	=	Mix-Rest-abweichung
T	0,025	*	(- 400 kg)	*	0,64 DM/kg	=	- 6,40 DM *(g)*
U	- 0,025	*	(- 400 kg)	*	- 0,56 DM/kg	=	- 5,60 DM *(g)*
V	0,005	*	(- 400 kg)	*	19,04 DM/kg	=	- 38,08 DM *(g)*
W	- 0,005	*	(- 400 kg)	*	- 0,76 DM/kg	=	- 1,52 DM *(g)*
Gesamt:							- 51,60 DM *(g)*

Tabelle 33: Ermitteln der Einsatzmix-Einsatzrestabweichung

Die Einsatzmix-Einsatzrestabweichung ist mit DM - 51,60 als günstig zu beurteilen. Der Grund dafür besteht insbesondere darin, daß die ungünstige Mixabweichung in ihrer Höhe auch zum Teil damit begründet ist, daß weniger eingesetzt als geplant wurde, d.h. der ungünstige Einsatz von Kostenfaktoren wird dadurch gemildert, daß die geplante Einsatzmenge unterschritten wurde. Dieses zeigt die Einsatzmix-Einsatzrestabweichung auf.

6.5.1.3.3 Einsatzrestabweichung

Die Restabweichung gilt als Ausdruck der tatsächlichen Wirtschaftlichkeit im betrieblichen Ablauf.[1] Sie wird auch echte Verbrauchsabweichung[2] genannt, wobei dieser Ausdruck etwas mißverständlich ist, denn je nachdem, welche Abweichungen vorher abgespalten wurden, können in dieser Restabweichung noch weitere Abweichungen enthalten sein.

Die Restabweichung wird „netto“ errechnet, das heißt, daß die vorher angefallenen Interaktionsabweichungen nicht in der Restabweichung enthalten sind. Dies ist - wie schon in dieser Arbeit geschehen - durchaus diskussionswürdig. Trotzdem wird sie auch hier frei von gemeinsamen Abweichungen errechnet, doch es sei noch einmal darauf hingewiesen, daß die im Laufe der Analyse angefallenen Interaktionsabweichungen durchaus den „reinen“ Abweichungen nachträglich noch angerechnet werden können.

Die Einsatzrestabweichung kann für vier Einflußfaktoren mit der folgenden Formel ermittelt werden:[3]

$$(62)\ Restabweichung = \sum_{y=1}^{4} x_{iy} * \varnothing p_p \quad - \quad x_{py} * \varnothing p_p$$

$$= \sum_{y=1}^{4} (x_{iy} - x_{py}) * \varnothing p_p$$

---

1 Vgl. L. Haberstock: Kostenrechnung II, a.a.O., S. 48; H.-J. Hoitsch, a.a.O., S. 331; W. Kilger, a.a.O., S. 177; auch S. 182 f. dieser Untersuchung.

2 Darauf weist auch der amerikanische Begriff *Yield Variance* hin (*Yield* = Ergebnis, Ausbeute, Rest); vgl. C.T. Horngren/G. Foster/S.M. Datar, a.a.O., S. 866 ff.; R.S. Kaplan/ A.A. Atkinson, a.a.O., S. 323ff.

3 Vgl. z.B. R.S. Polimeni/F.J. Fabozzi/A.H. Adelberg, a.a.O., S. 473 f.; Y.C. Peles, a.a.O., S. 325-329, hier S. 325; A.G. Coenenberg, a.a.O., S. 419.

Die Restabweichung wird für jede der vorhandenen r verschiedenen Einsatzfaktoren errechnet. Dabei ist eine negative Restabweichung als günstig anzusehen, da bezüglich der geplanten Struktur des Gesamtverbrauchs an Einsatzfaktoren eine Einsparung zu sehen ist. Aus dem entgegengesetzten Grund ist eine positive Restabweichung als ungünstig anzusehen.

Für das eingeführte Beispiel ergibt sich folgende Restabweichung:

Einfluß-größen	(Istverbrauch	-	Planverbrauch)	*	∅ Planpreis	=	Restabweichung
T	(750 kg	-	640 kg)	*	0,96 DM/kg	=	105,60 DM *(u)*
U	(3.600 kg	-	4.000 kg)	*	0,96 DM/kg	=	- 384,00 DM *(g)*
V	(180 kg	-	160 kg)	*	0,96 DM/kg	=	19,20 DM *(u)*
W	(1.470	-	1.600 kg)	*	0,96 DM/kg	=	- 124,80 DM *(g)*
Gesamt:							- 384,00 DM *(g)*

Tabelle 34: Ermitteln der Restabweichung

Für die Einflußgröße *W* kann ein (ergebnisverbessernder) Minderverbrauch in Höhe von DM - 124,80 konstatiert werden, der in gleicher Höhe durch den Mehrverbrauch der Einflußfaktoren *T* und *V* kompensiert wird. Der (ergebnisverbessernde) Minderverbrauch von Einflußgröße *U* hingegen kann nicht ausgeglichen werden und führt zu einer gesamten günstigen Restabweichung von DM - 384,00. Ihre Ursache ist in guter Ausbeute, hoher Intensität und weiteren, hier nicht genauer analysierten Kosteneinflußgrößen zu suchen.[1]

[1] Vgl. A.G. Coenenberg, a.a.O., S. 420.

6.5.1.3.4 Kritik an der Einsatzmix- und Einsatzrestabweichung

Die Einsatzmix-Analyse gibt Aufschluß darüber, inwieweit Materialien ökonomisch sinnvoll gekauft und verbraucht wurden. Ausgangspunkt ist dabei, daß das Management die Möglichkeit hat, ein Material durch ein anderes Material zu substituieren. „*A pure volume variance and a mix variance have no meaning if the products are **not** substitutes for each other.*"[1] Besteht für das Unternehmen nicht die Möglichkeit, Materialien zu substituieren, z.B. weil für das Produzieren eines Gutes ein festgelegter Einsatzmix an Materialien gebraucht wird, so reicht es, die Einsatzpreisabweichung und die globale Verbrauchsabweichung für jedes Material zu ermitteln. Ein gezielt günstiges oder ungünstiges Einkaufs- bzw. Einsatzverhalten, um den Mix zu verbessern, ist dann nicht möglich.[2] Somit ist dann auch die Einsatzmix-Analyse zwecklos.

Können Materialien gegeneinander ausgetauscht werden, dann wäre es möglich, gerade kostengünstiges Material einzukaufen und für die Produktion zu nutzen. Dieses ist sinnvoll, wenn das Ersatzmaterial die gleiche Qualität aufweist. Man sollte sich aber bewußt sein, daß die Einkaufsabteilung die Preisabweichung, für die sie verantwortlich ist, günstig gestalten kann, die Produktionsabteilung aber vielleicht mit qualitativ niederwertigem Material arbeiten muß, welches zu höherem Verschleiß, Ausschuß etc. führen könnte. In diesem Fall wäre die Einkaufsabteilung gut und die Produktionsabteilung schlecht zu bewerten, obwohl die Produktionsabteilung eventuell gut gearbeitet, aber lediglich schlechtes Material erhalten hat.

Für das Unternehmen kann durch die Einkaufspolitik der Einkaufsabteilung insgesamt eine ungünstige Situation entstehen, wofür die Einkaufsabteilung

---

1 R.S. Polimeni/F.J. Fabozzi/A.H. Adelberg, a.a.O., S. 1053.

2 Vgl. C.T. Horngren/G. Foster/S.M. Datar, a.a.O., S. 868 f.

nach der Einsatzmix-Analyse noch eine gute Bewertung erhält.

Daneben reicht es aber für die Analyse nicht aus, daß die Materialien substituierbar sind. Sie müssen auch einen gemeinsamen Nenner haben. Dieses wird in den meisten Lehrbüchern implizit unterstellt, in denen ein Beispiel beschrieben wird, in welchem ein gemeinsamer Nenner gegeben ist.[1] Angenommen, ein Produkt wird aus Materialien hergestellt, die zwar austauschbar aber dennoch verschieden sind, z.B. Plastik statt Metall bei der Autoproduktion, dann kann die Mix-Analyse zu mißverständlichen Ergebnissen führen. Dies soll nachfolgend an einem Beispiel verdeutlicht werden.

Es sei der gleiche Datenkranz wie in dem eingeführten Beispiel vorgegeben. Um die Schwäche der Einsatzmix-Analyse aufzuzeigen, soll die Einflußgröße *U* nun in *Zentnern* statt in *kg* angegeben sein. Die Einsatzpreis- und die globale Verbrauchsabweichung bleiben in gleicher Höhe bestehen, doch die Einsatzmix-, Einsatzmix-Einsatzrest- und die Einsatzrestabweichung ändern sich nun.

Folgende Datensituation ist gegeben:

Einflußgrößen	Planverbrauch pro Periode	Istverbrauch pro Periode	Planpreis pro Stück	Istpreis pro Stück
T	640 kg	750 kg	1,60 DM/kg	1,80 DM/kg
U	80 Ztr	72 Ztr	20 DM/Ztr	25 DM/Ztr
V	160 kg	180 kg	20 DM/kg	22 DM/kg
W	1.600 kg	1.470 kg	0,2 DM/kg	0,15 DM/kg

Tabelle 35: Ausgangsdaten für das Alternativ-Beispiel

Der durchschnittliche Planpreis $\varnothing p_p$ errechnet sich nun wie folgt:

[(640 kg * 1,60 DM/kg) + (80 Ztr * 20 DM/Ztr) + (160 kg * 20 DM/kg) + (1.600 kg * 0,2 DM/kg)] ÷ 2.480 = [1.024 DM + 1.600 DM + 3.200 DM + 320 DM] ÷ 2.480 = 6.144 DM ÷ 2.480 = 2,4774194 DM.[2]

Daraus ergibt sich nachfolgender geplanter und tatsächlicher Einsatzmix:

Geplanter Einsatzmix:		*Tatsächlicher Einsatzmix:*	
Einflußgröße T:	640 ÷ 2.480 = 0,2581	Einflußgröße T:	750 ÷ 2.472 = 0,3034
Einflußgröße U:	80 ÷ 2.480 = 0,0322	Einflußgröße U:	72 ÷ 2.472 = 0,0291
Einflußgröße V:	160 ÷ 2.480 = 0,0645	Einflußgröße V:	180 ÷ 2.472 = 0,0728
Einflußgröße W:	1.600 ÷ 2.480 = 0,6452	Einflußgröße W:	1.470 ÷ 2.472 = 0,5947

Tabelle 36: Geplanter und tatsächlicher Einsatzmix (Alternative)

Daraus ergibt sich die folgende Mixabweichung:

Einflußgrößen	Tatsächlicher minus geplanter Einsatzmix	*	Planmenge [in Stück]	*	Planpreis minus durchschnittlicher Planpreis $\varnothing p_p$ [in DM/Stück]	=	Mixabweichung
T	0,0453	*	2.480	*	- 0,8774	=	- 98,65 DM *(g)*
U	- 0,0031	*	2.480	*	17,5226	=	- 136,10 DM *(g)*
V	0,0083	*	2.480	*	17,5226	=	360,66 DM *(u)*
W	- 0,0505	*	2.480	*	- 2,2774	=	285,23 DM *(u)*
Gesamt:							411,14 DM *(g)*

Tabelle 37: Ermitteln der Einsatzmixabweichung (Alternative)

1 Vgl. für viele C.T. Horngren/G. Foster/S.M. Datar, a.a.O., S. 868 ff.

2 Der höhere durchschnittliche Planpreis ergibt sich dadurch, daß bei gleichem Zähler der Nenner geringer geworden ist.

Die Einsatzmix-Einsatzrestabweichung hat nun folgendes Aussehen:

Einflußgrößen	Tatsächlicher minus geplanter Einsatzmix	*	Istmenge - Planmenge	*	Planpreis minus durchschnittlicher Planpreis $\varnothing p_p$	=	Einsatzmix-Einsatzrestabweichung
T	0,0453	*	(- 8)	*	- 0,8774	=	0,32 DM *(u)*
U	- 0,0031	*	(- 8)	*	17,5226	=	0,43 DM *(u)*
V	0,0083	*	(- 8)	*	17,5226	=	- 1,16 DM *(g)*
W	- 0,0505	*	(- 8)	*	- 2,2774	=	- 0,92 DM *(g)*
Gesamt:							- 1,33 DM *(g)*

Tabelle 38: Ermitteln der Einsatzmix-Einsatzrestabweichung (Alternative)

Die dazugehörige Restabweichung beträgt:

Einflußgrößen	(Istverbrauch pro Periode	-	Planverbrauch pro Periode)	*	∅ Planpreis	=	Restabweichung
T	(750 kg	-	640 kg)	*	2,4774 DM/kg	=	272,52 DM *(u)*
U	(72 Ztr	-	80 Ztr)	*	2,4774 DM/Ztr	=	- 19,82 DM *(g)*
V	(180 kg	-	160 kg)	*	2,4774 DM/kg	=	49,55 DM *(u)*
W	(1.470 kg	-	1.600 kg)	*	2,4774 DM/kg	=	- 322,06 DM *(g)*
Gesamt:							- 19,81 DM *(g)*

Tabelle 39: Ermitteln der Restabweichung (Alternative)

Tabelle 40 zeigt abschließend die Ergebnisse der Dekomposition der globalen Verbrauchsabweichung im Ausgangsfall und im Alternativfall:

	Ausgangsfall (Angabe U in kg)	Alternativfall (Angabe U in Ztr)
Einsatzmixabweichung	825,60 *(u)*	411,14 *(u)*
Einsatzmix-Einsatzrestabweichung	- 51,60 DM *(g)*	- 1,33 DM *(g)*
Einsatzrestabweichung	- 384,00 *(g)*	- 19,81 *(g)*
Gesamte globale Verbrauchsabweichung	390,00 *(u)*	390,00 *(u)*

Tabelle 40: Zusammenfassen der Ergebnisse

Durch dieses Zahlenbeispiel wird der Mangel der Mix-Analyse deutlich. Obwohl der gleiche Datenkranz vorliegt und die globale Verbrauchabweichung sich nicht ändert, ergeben sich nun deutlich unterschiedliche Teilabweichungen. Der Grund besteht allein in der veränderten Einheit des Einflußfaktors *U*.

Bei dem Ermitteln des durchschnittlichen Planpreises wurden die gewichteten Summen der geplanten Einstandspreise durch die geplanten Einsatzmengen der betreffenden Kostenart dividiert. Dabei wird der Zähler durch das Bewerten mit DM addierbar gemacht. Der Nenner hingegen summiert verschiedene Einheiten. Dadurch werden quasi „Äpfel mit Birnen" oder „Kilogramm mit Zentnern" zusammengerechnet. Der durchschnittliche Planpreis wird nun von der Einheit abhängig. Dies führt zu einem willkürlichen Ergebnis, je nachdem, welche Einheit gewählt wird, z.B. Minute oder Stunde, Zentner oder Kilogramm.

Nach Kenntnis des Verfassers hat Peles als erster erkannt, daß diese Vorgehensweise ernsthafte Mängel beinhaltet, die zu falschen Ergebnissen führen kann. Er schlägt vor, die Kosten in Geldeinheiten als gemeinsamen Nenner zum Errechnen der Abweichungen zu nehmen.[1] Interessanterweise ist diese Methode als *„sales-dollar method"* noch in älteren Lehrbüchern enthalten. In aktuellen

1 Vgl. Y.C. Peles, a.a.O., S. 325-329.

Lehrbüchern wird jedoch nur noch die *„physical-quantity method"* angeboten, allerdings ohne auf ihre Mängel hinzuweisen.[1]

Zusammenfassend läßt sich feststellen, daß die Mix-Analyse durchaus interessante Einblicke in die Kostenstruktur eines Unternehmens ermöglicht und auch Ansatzpunkte zur effizienteren Steuerung des Unternehmens aufdeckt. Allerdings sollte man durchaus mit einer gewissen Vorsicht an die Ergebnisse herangehen, da diese Analyse, wie gezeigt, manipulierbar ist. Die Bestandteile der Einzelkostenabweichung werden in der Abbildung 80 zusammengefaßt:[2]

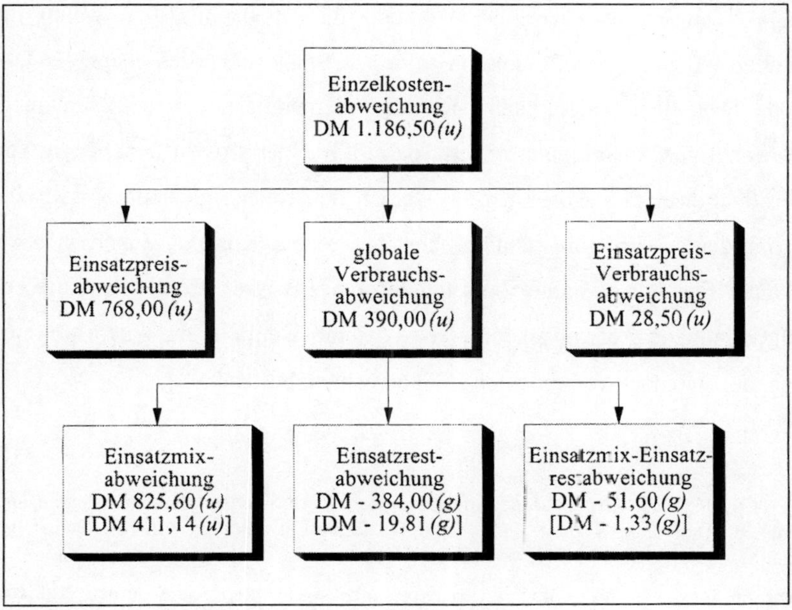

Abb. 80: Bestandteile der Einzelkostenabweichung

---

1 Vgl. hierfür z.B. C.T. Horngren/G. Foster/S.M. Datar, a.a.O., S. 865-897; R.S. Kaplan/A.A. Atkinson, a.a.O., Kapitel 9. In der deutschen Kostenrechnungsliteratur fehlt die Mix-Analyse meist. Eine Ausnahme bildet A.G. Coenenberg, a.a.O., S. 417-420, der allerdings auch nicht auf diese Mängel eingeht.

2 In Klammern stehen die Abweichungen der Alternativrechnung.

6.5.2 Gemeinkostenabweichungen

Der Anteil der Gemeinkosten, verglichen mit den direkt produktbezogenen Kosten, hat im Zeitablauf deutlich zugenommen.[1] Dies führte zu neueren Ansätzen in der Kostenrechnung wie z.B. der Prozeßkostenrechnung oder der Zielkostenrechnung.[2] Diese Entwicklung zeigt aber auch, daß der Gemeinkostenbereich analysiert werden sollte.

Gemeinkostenabweichungen können auf verschiedene Weise berechnet werden. Dies soll anhand von Berechnungsformeln dargestellt werden. Hätte man z.B. Gemeinkosten in Höhe von DM 100.000 für 1.000 Stück, so wären die Gemeinkosten bei einer Produktion von 500 Stück sicherlich mehr als DM 50.000. Das liegt daran, daß sich die Gemeinkosten regelmäßig nicht proportional zur Ausbringung ändern, da ein Teil der Kosten unabhängig von der Produktion anfällt. Diese Kosten werden fixe Kosten genannt. Kosten, die sich mit der Ausbringung ändern, heißen variable Kosten. Manche Kosten beinhalten fixe und variable Bestandteile, wie z.B. die Stromkosten, die aus einem Grundbetrag, der unabhängig vom Verbrauch anfällt, und einem weiteren Betrag, der sich nach verbrauchten kWh berechnet, bestehen.

---

[1] Vgl. H.-U. Küpper: Vergleichende Analyse moderner Ansätze des Gemeinkostenmanagements, in: Dellmann, K./Franz, K.P. (Hrsg.): Neuere Entwicklungen im Kostenmanagement, Stuttgart 1994, S. 31-77, hier S. 32.

[2] Diese Ansätze sollen im Rahmen dieser Arbeit nicht weiter besprochen werden. Vgl. aber zur Prozeßkostenrechnung z.B. H. Glaser: Prozeßkostenrechnung - Darstellung und Kritik, in: ZfbF, 44. Jg. (1992), S. 275-288; M. Schweitzer/H.-U. Küpper, a.a.O., S. 321-357; P. Horváth/R. Mayer: Prozeßkostenrechnung, in: Controlling, 1. Jg. (1989), S. 214-219; K.-P. Franz: Die Prozeßkostenrechnung - Darstellung und Vergleich mit der Plankosten- und Deckungsbeitragsrechnung, in: Ahlert, D./Franz, K.-P./Göppl, H. (Hrsg.): Finanz- und Rechnungswesen als Führungsinstrument, Wiesbaden 1990, S. 109-136; zur Zielkostenrechnung vgl. z.B. K.-P. Franz: Target Consting. Konzept und kritische Bereiche, in: Controlling, 5. Jg. (1993), S. 124-130; W. Seidenschwarz: Target Costing. Marktorientiertes Zielkostenmanagement, München 1993; M. Schweitzer/ H.-U. Küpper, a.a.O., S. 662-675.

Diese Kosten werden als semivariable bzw. semifixe Kosten bezeichnet und sind in ihre variablen und fixen Bestandteile zu dekomponieren.[1]

Die Gemeinkosten werden zur Analyse der Abweichungen in variable (proportionale)[2] und fixe Kosten getrennt. Für die Analyse der Gemeinkostenabweichungen werden die nachfolgenden Symbole verwandt:

p_i = *Istkostensatz*

p_{iv} = *variabler Istkostensatz*

p_{iF} = *fixer Istkostensatz*

p_p = *Plankostensatz*

p_{pv} = *variabler Plankostensatz*

p_{pF} = *fixer Plankostensatz*

x_i = *Ist-Verbrauchsmenge für die Ist-Ausbringungsmenge (Isteinsatz)*

x_p = *Plan-Verbrauchsmenge für die Ist-Ausbringungsmenge (Solleinsatz)*

K_{pF} = *geplante fixe Gemeinkosten*

K_{FL} = *Leerkosten*

K_{FN} = *Nutzkosten*

Die Abweichungsanalyse der Gemeinkosten wird mit Zahlenbeispielen verdeutlicht. Hierfür werden die folgenden fiktiven Angaben eingeführt:

p_i in DM/Std	p_{iv} in DM/Std	p_{iF} in DM/Std	p_p in DM/Std	p_{pv} in DM/Std	p_{pF} in DM/Std	x_i in Stunden	x_p in Stunden	K_{pF} in DM
3,00	2,50	0,50	4,00	3,00	1,00	6.000	4.000	1.000

Tabelle 41: Beispieldaten für die Gemeinkostenanalyse

1 Vgl. P.E. Fess/C.S. Warren, J.M. Reeve, a.a.O., S. 779-781.

2 Es sei unterstellt, daß die variablen Kosten proportional zur Beschäftigung verrechnet werden. Variable Kosten können aber auch progressiv oder degressiv anfallen.

Gemeinkostenabweichungen können in eine Beschäftigungs- und eine Verbrauchsabweichung aufgeteilt werden.[1] Die *Beschäftigungsabweichung* resultiert daraus, daß eine Unter- oder Überbeschäftigung herrscht, die fixen Kosten also falsch verrechnet werden.[2] Diese Abweichung muß in der Grenzplankostenrechnung immer Null sein, in der Plankostenrechnung mit Vollkosten kann sie jedoch auftreten. Die *Verbrauchsabweichung* kann verschiedene Ursachen haben. Sie hat stets „mehr oder weniger globalen Charakter und ist noch weiter zu analysieren."[3] In dieser Arbeit werden die Gemeinkosten erst in variable und fixe Kosten unterschieden und dann auf ihre Abweichungen hin untersucht.

6.5.2.1 Analyse der variablen Gemeinkostenabweichungen

Um Plankosten für die variablen Gemeinkosten pro Ausbringung zu entwickeln, sind folgende Schritte sinnvoll:[4]

1. Ein geeigneter Kostentreiber ist zu wählen. Dieser Kostentreiber sollte sich proportional zu den Gemeinkosten verändern.
2. Der Einsatz der Bezugsgröße, der verbraucht werden soll, um eine Einheit zu produzieren, ist zu schätzen.
3. Ein variabler Plankostenverrechnungssatz ist zu ermitteln.
4. Der variable Plankostenverrechnungssatz ist auf die jeweiligen Verbrauchsmengen anzuwenden.

---

1 Vgl. z.B. K.D. Larson/W.W. Pyle, a.a.O., S. 937-940; P.E. Fess/C.S. Warren, J.M. Reeve, a.a.O., S. 871-876; M. Schweitzer/H.-U. Küpper, a.a.O., S. 655 f.

2 Vgl. M. Schweitzer/H.-U- Küpper, a.a.O., S. 288 f.

3 L. Haberstock: Kostenrechnung II, a.a.O., S. 306.

4 Vgl. C.T. Horngren/G. Foster/S.M. Datar, a.a.O., S. 256.

Die Analyse der variablen Gemeinkosten erfolgt, indem drei Hauptabweichungen gebildet werden. Dieses sind die variable Gemeinkostensatzabweichung, die variable Gemeinkostenverbrauchsabweichung und die gemeinsame Abweichung aus den beiden vorgenannten.[1]

Das flexible Budget der variablen Gemeinkosten entspricht wie bei den Einzelkosten immer den verrechneten variablen Gemeinkosten. Das ist das Produkt aus variablem Kostensatz und Ausbringungsmenge der betrachteten Kostenstelle.[1]

Die Zusammenhänge variabler Gemeinkostenabweichungen verdeutlicht die Abbildung 81:

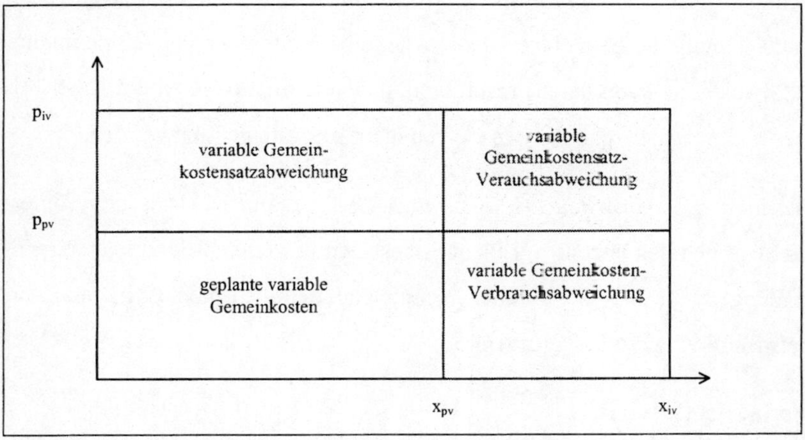

Abb. 81: Systematik variabler Gemeinkostenabweichungen

[1] Die letztgenannte Abweichung ist bei der differenziert-kumulativen Abweichungsanalyse zu bilden. Bei der kumulativen Abweichungsanalyse entfällt die gemeinsame Abweichung und wird der ersten Abweichung zugerechnet, vgl. hierzu z.B. C.T. Horngren/G. Foster/S.M. Datar, a.a.O., S. 254-257; L. Haberstock: Kostenrechnung II, a.a.O., S. 306-351.

Die *variable Gemeinkostensatzabweichung* zeigt den Unterschied zwischen dem variablen Ist- und Plankostensatz bewertet mit der Planverbrauchsmenge und wird mit nachfolgender Formel ermittelt:

(63) *Variable Gemeinkostensatzabweichung* = $(p_{iv} - p_{pv}) * x_p$

Für das eingeführte Zahlenbeispiel ergibt sich die folgende variable Gemeinkostensatzabweichung:

(2,50 DM/Std - 3,00 DM/Std) * 4.000 Std = - 2.000 DM *(g)*.

Die variable Gemeinkostensatzabweichung ist eine Zusammensetzung aus Preis- und anderen Faktoren. Sie bezieht sich auf den bei der analysierten Kostenstelle verwendeten Abrechnungsmaßstab. Deshalb kann sie nicht zwangsläufig als Preisabweichung der betrachteten Kostenstelle bezeichnet werden.[2] Eine ungünstige Abweichung kann daraus resultieren, daß sich die Preise erhöht haben. Es ist aber auch möglich, daß die Ressourcen nicht sorgsam genutzt wurden.

Die *variable Gemeinkostenverbrauchsabweichung* ergibt sich aus dem Unterschied zwischen den jeweils mit Plankostensätzen bewerteten flexiblen Gemeinkostenbudgets für die Istverbrauchsmenge und den flexiblen Gemeinkostenbudgets für die Planverbrauchsmenge.[1]

Die Formel lautet somit:

(64) *Variable Gemeinkostenverbrauchsabweichung* = $(x_i - x_p) * p_{pv}$

---

1 Vgl. A.G. Coenenberg, a.a.O., S. 412 f.

2 Die Kontrolle der Gemeinkosten erfolgt kostenstellenweise. Sie kann für jede Gemeinkostenart bestimmt werden, vgl. L. Haberstock: Kostenrechnung II, a.a.O., S. 295; G. Wöhe, a.a.O., S. 1332.

Mit den Beispielzahlen ergibt sich folgende variable Gemeinkostenverbrauchsabweichung:

(6.000 Std - 4.000 Std) * 3,00 DM/Std = 6.000 DM *(u)*.

Diese Abweichung stellt eigentlich eine Mengenabweichung dar, denn sie weist den Mehr- oder Mindereinsatz einer Stellenleistung gegenüber der Planverbrauchsmenge für die Istausbringungsmenge aus. Dies kann durch verschiedene Größen hervorgerufen sein. „Vor allem können Änderungen der Materialeigenschaften, Störungen der eingesetzten Betriebsmittel sowie Änderungen im Leistungseinsatz der Mitarbeiter die Verbrauchsabweichungen bewirkt haben.“[2]

Die *variable Gemeinkostensatz-Verbrauchsabweichung* stellt die gemeinsame Abweichung der beiden vorgenannten Abweichungen dar.

Sie errechnet sich nach folgender Formel:

(65) Variable Gemeinkostensatz-Verbrauchsabweichung = $(x_i - x_p) * (p_{iv} - p_{pv})$

Mit den Beispielzahlen ergibt sich folgende variable Gemeinkostensatz-Verbrauchsabweichung:

(6.000 Std - 4.000 Std) * (2,50 DM/Std - 3,00 DM/Std) = - 1.000 DM *(g)*.

Die variable Gemeinkostensatz-Verbrauchsabweichung wird der variablen Gemeinkostensatzabweichung zugeschlagen, wenn die kumulative Methode angewandt wird.[3]

---

1 Vgl. C.T. Horngren/G. Foster/S.M. Datar, a.a.O., S. 256 f.; A.G. Coenenberg, a.a.O., S. 416.

2 M. Schweitzer/H.-U. Küpper, a.a.O., S. 656.

3 Vgl. C.T. Horngren/G. Foster/S.M. Datar, a.a.O., S. 256-261; K.D. Larson/W.W. Pyle, a.a.O., S. 937-940.

Nun läßt sich auch die Abweichung der variablen Gemeinkosten bestimmen, denn diese ergibt sich aus der Summe der drei Teilabweichungen oder auch mit folgender Formel:

(66) Variable Gemeinkostenabweichung = $(p_{iv} * x_i) - (p_{pv} * x_p)$

Mit den Zahlen des Beispiels ergibt sich folgende variable Gemeinkosten-abweichung:

(2,50 DM/Std * 6.000 Std) - (3,00 DM/Std * 4.000 Std) = 3.000 DM *(u)*.

Insgesamt ergibt sich also eine ungünstige variable Gemeinkostenabweichung, die daraus resultiert, daß deutlich mehr Stunden eingesetzt wurden. Dies konnte auch nicht durch den geringer als erwartet ausgefallenen Kostensatz kompensiert werden. Die Ergebnisse der variablen Gemeinkostenanalyse werden in der Abbildung 82 zusammengefaßt:

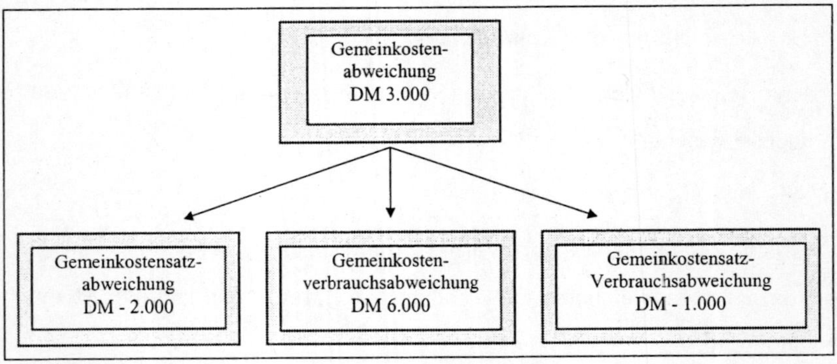

Abb. 82: Bestandteile der variablen Gemeinkostenanalyse

6.5.2.2 Analyse der fixen Gemeinkostenabweichungen

Die fixen Gemeinkosten können nach verschiedenen Aspekten auf Abweichungen untersucht werden. Zum einen stellt sich die Auslastungsfrage der Kapazitäten, zum anderen können auch reale Veränderungen der Fixkosten auftreten. Die Auslastungsfrage wird in der Grenzplankostenrechnung in Form einer Nutz- und Leerkostenanalyse untersucht und in der Plankostenrechnung auf Vollkostenbasis, in dem Beschäftigungsabweichungen errechnet werden. Reale Veränderungen der Fixkosten, sogenannte Fixkostenabweichungen, sind in der Praxis relativ selten, da entweder die Kapazitäten unverändert bleiben oder bei planmäßigen Kapazitätsänderungen die geplanten fixen Gemeinkosten angepaßt werden.[1]

Abbildung 83 zeigt die Systematik der Fixkostenanalyse:

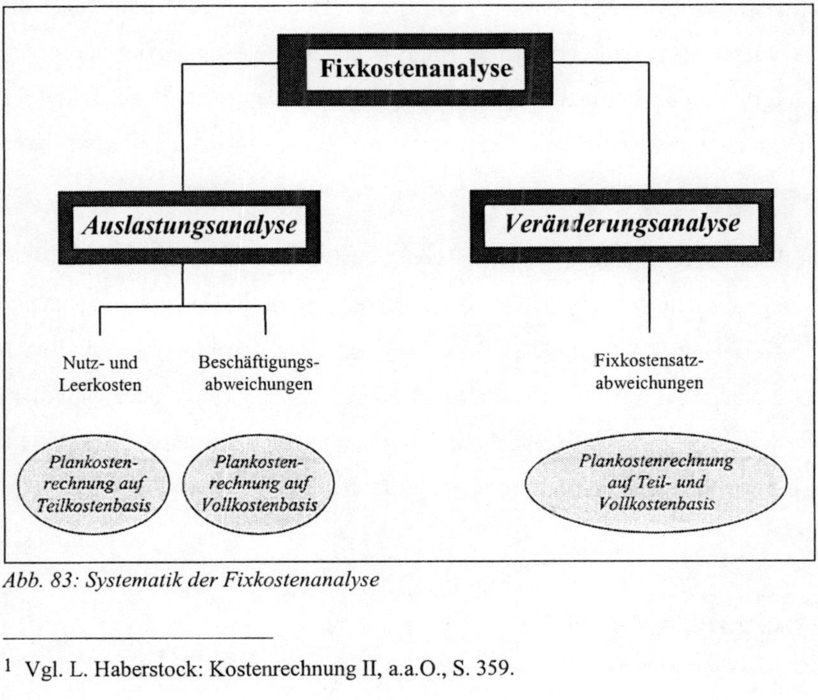

Abb. 83: Systematik der Fixkostenanalyse

1 Vgl. L. Haberstock: Kostenrechnung II, a.a.O., S. 359.

Mit der Veränderungsanalyse wird die Abweichung zwischen den effektiv in einer Periode angefallenen fixen Istkosten und den hierfür budgetierten fixen Plankosten berechnet. Diese Abweichung wird fixe Kostensatzabweichung genannt und ermittelt sich mit nachstehender Formel:

(67) *Fixe Kostensatzabweichung* $= x_i * p_{iF} - x_p * p_{pF}$

Mit den Beispieldaten ergibt sich folgende fixe Kostensatzabweichung:

6.000 Std * 0,50 DM/Std - 4.000 Std * 1,00 DM/Std = - 1.000 DM *(g)*.

Wie schon erwähnt, ist diese Abweichung in der Praxis selten zu finden, da meist kein Unterschied zwischen ursprünglich budgetierten und später effektiv verrechneten fixen Gemeinkosten gemacht wird. Jedoch ist diese Abweichung ergebniswirksam.[1]

Statt dessen tritt in der Praxis vielmehr die auf die jeweilige Produktionshöhe der betrachteten Periode bezogenen Analyse der budgetierten Fixkosten in den Vordergrund. Die Produktionshöhenabweichung berechnet sich als Differenz der flexibel budgetierten fixen Gemeinkosten und der proportionalisierten fixen Gemeinkosten.[2] Hiermit beschäftigt sich die *Auslastungsanalyse*.

Man kann unterscheiden, ob man von einer Voll- oder Grenzplankostenrechnung ausgeht. In der Vollplankostenrechnung wird die Ausbringungsmenge der betreffenden Kostenstelle zum vollen Kostensatz bewertet. Hier sind auch proportionalisierte Fixkosten enthalten. Dadurch können Über- oder Unterdeckungen zum ursprünglichen Planbudget der betrachteten Kostenstelle auftreten. Diese Verrechnungsunterschiede zeigt die *Beschäftigungsabweichung*.

---

1 Vgl. R. Fickert, a.a.O., S. 56.

2 Vgl. K. Käfer, a.a.O., S. 282 ff.

Sie errechnet sich wie folgt:[1]

(68) Beschäftigungsabweichung $= (x_i - x_p) * p_{pF}$

Mit den Beispielzahlen errechnet sich folgende Beschäftigungsabweichung:

(6.000 Std - 4.000 Std) * 1,00 DM/Std = 2.000 DM *(u)*.

Die Beschäftigungsabweichung tritt nur in der Vollplankostenrechnung auf und beruht auf dem Proportionalisieren der fixen Gemeinkosten bezüglich der Planbeschäftigung. Unterschreitet die Istbeschäftigung die Planbeschäftigung, werden zu wenig fixe Gemeinkosten auf die Produkte verrechnet und umgekehrt. In dem Beispiel werden zuviel fixe Kosten auf die Produkte verrechnet, dadurch sind die Plangemeinkostensätze voll abgedeckt, sogar überdeckt. Allerdings hat die Beschäftigungsabweichung keinen Einfluß auf das Ergebnis, da nur eine Verrechnung vorgenommen wird.

Beschäftigungsabweichungen treten in der Grenzplankostenrechnung nicht auf, da die Fixkosten nicht in die Planverrechnungssätze der betrachteten Kostenstelle einbezogen werden. Trotzdem ist eine Analyse möglich. Hierbei wird der Fixkostenblock in zwei Komponenten zerlegt, die Leer- und die Nutzkosten. Es gilt:

Fixkostenblock = Leerkosten + Nutzkosten

Die *Leerkosten* sind der Teil der fixen Gemeinkosten, „der durch die anteilige tatsächliche Beschäftigung im Verhältnis zur maximalen Beschäftigung (Kapazität) *nicht* ausgenutzt wird.“[2]

Die Leerkosten haben folgende Formel:

---

[1] Vgl. A.G. Coenenberg, a.a.O., S. 422.

[2] L. Haberstock: Kostenrechnung II, a.a.O., S. 352.

(69) Leerkosten $K_{FL} = K_{pF} * (1 - x_i / x_p)$.

Damit ergeben sich folgende Leerkosten:

Leerkosten = 1.000 DM * (1 - 6.000 Std/4.000 Std) = <u>- 500 DM</u> *(g)*.

Die Leerkosten entsprechen genau der oben ermittelten Beschäftigungsabweichung, wenn die Planbeschäftigung entsprechend der maximalen Kapazität der betrachteten Kostenstelle festgelegt wird, sog. *Kapazitätsplanung*.[1] Die Planung kann auch am Engpaß ausgerichtet werden, sog. *Engpaßplanung*.[2] Die Planbezugsgröße, die auf Basis der Engpaßplanung ermittelt wurde, braucht nicht mit der Beschäftigungsabweichung übereinzustimmen. Die Leerkosten können hier größer als die Planbezugsgröße werden, d.h. einen negativen Wert annehmen. Sie sind in der Grenzplankostenrechnung ein Indikator, der anzeigt, welche Kapazitäten noch ungenutzt sind. In diesem Beispiel wären keine Kapazitäten mehr vorhanden.

Die *Nutzkosten* sind der Teil der fixen Gemeinkosten, „der durch die anteilige tatsächliche Beschäftigung im Verhältnis zur maximalen Beschäftigung (Kapazität) ausgenutzt wird."[3]

Daher ergibt sich folgende Formel:

(70) Nutzkosten $K_{FN} = K_{pF} * x_i / x_p$

Für das eingeführte Beispiel betragen die Nutzkosten:

Nutzkosten = 1.000 DM * (6.000 Std/4.000 Std) = <u>1.500 DM</u> *(u)*.

---

1 Der formale Beweis findet sich bei L. Haberstock: Kostenrechnung II, a.a.O., S. 355.

2 Vgl. zum Unterschied ausführlicher G. Wöhe, a.a.O., S. 1333-1339; L. Haberstock: Kostenrechnung II, a.a.O., S. 354 f.

3 L. Haberstock: Kostenrechnung II, a.a.O., S. 352.

Die Nutzkosten sind höher als die geplanten fixen Kosten, d.h. es sind mehr fixe Kosten verrechnet worden als geplant waren. Das wäre, wie oben beschrieben, in einer Kapazitätsplanung nicht möglich gewesen.

Nutz- und Leerkosten ergeben zusammen wieder die fixen Kosten. Dies verdeutlicht graphisch die Abbildung 84 auf der nächsten Seite, wobei exemplarisch davon ausgegangen wird, daß eine Kapazitätsplanung vorliegt:

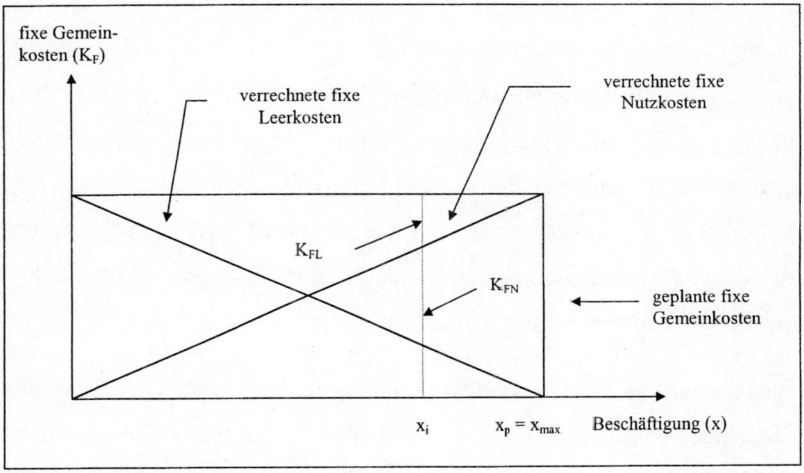

Abb. 84: Nutz- und Leerkostenanalyse der fixen Kosten

6.5.3 Zusammenfassung

Die Kostenabweichungsanalyse hat in Theorie und Praxis einen relativ hohen Stand. Die hier dargelegte Kostenanalyse unterscheidet sich aber von der traditionellen Kostenabweichungsanalyse durch eine wesentliche Besonderheit: Die Abweichungsanalyse wird hier konsequent mit differenziert-kumulativen Methode dargestellt. Dies ist in der Literatur und wohl auch in der Praxis bisher nicht üblich. Dort wird die kumulative Abweichungsanalyse noch bevorzugt angewandt.

Der Vorteil des hier vorgestellten geschlossenen Systems liegt besonders darin, daß der Controller genauere Einblicke in die Abweichungsstruktur der Kosten erhält. In der kumulativen Abweichungsanalyse werden die interdependenten Abweichungen zuerst abgespalten und stehen dann für eine weitere, vertiefte Analyse nicht mehr zur Verfügung. Jedoch ist es nach Meinung des Verfassers sinnvoller, sämtliche Abweichungen zu ermitteln und dann für die Beurteilung mit heranzuziehen.

Die traditionelle Kostenabweichungsanalyse in der deutschen Literatur verzichtet meist auf eine mehrstufige Darstellung der Abweichungen. „Dabei erscheint es unabdingbar, die auftretenden Abweichungen nicht nur *einstufig* nach Absatzmengen-Abweichungen und Preis-/Kosten-Abweichungen, sondern *mehrstufig* unter Berücksichtigung der weiteren Ursachen detaillierter zu analysieren."[1] Diese beiden Punkte unterscheiden die hier dargestellte Abweichungsanalyse wesentlich von anderen Ansätzen in der Literatur.

Für die Auswertung und Interpretation im Rahmen des betrieblichen Controlling sind folgende Aspekte zu erwähnen: Der Leiter einer Kostenstelle ist üblicherweise nicht für Beschäftigungsabweichungen bzw. Leerkosten verantwortlich zu machen, denn das Verhältnis von effektiver zu geplanter Auslastung ist eher davon abhängig, wie der Vertrieb sich am Markt durchsetzen kann. Sind Beschäftigungsänderungen bzw. Leerkosten für einen längeren Zeitraum relativ hoch, ist dies als Auslöser für die Einleitung entsprechender kapazitätsmäßiger Anpassungsprozesse zu sehen.[2]

---

1 G. Eilenberger, a.a.O., S. 318. („Einstufig" und „mehrstufig" sind im Original fett statt wie hier kursiv gedruckt.)

2 Vgl. L. Haberstock: Kostenrechnung II, a.a.O., S. 357.

6.6 Beurteilung der Erfolgsabweichungsanalyse

Bisher werden Abweichungsanalysen meist auf Kostenebene betrachtet. Für das Marketing-Controlling reicht nach Ansicht des Verfassers die Kostenabweichungsanalyse nicht aus. In die Abweichungsanalyse sind auch die Erlöse mit einzubeziehen. Deshalb wurde hier ein geschlossenes System zur Erfolgsabweichungsanalyse auf einer ersten Stufe vorgelegt.

Die Erfolgsabweichungsanalyse ist ein geeignetes Mittel, um die Wirtschaftlichkeit zu kontrollieren. Wird sie mehrstufig durchgeführt, ist sie zusätzlich geeignet, den Betriebserfolg zu steuern. Damit bietet sich der Einsatz der Erfolgsabweichungsanalyse im Marketing-Controlling an.

Die Erfolgsabweichungsanalyse ist in dieser „ersten" Stufe auf den Verfahren der Kostenabweichungsanalyse aufgebaut. Dies ist traditionell bedingt, obwohl es inzwischen auch andere Ansätze gibt, die im folgenden Kapitel ausführlich untersucht werden. Jedoch wurde gezeigt, daß ein logisch-systematischer Aufbau einer Erfolgsabweichungsanalyse über die Techniken der Kostenabweichungsanalyse zweckmäßig ist. So stellt das hier vorgestellte Konzept der Abweichungsanalyse einen ersten sinnvollen Schritt dar, ein geeignetes Instrument des Marketing-Controlling zu werden.

6.7 Ausblick

Die Erfolgsabweichungsanalyse ist aber nicht nur ein Instrument des Marketing-Controlling, sondern auch ein Instrument des Controlling, der Steuerung und der Kontrolle schlechthin.[1]

So ist die Erfolgsabweichungsanalyse, um den Ansprüchen des Marketing-Controlling voll gerecht zu werden, stärker zu differenzieren. Albers hat darauf

---

[1] Vgl. H.J.H. Powelz: Anmerkungen, S. 1229.

hingewiesen, „daß die übliche Dekomposition in eine Preis- und Mengenabweichung wenig Aussagekraft bietet, da bei Erlösen die Menge in einem funktionalen Reaktionsverhältnis zum Preis steht.“[1] Dies schmälert die Aussagekraft der hier gezeigten Erfolgsabweichungsanalyse. Im nächsten Abschnitt wird die Preis-Mengen-Abhängigkeit berücksichtigt.

Zudem werden mit der Erfolgsabweichungsanalyse die Fragen des Marketing-Controlling nicht geklärt. Statt dessen wird ein System vorgeschlagen, das eine Erlösabweichung auf exogene und endogene Ursachen zurückführt.[2]

Diese Trennung in endogene und exogene Abweichungen hält Powelz für zu stark eingeengt auf den spezifischen Informationsbedarf des Marketing-Controlling. Sie läßt sich seiner Meinung nach zudem auch im Rahmen der bisherigen Erlösabweichungssysteme erreichen.[3]

Die weitergehenden Ansätze von Albers und Powelz werden im nächsten Abschnitt dargestellt und kritisch untersucht.

---

1 S. Albers: Ursachenanalyse von Erlösen, S. 637.

2 Vgl. S. Albers: Ursachenanalyse von Erlösen, S. 637.

3 Vgl. H.J.H. Powelz: Anmerkungen, a.a.O., S. 1229.

7 Symptom- und ursachenorientierte Abweichungsanalyse

7.1 Symptomorientierte Abweichungsanalyse

7.1.1 Problemstellung

Im vorangegangenen Kapitel wurde ein geschlossenes System der Erfolgsabweichungsanalyse dargestellt, welches in der angelsächsischen Literatur vorherrschend ist.[1] Dieses System wurde auf einer Ebene, der Unternehmensebene, dargestellt. Diese aggregierte Form der Darstellung ist bezüglich der Wirtschaftlichkeit und Übersichtlichkeit der Rechnung sinnvoll. Andererseits ist für das Marketing-Controlling eine genauere Betrachtung notwendig. So sollten nicht nur die Einzeleffekte für eine produktbezogene Sichtweise ermittelt werden, sondern daneben auch Teileffekte in anderen Kalkulationsobjekthierarchien, z.B. Preis- und Mengeneffekte in verschiedenen Kundengruppen oder räumlichen Teilmärkten.[2]

Die Erlöse sind so differenziert zu betrachten, daß genügend konkrete Anhaltspunkte für Handlungsalternativen gewonnen werden können. Gleichfalls sollten die Ergebnisse aber so weit aggregiert sein, daß die Analyse für den Empfänger übersichtlich und wirtschaftlich ist und als Grundlage für die strategische Planung dienen kann.[3] Je mehr aggregiert wird, desto mehr ist mit Durchschnittswerten zu rechnen. Insbesondere durch das Problem der Durchschnittspreisbildung können erhebliche Verzerrungen entstehen.[4]

---

[1] Vgl. z.B. C.T. Horngren/G. Foster/S.M. Datar, a.a.O., S. 217-295, S. 576-610 und S. 865-897.

[2] Vgl. H.-J. Witt: Deckungsbeitragsmanagement, a.a.O., S. 404 f.

[3] Vgl. W.H. Engelhardt: Absatzpolitik, a.a.O., S. 25.

[4] Vgl. H.J.H. Powelz: Erlösinformationen, a.a.O., S. 1091. Diese Verzerrungen werden durch Erlösschmälerungen noch verstärkt.

Dies gilt insbesondere, wenn die Produktstruktur des Absatzes gegenüber der Planung verändert wird. Das erlösseitige Wirken einer Absatzmengenveränderung wird dann nicht korrekt ausgewiesen.[1]

„Für die Erlösveränderungsanalyse bedeutet dies konkret:

1. Die Produktabsatzmengenstruktur muß mit einbezogen werden.
2. Die Produktabsatzpreisabweichungen vom Mittelwert sind zu berücksichtigen.“[2]

Eine Strukturkomponente ist mit einzuführen. Mit dieser differenzierten Betrachtung im Absatzbereich hat sich Powelz auseinandergesetzt und dafür den Begriff *Erlösspaltungskonzept* in die deutsche Literatur eingeführt.[3] Er weicht von dem hier im letzten Kapitel vorgestellten System insofern ab, als daß er den Struktureffekt mit in seine Betrachtungen aufgenommen hat, den er als Produktmixeffekt bzw. Kundenmixeffekt bezeichnet.[4] Nachfolgend wird das von Powelz entwickelte Erlösspaltungskonzept vorgestellt.

---

[1] Vgl. B.R. Kunz: Kontrolle von Umfang und Zusammensetzung der abgesetzten Leistungen: Product-Mix-Abweichung, in: krp, o.Jg. (1987), S. 64-58, hier S. 64.

[2] H.J.H. Powelz: Erlösinformationen, a.a.O., S. 1100.

[3] Vgl. H.J.H. Powelz: Ein Konzept der Erlösspaltung als Beitrag zur effizienteren Unternehmenssteuerung, Diss., Frankfurt 1983.

[4] Diese Bezeichnung hat sich etabliert, ist aber nicht einheitlich; anders z.B. Kunz, der diese Abweichung Absatzmischungsabweichung nennt und die Mengenabweichung auf Unternehmensebene als Product-Mix-Abweichung bezeichnet, vgl. B.R. Kunz, a.a.O., S. 64-68.

7.1.2 Grundmodell der Erlösspaltung[1]

Basierend auf dem bereits vorgestellten Grundmodell spaltet Powelz die Erlösabweichung (Δ E) in Erlöspreisabweichung (Preiseffekt = E_p^1)[2], Absatzvolumensabweichung (Mengeneffekt = E_m^1) und Interaktionsabweichung (Mengen-Preiseffekt = E_{mp}^1) auf:[3]

$$(71) \qquad E_u^2 = \Delta E = E_{Ist} - E_{Plan} = \sum_{j=1}^{n}(x_{ij} * p_{ij}) - \sum_{j=1}^{n}(x_{pj} * p_{pj}) \qquad \forall \quad j = 1 \ldots n$$

Die vorstehende Formel läßt sich ausmultiplizieren und zusammenfassen. Dann erhält man die bekannten Partialdifferenzen:

$$(72) \qquad E_u^2 = \sum_{j=1}^{n}(x_{pj} * \Delta p_j) + \sum_{j=1}^{n}(\Delta x_j * p_{pj}) + \sum_{j=1}^{n}(\Delta x_j * \Delta p_j)$$

Hierbei beschreiben:

$E_p^1 = \sum_{j=1}^{n}(x_{pj} * \Delta p_j)$ = *Erlöspreisabweichung*

$E_m^1 = \sum_{j=1}^{n}(\Delta x_j * p_{pj})$ = *Absatzvolumensabweichung*

$E_{mp}^1 = \sum_{j=1}^{n}(\Delta x_j * \Delta p_j)$ = *Interaktionsabweichung aus Erlöspreis und Absatzvolumen*

mit j = *Produktindex*

---

[1] Die Erlösspaltung wird hier auf der Basis von Erlösen gezeigt. Statt dessen könnte sie auch auf der Basis von Deckungsbeiträgen dargestellt werden, da auch für Marketingaktivitäten Kosten anfallen. Dann erhielt man eine Deckungsbeitragsflußrechnung. Das Prinzip bleibt aber das gleiche, vgl. hierzu z.B. F.-J. Witt: Deckungsbeitragsmanagement, a.a.O., S. 400-405.

[2] In Klammern jeweils der Begriff bei H.J.H. Powelz: Erlösinformationen, a.a.O., S. 1099

[3] Die Formeln weichen bei ihren Indizes von Powelz' Darstellung ab, da Powelz das aktuelle Ist des Jahres (i + 1) mit dem Ist des Vorjahres vergleicht (i). Hier wird jedoch von einem Vergleich des aktuellen Ist des Jahres (i) mit dem Plan des Jahres (p) ausgegangen. Daher wird die Indizierung von Powelz an die in dieser Untersuchung durchgeführten Indizierung angepaßt.

Die Grundformel der Erlösspaltung kann somit auch wie folgt geschrieben werden:

(73) $$E_u^2 = E_p^1 + E_m^1 + E_{mp}^1$$

Der hochgestellte Index 2 kennzeichnet die Datenbasis der aggregierten Produktebene, der Index 1 die Datenbasis der disaggregierten Produktebene.

Die tiefgestellten Indizes *u*, *m*, *p* und *mp* kennzeichnen, ob sich die Abweichungen auf das Unternehmen, die Menge, den Preis oder die Interaktionsabweichung aus Menge und Preis beziehen.

7.1.3 Erweiterte Formel der Erlösspaltung

Diese Grundformel der Erlösspaltung kann erweitert werden und den Informationswert deutlich erhöhen, und zwar bei unterschiedlichen Preisen für ein Produkt. Bei sogenannten Preisdifferenzierungen kann eine Informationsverzerrung stattfinden, da die Varianz der Preise unberücksichtigt bleibt.[1]

Allgemein gilt für die Verdichtung von Preisinformationen: „Wenn die Varianz eines auf irgendeiner Ebene beobachteten Preises ungleich null ist, dann muß zur Preisanalyse und zur Verdichtung von Preisinformationen zumindest bis auf die untergeordnete Preisebene zurückgegriffen werden, auf der die Einzelpreise keine Varianz mehr aufweisen. Anderenfalls sind keine verzerrungsfreien Preisinformationen gewährleistet."[2]

---

[1] Vgl. H. Diller: Preispolitik, 2. Aufl., Stuttgart 1991, S. 209-213.

[2] H.J.H. Powelz: Erlösinformationen, a.a.O., S. 1097.

7.1.3.1 Erlösspaltung auf Produktebene

Die Veränderung der Produktabsatzmengenstruktur wirkt sich nur auf den Erlös aus, wenn gleichzeitig Abweichungen des Produktabsatzpreises vom Mittelwert auftreten. Dieser Struktureffekt wird von Powelz als *Produktmixeffekt* beschrieben.[1] Er mißt den strukturellen Einfluß auf Veränderungen des Erlöses.[2] Weitere gebräuchliche Bezeichnungen lauten (Absatz-)Strukturabweichungen, Sortimentsabweichungen[3], Erlös- oder Umsatzstruktureffekt.[4]

Die Strukturabweichung bezieht sich auf alle untersuchten Produkte. Sie läßt erkennen, inwiefern sich aufgrund der Änderungen der Relation der abgesetzten Produktmengen eine Abweichung ergibt.[5] Zum Ermitteln der Abweichungen werden neben den Produktabsatzmengen auch die produktspezifischen Preise benötigt. Vereinfachend wird angenommen, daß der Durchschnittspreis den produktspezifischen Preis bildet. Die *erweiterte Formel der Erlösspaltung* ergibt sich, in dem die Grundformel mit dem Mengeneffekt auf Unternehmensebene[6] ($E_m^2 = Øp_p * \Delta X$) oder ($\sum_{j=1}^{n} p_{pj} * x_{pj} * \left(\frac{\Delta X}{X_p}\right)$) erweitert wird. Daraus ergibt sich:

$$(74)\quad E_u^2 = Øp_p * \Delta X + \sum_{j=1}^{n} (x_{pj} * \Delta p_j) + \sum_{j=1}^{n} (\Delta x_j * p_{pj}) - Øp_p * \Delta X + \sum_{j=1}^{n} (\Delta x_j * \Delta p_j)$$

oder:

[1] Vgl. H.J.H. Powelz: Erlösinformationen, a.a.O., S. 1100.

[2] Vgl. H.J.H. Powelz: Gewinnung und Nutzung von Informationen aus den Faktormärkten unter Verwendung des Erlösspaltungskonzeptes, in: ZfB, 56. Jg. (1986), S. 244-259, im folgenden zitiert als: Gewinnung, hier S. 245.

[3] Vgl. P. Wilden: Erfolgscontrolling und Produktivitätsmanagement, Diss. Univ. Kiel 1991, S. 170.

[4] Vgl. Th. Reichmann, a.a.O., S. 368; F.-J. Witt/K. Witt: Erlösabweichungen, in: Witt, F.-J. (Hrsg.): Betriebswirtschaft heute, Wiesbaden 1992, S. 49-93, im folgenden zitiert als: Erlösabweichungen, hier S. 66 f.; R. Nieschlag/E. Dichtl/H. Hörschgen, a.a.O., S. 972 ff.

[5] Vgl. R. Ewert/A. Wagenhofer, a.a.O., S. 376 ff.

[6] Auch als reine Mengenabweichung bezeichnet; vgl. H.-W. Stahl, a.a.O., S. 200.

(75)
$$E_u^2 = \sum_{j=1}^{n} p_{pj} * x_{pj} * \left(\frac{\Delta X}{X_p}\right) + \sum_{j=1}^{n} (x_{pj} * \Delta p_j) + $$
$$+ \sum_{j=1}^{n} (\Delta x_j * p_{pj}) - \sum_{j=1}^{n} p_{pj} * x_{pj} * \left(\frac{\Delta X}{X_p}\right) + \sum_{j=1}^{n} (\Delta x_j * \Delta p_j)$$

oder:

(76)
$$E_u^2 = E_m^2 + E_p^1 + E_x^{12} + E_{mp}^1$$

mit:

E_m^2 = Mengenabweichung auf Unternehmensebene

E_p^1 = Erlöspreisabweichung

E_x^{12} = Produktmixeffekt

E_{mp}^1 = Interaktionsabweichung aus Erlöspreis, Menge und Struktur

Den Ausdruck $\sum_{j=1}^{n} p_{pj} * x_{pj} * \left(\frac{\Delta X}{X_p}\right)$ erhält man, in dem für $Øp_p$ der Ausdruck $\frac{\sum_{j=1}^{n} p_{pj} * x_{pj}}{X_p}$ eingesetzt wird. Mathematisch ergibt sich dann:

(77)
$$E_m^2 = Øp_p * \Delta X = \frac{\sum_{j=1}^{n} p_{pj} * x_{pj}}{X_p} * \Delta X = \sum_{j=1}^{n} p_{pj} * x_{pj} * \left(\frac{\Delta X}{X_p}\right)$$

Diese Auswirkung läßt sich auch mit einem Zahlenbeispiel verdeutlichen. Hierfür (und zur besseren Vergleichbarkeit) kommen die Beispielzahlen aus dem letzten Kapitel zum Einsatz.

Es ergeben sich dann die folgenden Abweichungen:

Absatzmengenabweichung:	==>	- 50 Stk * 17 DM/Stk	+	200 Stk * 17 DM/Stk		
	=	150 DM	+	17 DM	=	2.550 DM *(g)*
Erlöspreisabweichung:	==>	800 Stk * 1 DM/Stk	+	400 Stk * (- 3 DM/Stk)		
	=	800 DM	+	(- 1.200 DM)	=	- 400 DM *(u)*
Produktmixabweichung:	==>	- 50 Stk * (14 DM/Stk - 17 DM/Stk)				
		+ 200 Stk * (23 DM/Stk - 17 DM/Stk)				
	=	- 50 Stk * (- 3 DM/Stk)	+	200 Stk * 6 DM/Stk		
	=	150 DM	+	1.200 DM	=	1.350 DM *(g)*
Mengen-Preis-Abweichung:	==>	- 50 Stk * 1 DM/Stk	+	200 Stk * - 3 DM/Stk		
	=	- 50 DM	+	(- 600 DM)	=	- 650 DM *(u)*

Bei der Produktmixabweichung kann die aus der Erlösanalyse resultierende Wirkungsrichtung nicht ohne weiteres für die Ergebnisanalyse unterstellt werden. Sie ist nur ein Hinweis, bei welchem weiter zu untersuchen ist, zu welchen Produkten sich der Absatz verschoben hat.[1] Ein Vergleich dieses Zahlenbeispiels mit den Ergebnissen im Kapitel 6 dieser Untersuchung zeigt deutlich, daß die Produktmixabweichung keine reine Abweichung ist, sondern neben der Absatzmixabweichung auch die Absatzrestabweichung enthält.

Alternativ kann die Strukturabweichung ermittelt werden, indem eine Sollgröße eingeführt wird, die sich ergibt, indem die gesamte geplante Absatzmenge mit dem geplanten Absatz des jeweiligen Produktes gewichtet wird.

Die Preisabweichung beschreibt die Veränderung auf den Erlös, der ausschließlich durch veränderte Preise entstanden ist. Die Interaktionsabweichung

[1] Vgl. H. Powelz/P. Leib: Ein Programm zur Umsatzanalyse als Beitrag zum Gewinn-Marketing, in: Marketing ZFP, o. Jg. (1982), S. 5-14, hier S. 10.

zeigt die Erlösveränderung an, die sich dadurch ergibt, daß Produktabsatzmengen und Produktabsatzpreise sich gleichzeitig verändert haben. Diese Abweichung fällt also nur an, wenn die primäre Abweichung ungleich null ist. Daher wird diese Abweichung auch Sekundärabweichung genannt. Sie ist keine Steuerungsgröße, sondern nur eine Erklärungsgröße. Nachdem diese Abweichung hier explizit nach der differenziert-kumulativen Abweichungsanalyse gesondert ausgewiesen wurde, kann sie mittels der in Kapitel fünf dargestellten Methoden auf die Primärabweichungen aufgeteilt werden.

Die Absatzvolumensabweichung, die bei der einfachen Form der Erlösspaltung ermittelt wurde, wird bei der erweiterten Form aufgespalten in eine Mengenabweichung und eine Produktmixabweichung. Die Mengenabweichung (Mengeneffekt) beschreibt die Veränderung im Erlös, die entsteht, weil sich das Absatzvolumen geändert hat.[1]

Die Produktmixabweichung beschreibt die Auswirkung auf den Erlös durch die Veränderung der Absatzmengenstruktur. Grundsätzlich wirken sich der Preis, die Menge und die Struktur auf den Erlös aus. Die Produktmixabweichung beschreibt eine Veränderung der Produktstruktur. Verschiebt sich z.B. der Absatz von höherwertigen Produkten mit überdurchschnittlichen Preisen zu einfachen Produkten mit unterdurchschnittlichen Preisen, verschlechtert dies den Erlös.

Die Strukturveränderungen stellen meist systematische Prozesse dar. Treten sie dauerhaft in bestimmter Richtung und zunehmender Intensität auf, sind sie als Warnsignal zu betrachten.[2] Je eher man die Richtung, die Intensität und die

---

1 Sie könnte noch weiter aufgeteilt werden, doch es erscheint nicht sinnvoll, jede kleinste Leistungseinheit einzeln zu betrachten, sondern eher Leistungsbündel, die eine gemeinsame Kaufeinheit bilden; vgl. F.-J. Witt/K. Witt: Erlösabweichungen, a.a.O., S. 65.

2 Vgl. H.J.H. Powelz: Ansätze, a.a.O., S. 236.

Dauer ihrer Wirkung kennt, desto eher können diese aktiv beeinflußt und in der Erlösplanung berücksichtigt werden. Dies kann z.B. durch Verkaufsförderungsaktionen oder besondere Kaufanreize für ausgewählte Produkte geschehen.

Powelz geht bei seiner Berechnung der Produktmixabweichung vom Planpreis, der *Istmenge* und der Strukturabweichung aus.[1] Hier ergibt sich eine Abweichung zu der im vorherigen Kapitel vorgestellten Abweichungsanalyse. Dort wurde konsequent nach der differenziert-kumulativen Abweichungsanalyse dekomponiert, d.h. die Strukturabweichung wurde mit zugrunde gelegtem Planpreis und *Planmenge* ermittelt. Dann ergibt sich eine weitere Abweichungen, nämlich die Interaktionsabweichung aus der Absatzmengenabweichung und der Absatzmixabweichung, in dieser Untersuchung als Absatzrestabweichung bezeichnet.[2] Hier vollzieht Powelz einen Methodenwechsel von der differenziert-kumulativen zur kumulativen Abweichungsanalyse.[3] [4]

Bisher erfolgte die Analyse nach produktorientierten Aspekten. Damit ist aber nicht der gesamte verfügbare Datenkranz ausgeschöpft. Es sollten auch weitere Ebenen betrachtet werden, z.B. regionale Verkäufe. Powelz erweitert die Analyse um eine weitere Ebene, den kunden- oder marktorientierten Aspekten der Erlösstruktur. Damit kann die Preis- und die Mengenabweichung differenzierter beurteilt werden. Das Interdependenzproblem bleibt aber auch bei dieser weiteren Differenzierung erhalten.

---

1 Vgl. H.J.H. Powelz: Erlösinformationen, a.a.O., S. 1104.

2 Vgl. Abschnitt 6.4.3.3.

3 Ähnlich auch Albers, der, ohne weitere Erläuterung feststellt, daß die Produktmixabweichung nach der kumulativen Methode ermittelt wurde, vgl. S. Albers: Entgegnung, a.a.O., S. 1236.

4 Er bleibt damit aber genau in der Darstellung der angelsächsischen Literatur, vgl. für viele C.T. Horngren/G. Foster/S.M. Datar, a.a.O., S. 858 ff.

7.1.3.2 Erlösspaltung auf Kundenebene

Powelz setzt die Kundenebene unter der Produktebene an, daher erhalten Teilabweichungen den hochgestellten Index 0.[1] Die Erlösspaltung auf Produkt- und Kundenebene wird aus der Grundformel entwickelt, die um eine Summe mit dem Laufindex, hier „k“, erweitert wird. Daraus folgt:[2]

$$(78)\qquad E_u^2 = \sum_{j=1}^{n}\sum_{k=1}^{m} (x_{ijk} * p_{ijk}) \; - \; \sum_{j=1}^{n}\sum_{k=1}^{m} (x_{pjk} * p_{pjk})$$

Diese Ausgangsformel kann durch Ausmultiplizieren und Kürzen zu folgendem Ausdruck geformt werden:

$$(79)\qquad E_u^2 = \sum_{j=1}^{n}\sum_{k=1}^{m} (x_{pjk} * \Delta\, p_{jk}) \; + \; \sum_{j=1}^{n}\sum_{k=1}^{m} (\Delta\, x_{jk} * p_{pjk}) + \sum_{j=1}^{n}\sum_{k=1}^{m} (\Delta\, x_{jk} * \Delta\, p_{jk})$$

Dies ergibt in der eingeführten Buchstabenschreibweise:

$$(80)\qquad E_u^2 = \quad E_p^0 \quad + \quad E_m^0 \quad + \quad E_{mp}^0$$

Powelz erweitert diesen Ausdruck um $(E_m^1 + E_{mp}^1)$ und löst die Gleichung nach (E_p^1) auf:[3]

$$(81)\qquad E_p^1 = E_p^0 \; + \; E_m^0 - E_m^1 \; + \; E_{mp}^0 - E_{mp}^1$$

$$(82)\qquad E_p^1 = E_p^0 \; + \; E_x^{01} \; + \; E_{mp}^{01}$$

---

1 Nach Ansicht des Verfassers ist diese Annahme durchaus willkürlich. Denn genauso gut könnte man die Analyse auf regionaler Ebene ansetzen, dann auf Kundenebene präzisieren und schließlich erst danach die Produktebene betrachten.

2 Vgl. H.J.H. Powelz: Erlösinformationen, a.a.O., S. 1105.

3 Das erscheint auch logisch, denn die Abweichungsanalyse auf der Kundenebene ist lediglich eine weitere Differenzierung der ermittelten Abweichung, d.h. die Summe der Abweichungen auf Ebene 0 muß genauso hoch sein, wie die Summe der Abweichungen auf Ebene 1. Mithin muß gelten: $E_p^1 + E_m^1 + E_{mp}^1 = E_p^0 + E_m^0 + E_{mp}^0$ und daraus folgt: $E_p^1 = E_p^0 + E_m^0 - E_m^1 + E_{mp}^0 - E_{mp}^1$.

(83) $E_p^1 = E_p^0 \quad + \qquad\qquad E_k^{01}$,

oder:

(84) $E_k^{01} = E_p^1 - E_p^0$

oder:

(85) $E_k^{01} = \sum_{j=1}^{n} (x_{pj} * \Delta\, p_j) \; - \sum_{j=1}^{n} \sum_{k=1}^{m} \; (x_{pjk} * \Delta\, p_{jk})$

Dabei sind:

E_p^0 = die auf Kundenebene berechnete Preisabweichung

E_p^1 = die auf Produktebene berechnete Preisabweichung

E_x^{01} = die Mixabweichung von der Kundenebene zur disaggregierten Produktebene

E_{mp}^{01} = Interaktionsabweichung von der Kundenebene zur disaggregierten Produktebene

E_k^{01} = Kundenmixabweichung

Diese formeltechnische Darstellung wird durch ein Zahlenbeispiel verdeutlicht. Hierzu werden neben den schon bekannten Zahlen weitere Annahmen für die Kundenebene gemacht.

Es soll drei Kundengruppen K_1 ,K_2 und K_3 mit folgenden Daten geben:

	Kundengruppe K_1				Kundengruppe K_2				Kundengruppe K_3			
	Produkt A		Produkt B		Produkt A		Produkt B		Produkt A		Produkt B	
	Ist	Plan	Ist	Plan	Ist	Plan	Ist	Plan	Ist	Plan	Ist	Plan
Stückverkaufspreis [in DM/Stk]	17	14	18	23	18	14	21	23	12	14	21	23
Absatzmenge [in Stück]	150	200	200	100	250	300	150	100	350	300	250	200

Tabelle 42: Ausgangsdaten für die Beipielrechnungen zur Kundenmixabweichung

Mit diesen Zahlen ergibt sich folgender unternehmensexterner Preiseffekt:

Erlöspreisabweichung E_p^0: ==> 200 Stk * 3 DM/Stk + 100 Stk * (- 5 DM/Stk)

+ 300 Stk * 4 DM/Stk + 100 Stk * (- 2 DM/Stk)

+ 300 Stk * (- 2 DM/Stk) + 200 Stk * (- 2 DM/Stk)

= 100 DM *(g)*

Um die Kundenmixabweichung zu errechnen, ist der unternehmensexterne Preiseffekt (Erlöspreisabweichung) vom unternehmensinternen Preiseffekt abzuziehen:

Kundenmixabweichung E_k^{01} : ==> - 400 DM + 100 DM = - 300 DM *(u)*

Die Kundenmixabweichung beschreibt, wie sich die Veränderung der Kundenabsatzstruktur in den Produktpreisen bemerkbar macht.[1] Also „den Teil des Preiseffektes, der ausschließlich auf eine Veränderung in den Absatzmengengewichten der Kunden zurückzuführen ist.“[2] In diesem Beispiel hat sich das Absatzmengengewicht zu den Kunden verlagert, deren Preise unter dem produktspezifischen Durchschnittspreis liegen. Für das Unternehmen liegt unternehmensintern eine Preissenkung vor.

Powelz definiert E_p^1 als unternehmensinternen Preiseffekt und E_p^0 als unternehmensexternen Preiseffekt. Dies begründet er damit, daß für das laufende Ergebnis nur der am Markt erzielte produktspezifische Durchschnittspreis als Ergebniseinflußfaktor relevant ist, nicht direkt relevant hingegen ist der Preis, den einzelne Kunden für ein Produkt bezahlen. Diese von Powelz als Markt-

1 Sie setzt sich bei Powelz aus der Produktmixabweichung und der Interaktionsabweichung zusammen; vgl. H.J.H. Powelz: Erlösinformationen, a.a.O., S. 1106.

2 H.J.H. Powelz: Gewinnung, a.a.O., S. 247.

einflußfaktor preislicher Art genannte Preisabweichung E_p^0 beschreibt den Preisdruck, den die Kunden eines Unternehmens spüren.[1]

Er gibt grundsätzlich einige Aufschlüsse über das Verhalten der Kunden. Das Unternehmen geht in seinen Berechnungen von einem Durchschnittspreis aus. Dieser setzt sich aus den einzelnen produktspezifischen Preisen zusammen. Diese wiederum ergeben sich aus den kundenspezifischen Preisen. Kaufen die Kunden, bei konstantem Absatzvolumen, mehr Produkte mit überdurchschnittlichem Preis, so steigt der Durchschnittspreis, obwohl keine Preiserhöhung ausgesprochen wurde. Genauso ist es denkbar, daß eine Preiserhöhung ausgesprochen wird, tatsächlich aber der durchschnittliche Preis sich nicht verändert, da die Kunden verstärkt Produkte mit unterdurchschnittlichen Preisen kaufen.[2]

Das Marketing-Controlling sollte diese Information besitzen, da das Kundenverhalten nicht nur kurzfristig den Unternehmenserfolg beeinflußt, sondern auch ein Signal für einen langfristigen Trend sein kann, dem rechtzeitig entgegengesteuert werden sollte. Verändern die Kunden ihr Kaufverhalten zu den Produkten mit Preisen unter dem Durchschnitt, so sind hierfür die Gründe zu ermitteln und die Auswirkungen auf den Erfolg zu prüfen. Gegebenenfalls sind Korrekturmaßnahmen einzuleiten. Powelz vergleicht den Kundenmixeffekt mit dem Mengeneffekt (Absatzmengenabweichung):

---

1 Vgl. H.J.H. Powelz: Erlösinformationen, a.a.O., S. 1106.

2 Vgl. H.J.H. Powelz: Erlösinformationen, a.a.O., S. 1107.

Kundenmixabweichung E_k^{01} / Absatzmengenabweichung E_m^2	> 0	= 0	< 0
> 0	1	2	3
= 0	4	5	6
< 0	7	8	9

Tabelle 43: Kombination von Absatzmengenabweichung und Kundenmixabweichung[1]

Die Felder 1 bis 3 stellen eine reale Absatzmengenerhöhung dar. Dieses ist eine an sich erfreuliche Entwicklung. Sie wird in der Situation von Feld 1 durch Kunden mit überdurchschnittlichen Produktpreisen, in Feld 2 von Kunden mit über- und unterdurchschnittlichen und in Feld 3 durch Kunden mit unterdurchschnittlichen Preisen erreicht. Das Volumen des relevanten Gesamtmarktes wird als konstant unterstellt. Sonst wäre in die Interpretation das Marktwachstum und der Marktanteil mit einzubeziehen.

Felder 4 bis 6 gehen von einer konstanten Absatzmenge aus. Feld 4 stellt eine Verbesserung der Produktpreise, Feld 5 eine ausgeglichene Situation und Feld 6 eine Verschlechterung der Produktpreise dar.

Die Felder 7 bis 9 beschreiben einen realen Mengenrückgang. Dieser resultiert in der Situation des Feldes 7 darin, daß die Kunden mit unterdurchschnittlichen

[1] Nach H.J.H. Powelz: Erlösinformationen, a.a.O., S. 1108. Der Kundenmixeffekt beschreibt, wie sich die Veränderung der *Kundenabsatzstruktur* in den Produktpreisen niederschlägt. E_m^2 beschreibt den Mengeneffekt auf der Ebene der Gütergruppen. Aus Vereinfachungsgründen sei hier davon ausgegangen, daß der Mengen- und der Kundenmixeffekt des relevanten Gesamtmarktes gleich null sind. Ferner wird unterstellt, daß die übrigen Wirkungskomponenten sowohl im Markt als auch im Unternehmen null sind. Ausgenommen ist davon der unternehmensinterne Preiseffekt, der gleich dem Kundenmixeffekt ist.

Preisen weniger kaufen, bei Feld 8 durch Kunden aller Preiskategorien und bei Feld 9 durch Kunden aus einem überdurchschnittlichen hohen Preissegment. Dies ist ein Indiz dafür, daß sich die treuesten Kunden von dem Unternehmen abwenden.

Der Kundenstruktur ist für das Unternehmen eine steuerbare Größe und sollte daher vom Marketing-Controlling auch sorgsam betrachtet werden. Das Marketing sollte daran interessiert sein, Kunden, die überdurchschnittlich hohe Preise bezahlen, zu gewinnen. Dabei kann selbst eine Preissenkung für einen Kunden, soweit der Preis über dem Durchschnittspreis liegt, zu einer durchschnittlichen Produktpreiserhöhung führen.

Doch sollten die Auswirkungen auf die Menge nicht unberücksichtigt bleiben. Die Preiszugeständnisse für einen Kunden können dazu führen, daß dieser Kunde Mitbewerber aus dem Markt drängt, die sonst auch das gleiche Produkt gekauft hätten, der Absatz also sinkt. Möglich ist auch, daß ein Kunde von einem Preiszugeständnis unter dem Durchschnittspreis so intensiv Gebrauch nimmt, daß der Durchschnittspreis unter die geplante Größe sinkt.[1]

7.1.4 Zusammenfassung der Symptomanalyse

Die Symptomanalyse zeigt wesentliche Komponenten der Gesamterlösabweichung auf. Trotzdem besitzt sie nur beschränkte Aussagekraft, weil sie nur Abweichungsquellen, aber keine Abweichungsgründe aufzeigt.[2] Das hier vorgestellte Konzept von Powelz wird in der nachfolgenden Abbildung 85 zusammengefaßt:

---

1 Vgl. H.J.H. Powelz: Erlösinformationen, a.a.O., S. 1109.

2 Vgl. F.-J. Witt/K. Witt: Erlösabweichungen, a.a.O., S. 75.

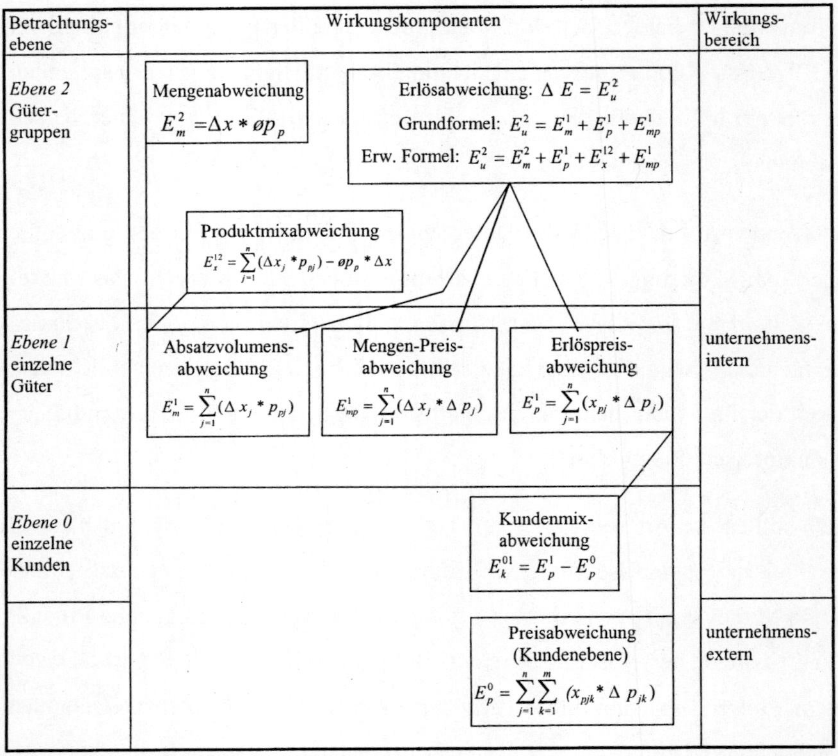

Abb. 85: Die Wirkungskompetenzen mit ihrer Bezugsebene und ihrem Wirkungsbereich[1]

7.1.5 Kritische Betrachtung der Symptomanalyse

Die Symptomanalyse zeigt auf, welche Einflußgrößen in welchem quantitativen Umfang für eine Erlösdifferenz verantwortlich sind. Als Einflußgrößen des Erlöses werden Preis, Menge und Struktur der Produkte angenommen.

Zuerst sind ein paar ganz pragmatische Kritikpunkte anzubringen. Powelz führt seine Darstellung auf einem Ist-Ist-Vergleich durch. Hier sind besonders zwei Probleme zu nennen: Zum einen ist das Problem der Kalenderunregelmäßigkeiten (bei wieviel Tagen im Jahr ist das Ergebnis erzielt worden?), zum anderen ist das Problem der Qualität eines Ist-Ergebnisses (das schon viel zitierte `Schlendrian mit Schlendrian´-Vergleichen) mit in der Analyse enthalten und schmälert so die Aussagekraft.

Daneben wird das Nachvollziehen der Formeln erschwert, da bei Powelz „i" für Ist des Vorjahres mit „i + 1" für Ist des aktuellen Jahres verglichen wird. Üblicherweise wird in der gängigen Literatur „i" für Ist des aktuellen Jahres dem „p" für Plan, bzw. „s" für Soll des Jahres gegenübergestellt. Um eine einheitliche Darstellung in dieser Untersuchung zu gewährleisten, wurden sämtliche Formeln neu indiziert.

Zusätzlich sind die abgekürzten Formeln nicht stringent. So laufen die Ebenen von 2 bis 0, was impliziert, daß 0 die unterste Ebene ist. Vielmehr können aber auch weitere Ebenen betrachtet werden, wie z.B. die Region. Diese Abweichung müßte dann logischerweise mit „-1" indiziert werden. Besser wäre es daher nach Ansicht des Verfassers gewesen, die oberste Ebene, also hier das Unternehmen mit „0" zu indizieren, dann hätte man je nach Präzision der Untersuchung beliebig viele weitere Ebenen untersuchen können. Irritierend ist auch der abrupte Wechsel von ΔU zu E_u^2. Klarer wäre es gewesen, gleich von ΔE auszugehen. So hat der Leser zu entscheiden, ob Umsatzveränderung mit Erlösspaltung zu beschreiben ist.

Inhaltlich erhält man durch die Strukturabweichungsanalyse eine Reihe von Anregungen für die Erlösplanung. Die differenziert-kumulative Abweichungsanalyse ermöglicht es, Abweichungsinterdependenzen zwischen solchen Einflußgrößen aufzudecken, die gleichzeitig und gleichförmig wirken.

[1] Modifiziert nach H.J.H. Powelz: Erlösinformationen, a.a.O., S. 1110.

Der marketingbedingte Zusammenhang zwischen den Einflußgrößen wird aber nicht berücksichtigt.[1] Die Mengenabweichung wird unabhängig von der Preisabweichung ausgewiesen. Dabei wird übersehen, daß die Absatzmenge regelmäßig vom Preis abhängt. Bei normaler Reaktion ist im Absatzbereich von einer gegenläufigen Wirkung von Preis und Menge auszugehen, wie dies üblicherweise in einer Preis-Absatz-Funktion zum Ausdruck kommt.[2] Die Vermutung liegt nahe, daß ein nicht unerheblicher Teil der Mengenabweichung auf die Preissetzung zurückzuführen ist.[3]

Unabhängig davon ist es auch kaum einsichtig, warum die Preis- und Mengenabweichung eines Produktes verschiedenen Personen zugerechnet werden soll. Vielmehr ist regelmäßig ein Produkt-Manager für den gesamten Marketing-Mix zuständig. Im Einkaufsbereich ist dies anders. Dort sind gewöhnlich für die Einkaufspreise und die Verbrauchsmengen verschiedene Personen verantwortlich.

Dieses grundsätzliche Problem entsteht dadurch, daß die Methoden der Kostenrechnung nur auf die Erlösseite übertragen wurden. Daher trifft die vorgestellte Methode keine Aussage über den Zusammenhang zwischen unternehmensinternen Marketingaktivitäten und den daraus resultierenden Konsequenzen.

Außerdem läßt die Analyse nach Powelz unternehmensexterne Größe, wie z.B. Marktwachstum, Marktanteil, Branchenpreis, Marktstellung, Konkurrentengröße, Art des Marktes, völlig außer acht. Die rein quantitativ ermittelten Preis- und Mengenabweichungen besitzen insofern nur eine geringe Aussagekraft

[1] Vgl. F.-J. Witt: Strategisches und operatives Erlöscontrolling, in: Controlling, 4. Jg. (1992), S. 72-83, im folgenden zitiert als: Erlöscontrolling, hier S. 76.

[2] Vgl. für viele M. Hüttner: Betriebswirtschaftslehre, a.a.O., S. 92 ff.

[3] Vgl. S. Albers: Ursachenanalyse von Erlösen, a.a.O., S. 638-640.

hinsichtlich der Abweichungsursachen für das Marketing-Controlling, denn es werden nur Symptome, aber keine Ursachen aufgezeigt.[1]

Allerdings hat das System auch Vorteile. Die benötigten Daten sind dem Unternehmen im wesentlichen bekannt bzw. relativ leicht einzuholen. Dadurch ist eine sofortige Analyse möglich, welches die Nutzung als betriebswirtschaftliches Steuerungsinstrument erleichtert. Zudem hat die Symptomanalyse ein weiten Verbreitungsgrad und eine hohe Akzeptanz in der Praxis.[2] Die geringe Aussagekraft hinsichtlich der Abweichungsgründe führte dazu, daß auf der Symptomanalyse aufbauend ein System zur Ursachenanalyse von Erlösen entwickelt wurde, welches nachfolgend beschrieben wird.[3]

7.2 Die ursachenorientierte Abweichungsanalyse

7.2.1 Funktionale Abhängigkeit von Menge und Preis

Verschiedene Einflußgrößen wirken auf den Erlös. Neben der Absatzmenge, der Angebots- und der Kundenstruktur sind dies auch die Marketing-Instrumente, z.B. Preissetzung, Werbe-, Verkaufsförderungs- oder Distributionsmaßnahmen.[4]

Ein wesentlicher Kritikpunkt an der traditionellen Erlösspaltung besteht in der isolierten Aufspaltung des Erlöses in eine Preis- und Mengenabweichung. Im Absatzbereich sind „gleichläufige Entwicklungen von Preis- und Mengeneffekt

---

[1] Vgl. F.-J. Witt/K. Witt: Erlösabweichungen, a.a.O., S. 69.

[2] Vgl. hierzu eine Untersuchung von F.-J. Witt: Praxisakzeptanz des Erlöscontrolling: Symptom- versus Ursachenanalyse, in: ZfB, 60. Jg. (1990), S. 443-450, im folgenden zitiert als: Praxisakzeptanz.

[3] Vgl. S. Albers: Ursachenanalyse von Erlösen, a.a.O., S. 637-654.

[4] Vgl. G.J. Tellis: The Price Elasticity of Selective Demand: A Meta-Analysis of Econometric Models of Sales, in: Journal of Marketing Research, 25. Jg. (1988), S. 331-341.

unwahrscheinlich“[1]. Regelmäßig stehen auf der Erlösseite Preis und Menge, sowie alle anderen Einflußgrößen in einer funktionalen Abhängigkeit zueinander.

Dies soll durch ein einfaches Beispiel illustriert werden. Es gelten weiterhin die nachfolgenden Daten des eingeführten Beispiels:

	Produkt A		Produkt B	
	Ist	Plan	Ist	Plan
Stückverkaufspreise [in DM/Stück]	15	14	20	23
Absatzmengen [in Stück]	750	800	600	400

Tabelle 44: Ausgangsdaten für die Beispielrechnungen

Mit diesen Zahlen betragen die Erlöspreisabweichung DM - 400, die Absatzvolumensabweichung DM 3.900 und die Interaktionsabweichung DM - 650.

Dieses Ergebnis ist aber nicht sinnvoll interpretierbar, da die Marketingleitung eine positive und somit günstige Erlöspreisabweichung erhalten könnte, in dem sie den Istpreis über den Planpreis erhöhte. Dies wäre nur eine kurzsichtige Betrachtungsweise. Vielmehr wirkt sich eine Preisänderung auf die Höhe der abgesetzten Menge aus. Wird nun der tatsächlich erzielte Preis in die Preis-Absatz-Funktion eingesetzt, errechnet sich die eigentlich zu erwartende Sollmenge x_s.

Damit ist die Absatzvolumensabweichung in zwei Teile zu trennen, zum einen in eine Abweichung, die durch die Preisveränderung induziert wurde, zum anderen in eine Rest-Mengenabweichung, durch die das Wirken der anderen Marketing-Instrumente interpretiert werden kann.[2]

---

[1] S. Albers: Ursachenanalyse von Erlösen, a.a.O., S. 639

[2] Vgl. R. Ewert/A. Wagenhofer, a.a.O., S. 372 f.

Um diese Teilabweichungen auszuweisen, ist x_s für die zu betrachtenden Produkte zu bestimmen. Dies geschieht, in dem man die Planmenge ermittelt, die zu erwarten gewesen wäre, hätte man den tatsächlichen Istpreis zugrunde gelegt (Sollmenge). Um diese zu errechnen, soll nun für die Produkte A und B folgende Preis-Absatz-Funktionen im relevanten Absatzmengenbereich unterstellt sein:[1]

$x_A = 3.040 - 160\ p_A$

$x_B = 2.700 - 100\ p_B$

x_s findet sich dann mit:

(86) $$x_{sj} = x(p_{ij}) \qquad \forall \quad j = 1...n$$

In Fortsetzung des eingeführten Beispiels ergibt sich:

$$x_{sA} = (3.040 - 160 * 15) \quad = \underline{\underline{640 \quad Stk}}$$

$$x_{sB} = (2.700 - 100 * 20) \quad = \underline{\underline{700 \quad Stk}}$$

Die Gesamtabweichung bestimmt sich, unter Anwendung der differenziert-kumulativen Methode, durch:

(87) $$\Delta E = (p_p + \Delta p) * (x_p + (x_i - x_s) + (x_s - x_p)) \quad - \quad (p_p * x_p).$$

Umgeformt:

(88) $$\Delta E = [(\Delta p * x_p)] + [p_p * (x_s - x_p)] + [p_p * (x_i - x_s)] + [\Delta p * \Delta x]$$

Erlöspreis-abweichung	Erlöspreisinduzierte Mengenabweichung	Reine Mengen-abweichung	Interaktions-abweichung

[1] Dies ist eine vereinfachende Annahme, da die Absatzfunktion linear ist. Man hätte hier auch wie Albers eine Sinus-Hyperbolicus-Funktion wählen können, vgl. S. Albers: Ursachenanalyse von Erlösen, a.a.O., S. 639. Zumindest müßte die Funktion exakterweise noch ein ε hinzugefügt werden, wobei ε eine Zufallsgröße mit E[ε] = 0 ist, vgl. R. Ewert/A. Wagenhofer, a.a.O., S. 372.

Es ist deutlich zu erkennen, daß sich die Absatzvolumensabweichung in zwei Teilabweichungen aufteilt, nämlich $[p_p * (x_s - x_p)]$ und $[p_p * (x_i - x_s)]$. Erstere wird zusammen mit der Erlöspreisabweichung betrachtet, und letztere für sich allein. Die Interaktionsabweichung bleibt unverändert.

Es ergeben sich dann die folgenden Abweichungen:

Erlöspreisabweichung:	==>	800 Stk * 1 DM/Stk + 400 Stk * (- 3 DM/Stk)
	=	800 DM + (- 1.200 DM) = <u>- 400 DM</u> *(u)*
Erlöspreisinduzierte Mengenabweichung:	==>	(640 Stk - 800 Stk) * 14 DM/Stk + (700 Stk - 400 Stk) * 23 DM/Stk
	=	- 2.240 DM + 6.900 DM = <u>4.660 DM</u> *(g)*
Reine Absatzmengen-abweichung:	==>	(750 Stk - 640 Stk) * 14 DM/Stk + (600 Stk - 700 Stk) * 23 DM/Stk
	=	1.540 DM + (- 2.300 DM) = <u>- 760 DM</u> *(u)*
Interaktionsabweichung:	==>	- 50 Stk * 1 DM/Stk + 200 Stk * - 3 DM/Stk
	=	- 50 DM + (- 600 DM) = <u>- 650 DM</u> *(u)*

Die bisher ungünstig erscheinende Erlöspreisabweichung in Höhe von DM - 400 ist im Zusammenhang mit der erlöspreisinduzierten Mengenabweichung in Höhe von DM 4.660 zu sehen. Beide Abweichungen zusammen sind durch die Preisgestaltung verursacht und mit DM 4.260 als äußerst günstig zu bewerten.

Unter den gegebenen Preis-Absatz-Funktionen war es sinnvoll, bei Produkt B den Preis deutlich zu senken, um einen Mengenanstieg von 50% vom Markt abzuschöpfen. Die verbleibende reine Mengenabweichung in Höhe von DM - 760 ist ungünstig zu bewerten. Man sieht nun, daß die positive Abweichung auf das Preismanagement zurückgeht. Die anderen Marketing-Instrumente haben ungünstig gewirkt. Die Interaktionsabweichung ändert sich nicht, da die Absatzvolumensabweichung additiv und nicht multiplikativ getrennt wurde. Dadurch entsteht auch keine neue Abweichung höherer Ordnung.

7.2.2 Beeinflußbare und nicht beeinflußbare Abweichungsursachen

Die Abweichungsanalyse soll nachfolgende Entscheidungen verbessern, indem sie den Informationsstand erhöht, und soll das Verhalten der Beteiligten steuern, indem sie die Abweichungsursachen kennenlernen. Zu unterscheiden sind kontrollierbare (beeinflußbare) und nicht kontrollierbare (nicht beeinflußbare) Abweichungen. Letztere haben ihren Ursache in unternehmensexternen Faktoren. Diese Abweichungen sind letztendlich nicht relevant. Die Gesamtabweichung ist aber um diesen Teil zu bereinigen, um die beeinflußbaren Abweichungen zu ermitteln.[1]

Auf den Erlös wirken verschiedene Einflußgrößen. Die bisher vorgestellte Abweichungsanalyse berücksichtigt nicht, ob diese Einflußgrößen kontrollierbar sind oder nicht. Der Einfluß der nicht kontrollierbaren Größen auf die Isterlöse ist wesentlich stärker als bei den Kosten.[2] Eine nicht kontrollierbare Einflußgröße ist z.B. die Marktentwicklung. Albers schlägt deshalb vor, „die Erlöse in endogen beeinflußbare und exogen beeinflußte Komponenten zu dekomponieren.“[3] Exogene (externe) Größen sind regelmäßig nicht beeinflußbar.[4] Sie

[1] Vgl. H.P. Möller: Erfolgsabweichungsanalyse mit Erfolgsfunktionen (I), in: WISU, 14. Jg. (1985), S. 30-32, hier S. 30 f.

[2] Vgl. R. Ewert/A. Wagenhofer, a.a.O., S. 373 f.

[3] S. Albers: Ursachenanalyse von Erlösen, a.a.O., S. 641.

[4] Ganz präzise gesehen hat ein Unternehmen grundsätzlich einen Einfluß auch auf diese nicht kontrollierbaren Größen, da diese sich, z.B. die Marktentwicklung, aus allen Unternehmen zusammensetzen und das Unternehmen somit Teil der Betrachtung ist. Doch realistisch kann ein Unternehmen exogene Faktoren nur beeinflussen, wenn es eine marktbeherrschende oder z.B. sehr starke Position auf dem Markt hat. Doch dann ist die Frage, ob dies definitionsgemäß noch exogene Faktoren sind.

wirken auf den gesamten Markt.[1] Endogene (interne) Größen sind dadurch gekennzeichnet, daß sie nur das betrachtete Unternehmen betreffen. Dies kann sowohl durch Kunden- als auch durch Konkurrenzverhalten geschehen. Sie können kontrollierbar oder nicht kontrollierbar sein.[2] Die kontrollierbaren Einflüsse sind abzuspalten und zu analysieren.

Albers berücksichtigt in seiner Abhandlung einen relativen Preis p_r. Den relativen Preis bekommt man, in dem der eigene Preis p ins Verhältnis zum Preis des Marktes (bzw. der Branche) p_M gesetzt wird.[3]

(89) $$p_r = \frac{p}{p_M} \quad \Leftrightarrow \quad p = p_r * p_M$$

Dabei steht:

p_r = relativer Preis

p = Preis, den das Unternehmen setzt

p_M = Markt- bzw. Branchenpreis

Der relative Preis stellt ein Verhältnis dar. Liegt der Preis, den das Unternehmen fordert, genau im Branchendurchschnitt, so wird der relative Preis 1 sein. Ist er < 1, so bietet das Unternehmen günstiger als der Durchschnitt der Marktteilnehmer an, und umgekehrt. Das Unternehmen kann also bei Kenntnis des Marktpreises Einfluß auf seinen relativen Preis nehmen. Dieser stellt eine endogene Größe dar, während der Branchenpreis eine exogene Größe ist.

---

[1] Vgl. S. Albers: Ursachenanalyse von Erlösen, a.a.O., S. 641.

[2] Vgl. R. Ewert/A. Wagenhofer, a.a.O., S. 373 f.

[3] Vgl. S. Albers: Ursachenanalyse von Erlösen, a.a.O., S. 641. Albers benutzt allerdings andere Symbole. Er verwendet für den relativen Preis *R* und für den Branchenpreis *B*. Hier wird im Sinne der Vergleichbarkeit mit den Vorabschnitten der Preis weiter mit *p* symbolisiert und entsprechend indiziert.

Witt schlägt vor, den relativen Preis zu ermitteln, indem der eigene Preis ins Verhältnis zum Preis des nächststärkeren Wettbewerbers gesetzt wird, um den Portfoliogedanken mehr zu berücksichtigen.[1] Wie der relative Preis ermittelt wird, ist für das Prinzip nicht relevant. Hier wird weiter dem Vorschlag von Albers gefolgt. Durch diesen „Kunstgriff“ ist es möglich, den Erlös in Abhängigkeit von exogenen und endogenen Größen zu definieren.

Neben dem relativen Preis ist zusätzlich der Marktanteil und das Marktvolumen in die Analyse mit einzubeziehen. Sonst ist es durchaus denkbar, daß günstige Preis- und Mengenabweichungen vorkommen und auf eine gute Leistung deuten. Tatsächlich wird das gute Ergebnis nur durch einen stark expandierenden Markt erreicht. Vielleicht hat sich der Marktanteil, und damit die zukünftigen Erlöschancen, sogar verringert. Dann hat man keine sinnvolle Aussage darüber, inwieweit ein Unternehmen erfolgreich am Markt tätig ist. In dieser Untersuchung wurde der Marktanteil und das Marktvolumen schon in Abschnitt 6.4.3.1 eingearbeitet. Dort befindet sich auch ein Beispiel dazu. Der Marktanteil ergibt sich aus dem Verhältnis des eigenen Umsatzes x zum Umsatz des Marktes x_M und beschreibt somit ein *relatives Absatzvolumen*.[2]

(90) $$x_r = \frac{x}{x_M} \qquad \Leftrightarrow \qquad x = x_r * x_M$$

Dabei steht:

x_r = relatives Absatzvolumen (= Marktanteil)

x = Absatzvolumen, welches das Unternehmen erzielt

x_M = Absatzvolumen des Marktes- bzw. der Branche

[1] Vgl. F.-J. Witt: Praxisakzeptanz, S. 449, Anmerkung 7.

[2] In der Literatur hat sich der Begriff *Marktanteil* hierfür eingeprägt und soll deshalb auch hier weiter verwandt werden.

Der Marktanteil eines Unternehmens hängt ab von seinem eigenen Absatzvolumen und vom Absatzvolumen des Marktes. Letzteres wirkt auf den gesamten Markt und ist somit eine exogene Größe. Das relative Absatzvolumen bzw. der Marktanteil betrifft nur das eigene Unternehmen und ist somit eine endogene Größe. Albers hat nun die endogenen Größen und die exogenen Größen in Beziehung zueinander gesetzt und erhält dann einen „Wertmäßigen Marktanteil", der endogen beeinflußbar ist und ein „Wertmäßiges Marktvolumen", welches exogen beeinflußt ist. Diese Aufspaltung des Erlöses wird in der nachfolgenden Abbildung 86 dargestellt:

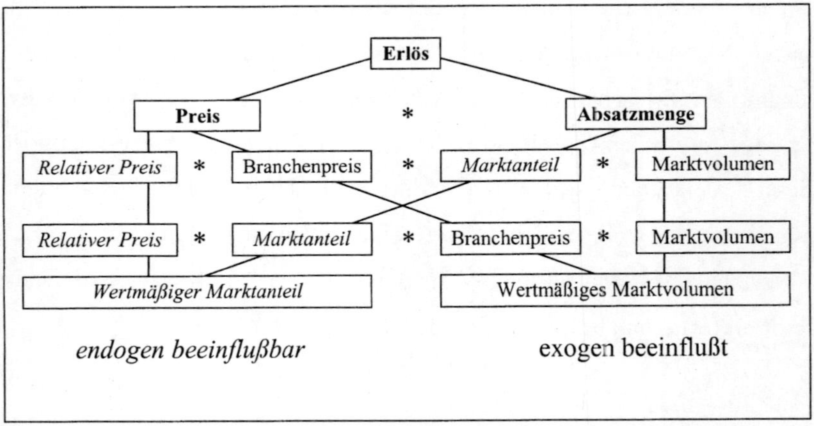

Abb. 86: Aufspaltung des Erlöses in endogen beeinflußbare und exogen beeinflußte Komponenten[1]

Man sieht an der Abbildung 86, daß sich die Analysemöglichkeiten erhöhen. Zur Verdeutlichung wird das obige Zahlenbeispiel nun fortgeführt. Dafür sind die eingeführten Daten für das Marktvolumen auf die Produkte A und B aufzuteilen, und der Marktpreis für die jeweiligen Produkte ist zu bestimmen. Dann lassen sich die verschiedenen Größen errechnen, vgl. Tabelle 45:

	Produkt A		Produkt B	
	Ist	Plan	Ist	Plan
Stückverkaufspreise [in DM/Stk]	15	14	20	23
Markt- bzw. Branchenpreis [in DM/Stk]	18	16	18	24
Relativer Preis	0,8333	0,8750	1,1111	0,9583
Absatzmengen [in Stück]	750	800	600	400
Marktabsatzvolumen [in Stück]	7.500	8.000	7.500	4.000
Marktanteil	10,00%	10,00%	8,00%	10,00%
Wertmäßiger Marktanteil	0,0833	0,0875	0,0889	0,0958
Wertmäßiges Marktvolumen [in DM]	135.000	128.000	135.000	96.000
Erlös [in DM]	11.250	11.200	12.000	9.200
Erlösabweichung je Produkt [in DM]	50		2.800	
Erlösabweichung insgesamt [in DM]	2.350			

Tabelle 45: Teilergebnisse der Abweichungsanalyse nach Aufspaltung in exogene und endogene Faktoren

Die gesamte Erlösabweichung läßt sich nun nach der differenziert-kumulativen Methode in einen exogen beeinflußten und einen endogen beeinflußbaren Teil zerlegen. Daneben entsteht eine Interaktionsabweichung, die nicht verursachungsgerecht auf den endogenen oder exogenen Teil verrechnet werden kann.

[1] Nach S. Albers: Ursachenanalyse von Erlösen, a.a.O., S. 641.

Dies zeigen die nachfolgenden Formeln:

$$\Delta E = (p_i * x_i) - (p_p * x_p)$$

(91)
$$= p_{ri} * p_{Mi} * x_{ri} * x_{Mi} \quad - \quad p_{rp} * p_{Mp} * x_{rp} * x_{Mp}$$

$$= p_{ri} * x_{ri} * p_{Mi} * x_{Mi} \quad - \quad p_{rp} * x_{rp} * p_{Mp} * x_{Mp}$$

$= (p_{ri} * x_{ri} - p_{rp} * x_{rp}) \quad * \quad p_{Mp} * x_{Mp}$	*Endogene Abweichung*
$+ \; p_{rp} * x_{rp} \quad * \quad (p_{Mi} * x_{Mi} - p_{Mp} * x_{Mp})$	*Exogene Abweichung*
$+ (p_{ri} * x_{ri} - p_{rp} * x_{rp}) \quad * \quad (p_{Mi} * x_{Mi} - p_{Mp} * x_{Mp})$	*Interaktionsabweichung*

Mit den Zahlen des Beispiels ergeben sich folgende Abweichungen:

<u>Exogen beeinflußte Abweichung</u>

  0,8750 * 10% * (18 DM/Stk * 7.500 Stk - 16 DM/Stk * 8.000 Stk)
\+ 0,9583 * 10% * (18 DM/Stk * 7.500 Stk - 24 DM/Stk * 4.000 Stk)
= 612,50 DM + 3.737,50 DM
= <u>4.350 DM</u> *(g)*

<u>Endogen beeinflußbare Abweichung</u>

  (0,8333 * 10% - 0,8750 * 10%) * 16 DM/Stk * 8.000 Stk
\+ (1,1111 * 8% - 0,9583 * 10%) * 24 DM/Stk * 4.000 Stk
= - 533,33 + (- 666,67)
= <u>- 1.200,00 DM</u> *(u)*

<u>Interaktionsabweichung aus exogenen und endogenen Ursachen</u>

  (0,8333 * 10% - 0,8750 * 10%) * (18 DM/Stk * 7.500 Stk - 16 DM/Stk * 8.000 Stk)
\+ (1,1111 * 8% - 0,9583 * 10%) * (18 DM/Stk * 7.500 Stk - 24 DM/Stk * 4.000 Stk)
= - 29,17 DM - 270,83 DM
= <u>- 300,00 DM</u> *(u)*

Die hier erhaltenen Ergebnisse decken weitere Informationen auf. Es zeigt sich, daß die exogen beeinflußten Abweichungen die endogen beeinflußbaren Abweichungen nicht nur decken, sondern deutlich überkompensieren. Tatsächlich beruht die positive Erlösabweichung auf Veränderungen, die für den ganzen Markt gegolten haben. Die Marketingleistung des Unternehmens nimmt sich dagegen ungünstig aus. Hier wäre eine weitere Aufspaltung wünschenswert. Und dies ist möglich. Sowohl exogene als auch endogene Abweichungen lassen sich weiter aufteilen.

7.2.2.1 Exogen bedingte Abweichungsursachen

Der wertmäßige Marktvolumeneffekt kann wieder in eine Preis- und eine Mengenkomponente aufgeteilt werden. Hier kann meist angenommen werden, daß beide Einflußfaktoren unabhängig voneinander agieren, so daß sich, unter Anwendung der differenziert-kumulativen Abweichungsanalyse, die exogene Abweichung in drei Teilabweichungen dekomponiert:

(92) Exogene Abweichung	=	$+\ p_{rp} * x_{rp} \quad * \quad (p_{Mi} * x_{Mi} - p_{Mp} * x_{Mp})$

(93) Marktpreisabweichung	=	$+\ p_{rp} * x_{rp} \quad * \quad (p_{Mi} - p_{Mp}) \quad * \quad x_{Mp}$
(94) Marktvolumenabweichung	=	$+\ p_{rp} * x_{rp} \quad * \quad p_{Mp} \quad * \quad (x_{Mi} - x_{Mp})$
(95) Interaktionsabweichung	=	$+\ p_{rp} * x_{rp} \quad * \quad (p_{Mi} - p_{Mp}) * (x_{Mi} - x_{Mp})$

Unter Fortsetzung des Zahlenbeispiels errechnen sich folgende Teilabweichungen:

Marktpreisabweichung	= 0,8750 * 10% * (18 DM/Stk - 16 DM/Stk) * 8.000 Stk
	+ 0,9583 * 10% * (18 DM/Stk - 24 DM/Stk) * 4.000 Stk
	= 1.400 DM + (- 2.300 DM)
	= <u>- 900 DM</u> *(u)*

Marktvolumenabweichung = 0,8750 * 10% * 16 DM/Stk * (7.500 Stk - 8.000 Stk)
+ 0,9583 * 10% * 24 DM/Stk * (7.500 Stk - 4.000 Stk)
= - 700 DM + 8.050 DM
= 7.350 DM *(g)*

Interaktions- = 0,8750 * 10% * (18 DM/Stk - 16 DM/Stk) * (7.500 Stk - 8.000 Stk)
abweichung + 0,9583 * 10% * (18 DM/Stk - 24 DM/Stk) * (7.500 Stk - 4.000 Stk)
= - 87,50 DM + (- 2.012,50 DM)
= - 2.100 DM *(u)*

Dieses Ergebnis ist auf verschiedene Weise interessant. Zum einen zeigt sich sehr deutlich, daß die insgesamt positive Erlösabweichung ganz wesentlich durch die deutliche Erhöhung des Absatzvolumens des Marktes von Produkt B gekennzeichnet ist. Zum anderen wird auch deutlich, daß die Interaktionsabweichung mit DM - 2.100 keine untergeordnete Rolle spielt, sondern vielmehr höher ausschlägt als die originäre Marktpreisabweichung, von der sie abhängt. An dieser Stelle zeigt sich noch einmal, daß durch eine entsprechende Methodenwahl für die Zuordnung der Interaktionsabweichung zu den originären Abweichungen Einfluß auf das Abweichungsergebnis ausgeübt wird.

Die hier vorgenommene weitere Dekomposition der exogenen Abweichung in Marktpreis-, Marktvolumen- und Interaktionsabweichung ist nur für die Entscheidungsfunktion der Kontrolle interessant. Zur Verhaltenssteuerung bringt sie keine Vorteile.[1] Bei dieser Analyse ist auch eine gewisse Vorsicht angebracht. Denn die hier vorgeführte Aufspaltung ist nur sinnvoll, wenn Preis- und Mengenkomponente (für den gesamten Markt) weitgehend unabhängig voneinander sind. Anderenfalls müßte man mittels einer zu schätzenden Preiselastizität der Nachfrage prüfen, welcher Teil der exogenen Abweichung

[1] Vgl. R. Ewert/A. Wagenhofer, a.a.O., S. 374 f.

auf einer Veränderung des Marktpreises und welcher Teil auf eine Veränderung des Absatzvolumens zurückzuführen ist.[1]

7.2.2.2 Endogen bedingte Abweichungsursachen

Die endogene Abweichung könnte auch in eine Preis- und Mengenkomponente aufgeteilt werden, dieses ist aber aufgrund der direkten funktionalen Abhängigkeit des Marktanteils vom relativen Preis nicht sinnvoll. Vielmehr ist von der wertmäßigen Marktanteilsabweichung zuerst der Teil abzuspalten, der sich durch die funktionale Abhängigkeit von Menge und Preis erklären läßt.[2] Hierzu ist die Preis-Absatz-Funktion im monopolistischen Bereich des Unternehmens zu berücksichtigen.[3] Mit der nachfolgenden Formel läßt sich die Sollgröße des Marktanteils errechnen.[4]

$$(96) \qquad x_{rKj} = x(p_{rij}) = \frac{x_{sj}}{x_{Mpj}} \qquad \forall \quad j = 1...n$$

Daraus ergeben sich nachfolgende Sollgrößen für die Marktanteile:

$$x_{rKA} = \frac{640\ Stk}{8.000\ Stk} \quad = \underline{\underline{\ 8,0\ \%}}$$

$$x_{rKB} = \frac{700\ Stk}{4.000\ Stk} \quad = \underline{\underline{17,5\ \%}}$$

---

[1] Vgl. S. Albers: Ursachenanalyse von Erlösen, a.a.O., S. 644 f.

[2] Vgl. S. Albers: Ursachenanalyse von marketingbedingten Ist-Soll-Deckungsbeitragsabweichungen, in: 62. Jg. (1992), S. 199-223, im folgenden zitiert als: Deckungsbeitragsabweichungen, hier S. 203.

[3] Vgl. R. Ewert/A. Wagenhofer, a.a.O., S. 375.

[4] Vgl. S. Albers: Ursachenanalyse von Erlösen, a.a.O., S. 646.

Die endogenen Abweichungen werden nun mit den folgenden Formeln in eine Marketing-Effektivitäts-Abweichung und eine Marketing-Instrumente-Abweichung aufgeteilt:[1]

(97) *Marketing-Effektivitäts-Abweichung*	$= (p_{ri} * x_{ri} - p_{ri} * x_{rK}) \; * \; p_{Mp} * x_{Mp}$

(98) *Marketing-Instrumente-Abweichung*	$= (p_{ri} * x_{rK} - p_{rp} * x_{rp}) \; * \; p_{Mp} * x_{Mp}$

Danach ergeben sich in dem eingeführten Zahlenbeispiel die folgenden Teilabweichungen:

Marketing-Effektivitäts-Abweichung

	(0,8333 * 10% - 0,8333 * 8,0 %) * 16 DM/Stk * 8.000 Stk
+	(1,1111 * 8% - 1,1111 * 17,5 %) * 24 DM/Stk * 4.000 Stk
=	2.133 + (- 10.133)
=	- 8.000 DM *(u)*

Marketing-Instrumente-Abweichung

	(0,8333 * 8,0 % - 0,8750 * 10%) * 16 DM/Stk * 8.000 Stk
+	(1,1111 * 17,5 % - 0,9583 * 10%) * 24 DM/Stk * 4.000 Stk
=	- 2.667 + 9.467
=	6.800 DM *(g)*

Die Ergebnisse lassen weitere Interpretationen zu. Die Marketing-Effektivitäts-Abweichung in Höhe von DM - 8.000 ist sehr ungünstig. Sie entsteht daraus, daß der Ist-Marktanteil nicht den eigentlich zu erwartenden Marktanteil erreicht und gibt somit einen Anhaltspunkt dafür, wie effektiv sich der eigene Marketing-Mix verändert hat.[2]

---

[1] Vgl. S. Albers: Deckungsbeitragsabweichungen, a.a.O., S. 204.

[2] Vgl. S. Albers: Ursachenanalyse von Erlösen, a.a.O., S. 645.

Die Marketing-Instrumente-Abweichung beträgt DM 6.800 und ist günstig zu beurteilen. Sie zeigt Abweichungsursachen getrennt nach Marketing-Instrumenten.[1] In diesem Fall wurde bisher nur der Preis als Marketing-Instrument betrachtet. Es ist gelungen, auf eine Änderung des Branchenpreises zur Sollplanung angemessen zu reagieren. Bei Produkt B stellte die deutliche Preisreduzierung eine sinnvolle Preissetzung dar. Neben dem Preis können auch andere Marketing-Instrumente und deren Effekte herausgefiltert werden, wenn sie in der Reaktionsfunktion mit berücksichtigt werden.[2]

Abbildung 87 zeigt die bis hier ermittelten Teilabweichungen:

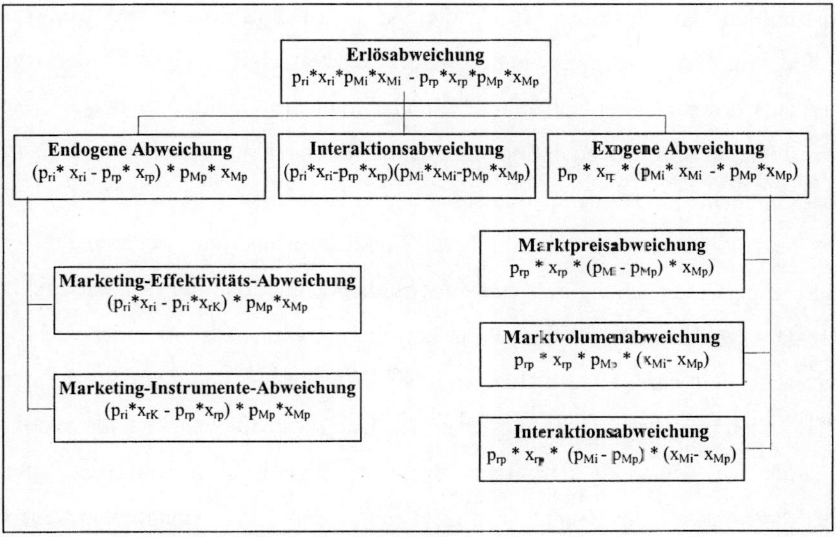

Abb. 87: Aufteilung von Erlös-Abweichungsursachen[3]

[1] Vgl. S. Albers: Deckungsbeitragsabweichungen, a.a.O., S. 204.

[2] Vgl. R. Ewert/A. Wagenhofer, a.a.O., S. 376.

[3] In Anlehnung an S. Albers: Deckungsbeitragsabweichungen, a.a.O., S. 204.

7.2.3 Marketing-Controlling-orientierte Abweichungsursachen

Die Erlös-Abweichungsanalyse ist hier schon an einen sehr dezidierten Bereich angekommen. Doch für das Marketing-Controlling ist besonders interessant, welcher Teil der Erlösabweichung auf endogene Faktoren zurückzuführen ist, um die Marketing-Effizienz beurteilen zu können, also den Zusammenhang zwischen Marketingaktivitäten und dem Erlösziel.[1] Zu diesem Zweck werden die Marketing-Instrumente in Preispolitik und Leistungspolitik (= Nicht-Preispolitik) unterteilt.

Aus der Leistungspolitik werden die beide Marketing-Instrumente Werbung und Distribution genauer untersucht, da dies die Instrumente sind, denen wohl die größte Aufmerksamkeit gewidmet wird. Daneben sind noch besonders die Verkaufsförderung, der persönliche Verkauf und die Qualität zu nennen, die aber ungleich schwerer zu definieren, quantifizieren und untersuchen sind. Es ist aber einleuchtend, daß bei qualitätsorientierten Kunden eine bessere Qualität als die der Mitbewerber zu einem höheren Marktanteil und/oder höheren Preisen führt. Eine Untersuchung verschiedener Studien zeigte, daß die Qualität positiv mit dem Marktanteil und dem Preis korreliert, mithin Auswirkungen auf die Preiselastizität hat.[2] Untersuchungen über den Einfluß der Qualität auf den Marktanteil bzw. den Absatz liegen vor. Als Qualitätsmaß bietet sich die relative Qualität an, die „als Differenz der Anteilswerte des Umsatzes einer Geschäftseinheit für Güter mit gegenüber den drei Hauptkonkurrenten überlegener bzw. unterlegener Qualität festgelegt wird."[3] Die relative Qualität hat regelmäßig einen positiven Einfluß auf den Marktanteil, der aber nicht

[1] Vgl. F.-J. Witt: Erlöscontrolling, a.a.O., S. 78.

[2] Vgl. G.J. Tellis, a.a.O., S. 334 f.

[3] H. Hruschka: Die Bestimmung von Absatzreaktionsfunktionen auf der Grundlage von PIMS-Daten, in: ZfB, 63. Jg. (1993), S. 253-265, hier S. 255.

signifikant von Null verschieden ist.[1] Hagerty ermittelte z.B. eine durchschnittliche Absatzelastizität von 0,344.[2]

Um die Ursachen der endogenen Abweichungen festzustellen, ist der wertmäßige Marktanteilseffekt in Teilabweichungen aufzuspalten. Er kann für verschiedene Ursachen-Mengen-Kombinationen, z.B. Preis, Bekanntheitsgrad, Distributionsgrad, berechnet werden. Die Differenzen dieser verschiedenen wertmäßigen Marktanteile, bewertet mit dem Soll-Marktvolumen, lassen dann auf die Abweichungsursachen schließen.

7.2.3.1 Marktanteils-Reaktionsfunktionen

Um den Marktanteil in Abhängigkeit von variablen endogenen Einflüssen berechnen zu können, bedarf es einer Reaktionsfunktion, die den Marktanteil in Abhängigkeit vom Marketing-Instrument erklärt. Es ist anzunehmen, daß ein vermehrter Einsatz eines Marketing-Instrumentes auch den Wirkungsgrad entsprechend erhöht. Ein erhöhter Werbeeinsatz wird wahrscheinlich zuerst überproportionale Erlöszuwächse bringen. Der Grenzzuwachs wird dann aber mit höherem Einsatz geringer werden. Es sei unterstellt, daß der Einsatz und Wirkungsgrad der Marketing-Instrumente mit Hilfe einer Budget-Reaktionsfunktion der in der folgenden Abbildung 88 beschriebenen Art dargestellt werden kann.

[1] Vgl. R. Jacobsen/D.A. Aaker: The Strategic Role of Product Quality, in: Journal of Marketing, o.Jg. (1987), S. 31-44.

[2] Vgl. M.R. Hagerty/J.M. Carman/G.J. Russel: Estimating Elasticities with PIMS Data. Methodological Issues and Substantive Implications, in: Journal of Marketing Research, 25. Jg. (1988), S. 1-9.

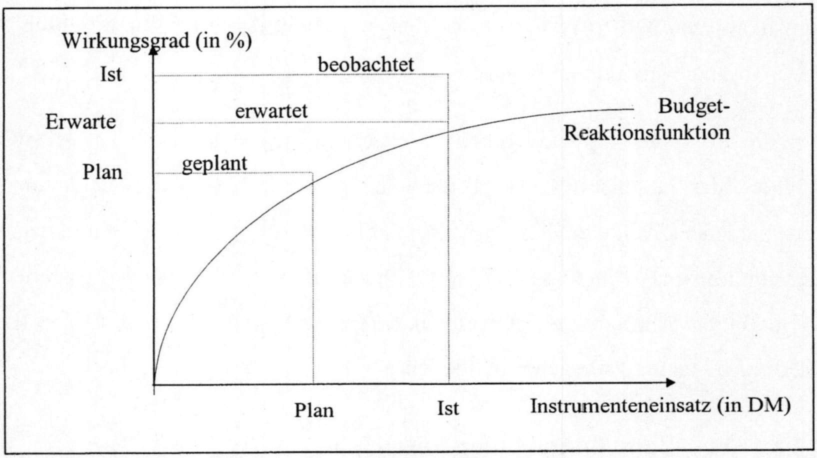

Abb. 88: Direkte Werbewirkung nach Maßgabe der Budgetfunktion[1]

Verläuft diese Veränderung nicht linear, sondern degressiv, wie in der vorstehenden Abbildung, so ist die Veränderungsrate zu berücksichtigen. In allgemeiner Form ergibt sich dann die nachfolgende Berechnungsformel:

(99) $$WG_e = WG_p * \left(\frac{MI_i}{MI_p}\right)^e$$

Dabei sind:

WG_e = *erwarteter Wirkungsgrad*

WG_p = *geplanter Wirkungsgrad*

MI_i = *tatsächlicher Marketing-Instrumente-Einsatz*

MI_p = *geplanter Marketing-Instrumente-Einsatz*

e = *Elastizitätsparameter*

[1] In Anlehnung an S. Albers: Deckungsbeitragsabweichungen, a.a.O., S. 205.

Daraus ergibt sich für das Marketing-Instrument Preis die nachfolgende Marktanteils-Reaktionsfunktion.[1]

(100) $x_r = x_{rp} * \left(\frac{p_r}{p_{rp}} \right)^a$

mit:

x_r = Marktanteil

p_r = relativer Preis

p = Index für „geplant"

a = Elastizität des Marktanteils

Als Orientierungspunkt für die Höhe der Preiselastizität kann eine Auswertung von Untersuchungen mit 367 Preiselastizitäten von fast 220 verschiedenen Marken und Märkten der Jahre 1960 bis 1985 dienen, in der sich eine Preiselastizität von - 1,76 und ein Modus von - 1,5 bei einer Standardabweichung von 1,74 ergab.[2] In einer weiteren Studie wurde eine durchschnittliche Preiselastizität für den relativen Preis von - 0,985 ermittelt.[3] Wenngleich der relative Preis dort anders, nämlich als Durchschnittspreis dividiert durch den ungewichteten Durchschnittspreis der drei Haupkonkurrenten definiert ist, zeigt sich, daß keine statistisch signifikanten Unterschiede zwischen absoluten und relativen (d.h. auf Konkurrentenpreise bezogenen) Preisen bestehen.[4]

Die relative Veränderung des Marktanteils x_r ist abhängig von der entsprechenden Veränderung des relativen Preises. Dieses Ausmaß der Veränderung wird durch die Preiselastizität *(a)* gesteuert.

---

[1] Vgl. S. Albers: Deckungsbeitragsabweichungen, a.a.O., S. 201.

[2] Vgl. G.J. Tellis, a.a.O., S. 331-341.

[3] Vgl. M.R. Hagerty/J.M. Carman/G.J. Russel, a.a.O., S. 1-9.

[4] Vgl. H. Hruschka, a.a.O., S. 255.

Auf den Marktanteil wirkt sich die Veränderung des relativen Preises gegenüber bisher aus. Die relative Änderung beliebiger Marketing-Instrumente kann berücksichtigt werden, in dem diese als weitere unabhängige Variable multiplikativ verknüpft angehängt werden.[1]

Dann ergibt sich die nachfolgende allgemeine Form:

$$(101) \qquad x_r = x_{rp} * \left(\frac{MI_1}{MI_{1p}}\right)^{e_1} * \left(\frac{MI_2}{MI_{2p}}\right)^{e_2} * \left(\frac{MI_3}{MI_{3p}}\right)^{e_3} * \dots * \left(\frac{MI_{n-1}}{MI_{n-1p}}\right)^{e_{n-1}} * \left(\frac{MI_n}{MI_{np}}\right)^{e_n}$$

mit:

x_r = *Marktanteil*
MI = *Marketing-Instrument*
p = *Index für „geplant"*
e = *Elastizitätsparameter*

Dabei ist die multiplikative Form nicht obligatorisch.[2] Bisher wurden aber hiermit in der Literatur gute Erfahrungen gemacht, besonders wegen der geringen Anzahl von Parametern und der abnehmenden Grenzerträge, $e_n < 1$.[3] Dazu werden die Marketing-Instrumente durch die multiplikative Verknüpfung ganzheitlich erfaßt, und die Exponenten sind konstante Größen, über die schon vielfache Kenntnisse bestehen oder geschätzt werden können. Zum Schätzen der Elastizitätsparameter müssen die Wirkungszusammenhänge aus den „Wie bisher"-Werten, die bekannt sind, zu den Sollwerten, die ein Produkmanager kennen sollte, in Beziehung gesetzt werden. Genauer werden diese Parameter natürlich, wenn längere Zeitreihen über die abhängigen Wirkungen, z.B.

1 Vgl. S. Albers: Deckungsbeitragsabweichungen, a.a.O., S. 201.

2 Albers weist ausdrücklich darauf hin, daß auch andere Funktionstypen denkbar wären, vgl. mit anderen Symbolen S. Albers: Deckungsbeitragsabweichungen, a.a.O., S. 203.

3 Vgl. D.M. Hanssens/L.J. Parsons/R.L. Schultz: Market Response Models: Econometric and Time Series Analysis, Boston 1990.

Marktanteil, Bekanntheitsgrad, Distributionsgrad, und unabhängigen Variablen des Instrumenteneinsatzes, z.B. relativer Preis, relativer Bekanntheits- und relativer Distributionsgrad, vorliegen.

Gewöhnlich weist die multiplikative Funktion eine Form der Art $y = \alpha * x^b$ auf. Man sieht aber leicht, daß wenn $\alpha = x_{rp} * p_{rp}^{-a}$ gesetzt wird, die Funktion der multiplikativen Form gleicht. Diese Art der Darstellung hat verschiedene Vorteile, unter anderem den, daß es deutlicher wird, daß α von x_r , x_{rp} , p und p_{rp} abhängt.[1]

Albers hat diese Darstellung veranschaulicht, in dem er neben dem relativen Preis nur die beiden Marketing-Instrumente Werbung *(W)* und Distribution *(D)* betrachtet. Er erhält dann folgende spezielle Reaktionsfunktion:[2]

$$(102) \qquad x_r = x_{rp} * \left(\frac{p_r}{p_{rp}}\right)^a * \left(\frac{W}{W_p}\right)^b * \left(\frac{D}{D_p}\right)^c$$

mit:

x_r = *Marktanteil*

p_r = *relativer Preis*

W = *Werbung (= Awareness)*

D = *Distribution*

p = *Index für „geplant"*

a, b, c = *Elastizitätsparameter*

---

[1] Vgl. S. Albers: Analysis of Profit Contribution Variance between Actual and Plan, Manuskripte aus den Instituten für Betriebswirtschaftslehre der Universität Kiel, Nr. 332, Kiel 1993, im folgenden zitiert als: Analysis, S. 6.

[2] Vgl. mit anderen Symbolen S. Albers: Deckungsbeitragsabweichungen, a.a.O., S. 201.

Die Marketing-Instrumente Werbung und Distribution sind noch näher zu operationalisieren. Hier tauchen Probleme auf. Operationalisiert man die Werbung durch das Werbebudget, so lassen sich auch die dazugehörigen Kostenwirkungen gut erfassen. Allerdings sagt die Höhe eines Werbebudgets wenig darüber aus, inwiefern sich der Marktanteil verändert. Es ist also ein Maß für die Werbewirkung und die Distribution zu finden.

Aussagekräftiger ist vielleicht der Bekanntheitsgrad (Awarenessgrad), den ein Produkt durch eine Werbekampagne erreicht. Dieser verändert sich zwar meist mit der Höhe des Werbebudgets, doch eine direkte Beziehung zwischen diesen beiden Größen ist nur bedingt auszumachen. Zumindest auf kurzfristige Sicht ist es sicherlich möglich, mit einem geringen Werbeetat durch gute Werbespots bzw. einer erfolgreichen Plazierung in den Medien, einen höheren Bekanntheitsgrad zu erreichen als mit einem hohen Werbeetat, der für schlechte Werbespots bzw. einer schlechten Plazierung in den Medien eingesetzt wird. Auf mittlere Sicht wird eine erfolgssuchende Marketingleitung wahrscheinlich die Werbeagentur wechseln, so daß man grundsätzlich für ein Budget auch einen bestimmten Bekanntheitsgrad erreichen sollte. Allerdings stellt sich die Frage, ob es eine funktionale Beziehung zwischen Werbebudget und Bekanntheitsgrad gibt.

Es ist anzunehmen, daß eine Veränderung des Werbebudgets auch den Bekanntheitsgrad verändert. Möglich ist eine Budgetwirkung in der folgenden Form:[1]

$$(103) \qquad BG = BG_p * \left(\frac{WB}{WB_p} \right)^{\beta}$$

mit:

[1] Vgl. mit anderen Symbolen S. Albers: Deckungsbeitragsabweichungen, a.a.O., S. 201.

BG = *Bekanntheitsgrad*

WB = *Werbebudget*

p = *Index für „geplant"*

ß = *Elastizität des Bekanntheitsgrades in bezug auf das Werbebudget*

Empirische Untersuchungen zeigen positive, aber geringe Absatzelastizitäten für Werbeausgaben. Bei einer Meta-Analyse von 22 Untersuchungen mit 128 Modellen wurde eine mittlere Werbeelastizität von 0,221 mit einer Standardabweichung von 0,264 ermittelt.[1]

Analog gilt für den Distributionsgrad[2]:

(104) $$DG = DG_p * \left(\frac{DB}{DB_p} \right)^{\gamma}$$

mit:

DG = *Distributionsgrad*

DB = *Distributionsbudget*

p = *Index für „geplant"*

y = *Elastizität des Distributionsgrades in bezug auf das Distributionsbudget*

Die Budgetelastizitäten lassen sich direkt aus der Sollplanung ableiten. Ein anderes Problem besteht darin, ob es eine funktionale Beziehung zwischen Bekanntheitsgrad und Marktanteil gibt. Nach Gesprächen, die der Verfasser mit Marketingfachleuten führte, ist nur der Bekanntheitsgrad für den Marktanteil verantwortlich, egal, ob ein Produkt negativ oder positiv bekannt ist. Aber der

---

1 Vgl. G. Assmus/J.U. Farley/D.R. Lehmann: How Advertising Affects Sales. Meta-Analysis of Econometric Results, in: Journal of Marketing Research, 21. Jg. (1984), S. 65-74.

2 Der Distributionsgrad wurde von Albers nicht definiert. Für die Zwecke dieser Arbeit wird er an späterer Stelle im Anwendungsteil definiert.

Konsument vergißt dies auf längere Sicht und was bleibt, ist die Bekanntheit der Marke.[1]

Der Verfasser mag sich dieser Ansicht nicht ganz anschließen. Vielmehr vertritt er die Ansicht, daß ein Bekanntheitsgrad negativer und positiver Art sein kann. Wird der Bekanntheitsgrad für ein Produkt oder eine Firma negativ, so wird der Marktanteil darunter leiden. Ohne intensive Einflußnahme wird auch mittelfristig die Marke nicht den Marktanteilsverlust ausgleichen können. Man denke nur an die gigantischen *Public Relations*-Maßnahmen von Shell nach der Diskussion um die Entsorgung der *Brent Spar* oder von DaimlerChrysler (damals Daimler-Benz) nach dem „Fall" der A-Klasse. Beide Male sind erhebliche (finanzielle) Anstrengungen gemacht worden, eine negative Bekanntheit nicht in eine negative Marktanteilsveränderung bzw. einen Erlösverlust münden zu lassen.

Der Verfasser kommt daher zu der Schlußfolgerung, daß der Bekanntheitsgrad in eine negative und eine positive Komponente zu unterscheiden ist. Nur eine positiv zu messende Erhöhung des Bekanntheitsgrades ist ein Indikator für die Erhöhung des Marktanteils.

Daneben stehen noch eine Reihe weiterer vorökonomischer und ökonomischer Erfolgskriterien zur Verfügung, an derer der Werbeerfolg gemessen werden kann.[2] Trotzdem bleibt der (positive) Bekanntheitsgrad grundsätzlich ein geeignetes Mittel, die Effektivität des Werbebudgets und der Werbung zu messen.

---

1 Dieses sind nur subjektive Eindrücke. Sie haben keine repräsentative Aussagekraft.

2 Vgl. hierzu z.B. M. Hüttner/A.v. Ahsen/U. Schwarting, a.a.O., S. 238-243, besonders S. 239.

Soll auf die Veränderung des Marktanteiles auch die Reaktion der Konkurrenz auf die eigene Werbung berücksichtigt werden, so ist der eigene Bekanntheitsgrad in Relation zum gesamten Bekanntheitsgrad des Marktes oder Produktes zu setzen. Dieser relative Bekanntheitsgrad ergibt sich aus:[1]

(105) $$BG_r = \frac{BG}{\sum_{t=1}^{n} BG_t}$$

mit:

BG_r = relativer Bekanntheitsgrad

BG = Bekanntheitsgrad

t = Index für die Marktteilnehmer, bzw. Anzahl der Produkte

Für den Distributionsgrad gilt analog:

(106) $$DG_r = \frac{DG}{\sum_{t=1}^{n} DG_t}$$

mit:

DG_r = relativer Distributionsgrad

DG = Distributionsgrad

t = Index für die Marktteilnehmer, bzw. Anzahl der Produkte

Jetzt hängt die Veränderung des Marktanteiles von der folgenden präzisierten Reaktionsfunktion ab:[2]

(107) $$x_r = x_{rp} * \left(\frac{p_r}{p_{rp}}\right)^{\alpha} * \left(\frac{BG_r}{BG_{rp}}\right)^{\beta} * \left(\frac{DG_r}{DG_{rp}}\right)^{\gamma}$$

[1] Vgl. mit anderen Symbolen S. Albers: Deckungsbeitragsabweichungen, a.a.O., S. 202.

[2] Vgl. mit anderen Symbolen S. Albers: Deckungsbeitragsabweichungen, a.a.O., S. 203.

mit:

x_r = *Marktanteil*

p_r = *relativer Preis*

BG_r = *relativer Bekanntheitsgrad (Awarenessgrad)*

DGr = *relativer Distributionsgrad*

p = *Index für „geplant"*

a, ß, y = *Elastizitätsparameter*

Der dargestellte Funktionstyp hat den Vorteil, daß die Marketing-Instrumente durch die multiplikative Verknüpfung ganzheitlich dargestellt werden. Die Exponenten stellen konstante Elastizitäten dar. Dies erleichtert die Interpretation. Im Falle abnehmender Grenzzuwächse bei der Wirkung eines Instrumentes ist dies durch den Exponenten gut darstellbar (in dem er kleiner eins wird). Aus diesen Gründen ist dieser Funktionstyp der gebräuchlichste im Marketing.[1] Es darf aber nicht übersehen werden, daß bei diesem Funktionstyp, wenn mehrere Marketing-Instrumente den Marktanteil beeinflussen, wieder Abweichungen höherer Ordnung entstehen, die, bei konsequenter Anwendung der differenziert-kumulativen Abweichungsanalyse, gesondert auszuweisen sind.

7.2.3.2 Marketing-Controlling-orientierte Teilabweichungen

Abweichungen beruhen darauf, daß die Marketing-Instrumente anders als geplant eingesetzt, bzw. realisiert werden. Nach der Ursache ihres Entstehen lassen sich Teilabweichungen unterscheiden. Abbildung 89 zeigt die Grundlage für das Entstehen verschiedener Ursachen am Beispiel des Bekanntheitsgrades.

---

[1] Vgl. S. Albers: Deckungsbeitragsabweichungen, a.a.O., S. 221.

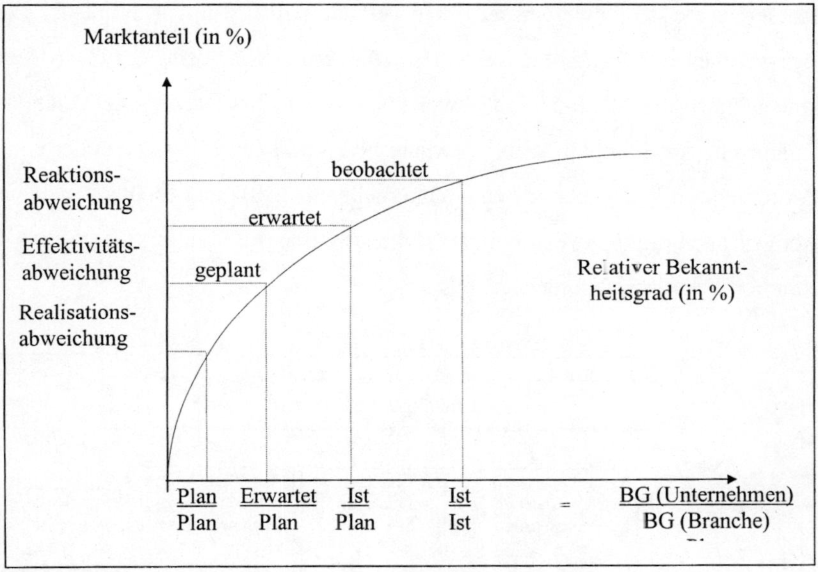

Abb. 89: Aufteilung der Marketing-Instrumente-Abweichung in Abweichungsursachen[1]

Der Einsatz eines Marketing-Instrumentes und auch seine Wirkung werden geplant. Wird nun das Instrument anders eingesetzt, ist eine andere Wirkung des Instrumentes zu erwarten. Dieses wird in der Realisationsabweichung ausgewiesen.

Sollte aber die tatsächliche Wirkung anders als die eigentlich zu erwartende Wirkung sein, so ergibt sich hieraus eine Abweichung, die darauf beruht, daß das Marketing-Instrument effektiver oder weniger effektiv als geplant gewirkt hat. Diese Ursache beschreibt die Effektivitätsabweichung. Dabei ist unterstellt, daß die Konkurrenz auf den veränderten Einsatz des Marketing-Instrumentes nicht reagiert hat.

---

1 In Anlehnung an S. Albers: Deckungsbeitragsabweichungen, a.a.O., S. 206.

Reagieren die Mitbewerber auf den veränderten Instrumente-Einsatz eines Unternehmen und verändern selbst den Marketing-Mix, dann ergibt sich eine Abweichung, die als Reaktionsabweichung bezeichnet wird.[1] Die veränderte Konkurrenzaktivität wird als bewußte Reaktion auf die veränderte Ist-Marketingpolitik des betrachteten Unternehmens gesehen, ist also auch eine endogen beeinflußte Abweichungsursache. Abbildung 90 zeigt schematisch die isolierten Erlösabweichungsursachen.

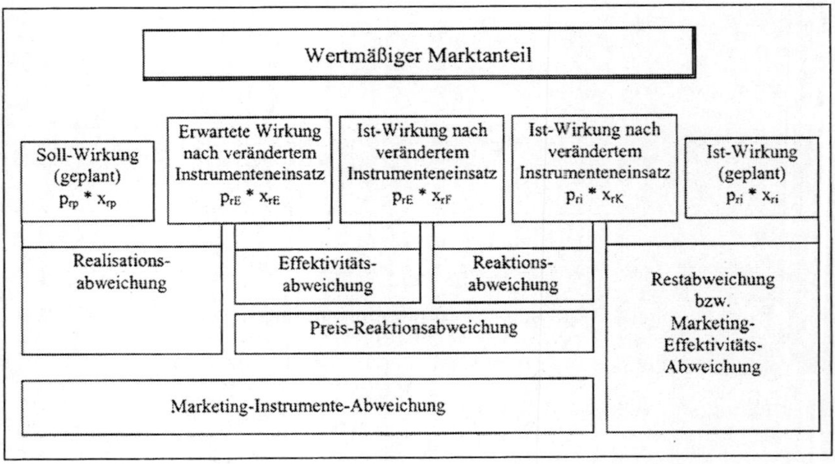

Abb. 90: Isolierung von Abweichungsursachen

Albers hat von der hier vorgestellten Marketing-Instrumente-Abweichung außerdem eine Planabweichung abgespalten.[2] Eine Planabweichung ergibt sich, wenn das Unternehmen unvorhergesehene Ereignisse treffen. Man denke z.B. an die öffentlich gewordenen Erpressungsversuche gegenüber Schwartau Extra, Nestlé oder Alete Babynahrung, die wahrscheinlich zu drastischen Absatzein-

[1] Vgl. hierzu S. Albers: Deckungsbeitragsabweichungen, a.a.O., S. 204 f.

[2] Vgl. S. Albers: Ursachenanalyse von Erlösen, a.a.O., S. 645-647.

bußen geführt haben werden und kaum vorhersehbar waren.[1] In diesem Fall wären der relative Preis und der Marktanteil nachträglich (neu) zu schätzen. Dies sollte aber nur in begründeten Fällen geschehen, denn sonst besteht die Gefahr, daß allzu leichtfertig die Planabweichung als „unvorherzusehen" interpretiert wird.

Nachdem die relevanten Abweichungsursachen nun klassifiziert wurden, soll im weiteren darauf eingegangen werden, wie diese einzelnen Abweichungen ermittelt werden können, wie also die Marketing-Instrumente-Abweichung weiter zu dekomponieren ist.

7.2.3.3 Dekomposition der Marketing-Instrumente-Abweichung[2]

Grundformel der Marketing-Instrumente-Abweichung (MIA):

(108) $MIA = (p_{ri} * x_{rK} - p_{rp} * x_{rp}) \;\; * \;\; p_{Mp} * x_{Mp}$

Ausgehend von der Grundformel der Marketing-Instrumente-Abweichung können nun weitere Teilabweichungen gebildet werden. Dies wird nachfolgend exemplarisch für das Marketing-Instrument Werbung beschrieben.

Das Marketing-Instrument Werbung wird anders als geplant eingesetzt. Dadurch verändert sich der Erlös. Dieses spiegelt sich in der Marketing-Instrumente-Abweichung wider. Die Entscheidung ein Instrument anders als geplant einzusetzen läßt sich im wesentlichen in drei Szenarien unterteilen, die durch drei Fragestellung charakterisierbar sind:

---

1 Gleichwohl besteht die, wohl nur für die größeren Unternehmen praktikable, Möglichkeit, sich zum Beispiel bei Loyds gegen solche Erpressungen zu versichern.

2 Formeln und Darstellung lehnen sich an Albers Ausführungen an, wenngleich mit anderen Symbolen, vgl. S. Albers: Deckungsbeitragsabweichungen, a.a.O., S. 206 ff.; ders.: Analysis, a.a.O., S. 7-10.

1. Welche Auswirkung war nur durch die Entscheidung zu erwarten?

2. Welche Auswirkung ergab sich durch die bessere oder schlechtere Umsetzung des veränderten Werbebudgets?

3. Welche Auswirkung hatte die Reaktion der Konkurrenz auf die Marketingmaßnahme des Unternehmens?

Die Antworten auf diese Fragen bringen die:

Ad 1. Realisationsabweichung.

Ad 2. Effektivitätsabweichung.

Ad 3. Reaktionsabweichung.

Die Realisationsabweichung spaltet sich zuerst von der Erlösabweichung ab. Sie entsteht daraus, daß nicht das geplante, sondern ein anderes Marketing-Budget eingesetzt wird. Nicht der realisierte, sondern der zu erwartende Einfluß auf den Erlös wird durch die Realisationsabweichung angezeigt.

Die Entscheidung, ein anderes Marketing-Budget als das geplante einzusetzen, läßt sich anhand der unterstellten Reaktionsfunktion auf ihre Wirkung untersuchen. Dazu wird das tatsächliche Werbebudget in die Markt-Reaktionsfunktion eingesetzt. Dadurch ergibt sich der erwartete Bekanntheitsgrad BG_E für das tatsächliche Werbebudget WB_i.

Wenn weiter unterstellt ist, daß die Konkurrenz ihr Werbebudget wie geplant beläßt, kann der Werbeanteil des Unternehmens ermittelt werden, indem BG_E durch die Summe der geplanten Bekanntheitsgrade aller Unternehmen des relevanten Marktes geteilt wird. Zu diesem Wert wird der dazu korrespondierende erwartete Marktanteil x_{rE} gesehen.

Wird die Abweichung zwischen erwartetem Marktanteil x_{rE}, multipliziert mit dem erwarteten relativen Preis p_{rE}, und dem geplantem Marktanteil x_{rp}, multipliziert mit dem geplantem relativen Preis p_{rp}, mit dem geplanten wertmäßigem Marktvolumen $(p_{Mp} * x_{Mp})$ gewichtet, ergibt sich die Realisationsabweichung.[1]

(109) *Realisationsabweichung* $= (p_{rE} * x_{rE} - p_{rp} * x_{rp}) \; * \; p_{Mp} * x_{Mp}$

In der Realität entsprechen sich die erwarteten und beobachteten, tatsächlich eingetretenen Bekanntheitsgrade nicht immer, da die Qualität der Werbung unterschiedlich sein kann. Diese Abweichung wird Effektivitätsabweichung genannt. Sie entspricht aber hier auch einer Effizienzabweichung, da sie aussagt, wie effizient die Marketingbudget eingesetzt wurde.[2] Gezeigt wird durch diese Abweichung der über oder unter der erwarteten Wirkung der Marketingmaßnahme liegende Einfluß auf den Erlös. Die Effektivitätsabweichung errechnet sich, indem man die Marktanteile x_{rF} und x_{rE} für den beobachteten relativen Werbeanteil und den erwarteten relativen Bekanntheitsgrad durch die Reaktionsfunktion bestimmt. Dabei werden für die Mitanbieter geplante Bekanntheitsgrade unterstellt.

(110) *Effektivitätsabweichung* $= (p_{rE} * x_{rF} - p_{rE} * x_{rE}) \; * \; p_{Mp} * x_{Mp}$

---

[1] In der aktuelleren Darstellung seiner Ursachen-Erlösabweichungsanalyse beschreibt Albers die Realisationsabweichung als Differenz aus erwartetem Marktanteil und geplantem Marktanteil, gewichtet mit dem geplanten relativen Preis und dem geplanten wertmäßigem Marktvolumen, in Formeln: $= (p_{rp} * x_{rE} - p_{rp} * x_{rp}) \; * \; p_{Mp} * x_{Mp}$; vgl. S. Albers: Analysis, a.a.O., S. 8.

[2] Vgl. F.-J. Witt: Erlöscontrolling, a.a.O., S. 78.

Eine negative Effektivitätsabweichung zeigt an, daß entweder die Medienauswahl, die Auflage oder Zeitpunkt des Marketingeinsatzes nicht effektiv ausgeführt wurde. Für diese Abweichung ist der Produktmanager voll verantwortlich.[1]

Bisher wurde unterstellt, daß die Konkurrenten auf veränderten Marketingeinsatz nicht reagieren. Das ist nicht unbedingt so. In diesem Fall ist statt des beobachteten Marktanteil x_{rF} der mit Wissen der Konkurrentenreaktionen sich auf der Reaktions-Funktion ergebende Marktanteil x_{rK} zu berücksichtigen. Die Differenz der Marktanteile zeigt, wie sehr die eigenen Marketingbemühen durch die Reaktion der Konkurrenz verletzt wurden. Bewertet mit dem aktuellen relativen Preis bzw. dem erwarteten relativen Preis p_{rE} und dem geplanten wertmäßigem Marktvolumen $(p_{Mp} * x_{Mp})$ erhält man die Reaktionsabweichung.[2]

$$(111) \quad Reaktionsabweichung = (p_{ri} * x_{rK} - p_{rE} * x_{rF}) \; * \; p_{Mp} * x_{Mp}$$

Diese Abweichung wird nicht immer dem Kontrollbereich des Produktmanager zugeordnet. Aber warum sollte ein guter Manager nicht auch verantwortlich sein für die Antizipation des Konkurrenzverhaltens? Jeder erfolgsorientierte Trainer beobachtet selbstverständlich kommende Gegner, und Börsenmakler achten besonders auf schwache Signale, die Veränderungen bei Unternehmen und Märkten andeuten. Da ist es nach Meinung des Verfassers selbstverständlich, daß ein guter Produktmanager das Verhalten der Konkurrenz beobachtet, vorhersieht und darauf reagiert. Dann wäre für diese Abweichung auch der Produktmanager verantwortlich.

---

[1] Vgl. S. Albers: Analysis, a.a.O., S. 8.

[2] Vgl. F.-J. Witt: Erlöscontrolling, a.a.O., S. 81; in einer neueren Darstellung gewichtet Albers die Differenz der Marktanteile mit dem erwarteten relativen Preis, vgl. S. Albers: Analysis, a.a.O., S. 8 f.

Diese Betrachtung kann für weitere Marketinginstrumente analog angestellt werden. Für den Preis gibt es eine Vereinfachung. Da der Preis direkt den Marktanteil beeinflußt, entsteht keine Effektivitätsabweichung. Konsequenterweise ist die Realisationsabweichung mit dem eigentlichen relativen Preis zu analysieren. Die Reaktionsabweichung ist analog dazu mit dem tatsächlichen relativen Preis p_{ri} zu bewerten.[1]

Die folgende Abbildung 91 zeigt die Dekomposition der Marketing-Instrumente-Abweichung in ihre Ursachen:

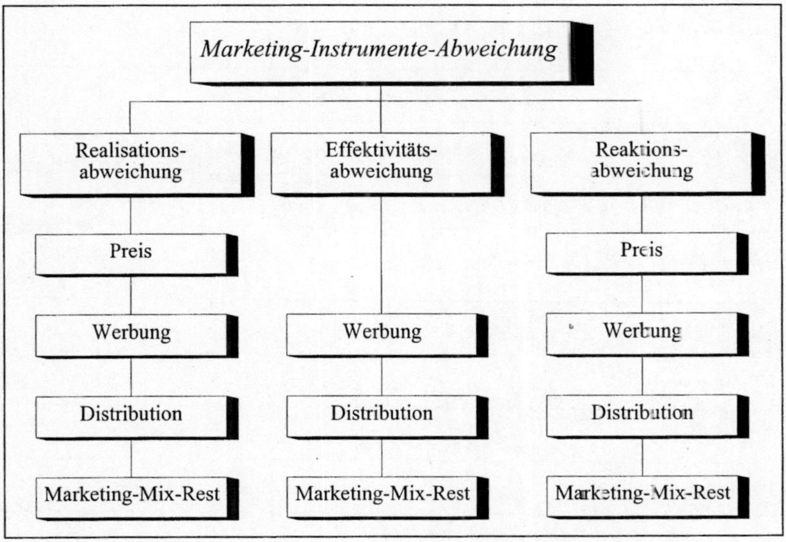

Abb. 91: Ursachengerechte Aufteilung der Marketing-Instrumente-Abweichung

1 Vgl. S. Albers: Analysis, a.a.O., S. 9 f.

Die dazugehörigen Formeln sind in der nachfolgenden Tabelle 46 dargestellt:

Marketing-Instrumente-Abweichung $= (p_{ri} * x_{rK} - p_{rp} * x_{rp}) \; * \; p_{Mp} * x_{Mp}$	
Realisationsabweichung $= (p_{rE} * x_{rE} - p_{rp} * x_{rp}) \; * \; p_{Mp} * x_{Mp}$	
Preis =	$P_1 = (p_{rE} * x_r(p_{rE}) - p_{rp} * x_{rp}) \; * \; p_{Mp} * x_{Mp}$
Werbung =	$W_1 = (p_{rp} * x_r(BG_{rE}) - p_{rp} * x_{rp}) \; * \; p_{Mp} * x_{Mp}$
Distribution =	$D_1 = (p_{rp} * x_r(DG_{rE}) - p_{rp} * x_{rp}) \; * \; p_{Mp} * x_{Mp}$
Marketing-Mix-Rest =	$(p_{rE} * x_{rE} - p_{rp} * x_{rp}) \; * \; p_{Mp} * x_{Mp} - P_1 - W_1 - D_1$
Effektivitätsabweichung $= (p_{rE} * x_{rF} - p_{rE} * x_{rE}) \; * \; p_{Mp} * x_{Mp}$	
Werbung =	$W_2 = (p_{rE} * x_r(BG_{rF}) - p_{rE} * x_{rE}) \; * \; p_{Mp} * x_{Mp}$
Distribution =	$D_2 = (p_{rE} * x_r(DG_{rF}) - p_{rE} * x_{rE}) \; * \; p_{Mp} * x_{Mp}$
Marketing-Mix-Rest =	$(p_{rE} * x_{rF} - p_{rE} * x_{rE}) \; * \; p_{Mp} * x_{Mp} - W_2 - D_2$
Reaktionsabweichung $= (p_{ri} * x_{rs} - p_{rE} * x_{rF}) \; * \; p_{Mp} * x_{Mp}$	
Preis =	$P_3 = (p_{ri} * x_r(p_{ri}) - p_{rE} * x_{rF}) \; * \; p_{Mp} * x_{Mp}$
Werbung =	$W_3 = (p_{rE} * x_r(BG_{ri}) - p_{rE} * x_{rF}) \; * \; p_{Mp} * x_{Mp}$
Distribution =	$D_3 = (p_{rE} * x_r(DG_{ri}) - p_{rE} * x_{rF}) \; * \; p_{Mp} * x_{Mp}$
Marketing-Mix-Rest =	$(p_{ri} * x_{rK} - p_{rE} * x_{rF}) \; * \; p_{Mp} * x_{Mp} - P_3 - W_3 - D_3$

Tabelle 46: Formeln für die Aufteilung der Marketing-Instrumente-Abweichung in Ursachen und Instrumente[1]

[1] Modifiziert nach S. Albers: Deckungsbeitragsabweichungen, a.a.O., S. 211.

7.2.4 Von der Erlös- zur Deckungsbeitragsabweichungsanalyse

Die dargestellten Ansätze zur Erlösabweichungsanalyse geben schon wertvolle und detaillierte Informationen über bestimmte Marketingmaßnahmen. Um aber gerade die Marketingbemühungen in einem neutralen Licht sehen zu können, müssen neben Erlösen auch die zusätzlichen Marketingkosten berücksichtigt werden. Denn werden durch Werbemaßnahmen die Erlöse erhöht, sind der Erlössteigerung die korrespondierenden Kosten für die Werbemaßnahmen gegenüberzustellen. Dabei weisen die Absatzsteigerungen mit zunehmendem Werbebudget abnehmende Grenzzuwächse auf.

Erst nach dem Gegenüberstellen der zusätzliche Erlöse mit den zusätzlichen Werbekosten sieht man, wie vorteilhaft, oder auch nicht, der Einsatz des Werbebudgets war. Zudem lassen sich möglicherweise, z.B. durch eine Senkung des Preises, Stückkostendegressionsvorteile erzielen. Diese Problemfelder sind zu berücksichtigen, damit die Abweichungsanalyse vollständig wird. Wichtig ist es also, die Kostenabweichungen zu erfassen, die durch die Entscheidung des Produktmanager hervorgerufen wurde. Diese Kosten sind von den nicht marketingbedingten Kosten zu trennen.[1]

Man erhält einen Deckungsbeitrag. Der Erlös minus den Marketingkosten wurde in dieser Arbeit als Deckungsbeitrag II bezeichnet.[2] Die dazugehörige Analyse heißt Deckungsbeitragsabweichungsanalyse oder Deckungsbeitragsflußrechnung.[3]

---

[1] Vgl. S. Albers: Deckungsbeitragsabweichungen, a.a.O., S. 208 ff.

[2] Vgl. Abschnitt 4.3.2.2.

[3] Vgl. F.-J. Witt: Deckungsbeitragsmanagement, a.a.O., S. 400 ff.

Für den weitere Darstellung sollen daher die Kosten für das Werbe- und Distributionsbudget sowie die Stückkosten berücksichtigt werden. Die nachfolgende Abbildung 92 zeigt mögliche Kostenabweichungen.

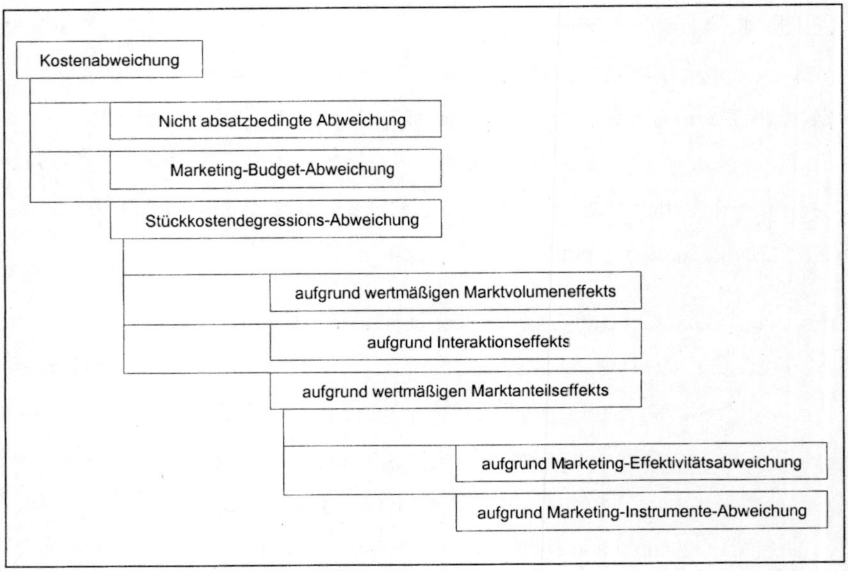

Abb. 92: Ursachen für Kostenabweichungen[1]

Grundsätzlich spielen die Stückkosten bei der Betrachtung im Marketing-Controlling keine Rolle, da sie im Produktionsbereich anfallen und schon dort gewürdigt werden und somit für den Marketingbereich exogen sind. Werden jedoch durch Maßnahmen eines Produktmanagers die Ausbringungsmenge geändert, können dadurch Economies of Scale bzw. Scope oder Lernkurveneffekte entstehen.[2] In diesem Fall läßt sich die Ansicht vertreten, daß die daraus entstehenden Abweichungen mit analysiert werden sollten.

---

1 Modifiziert nach S. Albers: Deckungsbeitragsabweichungen, a.a.O., S. 210.

2 Vgl. F.-J. Witt: Erlöscontrolling, a.a.O., S. 82 f.

Eine funktionale Beziehung zwischen Stückkosten und Menge läßt sich in der folgende Weise unterstellen:[1]

$$(112) \qquad k = k_R * \left(\frac{X}{X_R}\right)^{\delta}$$

mit:

k = *Stückkosten*

k_R = *Referenz-Stückkosten*

X = *Menge*

X_R = *Referenz-Menge*

δ = *Elastizität der Stückkosten in bezug auf eine Absatzmengenänderung (z.B. Lernkurveneffekte und/oder economies of scale bzw. scope)*

Nach der Formel lassen sich die zu erwartenden Stückkosten für die Ist-Absatzmenge errechnen *($k(X_i)$)*. Subtrahiert man von den sich daraus ergebenden gesamten Kosten die geplanten Kosten, erhält man die Stückkostendegressionsabweichung:

$$(113) \qquad \textit{Stückkostendegressionsabweichung} = X_i * k(X_i) - X_P * k_P$$

Die neben der Stückkostendegressionsabweichung noch fehlende Abweichung, um zu den tatsächlichen Kosten zu kommen, stellt die nicht marketingbedingte Kostenabweichung dar.

$$(114) \qquad \textit{Nicht marketingbedingte Kostenabweichung} = X_i * k_i - X_I * k(X_i)$$

Entsprechende Abweichungen können auch für alle Erlös-Teilabweichungen ermittelt werden.[2]

---

[1] Vgl. zu den folgenden Formeln, aber mit anderen Symbolen, S. Albers: Deckungsbeitragsabweichungen, a.a.O., S. 210.

[2] Auf die explizite Darstellung der Formeln für die Marketing-Instrumente-Kostenabweichung in Ursachen und Instrumente wird verzichtet, da sie für die bearbeitete Problemstellung nicht von grundsätzlicher Bedeutung sind. In dem später durchgeführten ausführlichem Anwendungsbeispiel werden die Kostenbestandteile entsprechend gewürdigt.

Für die Deckungsbeitragsabweichung ergibt sich dann:

Erlösabweichung	
-	Marketingbudgetabweichung
-	Stückkostendegressionsabweichung, z.B. durch Economies of Scale bzw. Scope
-	Stückkostenabweichung durch durch verbesserte Produktionseffizienz (exogen)
=	Deckungsbeitragsabweichung

Tabelle 47: Deckungsbeitragsabweichung[1]

Die Marketing-Budgetabweichung kann nur der Realisationsabweichung der einzelnen Marketing-Instrumente, mit Ausnahme des Preises, zugerechnet werden.[2]

7.2.5 Datenverfügbarkeit und Aufdecken von Planungsannahmen

Um eine solche detaillierte Analyse durchzuführen, wie sie hier vorgestellt wurde, ist sicher eine höhere Datenmenge zu bekommen und zu verarbeiten. Für die Symptomanalyse benötigt man Menge und Preise, die man aus dem internen Rechnungswesen direkt aus dem Unternehmen heraus erhalten kann. Die Abweichungsursachenanalyse hingegen basiert auf Reaktionsfunktionen. Dazu ist es nötig, daß die Planungsannahmen, z.B. Elastizitäten, offengelegt werden, um zu beurteilen, ob ein Abweichen vom Plan vorteilhaft war oder nicht.[3]

Zu den Formeln, allerdings mit anderer Symbolik, vgl. S. Albers: Deckungsbeitragsabweichungen, a.a.O., S. 210 f.

1 Vgl. S. Albers: Analysis, a.a.O., S. 12.

2 Vgl. S. Albers: Deckungsbeitragsabweichungen, a.a.O., S. 211.

3 Vgl. S. Albers: Deckungsbeitragsabweichungen, a.a.O., S. 215.

Um die dafür nötigen Daten zu beschaffen, wird man regelmäßig auf externe Quellen angewiesen sein. Dieses Datenbeschaffungsproblem gilt auch als wesentlicher Kritikpunkt des Albers´schen Ansatz.[1]

In vielen Konsumgütermärkten gibt es Paneldaten mit Mengen, Marktanteilen, Preise und Distributionsraten für die Branche und die einzelnen Unternehmen. Marktforschungsinstitute fertigen Studien über direkte Reaktionen auf Marketingmaßnahmen wie Aufmerksamkeit oder Wiedererinnerung an. Ebenso können Daten über Werbebudgets von Unternehmen wie A.C. Nielsen Advertising Service gekauft werden.[2]

In der Investitionsgüterindustrie, z.B. für Kopiermaschinen oder Computer, kann ein Unternehmen Informationen durch die Industrieverbände erhalten oder in analoger Weise bei Marktforschungsinstituten erwerben. Daten über das Werbebudget können wie bei den Konsumgütern erstanden werden. Problematisch ist das Erfassen von Direct-Mail-Aktionen. Die Distributionskosten für Industrieunternehmen sind eher ein Problem des Einsatzes von Vertriebsmitarbeitern. Denkbar ist es, die Anzahl der Vertriebsmitarbeiter mit dem mittleren Personalaufwand zu gewichten. Es gibt einige Marktforschungsinstitute, die Berichte mit der Anzahl der Verkaufspersonen der Wettbewerber eines Marktes anbieten. Dies könnte als Schätzgröße für die Distributionsdaten genommen werden.[3]

Am schwierigsten gestaltet es sich, Wirkungsdaten zu beschaffen. Dies sind die Budget- und Marketing-Elastizitäten, die der Planung intuitiv oder absichtlich zugrunde lagen. Dies kann auf zwei Wege geschehen: entweder statistisch, wenn

[1] Vgl. F.-J. Witt: Deckungsbeitragsmanagement, a.a.O., S. 446.

[2] Vgl. S. Albers: Analysis, a.a.O., S. 12; S. Albers: Deckungsbeitragsabweichungen, a.a.O., S. 217.

[3] Vgl. S. Albers: Analysis, a.a.O., S. 12; S. Albers: Deckungsbeitragsabweichungen, a.a.O., S. 217.

genug Daten aus der Vergangenheit vorliegen und der Markt nicht zu veränderlich ist, oder ein Unternehmen vertraut auf subjektive Schätzungen. Dies ist gar nicht so abenteuerlich, wie es auf den ersten Blick scheint, denn der Planungsverantwortliche hat beim Aufstellen seiner Planzahlen im Grunde nichts anderes gemacht, als intuitiv eine Marktreaktionsfunktion zu unterstellen.

Aus diesem Grund bietet es sich an, die Elastizitäten von einem Vergleich der geplanten Verkäufe und Marketing-Mix-Zahlen mit vergangenen Verkäufen und Marketing-Mix-Zahlen als Referenzwerte schlußzufolgern. Das scheint immer dann möglich, wenn die Marktbedingungen nicht zu stark variieren. Ist dies aber der Fall, sind die Referenzwerte anzupassen.[1] Außerdem könnte ein Unternehmen den Einsatz seiner Marketinginstrumente experimentell variieren, um so Aufschlüsse über Wirkungszusammenhänge zu erhalten.[2]

Die noch unbekannten Elastizitäten können dann wie folgt ermittelt werden:[3]

$$(115) \qquad \beta = \frac{\ln\left(\frac{BG_p}{BG_R}\right)}{\ln\left(\frac{WB_p}{WB_R}\right)}$$

$$(116) \qquad \gamma = \frac{\ln\left(\frac{DG_p}{DG_R}\right)}{\ln\left(\frac{DB_p}{DB_R}\right)}$$

---

1 Vgl. S. Albers: Analysis, a.a.O., S. 13.

2 Vgl. J.D.C. Little: A Model of Adaptive Control of Promotional Spending, in: Operations Research, 14. Jg. (1966), S. 1075-1097, hier S. 1095; J.O. Eastlack/A.G. Rao: Advertising Experiments at the Campbell Soup Company, in: Marketing Science, 8. Jg. (1989), S. 57-71.

3 Vgl. S. Albers: Analysis, a.a.O., S. 13 f.

(117) $$\delta = \frac{\ln\left(\frac{k_p}{k_R}\right)}{\ln\left(\frac{X_p}{X_R}\right)}$$

mit:

BG	=	*Bekannheitsgrad*
WB	=	*Werbebudget*
DG	=	*Distributionsgrad*
DB	=	*Distributionsbudget*
k	=	*Stückkosten*
X	=	*Menge*
p	=	*Index für „geplant"*
R	=	*Index für den Referenzwert*

Die Elastizitäten der Marktanteil-Reaktionsfunktion und der Marktvolumenfunktion können nicht direkt schlußgefolgert werden, da die abhängigen Variablen von verschiedenen unabhängigen Variablen des Marketing-Mix abhängen, während Elastizitäten mit isolierten Effekten von einzelnen unabhängigen Variablen korrespondieren. Daher müssen die Planungsverantwortlichen für den mengenbasierten Marktanteil und Marktvolumen schätzen. Eine Variable ist ein geplanter Wert, die beiden anderen sind Referenzwerte. Folgende Schätzungen sind erforderlich:

Subjektive Schätzungen für mengenbasierten Marktanteil	Subjektive Schätzungen für mengenbasiertes Marktvolumen
x_r (p_{rp}, WA_R, DA_R)	x_M (p_{Mp}, BGA_R, DGA_R)
x_r (p_{rR}, WA_p, DA_R)	x_M (p_{MR}, BGA_p, DGA_R)
x_r (p_{rR}, WA_R, DA_p)	x_M (p_{MR}, BGA_R, DGA_p)

Tabelle 48: Schätzungen zur Elastizitätsermittlung[1]

[1] Vgl. S. Albers: Analysis, a.a.O., S. 14.

mit:

x_r = *relativer Marktanteil*

x_M = *Marktvolumen*

p_r = *relativer Preis*

p_M = *Branchenpreis*

WA = *Werbeanteil, definiert als Bekanntheitsgrad geteilt durch die Summe von allen Bekanntheitsgraden im relevanten Markt*

DA = *Distributionsanteil, definiert als Distributionsgrad geteilt durch die Summe aller Distributionsgrade im relevanten Markt*

BGA = *Anteil des Bekanntheitsgrades*

DGA = *Anteil des Distributionsgrades*

p = *Index für „geplant"*

R = *Index für Referenzwert*

Alle Elastizitäten können in gleicher Weise wie die oben genannten Elastizitäten ermittelt werden, z.B. für x_r (p_{rp}, WA_R, DA_R):[1]

$$(118) \qquad a = \frac{\ln\left(\frac{x_r\left(p_{rp}, WA_R, DA_R\right)}{x_{rR}}\right)}{\ln\left(\frac{p_r}{p_{rR}}\right)}$$

Die so gewonnenen Elastizitäten lassen sich auf Plausibilität untersuchen. Zum einen können die ermittelten Elastizitäten mit Werten in vergleichbaren Fällen oder Ergebnissen von Meta-Analysen gegeneinander abgewägt werden.[2]

Logische Elastizitätswerte sind: $a < 0$, $0 \le b, c, \beta, \gamma < 1$ *und* $-1 \le \delta \le 0$. Zudem sollte die Skalenelastizität des Geldes kleiner als Eins sein, d.h. $\beta * b + \gamma * c \le 1$.[3]

[1] Vgl. S. Albers: Analysis, a.a.O., S. 15.

[2] G. Assmus/J.U. Farley/D.R. Lehmann, a.a.O., S. 65-74; G.J. Tellis, a.a.O., S. 331-341.

[3] Vgl. S. Albers: Deckungsbeitragsabweichungen, a.a.O., S. 219.

Werden bei dem Ermitteln des geplanten Marktanteil und Marktvolumens alle unabhängigen Variablen mit ihren geplanten Werten einbezogen, sollte sich zum anderen das Ergebnis nicht von dem ursprünglich geplanten Marktanteil und Marktvolumen unterscheiden. Ist dies doch der Fall, so ist entweder der ursprünglich geplante Marktanteil bzw. das Marktvolumen nicht korrekt, oder die unterstellten Elastizitäten müssen korrigiert werden und zwar so lange, bis die geplanten Werte und unterstellten Elastizitäten konsistent für das gesamte Marketing-Mix sind.[1]

Daneben gibt es Meta-Analysen, welche die Abhängigkeit von Elastizitätswerten von Markt- und Schätzbedingungen ermitteln. Auch hieraus kann man zu Plausibilitätsprüfung Preis- und Werbeelastizitäten entnehmen. Die benötigten Daten können aus verschiedenen Quellen ermittelt werden, auch wenn dies manchmal in Frage gestellt wird.[2] Allerdings darf nicht übersehen werden, daß eine Abweichungsanalyse nur vorgenommen wird, „wenn der Nutzen nach Beobachten der Gesamtabweichung größer ist als die Kosten der Durchführung der Analyse ist."[3]

---

1 Vgl. S. Albers: Analysis, a.a.O., S. 15.

2 Vgl. F.-J. Witt: Praxisakzeptanz, a.a.O., S. 446-450.

3 A. Wagenhofer: Abweichungsanalysen bei der Erfolgeskontrolle aus agency theoretischer Sicht, in: BFuP 44. Jg. (1992), S. 319-338, hier S. 331. Jedoch ist das Bestimmen des Nutzens eines Controlling in der Praxis problembehaftet.

7.2.6 Anwendungsbeispiel

Die hier vorgestellte Ursachenanalyse von Erlösabweichungen bietet in erster Linie Anhaltspunkte für mögliche Schwachstellen. Obwohl gerade scheinbar sehr präzise Daten, wie die verschiedenen Elastizitäten, verwandt werden, sind die daraus resultierenden Abweichungen doch eher Schätzgrößen denn präzise Fakten. Allerdings ist die Tendenz deutlich zu sehen. Im vorliegenden Fall wird das eingeführte Zahlenbeispiel auch für die Albers'sche Abweichungsanalyse fortgeführt.

Dafür werden neben den eingeführten Zahlen folgende weitere Daten benötigt: Referenzwerte für den Preis und den Branchenpreis. Referenzwerte für die Absatzmenge und das Marktvolumen werden der Vollständigkeit halber eingeführt und mit den Planwerten angesetzt. Sie sind aber nicht für das Durchführen der Analyse notwendig. Zusätzlich werden die Bekanntheitsgrade der Unternehmen wie der Branche und die entsprechenden Daten für das Marketing-Instrument Distribution dem Beispiel hinzugefügt. Die Budgetelastizitäten ergeben sich dann aus dem Modell, und die Preis- und anderen Marketing-Instrumente-Elastizitäten werden geschätzt. Sie sind plausibel, da sie sich im Rahmen der durch Meta-Analysen ermittelten Daten bewegen.

Die Ergebnisse zeigen den erhöhten Informationsgewinn durch den Einsatz der Ursachenanalyse. Exemplarisch soll die Analyse nun für das Produkt A durchgeführt werden.

Produkt A: Datentableau									
Preis	*Preis*	*Branchen-preis*	Relativer Preis	*Absatz-menge*	*Markt-volumen*	Marktanteil	Wertmäßiger Marktanteil	Wertmäßiges Marktvolumen	Erlös
Referenz	*14*	*20*	0,7000	*800*	*8.000*	0,1000	0,0700	160.000	11.200
Plan	*14*	*16*	0,8750	*800*	*8.000*	0,1000	0,0875	128.000	11.200
Ist	*15*	*18*	0,8333	*750*	*7.500*	0,1000	0,0833	135.000	11.250
Erwartet (E)			0,9375					**Erlösabweichung**	**50**
Fortgeführt (F)			entfällt bei Preis						
Preiselastizität (a)			*-1,2505*	*(geschätzt)*					
x_r (p_{rE})			0,0694						
x_r (p_{ri})			0,0814						
Werbung	*BG*	*Branchen BG**	Relativer BG	*Budget*	**Distribution**	*DG*	*Branchen DG**	Relativer DG	*Budget*
Referenz	*33*	*280*	0,1179	*200*	Referenz	*48*	*460*	0,1043	*400*
Plan	*29*	*280*	0,1036	*150*	Plan	*51*	*460*	0,1109	*450*
Ist	*34*	*290*	0,1172	*250*	Ist	*49*	*475*	0,1032	*400*
Erwartet (E)	36,48		0,1303		Erwartet (E)	48,00		0,1043	
Fortgeführt (F)			0,1214		Fortgeführt (F)			0,1065	
Werbebudgetelastizität				0,4491	Distributionsbudgetelastizität				0,5147
Werbewirkungselastizität (b)			*0,1700*	*(geschätzt)*	*Distributionselastizität (c)*			*0,3600*	*(geschätzt)*
x_r (BG_{rE})		0,0786			x_r (DG_{rE})		0,0740		
x_r (BG_{rF})		0,0698			x_r (DG_{rF})		0,0711		
x_r (BG_{ri})		0,0699			x_r (DG_{ri})		0,0695		
x_{rE}		0,0706			* Summe der BG / DG aller Unternehmen in der Branche				
x_{rF}		0,0703			*kursiv: benötigte Daten*				
x_{rK}		0,0800							

Tabelle 49: Gesamtübersicht der Abweichungs-Ursachenanalyse für Produkt A

Produkt A: Einzeleffekte				
1 Wertmäßiger Marktvolumeneffekt				**613**
1.1 Marktpreisabweichung				1.400
1.2 Marktvolumenabweichung				-700
1.3 Interaktionsabweichung				-88
2 Wertmäßiger Marktanteilseffekt				**-533**
2.1 Marketing-Effektivitäts-Abweichung (Rest)				2.133
2.2 Marketing-Instrumente-Abweichung				-2.666
	Realisation	Effektivität	Reaktion	Gesamt
2.2.1 Preis	-2.873	-	253	-2.621
2.2.2 Werbung	-2.391	-101	-50	-2.542
2.2.3 Distribution	-2.911	63	-97	-2.945
2.2.4 Differenz-Abweichung	5.447	-1	-4	5.442
Gesamt	-2.729	-38	102	-2.666
3 Interaktionseffekt				**-29**
Erlösabweichung				**50**

Tabelle 50: Detaillierte Marketing-Instrumente-Abweichungen für Produkt A

Produkt B: Datentableau

Preis	*Preis*	*Branchen-preis*	Relativer Preis	*Absatz menge*	*Markt-volumen*	Marktanteil	Wertmäßiger Marktanteil	Wertmäßiges Marktvolumen	Erlös
Referenz	*25*	*16*	1,5625	*400*	*4.000*	0,1000	0,1563	64.000	10.000
Plan	*23*	*24*	0,9583	*400*	*4.000*	0,1000	0,0958	96.000	9.200
Ist	*20*	*18*	1,1111	*600*	*7.500*	0,0800	0,0889	135.000	12.000
Erwartet (E)			0,8333					**Erlösabweichung**	**2.800**
Fortgeführt (F)			entfällt bei Preis						
Preiselastizität (a)			*-1,6825*	*(geschätzt)*					
x_r (p_{rE})			0,2886						
x_r (p_{ri})			0,1775						

Werbung	*BG*	*Branchen BG**	Relativer BG	*Budget*
Referenz	*30*	*260*	0,1154	*200*
Plan	*29*	*260*	0,1115	*150*
Ist	*30*	*270*	0,1111	*250*
Erwartet (E)	30,80		0,1185	
Fortgeführt (F)			0,1154	
Werbebudgetelastizität				0,1178
Werbewirkungselastizität (b)			*0,1500*	*(geschätzt)*
x_r (BG_{rE})		0,2302		
x_r (BG_{rF})		0,2880		
x_r (BG_{ri})		0,2863		

Distribution	*DG*	*Branchen DG**	Relativer DG	*Budget*
Referenz	*50*	*440*	0,1136	*400*
Plan	*51*	*440*	0,1159	*450*
Ist	*50*	*450*	0,1111	*400*
Erwartet (E)	50,00		0,1136	
Fortgeführt (F)			0,1136	
Distributionsbudgetelastizität				0,1681
Distributionselastizität (c)			*0,3700*	*(geschätzt)*
x_r (DG_{rE})		0,2265		
x_r (DG_{rF})		0,2891		
x_r (DG_{ri})		0,2856		

x_{rE}	0,2891
x_{rF}	0,2880
x_{rK}	0,1750

* Summe der BG / DG aller Unternehmen in der Branche

kursiv: benötigte Daten

Tabelle 51: Gesamtübersicht der Abweichungs-Ursachenanalyse für Produkt B

Produkt B: Einzeleffekte				
1 Wertmäßiger Marktvolumeneffekt				**3.738**
1.1 Marktpreisabweichung				-2.300
1.2 Marktvolumenabweichung				8.050
1.3 Interaktionsabweichung				-2.013
2 Wertmäßiger Marktanteilseffekt				**-667**
2.1 Marketing-Effektivitäts-Abweichung (Rest)				-10.134
2.2 Marketing-Instrumente-Abweichung				9.467
	Realisation	Effektivität	Reaktion	Gesamt
2.2.1 Preis	13.888	-	-4.107	9.781
2.2.2 Werbung	11.978	-91	-130	11.757
2.2.3 Distribution	11.634	0	-191	11.444
2.2.4 Differenz-Abweichung	-23.573	0	58	-23.515
Gesamt	13.927	-91	-4.369	9.467
3 Interaktionseffekt				**-271**
Erlösabweichung				2800

Tabelle 52: Detaillierte Marketing-Instrumente-Abweichungen für Produkt B

Bei Produkt A war ein Erlös von DM 11.200 geplant, der um DM 50 übertroffen wurde, eine Steigerung um 0,5%. Diese geringe Abweichung ergibt bisher keinen Anlaß, mit der Leistung des Unternehmens nicht zufrieden sein kann. Besonders, da der Markt sich um 6,25% auf 7.500 Stück verringerte, bei einer gleichzeitigen Erhöhung des Branchenpreises um 12,5% auf 18 DM/Stk. Der Marktanteil für das Produkt A blieb konstant, obwohl der Preis um 7% auf 15 DM/Stk höher gesetzt wurde als geplant. Nachdenklich stimmt, daß das Marketingbudget um 8,3% auf DM 650.000 erhöht wurde.

Für die Marketingpolitik der Zukunft stellt sich die Frage, ob es klug war, von den Planwerten für die Instrumente abzuweichen und ob der Produktmanager zu Recht den Produktpreis und das Werbebudget, dieses sogar deutlich, erhöhte sowie das Distributionsbudget um 11% auf DM 400.000 herabsetzte. Bei einer solch deutlichen Erhöhung des Werbebudgets ist auch interessant, ob die Werbeabteilung, oder die beauftragte Werbeagentur, mit dem höheren Budget auch einen dementsprechend höheren Bekanntheitsgrad erreichen konnte und wie sich Konkurrenzaktivitäten auf den Erlös auswirkten.

Aus den ermittelten Teilabweichungen wird zunächst deutlich, daß die Erlösabweichung zwar mit DM 50 positiv war, aber höher hätte ausfallen können, da ein wertmäßiger Marktvolumeneffekt in Höhe von DM 613 angefallen ist, d.h., allein aufgrund der positiven Marktentwicklung hätte dieser Betrag zusätzlich erzielt werden können. Der Interaktionseffekt beträgt DM - 29, d.h. auch die Interaktion von Markt und eigenem Marketing wirkte negativ.

Der wertmäßige Marktanteilseffekt ist mit DM - 533 auch negativ. Er beruht auf dem veränderten Einsatz der Marketing-Instrumente gegenüber der ursprünglichen Planung. Diese dem Produktmanager zuzurechnende Abweichung fällt zwar negativ, aber noch deutlich besser als die tatsächliche eingetretene

Marketing-Instrumente-Abweichung in Höhe von - 2.666 aus. Offensichtlich haben die nicht modellierten Marketingeinflüsse zu einem um DM 2.133 höheren Erlös geführt (Marketing-Effektivitäts-Abweichung). Diese Abweichung ist durch die Variation der Marketing-Instrumente nicht zu erklären.

Die Auswirkungen des veränderten Einsatzes der Instrumente lassen sich noch detaillierter erläutern. Die von dem Produktmanager vorgenommene Änderung des Marketingmixes gegenüber der Planung führte zu einem hohen Mindererlös in Höhe von DM - 2.729 (Realisationsabweichung). Allein die Preiserhöhung wirkte mit DM - 2.873 deutlich negativ. Die Erhöhung der Preise durch die Konkurrenz brachte eine positive Reaktionsabweichung in Höhe von DM 253. Dies mildert die schlechte Preispolitik aber nur gering, so daß vom Preis eine Erlösverschlechterung in Höhe von DM - 2.621 ausgeht.

Die deutliche Erhöhung des Werbebudgets um DM 100 auf DM 250 hat sich in keiner Form ausgezahlt. Bei einer Werbe-Gesamtelastizität in Höhe von 0,4491 * 0,17 = 0,076347 konnte durch die Budgeterhöhung die Absatzmenge nicht genügend erhöht werden. Dies hätte, für sich betrachtet, einen negativen Erlöseffekt in Höhe von DM - 2.391 eingebracht. Zusätzlich ist das erhöhte Budget nicht effektiv genug inhaltlich umgesetzt worden. Dies verschlechterte des Erlös um DM - 101. Die vermehrten Werbebemühen der Konkurrenz schließlich führten zu einer weiteren Ergebnisverschlechterung in Höhe von DM - 50, so daß insgesamt das Marketing-Instrument Werbung einen Fehlbetrag in Höhe von DM - 2.542 erklärt.

Auch die Senkung des Distributionsbudgets um DM 50 auf DM 400 stellte sich im Nachhinein als falsch heraus. Aufgrund der Distributions-Gesamtelastizität von 0,5147 * 0,36 = 0,185292 führte die Senkung des Distributionsbudgets zu einer Erlösverschlechterung von DM - 2.911. Die Mittel konnten besser als geplant zur Erhöhung des Distributionsgrades eingesetzt werden. Der Mehrerlös beträgt DM 63. Allerdings trug die Konkurrentenreaktion zu einem negativen Einfluß auf den Erlös in Höhe von DM - 97 bei. Insgesamt erklärt die Distributionspolitik ein um DM - 2.945 schlechteres Ergebnis als geplant.

Da die Reaktionsfunktion multiplikativ verknüpft ist, addieren sich die Einzeleffekte nicht zu einem Gesamteffekt, sondern es verbleibt eine Differenz-Abweichung.[1] Diese verbessert den Erlös um DM 5.442 und ist damit die, vom Betrag her, höchste Teilabweichung. Sie erklärt sich aus dem Wirken des veränderten Einsatzes der übrigen Marketing-Instrumente. Hier wäre eine weitere dezidierte Untersuchung wünschenswert, die auch diese größte Einzelabweichung genauer erklärt. Dies kann aber mit dem in diesem Beispiel vorliegenden Datenmaterial nicht geleistet werden.

Nach dieser Analyse zeigt sich, daß die zuerst positive Bewertung des Produktmanagers revidiert werden muß. Die Marketing-Instrumente Preis, Werbung und Distribution wurden schlecht eingesetzt. Nur die hohe Differenz-Abweichung machte das Ergebnis etwas erträglicher für den Produktmanager. Es darf aber nicht übersehen werden, daß allein das Marktwachstum zu einem um DM 613 höheren Ergebnis hätte führen sollen.

Für das Produkt B läßt sich die Analyse in analoger Weise durchführen. Im weiteren soll aber nur auf einige Kernpunkte eingegangen werden. Auch hier sieht sich das Unternehmen einer positiven Erlösabweichung in Höhe von

---

[1] Vgl. S. Albers: Deckungsbeitragsabweichungen, a.a.O., S. 215.

DM 2.800 gegenüber, welches zuerst einmal auf eine gute Bewertung des Produktmanagers deutet. Bei genauerer Betrachtung fällt kritisch auf, daß allein das Marktwachstum eine positive Erlösabweichung in Höhe von DM 3.738 möglich gemacht hätte. Dies wurde nicht erreicht. Die Interaktion von Markt und eigenem Marketing wirkte auch bei diesem Produkt mit DM - 271 negativ.

Der mit DM - 667 negative wertmäßige Marktanteilseffekt zeigt eine sehr positive Wirkung der Marketing-Instrumente in Höhe von DM 9.457 und eine negative Marketing-Effektivitäts-Abweichung in Höhe von DM - 10.134, die sich auf nicht modellierte Abweichungsursachen beziehen. Auch die Marketing-Instrumente-Abweichung, die den positiven Einsatz der Instrumente Preis, Werbung und Distribution aufzeigt, wenngleich in allen drei Bereichen die Reaktion der Konkurrenten Erlöseinbußen brachte, zeigt die höchste Einzelabweichung in der Differenz in Höhe von DM - 23.515.

Aus Sicht des Marketing-Controlling ist es unbefriedigend, wenn von einer Abweichung für den wertmäßigen Marktanteilseffekt in Höhe von DM - 667, eine Teilabweichung in Höhe von DM - 23.515 nicht weiter erklärt werden kann. Trotzdem zeigt sich, daß die Marketing-Instrumente Preis, Werbung und Distribution gut und erfolgbringend eingesetzt wurden.

7.3 Anwendungspotential

7.3.1 Grundsätzliches

Die traditionelle Abweichungsanalyse, ebenso wie die um die Strukturkomponente erweiterte symptomorientierte Abweichungsanalyse wurden an vorheriger Stelle ausführlich diskutiert und gewürdigt.[1] Danach wurde die Abweichungs-Ursachenanalyse nach Albers dargestellt. Diese Methode stellt einen innovativen Fortschritt in der Forschung zur Erlösabweichungsanalyse dar. Ihr wesentlicher Kritikpunkt besteht in der eingeschränkten Anwendbarkeit, da zu viele Parameter zu schätzen sind bzw. das Beschaffen der Daten zu aufwendig oder gar nicht möglich sei.[2]

Albers gab Hinweise, wo und wie seiner Meinung nach die erforderlichen Daten zu beschaffen sind.[3] Bisher fehlten jedoch außer den exemplarischen Beispielen reale Anwendungsfälle der Abweichungs-Ursachenanalyse. Aus diesem Grund wird nachfolgend mit den Daten der Windenergiebranche, genauer mit Daten der Hersteller von Windenergieanlagen, eine Abweichungs-Ursachenanalyse durchgeführt. Die Windenergiebranche eignet sich, da hier relativ homogene, wenngleich doch ihrer Eigenart verschiedene Produkte hergestellt werden. Sie ist ein ausgesprochener Boom-Markt, der durch eine geringe Anzahl von Anbietern als auch Nachfragern gekennzeichnet ist.[4]

---

[1] Vgl. Kapitel 6.6 und Kapitel 7.1.5.

[2] Vgl. F.-J. Witt: Praxisakzeptanz, a.a.O., S. 446-449.

[3] Vgl. S. Albers: Deckungsbeitragsabweichungen, a.a.O., S. 216.

[4] So ist der damals weltgrößte Hersteller von Windenergieanlagen (Vestas Wind Systems A/S) im April 1998 mit einem Ausgabepreis von 270 DKK an die Börse gegangen, am 26. August 1999 betrug der Kurs schon 915 DKK. Der Erlös der Vestas-Gruppe verdoppelte sich nur für das erste Halbjahr 1999 auf ca. 2,2 Milliarden DKK, bei einer Gewinnverdreifachung auf 275 Millionen DKK gegenüber dem ersten Halbjahr 1998. Quelle: Internet: http://www.uni-muenster.de/Energie/Welcome-d.html, 26.08.99.

Deutschland hat seinen Vorsprung im internationalen Vergleich mit einer installierten Gesamtkapazität von rund 2.857 MW gegenüber den USA (rund 1.950 MW) und Dänemark (rund 1.420 MW) deutlich ausbauen können.[5]

Die Abbildung 93 zeigt die Entwicklung der jährlich installierten WEA-Leistung in Deutschland, und Abbildung 94 kennzeichnet den Windenergiemarkt im Gesamtüberblick.

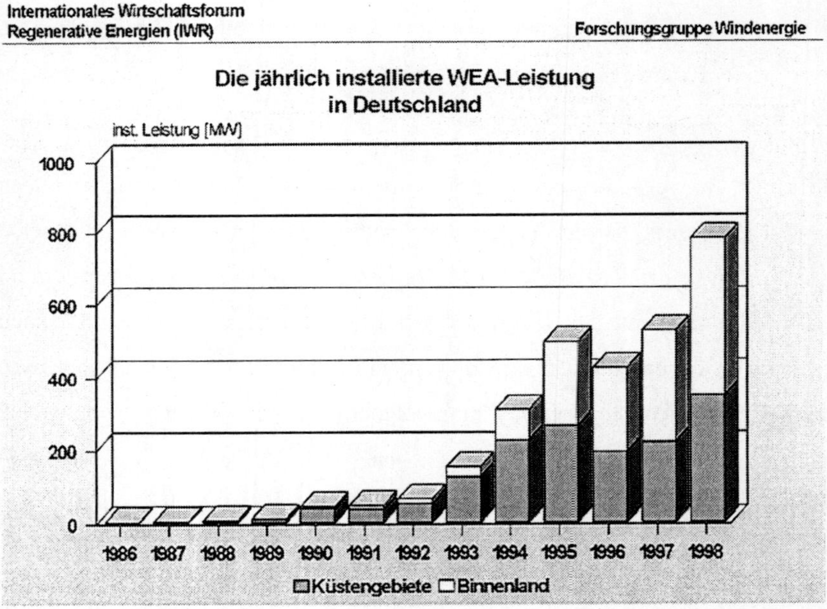

Abb. 93: Installierte WEA-Leistung in Deutschland für die Jahre 1986 bis 1998[6]

---

[5] Vgl. N. Allnoch: Zur Entwicklung der deutschen und europäischen Windenergienutzung 1998, in: Windkraft Journal, 19.Jg. (1999), H. 2, S. 24-28, hier S. 24.

[6] Quelle: IWR, Internet: http://www.uni-muenster.de/Energie/Welcome-d.html, 26.08.99.

Der WEA-Markt in Deutschland im Überblick		
	1998	**Veränderungen/Vorjahr**
Windenergieanlagen	993	+ 19,2 %
Installierte Leistung	781,3 MW	+ 48,8 %
Anbieter	26	-
Bruttoumsatz (Inland und Export)	2,2 Mrd. DM	+ 57,1 %
Investment/MW	2,5 Mio. DM	+ 4,2 %
Stromerzeugung	4,6 Mrd. kWh	+ 53,3 %
Gesamtstand Ende 1998		
Windenergieanlagen	6207	– 19,0 %
Installierte Leistung	2.856,6 MW	+ 37,7 %

Abb. 94: Der WEA-Markt in Deutschland im Überblick[7]

7.3.2 Umfang der Betrachtung

Die Untersuchung zielt nicht darauf ab, das Ergebnis eines Herstellers von Windenergieanlagen zu analysieren, sondern zu prüfen, inwieweit die Abweichungs-Ursachenanalyse im praktischen Fall durchführbar ist in bezug auf die Datengewinnung und die Plausibilität und Validität der Ergebnisse.

Dazu benötigt man die Stellschrauben, bei denen sich die Abweichungen wesentlich verändern. Diese Daten müssen besonders zuverlässig sein. Erst dann zeigt sich der Wert des Verfahrens. Hierzu wurde die Abweichungsanalyse von Albers in ein Excel-Sheet programmiert. Durch das Ändern von verschiedenen Parametern wurde der Einfluß auf die Abweichungen festgestellt. In der nachfolgenden Tabelle 53 werden die Grunddaten aufgeführt. Die dazugehörigen Ergebnisse liefern die Tabellen 54 und 55.

7 Quelle: IWR, Internet: http://www.uni-muenster.de/Energie/Welcome-d.html, 26.08.99.

7.3.3 Untersuchungen

Windenergiemarkt und eigene Daten für 1998 (Grundszenario)		MDM = Millionen Deutsche Mark MW = Megawatt Quelle
Ist-Branchenpreis (MDM/MW)	1,69	DEWI-Magazin Nr. 14 Februar 1999
Ist-Preis (MDM/MW)	1,80	unternehmensinterne Daten
Ist-Absatzmenge (MW)	94,7	unternehmensinterne Daten
Ist-Marktvolumen (MW)	793,0	DEWI-Magazin Nr. 14 Februar 1999
Plan-Branchenpreis (MDM/MW)	1,83	Listenpreise der 6 größten Anbieter (90% des Marktes)
Plan-Preis (MDM/MW)	1,75	unternehmensinterne Schätzung
Plan-Absatzmenge (MW)	98,0	Absatz 97 + prognostizierte Zuwachsrate
Plan-Marktvolumen (MW)	630,0	Marktvolumen 97 + prognostizierte Zuwachsrate (20%)
Referenz-Branchenpreis (MDM/MW)	1,89	mittlerer Branchenpreis der letzten 5 Jahre (nivelliert)
Referenz-Preis (MDM/MW)	1,70	mittlerer Preis der letzten 5 Jahre (unternehmensintern)
Referenz-Absatzmenge (MW)	85,0	mittlere Absatzmenge der letzten 5 Jahre (unternehmensintern)
Referenz-Marktvolumen (MW)	955,1	mittleres Marktvolumen der letzten 5 J.
Ist-Bekanntheitsgrad (%)	88	geschätzt
Ist-Branchen-Bekanntheitsgrad (%)	390	geschätzt
Ist-Werbebudget (MDM)	2,2	unternehmensinterne Daten
Ist-Distributionsgrad (%)	30	geschätzt
Ist-Branchen-Distributionsgrad (%)	290	geschätzt
Ist-Distributionsbudget (MDM)	12	unternehmensinterne Daten
Plan-Bekanntheitsgrad (%)	92	geschätzt
Plan-Branchen-Bekanntheitsgrad (%)	400	geschätzt
Plan-Werbebudget (MDM)	2	Ist-Budget 97 + prognostizierte Zuwachsrate
Plan-Distributionsgrad (%)	35	geschätzt
Plan-Branchen-Distributionsgrad (%)	330	geschätzt
Plan-Distributionsbudget (MDM)	10	Ist-Budget 97 + prognostizierte Zuwachsrate
Referenz-Bekanntheitsgrad (%)	85	geschätzt
Referenz-Branchen-Bekanntheitsgrad (%)	360	geschätzt
Referenz-Werbebudget (MDM)	1,8	Mittelwert aus den letzten 5 Jahren
Referenz-Distributionsgrad (%)	29	geschätzt
Referenz-Branchen-Distributionsgrad (%)	290	geschätzt
Referenz-Distributionsbudget (MDM)	9	Mittelwert aus den letzten 5 Jahren

Tabelle 53: Ausgangsdaten für das Grundszenario

Die Daten wurden aus der Recherche im Internet,[8] den einschlägigen Fachzeitschriften,[9] allgemeinen Tageszeitungen und Magazinen sowie Expertenwissen[10] gebildet.

7.3.3.1 Grundszenario

	0 (Grundszenario)			
1 Wertmäßiger Marktvolumeneffekt				28
1.1 Marktpreisabweichung				-13
1.2 Marktvolumenabweichung				44
1.3 Interaktionsabweichung				- 3
2 Wertmäßiger Marktanteilseffekt				-25
2.1 Marketing-Effektivitäts-Abweichung				58
2.2 Marketing-Instrumente-Abweichung				-82
	Realisation	Effektivität	Reaktion	Gesamt
2.2.1 Preis	-79	-	-1	-81
2.2.2 Werbung	-78	- 2	0	-79
2.2.3 Distribution	-67	-17	4	-80
2.2.4 Differenz-Abweichung	**158**	0	0	158
Gesamt	-67	-18	3	-82
3 Interaktionseffekt				- 4
		Erlösabweichung		- 1

Tabelle 54: Abweichungs-Ursachenanalyse für das Grundszenario (Ergebnisse)

[8] Insbesondere den Daten des Internationalen Wirtschaftsforum Regenerative Energien (IWR) [http://www.uni-muenster.de/Energie/] bzw. [http://www.iwr.de] und der Deutschen Windenergie-Institut GmbH, Wilhelmshaven (DEWI) [http://www.dewi.de].

[9] Insbesondere Windkraft Journal, Neue Energien, New Energy. Diese Zeitschriften erscheinen monatlich bzw. zweimonatlich und veröffentlichen - neben dem journalistischen Teil - auch die jeweiligen statistischen Werte des Berichtszeitraumes.

[10] Der Verfasser ist in der Geschäftsleitung der deutschen Tochter eines führenden Windenergieproduzenten beschäftigt gewesen und verfügt über Insiderwissen, welches freilich teilweise der Geheimhaltung unterliegt. So wurde nur Wissen verwandt, welches auch ein außenstehender Dritter hätte erwerben können.

Beispiel: Hersteller von Windenergieanlagen				(Grundszenario)					
Preis	*Preis*	*Branchen-preis*	Relativer Preis	*Absatz-menge*	*Markt-volumen*	Marktanteil	Wertmäßiger Marktanteil	Wertmäßiges Marktvolumen	Erlös
Referenz	*1,70*	*1,89*	0,8995	*85,0*	*955,1*	0,0890	0,0800	1.805	145
Plan	*1,75*	*1,83*	0,9563	*98,0*	*630,0*	0,1556	0,1488	1.153	172
Ist	*1,80*	*1,69*	1,0651	*94,7*	*793,0*	0,1194	0,1272	1.340	170
Erwartet (E)			0,9836					**Erlösabweichung**	-1
Fortgeführt (F)			entfällt bei Preis						
Preiselastizität (a)			*-1,2000*	*(geschätzt)*					
$x_r(p_{rE})$			0,0813						
$x_r(p_{ri})$			0,0694						

Werbung	*BG*	*Branchen BG**	Relativer BG	*Budget*
Referenz	*85,00*	*360,00*	0,2361	*1,8*
Plan	*92,00*	*400,00*	0,2300	*2*
Ist	*88,00*	*390,00*	0,2256	*2,2*
Erwartet (E)	98,83		0,2471	
Fortgeführt (F)			0,2200	
Budgetelastizität				0,7511
Werbewirkungselastizität (b)			*0,1700*	*(geschätzt)*
$x_r(BG_{rE})$		0,0851		
$x_r(BG_{rF})$		0,0907		
$x_r(BG_{ri})$		0,0767		

Distribution	*DG*	*Branchen DG**	Relativer DG	*Budget*
Referenz	*29,00*	*290,00*	0,1000	*9*
Plan	*35,00*	*330,00*	0,1061	*10*
Ist	*30,00*	*290,00*	0,1034	*12*
Erwartet (E)	48,46		0,1469	
Fortgeführt (F)			0,0909	
Budgetelastizität				1,7848
Distributionselastizität (c)			*0,3600*	*(geschätzt)*
$x_r(DG_{rE})$		0,0945		
$x_r(DG_{rF})$		0,0778		
$x_r(DG_{ri})$		0,0800		

x_{rE}	0,0925
x_{rF}	0,0763
x_{rK}	0,0730

* Summe der BG / DG aller Unternehmen in der Branche

kursiv: benötigte Daten

Tabelle 55: Abweichungs-Ursachenanalyse für das Grundszenario (Datentableau)

Betrachtet man die Ergebnisse, so zeigt sich ein besonders herausragender Wert, nämlich die Differenz-Abweichung mit 158. Sie ist der größte, und zugleich nicht weiter differenzierte Einzelposten der Abweichungsanalyse. Diese Erkenntnis, welche auch schon in den Beispielrechnungen aufgetreten ist, läßt vermuten, daß die gewählte Form der Marktreaktionsfunktion nicht optimal ist.

7.3.3.2 Betrachtung der Preiselastizität

Das Beschaffen von Elastizitäten gilt regelmäßig als ein großes oder teures Problem bei der Datenbeschaffung. In der nachfolgenden Tabellen 56 und 57 wird daher die Preiselastizität modelliert. Im Grundmodell ist die Preiselastizität mit einer realistischen Größe von – 1,2 angenommen wurden. In zwei Szenarien ist die Preiselastizität auf – 2,4 verdoppelt und zum anderen auf null (vollständige Preisunempfindlichkeit, sog. Preisstarrheit) gesetzt worden. Es verändern sich dann die Marketing-Effektivitäts-Abweichung und die Marketing-Instrumente-Abweichung. Die Beträge werden höher, je stärker die Preiselastizität fällt, d.h. je preisempfindlicher das Produkt wird. Das ist auch plausibel. Gleichzeitig erhöht sich aber auch die Differenz-Abweichung, welches den höheren Erklärungswert auf der einen Seite auf der anderen Seite wieder zunichte macht.

Die Preiselastizität ist damit eine wesentliche Größe im System. Sie verändert die Abweichungen signifikant. Wird sie falsch geschätzt, bleibt aber die Tendenz der Abweichungsaussage richtig. Sie ist nur nicht mehr präzise. Die beiden Szenarien werden in den nachfolgenden Tabellen 56 und 57 dargestellt.

	Preiselastizität von – 2,4 (Ergebnisse)			
1 Wertmäßiger Marktvolumeneffekt				**28**
1.1 Marktpreisabweichung				-13
1.2 Marktvolumenabweichung				44
1.3 Interaktionsabweichung				- 3
2 Wertmäßiger Marktanteilseffekt				**-25**
2.1 Marketing-Effektivitäts-Abweichung				74
2.2 Marketing-Instrumente-Abweichung				-98
	Realisation	Effektivität	Reaktion	Gesamt
2.2.1 Preis	-89	-	-8	-97
2.2.2 Werbung	-84	- 2	0	-86
2.2.3 Distribution	-75	-15	4	-86
2.2.4 Differenz-Abweichung	170	0	0	170
Gesamt	-77	-17	-4	-98
3 Interaktionseffekt				**- 4**
		Erlösabweichung		**- 1**

Tabelle 56: Szenario mit einer Preiselastizität von – 2,4 (Ergebnisse)

	Preiselastizität von 0 (Ergebnisse)			
1 Wertmäßiger Marktvolumeneffekt				**28**
1.1 Marktpreisabweichung				-13
1.2 Marktvolumenabweichung				44
1.3 Interaktionsabweichung				- 3
2 Wertmäßiger Marktanteilseffekt				**-25**
2.1 Marketing-Effektivitäts-Abweichung				37
2.2 Marketing-Instrumente-Abweichung				-62
	Realisation	Effektivität	Reaktion	Gesamt
2.2.1 Preis	-69	-	8	-61
2.2.2 Werbung	-71	- 1	0	-72
2.2.3 Distribution	-59	-19	5	-73
2.2.4 Differenz-Abweichung	144	0	0	144
Gesamt	-55	-20	13	-62
3 Interaktionseffekt				**- 4**
		Erlösabweichung		**- 1**

Tabelle 57: Szenario mit einer Preiselastizität von 0 (Ergebnisse)

7.3.3.3 Betrachtung der Werbe-Budgetelastizität

Die Werbe-Budgetelastizität beträgt 0,7511 und errechnet sich aus dem System nach der von Albers vorgeschlagenen Formel, wie auch die Preis- und die Distributionselastizität.[11] Bei dieser Berechnung ergibt sich aber ein Problem, wenn der Referenzwert dem Planwert entspricht, und das ist nicht ungewöhnlich. Dann sucht das System im Nenner den Logarithmus von eins, der bekanntlich null ist. Somit ist der Nenner nicht definiert und das System bietet keine Lösung mehr an.

Die Werbewirkungselastizität ist hingegen zu schätzen. Albers gibt als Quelle für benötigte Werbeelastizitäten und Bekanntheitsgrade das Marktforschungsinstitut IVE Research an. Telefonische Recherche bei IVE Research in Hamburg und Frankfurt bestätigten diese Angabe. Allerdings werden Elastizitäten und Bekanntheitsgrade nur im Auftrag eines Unternehmens für das entsprechende Unternehmen ermittelt. Dies ist mit dafür angemessenen Kosten verbunden. Werden die Bekanntheitsgrade und dazugehörigen Elastizitäten im Unternehmen sowieso gebraucht und für das Unternehmen schon ermittelt, so ist es sinnvoll, diese Daten auch im Marketing-Controlling zu übernehmen. Bei einem Beschaffen der Daten nur für den Zweck der Abweichungsanalyse ist der Nutzen sorgsam gegen die anfallenden Kosten abzuwägen.

Die Tabellen 58 und 59 modellieren die Werbewirkungselastizität. Der Einfluß der Veränderung der Werbewirkungselastizität auf die Höhe der Teilabweichungen ist marginal. Im Ergebnis kann die Werbewirkungselastizität auch pauschal geschätzt werden, da sie keine wesentlichen Auswirkungen auf die Höhe der Teilabweichungen hat.

---

[11] Vgl. S. Albers: Analysis, a.a.O., S. 13 f. und Abschnitt 7.2.5.

	Werbewirkungselastizität von 0 (Ergebnisse)			
1 Wertmäßiger Marktvolumeneffekt				**28**
1.1 Marktpreisabweichung				-13
1.2 Marktvolumenabweichung				44
1.3 Interaktionsabweichung				- 3
2 Wertmäßiger Marktanteilseffekt				**-25**
2.1 Marketing-Effektivitäts-Abweichung				56
2.2 Marketing-Instrumente-Abweichung				-81
	Realisation	Effektivität	Reaktion	Gesamt
2.2.1 Preis	-79	-	- 1	-80
2.2.2 Werbung	-78	0	0	-78
2.2.3 Distribution	-67	-17	4	-80
2.2.4 Differenz-Abweichung	157	0	0	157
Gesamt	-67	-17	3	-81
3 Interaktionseffekt				**- 4**
			Erlösabweichung	**- 1**

Tabelle 58: Szenario mit einer Werbewirkungselastizität von 0

	Werbewirkungselastizität von 200% (Ergebnisse)			
1 Wertmäßiger Marktvolumeneffekt				**28**
1.1 Marktpreisabweichung				-13
1.2 Marktvolumenabweichung				44
1.3 Interaktionsabweichung				- 3
2 Wertmäßiger Marktanteilseffekt				**-25**
2.1 Marketing-Effektivitäts-Abweichung				58
2.2 Marketing-Instrumente-Abweichung				-83
	Realisation	Effektivität	Reaktion	Gesamt
2.2.1 Preis	-80	-	- 1	-81
2.2.2 Werbung	-77	- 4	0	-81
2.2.3 Distribution	-68	-17	4	-81
2.2.4 Differenz-Abweichung	159	1	0	160
Gesamt	-66	-20	3	-83
3 Interaktionseffekt				**- 4**
			Erlösabweichung	**- 1**

Tabelle 59: Szenario mit einer verdoppelten Werbewirkungselastizität

7.3.3.4 Betrachtung des Branchenpreises

Die Grunddaten einer jeden Abweichungsanalyse sind der Preis und die Menge. Auch das Marktvolumen und den Marktanteil kann man regelmäßig für sein Marktsegment bestimmen. Sie sind eindeutig definiert. Anders verhält sich dies mit dem Branchenpreis. Er ist nicht eindeutig definiert. Je nach Ermittlung, z.B. gewichtet oder ungewichtet, ergibt sich ein deutlich verändertes Ergebnis der Abweichungsanalyse. Während der durchschnittliche Ist-Branchenpreis relativ einfach mittels des korrigierten Umsatzes durch die korrigierte Leistung ermittelt werden kann, ist dies für den Plan- wie auch den Referenz-Branchenpreis nicht so. Hier hat das Marketing-Controlling oder der Produktmanager, je nachdem wer die Zahlen beschafft, eine Entscheidung der Datenermittlung zu treffen, die das ganze Modell bedeutsam beeinflußt.

Ein Produktmanager kann mittels der geeigneten Angabe eines Referenz- oder Plan-Branchenpreis seine Leistung durch die Abweichungsanalyse als gut oder schlecht bestätigen lassen. Hier wird die Verhaltenssteuerungsfunktion der Abweichungsanalyse völlig außer Kraft gesetzt. Je höher der Plan-Branchenpreis gesetzt wird, desto höher wird der wertmäßige Marktanteilseffekt und desto niedriger wird das wertmäßige Marktvolumen und umgekehrt. Die Veränderung des Ist-Branchenpreis hat nur eine geringe Auswirkung auf die Marketing-Instrumente-Abweichung. Allerdings ist der Einfluß auf die Höhe der anderen Abweichungen deutlich. Das Setzen des Referenz-Branchenpreis ist auch problematisch. Je höher der Referenzpreis gesetzt wird, desto niedriger ist die Marketing-Effektivitäts-Abweichung und desto höher ist die Marketing-Instrumente-Abweichung, und umgekehrt. Die Tabellen 60 und 61 zeigen die Auswirkungen exemplarisch für den Plan-Branchenpreis.

	Plan-Branchenpreis + 20% (Ergebnisse)			
1 Wertmäßiger Marktvolumeneffekt				**- 5**
1.1 Marktpreisabweichung				-40
1.2 Marktvolumenabweichung				45
1.3 Interaktionsabweichung				-10
2 Wertmäßiger Marktanteilseffekt				**4**
2.1 Marketing-Effektivitäts-Abweichung				68
2.2 Marketing-Instrumente-Abweichung				-64
	Realisation	Effektivität	Reaktion	Gesamt
2.2.1 Preis	-57	-	- 5	-62
2.2.2 Werbung	-55	- 2	0	-57
2.2.3 Distribution	-41	-21	5	-57
2.2.4 Differenz-Abweichung	112	0	0	112
Gesamt	-41	-23	0	-64
3 Interaktionseffekt				**0**
		Erlösabweichung		**- 1**

Tabelle 60: Szenario mit einem um 20% höheren Plan-Branchenpreis

	Plan-Branchenpreis - 20% (Ergebnisse)			
1 Wertmäßiger Marktvolumeneffekt				**5**
1.1 Marktpreisabweichung				-40
1.2 Marktvolumenabweichung				44
1.3 Interaktionsabweichung				-10
2 Wertmäßiger Marktanteilseffekt				**4**
2.1 Marketing-Effektivitäts-Abweichung				69
2.2 Marketing-Instrumente-Abweichung				-64
	Realisation	Effektivität	Reaktion	Gesamt
2.2.1 Preis	-57	-	- 5	-62
2.2.2 Werbung	-55	- 2	0	-57
2.2.3 Distribution	-41	-21	5	-57
2.2.4 Differenz-Abweichung	112	0	0	112
Gesamt	-41	-23	0	-64
3 Interaktionseffekt				**- 4**
		Erlösabweichung		**- 1**

Tabelle 61: Szenario mit einem um 20% niedrigeren Plan-Branchenpreis

7.3.3.5 Betrachtung der Bekanntheits- und Distributionsgrade

Die Höhe der Bekanntheits- und Distributionsgrade hängt von ihrer jeweiligen Definition ab. Hier wurde unter Bekanntheitsgrad der Anteil aller potentiellen Käufer, die das Unternehmen kennen, definiert. Der Distributionsgrad bezieht sich "auf den Anteil von Absatzmittlern, die ein Produkt beziehungsweise eine Marke während eines bestimmten Zeitraumes oder zu einem definierten Zeitpunkt in ihrem Sortiment führen, in Relation zur Gesamtzahl der Absatzmittler, die die entsprechende Warengruppe im Sortiment gelistet haben."[12]

Solange die Bekanntheits- und Distributionsgrade (Referenz, Plan, Ist) unter den gleichen Voraussetzungen gewählt wurden, spielt die Definition nur eine untergeordnete Rolle, da für das Ermitteln der Teilabweichungen nur relative Werte weiterverwendet werden. Die Bekanntheits- und Distributionsgrade werden ins Verhältnis zur Summe aller Bekanntheits- und Distributionsgrade der Branche gesetzt.

Die nachfolgenden Tabellen 62 und 63 zeigen Szenarien mit einem Ist-Branchengrad von 20% über und 20% unter der Ausgangssituation. Es ist zu erkennen, daß die Höhe der Auswirkung vernachlässigbar ist. Der Grund hierfür liegt natürlich auch in der geringen Werbewirkungselastizität.

---

[12] H. Meffert: Marketing, a.a.O., S. 583.

	Ist-Branchen-Bekanntheitsgrad + 20% (Ergebnisse)			
1 Wertmäßiger Marktvolumeneffekt				**28**
1.1 Marktpreisabweichung				-13
1.2 Marktvolumenabweichung				44
1.3 Interaktionsabweichung				- 3
2 Wertmäßiger Marktanteilseffekt				**-25**
2.1 Marketing-Effektivitäts-Abweichung				60
2.2 Marketing-Instrumente-Abweichung				-85
	Realisation	Effektivität	Reaktion	Gesamt
2.2.1 Preis	-79	-	- 2	-81
2.2.2 Werbung	-78	- 2	- 2	-82
2.2.3 Distribution	-67	-17	4	-80
2.2.4 Differenz-Abweichung	158	0	0	158
Gesamt	-66	-19	0	-85
3 Interaktionseffekt				**- 4**
	Erlösabweichung			**- 1**

Tabelle 62: Szenario mit einem um 20% höheren Ist-Branchen-Bekanntheitsgrad

	Ist-Branchen-Bekanntheitsgrad - 20% (Ergebnisse)			
1 Wertmäßiger Marktvolumeneffekt				**28**
1.1 Marktpreisabweichung				-13
1.2 Marktvolumenabweichung				44
1.3 Interaktionsabweichung				- 3
2 Wertmäßiger Marktanteilseffekt				**-25**
2.1 Marketing-Effektivitäts-Abweichung				54
2.2 Marketing-Instrumente-Abweichung				-78
	Realisation	Effektivität	Reaktion	Gesamt
2.2.1 Preis	-79	-	- 1	-81
2.2.2 Werbung	-78	- 2	4	-76
2.2.3 Distribution	-67	-17	4	-80
2.2.4 Differenz-Abweichung	158	0	0	158
Gesamt	-66	-19	7	-78
3 Interaktionseffekt				**- 4**
	Erlösabweichung			**- 1**

Tabelle 63: Szenario mit einem um 20% niedrigeren Ist-Branchen-Bekanntheitsgrad

Die Summierung der einzelnen Bekanntheits- bzw. Distributionsgrade zum Verhältniswert für den Bekanntheits- bzw. Distributionsgrad des untersuchten Unternehmens birgt eine gewisse Gefahr eines logischen Bruches. Unterstellt, ein Wettbewerber würde sich im Laufe des Jahres aufspalten. Dies geht einher mit einer solchen Promotion, daß der Bekanntheitsgrad für beide daraus entstehenden Unternehmen gleich hoch ist. Die Summe der Bekanntheitsgrade würde sich bei der Istzahl um genau diesen Bekanntheitsgrad erhöhen und liegt bei sonst gleichen Bedingungen genau mit der Höhe dieses Bekanntheitsgrades über der Planzahl für die Summe der Bekanntheitsgrade.

Da aber für das betrachtete Unternehmen keine Veränderung eingetreten ist, entsteht eine negative Auswirkung auf die Teilabweichungen, die rational nicht zu begründen ist und keinerlei Fortschritt für die Verhaltenssteuerung oder Entscheidungsfunktion bringt. Das gleiche gilt auch für den Branchen-Distributionsgrad analog. Allerdings sind die Auswirkungen auf die Teilabweichungen vernachlässigbar.

Die Höhe der Summe der Bekanntheitsgrade liegt, je nach Anzahl der Unternehmen und der Bekanntheitsgrade, wahrscheinlich meist über 100%. Bekanntheitsgrade von über 100% sind auf den ersten Blick für eine nicht in der Materie der Marktforschung steckende Wirtschaftsperson erklärungsbedürftig. Deshalb wurde alternativ untersucht, ob ein bedeutsamer Einfluß auf die Höhe der Teilabweichungen entsteht, wenn die Summe der Distributions- und Bekanntheitsgrade unter 100% liegt. Dies ist nicht der Fall, wie die nachfolgende Tabelle 64 zeigt, so daß der Vergleichswert für den Bekanntheits- und Distributionsgrad auch anders (plausibler) definiert werden kann. Das ist auch nicht erstaunlich, da für das Rechenmodell nur die Verhältnisse der relativen Bekanntheits- und Distributionsgrade benötigt werden.

	Ist-Branchen-Bekanntheitsgrad - 20% (Ergebnisse)			
1 Wertmäßiger Marktvolumeneffekt				**28**
1.1 Marktpreisabweichung				-13
1.2 Marktvolumenabweichung				44
1.3 Interaktionsabweichung				- 3
2 Wertmäßiger Marktanteilseffekt				**-25**
2.1 Marketing-Effektivitäts-Abweichung				58
2.2 Marketing-Instrumente-Abweichung				-83
	Realisation	Effektivität	Reaktion	Gesamt
2.2.1 Preis	-80	-	- 1	-81
2.2.2 Werbung	-78	- 2	0	-80
2.2.3 Distribution	-67	-17	4	-80
2.2.4 Differenz-Abweichung	158	0	0	158
Gesamt	-67	-19	3	-83
3 Interaktionseffekt				**- 4**
		Erlösabweichung		**- 1**

Tabelle 64: Szenario mit Summe der Bekanntheits- und Distributionsgrade als Vereinigungsmenge < 100%

7.3.4 Zusammenfassung

Auch in der sehr neuen Literatur zur Abweichungsanalyse wird der Ansatz von Albers erwähnt als der leistungsfähigste, aber selbst in diesem Überblick wird nicht der weitergehende Ansatz von Albers im Detail durchleuchtet und kritisch hinterfragt.[13] Es stellt sich aber die Frage, wie die Forschung zur Erlösabweichungsanalyse vorangetrieben wird, wenn neue Ansätze lediglich als positives Zeichen in die richtige Richtung gesehen werden, man sich aber nicht damit auseinandersetzt.

[13] Vgl. H.H. Bauer/M. Fischer: Metakriterien der Abweichungsanalyse und deren Anwendung zur Bewertung von Umsatzflußverfahren, in: ZfB, 68. Jg. (1998), S. 1341-1366.

In dieser Arbeit wurde der Ansatz von Albers intensiv diskutiert und hinterfragt. Es wurde analytisch und graphisch gezeigt, welche Stellschrauben welchen Einfluß auf das Ergebnis haben und inwiefern dadurch die Anwendbarkeit der Methode eingeschränkt oder unmöglich gemacht wird. Daneben wurden Vorschläge gemacht, die zu einer besseren Praktikabilität und Validität bei der Erlösabweichungsanalyse führen sollen.

Dabei zeigen sich folgende wesentliche Ergebnisse: Die Hauptschwachstelle im System von Albers ist die Schätzung der Branchenpreise sowie der Referenzwerte. Bei Bekanntsein des Modells kann durch die Wahl des Branchenpreises die Aussage der Analyse auf den Kopf gestellt werden. Daneben sind die häufig nur schwer und mit gewissen Kosten zu ermittelnden Werbe- und Distributions-Elastizitäten nicht das Problem.

Hier reicht es, im System eine ungefähre Größe, die man auch aus der Literatur erhält, einzubauen, und das System arbeitet tendenziell richtig. Es ist auch nicht erforderlich, daß die Daten, die aus dem Modell fließen, exakt und präzise sind. Sie dienen lediglich als Grundlage für ein Abweichungsgespräch. Wichtiger ist, daß sie in ihrer Tendenz richtig sind. Dafür braucht man keine aufwendige Ermittlung der Elastizitäten. Möchte man die Elastizitäten aber mit Hilfe des Logarithmus ermitteln, wie Albers das vorschlägt,[14] sollte man aufpassen, daß der Referenzwert nicht dem Planwert gleicht, da sonst das System nicht funktioniert.

Dies birgt die Schwierigkeit der Definition des Referenzwertes. Albers hat dies in seinen Artikeln nicht weiter präzisiert, aber grundsätzlich könnte der Planwert der Referenzwert sein. Dann können die Elastizitäten aber nicht wie von Albers vorgeschlagen ermittelt werden. Die Aufteilung der Abweichung in einen

[14] Vgl. S. Albers: Analysis, a.a.O., S. 13 f.

wertmäßigen Marktvolumenseffekt und einen wertmäßigen Marktanteilseffekt ist schlüssig.

Die Dekomposition der Marketing-Instrumente-Abweichung hängt im wesentlichen von der Preiselastizität ab. Die weiteren Werbe- und Distributionsparameter können auch als Konstante gesetzt werden, ohne das die Abweichungs-Ursachenanalyse tendenziell falsch wird. Die Qualität der gewonnenen Aussage hängt aber an der Ermittlung der Branchenpreise. Dieses scheint das Hauptproblem der Methode nach Albers.

8 Thesenartige Zusammenfassung

1. Der Controllingbegriff wird nach wie vor noch nicht, weder in der Theorie noch in der Praxis, einheitlich definiert. Die Koordination der Führungsteilsysteme ist eine wesentliche Aufgabe des Controlling. Sie sollte aber nach Ansicht des Verfassers nur auf die sachzielorientierten Führungsteilsysteme begrenzt werden, um eine erhöhte Akzeptanz auch in der Praxis zu erhalten. Die Subsumierung von Organisation und Personalpolitik unter die Koordinationsaufgabe des Controlling erscheint aufgrund der Praxisferne dieses Postulats nicht tragfähig. Im Sinne einer scharfen Abgrenzung einer Teildisziplin Controlling ist dies auch nicht erstrebenswert. Daneben steht als zweite Säule des Controlling die Informationsversorgungsaufgabe.

2. Die Kostenabweichungsanalyse ist in der Literatur weit gereift, aber insbesondere das Problem der Zurechnung von Abweichungen höherer Ordnung ist nach wie vor nicht geklärt, wie regelmäßige neue Untersuchungen hierzu belegen. Dabei hat sich gezeigt, daß die Abweichung höherer Ordnung nicht immer eine unbedeutende Restgröße ist, die nicht ins Gewicht fällt. Die durchgerechneten Zahlenbeispiele zeigten, daß die Interdependenzabweichungen nicht unerheblich sind. Hier wird vorgeschlagen, die Abweichungen höherer Ordnung mittels der differenziert-kumulativen Methode auf Planbezugsbasen zu ermitteln und dann in einem zweiten Schritt im Rahmen der Analyse, z.B. durch die proportionale Abweichungsanalysemethode, den Primärabweichungen zuzurechnen.

3. Die Erlösabweichungsanalyse hat noch nicht den hohen Standard der Kostenabweichungsanalyse erreicht. Insbesondere die unkritische Übertragung der Kostenabweichungsanalyse auf die Erlösseite birgt Fehlerquellen in sich. Zudem wird die Erlösabweichungsanalyse in der Masse der Literatur

noch mittels der kumulativen Methode durchgeführt, obwohl diese inzwischen in der herrschenden Literatur als nicht optimal abgelehnt wird. In dieser Arbeit wurde die traditionelle Abweichungsanalyse konsequent nach der differenziert-kumulativen Methode durchgeführt.

4. Die Erweiterung der traditionellen Abweichungsanalyse durch eine Umsatzstrukturanalyse ist geeignet, wichtige weitere Erkenntnisse für das Controlling zu bringen. Allerdings ist hierbei auf die gesetzten Prämissen genau zu achten, um nicht eine fehlerhafte Entscheidungsgrundlage zu produzieren.

5. In der Erlösabweichungsanalyse ist auch der Marktanteil zu berücksichtigen, da er wichtige Aufschlüsse über den Inhalt der Abweichungen gibt. Besonders wichtig ist es, zusätzlich in der Abweichungsanalyse eine Preisabsatzfunktion zu berücksichtigen. Anderenfalls ist die sonst errechnete Preisabweichung regelmäßig nicht aussagekräftig.

6. Die Erweiterung der traditionellen Abweichungsanalyse in einen exogen beeinflußten und endogen beeinflußbaren Teil ist ein nachvollziehbarer Schritt, um die Aussagekraft der Erlösabweichungsanalyse zu erhöhen. In der Praxis ist der Aussagewert der gefundenen Abweichungen abhängig von der Definition und Ermittlung des Branchenpreises.

7. Der wertmäßige Marktanteilseffekt läßt sich sinnvoll in Marketing-Effektivitäts-Abweichung und Marketing-Instrumente-Abweichung dekomponieren. Da die Marketing-Effektivitäts-Abweichung als Differenz vom Marktanteil nach Konkurrentensituation ermittelt wird, könnte sie auch ermittelt werden, indem der Istpreis in die Preis-Absatz-Funktion eingesetzt wird, die der Planung zugrunde lag. Um hier tendenziell richtige Aussagen zu bekommen, reicht es, von einer linearen Preis-Absatz-Funktion auszugehen.

8. Für das Marketing-Controlling ist es wünschenswert, die Auswirkung der einzelnen Marketing-Instrumente auf den Erlös zu wissen. Das von Albers vorgestellte Modell erfordert erheblich mehr Dateninput als die symptomorientierte Abweichungsanalyse. Eine Reihe von Daten sind zu schätzen oder durch Marktforschungsinstitute zu ermitteln. Dies beinhaltet die Gefahr, daß sich die Qualität der Aussagekraft verwässert bzw. sich die Kosten erhöhen.

9. Die wesentlich sich auswirkenden Stellschrauben im System von Albers sind der Branchenpreis und die Preiselastizität. Die Elastizitäten für den Werbewirkungsgrad und den Distributionsgrad wirken sich regelmäßig nicht erheblich auf die Abweichungen aus. Hingegen zeigte die nicht weiter dekomponierte Differenz-Abweichung einen nicht zu vernachlässigen Wert. Dies wirft die Frage auf, ob die dargestellten Marktreaktionsfunktionen sich eignen, die Veränderung des Einsatzes bestimmter Marketing-Instrumente offenzulegen.

10. Die Ermittlung der Elastizitäten nach der von Albers vorgeschlagenen Form scheitert, wenn der Referenzwert gleich dem Planwert ist. In diesem nicht ungewöhnlichem Fall ergibt sich ein Logarithmus von eins, der - für den Nenner gefordert - den Wert null annimmt, welches in der vorherrschenden Mathematik nicht definiert ist.

11. In der jetzigen Form kann die Methode eingesetzt werden, um eine Tendenz über die Qualität der Marketing-Instrumente zu erhalten. Für eine größere Detailliertheit der Abweichungen sind mehr Input-Daten zu beschaffen. Dann sind die zusätzlich anfallenden Kosten sehr sorgfältig gegen den zusätzlichen Nutzen abzuwägen.

12. Bevor eine detaillierte Abweichungsanalyse an diesen Schwierigkeiten scheitert, sollten diese Marketing-Controlling-orientierten Abweichungen eher mit Schätzungen ermittelt werden, als unterlassen werden. Für eine präzise Analyse ist die Methode (noch) nicht geeignet. Hier besteht noch ein deutlicher Forschungsbedarf für die Zukunft.

Literaturverzeichnis

Anmerkung: Kurzzitate sind in Fettdruck. Bei mehreren Erscheinungsorten ist nur der erste Ort angegeben.

Im Literaturverzeichnis und in den Fußnoten verwendete Abkürzungen

a.a.O.	am angegebenen Ort
AMA	American Management Association
Aufl.	Auflage
bzw.	beziehungsweise
Bd.	Band
BFuP	Zeitschrift für betriebswirtschaftliche Forschung und Praxis
BW	Bundeswehr
Cinn.	Cincinnati
CM	Controller Magazin
d.	der
DB	Der Betrieb
DBW	Die Betriebswirtschaft
Diss.	Dissertation
H.	Heft
Hrsg.	Herausgeber
HWB	Handwörterbuch der Betriebswirtschaft
HWM	Handwörterbuch des Marketing
HWO	Handwörterbuch der Organisation
HWR	Handwörterbuch des Rechnungswesen
Jg.	Jahrgang
krp	Kostenrechnungspraxis
Marketing-ZFP	Marketing-Zeitschrift für Forschung und Praxis
Mass.	Massachussetts
N.J.	New Jersey
Nr.	Nummer
o.Jg.	ohne Jahrgang
o.V.	ohne Verfasser
S.	Seite/n
Sp.	Spalte/n
St.	Sankt
Univ.	Universität
WiSt	Wirtschaftswissenschaftliches Studium
WISU	Das Wirtschaftsstudium
ZfB	Zeitschrift für Betriebswirtschaft
ZfbF	Zeitschrift für betriebswirtschaftliche Forschung

Aaker, D.S/Kumar, V./Day, G.S.: Marketing Research, 6. Aufl., New York 1997.

Abell, D.F.: Marktgelenkte Unternehmen brauchen Mittelsmänner, in: Harvard Manager, 10. Jg. (1988), S. 82-87.

Adam, A.: Anwendung des linearen Spannenkalküls im Rechnungswesen, in: Adam, A. u.a. (Hrsg.): Anwendungen der Matrizenrechnung auf wirtschaftliche und statistische Probleme, 3. Aufl., Würzburg 1966.

Agthe, K.: Controller, in: Grochla, E. (Hrsg.): HWO, Stuttgart 1969, Sp. 351-362.

Albach, H.: Der dispositive Faktor in Theorie und Praxis, in: ZfB, 60. Jg. (1990), S. 533-548.

Albers, S.: Ein System zur Ist-Soll-Abweichungs-**Ursachenanalyse von Erlösen**, in: ZfB, 59. Jg. (1989), S. 637-654.

Albers, S.: Der Wert einer Absatzreaktionsfunktion für das Erlös-Controlling. **Entgegnung**, in: ZfB, 59. Jg. (1989), S. 1235-1241.

Albers, S.: Ursachenanalyse von marketingbedingten Ist-Soll-**Deckungsbeitragsabweichungen**, in: ZfB, 62. Jg. (1992), S. 199-223.

Albers, S.: **Analysis** of Profit Contribution Variance between Actual and Plan, Manuskripte aus den Instituten für Betriebswirtschaftslehre der Universität Kiel, Nr. 332, Kiel 1993.

Albers, S./Michalk, B.: ERLAB: Marktsimulation und Erlösabweichungs-Analysen von Telekommunikationsdiensten, in: Hippner, H./ Meyer, M./Wilde, K.D. (Hrsg.): Computer Based Marketing, Braunschweig 1998, S. 465-472.

Allnoch, N.: Zur Entwicklung der deutschen und europäischen Windenergienutzung 1998, in: Windkraft Journal, 19.Jg. (1999), H. 2, S. 24-28.

Amshoff, B.: Controlling in deutschen Unternehmungen, Diss. Uni Dortmund, Wiesbaden 1993.

Anderson,W.T./Hoyer, W.D.: Marketing in the Age of Intelligence: The Case for Control, in: European Journal of Marketing, 25. Jg. (1991), S. 32-54.

Ansoff, I: Managing Surprise and Discontinuity - Strategic Response to Weak Signals, in: ZfbF, 28 Jg. (1976), S. 129-152.

Assmus, G./Farley, J.U./Lehmann, D.R.: How Advertising Affects Sales. Meta-Analysis of Econometric Results, in: Journal of Marketing Research, 21. Jg. (1984), S. 65-74.

Backhaus, K.: Industriegütermarketing, 5. Aufl., Wiesbaden 1997.

Backhaus, K./Weiber, R.: Entwicklung einer Marketingkonzeption mit SPSS/PC+, Berlin 1989.

Bänsch, A.: Einführung in die Marketing-Lehre, 4. Aufl., München 1998.

Bamberg, G./Coenenberg, A.G.: Betriebswirtschaftliche Entscheidungslehre, 9. Aufl., München 1996.

Bartels, R.: The History of Marketing Thought, Homewood, Ill. 1970.

Bauer, H.H./Fischer, M.: Metakriterien der Abweichungsanalyse und deren Anwendung zur Bewertung von Umsatzflußverfahren, in: ZfB, 68. Jg. (1998), S. 1341-1366.

Baumgartner, B.: Die Controller-Konzeption. Theoretische Darstellung und praktische Anwendung, Bonn 1980.

Becker, W.: Funktionsprinzipien des **Controlling**, in: ZfB, 60. Jg. (1990), S. 295-318.

Becker, W.: **Entwicklungslinien** der betriebswirtschaftlichen Kostenlehre, in: krp, 10. Jg. (1993), Sonderheft 1/93, S. 5-18.

Benz, K.: Effizienz des Controlling, Diss., Bamberg 1998.

Berschin, H.H. (Hrsg.): Handbuch Controlling, München 1989.

Betriebswirtschaftlicher Ausschuß des Zentralverbandes der Elektrotechnischen Industrie e.V. (Hrsg.): ZVEI-Kennzahlensystem, 3. Aufl., Frankfurt am Main 1976.

Bidlingmaier, J.: Marketing, Reinbek 1973.

Bischoff, P.: Die Erlösrechnung - Entscheidungsinstrument im führungsorientierten Rechnungswesen, Diss., St. Gallen 1987.

Bitz, M.: Entscheidungstheorie, München 1981.

Blacklock, D.S.: Accounting for Economic Management, Glasgow 1938.

Bleicher, K.: Organisationsformen, mehrdimensionale, in: HWO, 2. Aufl., Stuttgart 1980, Sp. 1517-1525.

Böcker, F.: Marketing-Kontrolle, Stuttgart 1988.

Böcker, F.: Ganzheitliche Marketing-Kontrolle, in: WiSt, o.Jg. (März 1991), Heft 3, S. 106-113.

Böcker, F.: Marketing-Controlling für Bankdienstleistungen, in: Spremann, K./Zur, E. (Hrsg.): Controlling, Wiesbaden 1992, S. 351-360.

Bommes, W.: Darstellung und Beurteilung von Verfahren der Kostenabweichungsanalyse bei ein- und mehrstufigen Fertigungsprozessen, Diss. Univ. Köln 1983, Essen 1984.

Boynton, A.C.: Punktlandung statt Blindflug - mit den richtigen Informationssystemen, in: Harvard Business Manager, 15. Jg. (1993), Heft 4, S. 59-67.

Bramsemann, R.: Handbuch Controlling - Methoden und Techniken, 3. Aufl., München 1993.

Brenner, W./ Österle, H.: Wie Sie Informationssysteme optimal gestalten, in: Harvard Business Manager, 16. Jg. (1994), Heft 1, S. 46-52.

Brühl, R.: Methoden der Kostenkontrollrechnung unter Berücksichtigung von Abweichungen höherer Ordnung, in: krp, o.Jg. (1993), S. 336-339.

Buchner, M.: Controlling - ein Schlagwort? Eine kritische Analyse der betriebswirtschaftlichen Diskussion um die Controlling-Konzeption, Frankfurt 1981.

Budäus, D.: Controlling in öffentlichen Verwaltungen: Funktionen, Leistungsfähigkeit und Entwicklungsperspektiven, in: Mayer, E./Weber, J. (Hrsg.): Handbuch Controlling, Stuttgart 1990, S. 609-619.

Buschbeck, J.: Marketing-Controlling - Das betriebswirtschaftliche Gewissen der Marketingabteilung, in: Harvard Manager, 4. Jg. (1982), Heft 3, S. 87-96.

Camman, E.A.: Basic Standard Costs, New York 1932.

Coenenberg, A.G.: Kostenrechnung und Kostenanalyse, 4. Aufl., Landsberg/Lech 1999.

Coenenberg, A.G./Baum, H.-G.: Strategisches Controlling, Stuttgart 1987, S. 2-7.

Coenenberg, A.G./Günther, Th.: Der Stand des strategischen Controlling in deutschen Unternehmen, in: Universitätsseminar der Wirtschaft Schloß Gracht - Working Papers, Erftstadt 1990.

Coenenberg, A.G./Günther, Th.: Der Stand des strategischen Controlling in der Bundesrepublik Deutschland, in: DBW, 50. Jg. (1990), S. 459-470.

Cordes, E./Schenck, I.v.: Ein Controllingkonzept der Praxis, in: BFuP, 44. Jg (1992), S. 339-346.

Czenskowsky, T./Füser, K./Thomas, F.: Marketingkoordination, Köln 1999.

Dellmann, K.: Kosten- oder Erfolgsanalyse als Basis der **Wirtschaftlichkeitskontrolle**, in: ZfB, 57. Jg. (1987), S. 367-383.

Dellmann, K.: Eine **Systematisierung** der Grundlagen des Controlling, in: Spremann, K./Zur, E. (Hrsg.): Controlling, Wiesbaden 1992, S. 113-140.

Deyhle, A.: Controller-Handbuch, Bd. 1, 3. Aufl., München 1990.

Deyhle, A.: Controller-Praxis, 2 Bde., 9. Aufl., Gauting 1992.

Deyhle, A.: Entwicklungsperspektiven des Controlling, in: Risak, J./Deyhle, A.: Controlling, 2. Aufl., Wiesbaden 1992, S. 359-385.

Deyhle, A.: Kostenabgrenzungen beim Soll-Ist-Vergleich, in: CM, 20. Jg. (1995), S. 147-148.

Diller, H.: Preispolitik, 2. Aufl., Stuttgart 1991.

Drucker, P.F.: Neue Management-Praxis, 1. Band: Aufgaben, 2. Band: Methoden, Düsseldorf 1974.

Eastlack, J.O./Rao, A.G.: Advertising Experiments at the Campbell Soup Company, in: Marketing Science, 8. Jg. (1989), S. 57-71.

Ebert, G./Koinecke, J./Peemöller, V.: Controlling, 5. Aufl., Landsberg am Lech 1993.

Ehlke, M.: Das Marketing-Controlling: Organisatorische Zuordnung, Aufgaben, Entwicklungstendenzen, in: Koinecke, J. (Hrsg.): Handbuch Marketing, Band 1, Gernsbach 1978, S. 335-344.

Ehrmann, H.: Marketing-Controlling, 3. Aufl., Ludwigshafen 1999.

Eilenberger, G.: Betriebliches Rechnungswesen, 7. Aufl., München 1995.

Eisele, W.: Technik des betrieblichen Rechnungswesens, 6. Aufl., München 1998.

Engelhardt, W.H.: Erlösplanung und Erlöskontrolle als Instrument der **Absatzpolitik**, in: ZfbF, 29. Jg. (1977), Sonderheft 6, S. 10-26.

Engelhardt, W.H.: **Erlösplanung** und Erlöskontrolle, in: Männel, W. (Hrsg.): Handbuch Kostenrechnung, Wiesbaden 1992, S. 656-670.

Eschenbach, R. (Hrsg.): Marketing-Controlling, Wien 1986.

Eschenbach, R.: Controlling - State of the Art, in: Journal für Betriebswirtschaft, o.Jg. (1988), S. 206-216.

Ewert, R./Wagenhofer, A.: Interne Unternehmensrechnung, 2. Aufl., Berlin 1995.

Feichtinger, G./Kopel, M.: Nichtlineare dynamische Systeme und Chaos: Neue Impulse für die Betriebswirtschaftslehre, in: ZfB, 64. Jg. (1994), S. 7-34.

Fess, P.E./Warren, C.S.: Accounting, 18. Aufl., Cinn., Ohio 1996.

Fickert, R.: Analyse von Erfolgsabweichungen, in: Die Unternehmung, 42. Jg. (1988), S. 41-61.

Financial Executive Institute (Hrsg.): Controllership and Treasurership Functions Defined by FEI, in: The Controller, 30. Jg. (1962), S. 289.

Fischer, A.: Organisation des Controlling in einem Großunternehmen (Am Beispiel der Continental AG, Hannover), in: Mayer, E./Weber, J. (Hrsg.): Handbuch Controlling, Stuttgart 1990, S. 565-578.

Franz, K.-P.: Die Prozeßkostenrechnung - Darstellung und Vergleich mit der Plankosten- und Deckungsbeitragsrechnung, in: Ahlert, D./Franz, K.-P./Göppl, H. (Hrsg.): Finanz- und Rechnungswesen als Führungsinstrument, Wiesbaden 1990.

Franz, K.-P.: Target Consting. Konzept und kritische Bereiche, in: Controlling, 5. Jg. (1993), S. 124-130.

Freidank, C.-Ch.: Controlling: Ein unscharfes Konzept gewinnt Konturen, in: DBW, 53. Jg. (1993), Heft 3, S. 399-415.

Freidank, C.-Ch.: **Kostenrechnung**, 6. Aufl., München 1997.

Frese, E.: Organisationstheorie, 2. Aufl., Wiesbaden 1992.

Frese, E.: Grundlagen der Organisation, 7. Aufl., Wiesbaden 1998.

Fröhling, O.: Kennzahlen: Führungsinstrumente auch für das Marketing, in: io Management Zeitschrift, 59. Jg. (1990), Heft 5.

Geml, R.: Marketing-Controlling, in: Geisbüsch, H.-J./Geml, R./Lauer, H. (Hrsg.): Marketing, 2. Aufl., Landsberg am Lech 1991, S. 219-240.

Glaser, H.: Zur Erfassung von Teilabweichungen und Abweichungsüberschneidungen bei der Kostenkontrolle, in: krp, o. Jg. (1986), S. 141-148.

Glaser, H.: Prozeßkostenrechnung - Darstellung und Kritik, in: ZfbF, 44. Jg. (1992), S. 275-288.

Graf, W.: Absatzmarketing-Controlling, in: Hermanns,A./Meyer, A. (Hrsg.): Zukunftsorientiertes Marketing in Theorie und Praxis, Berlin 1984, S. 57-72.

Grögl, P.: Marketing-Controlling, Wien 1988.

Günther, Th.: Ergebnisanalyse auf Basis einer flexiblen Plankostenrechnung, in: WISU, 23. Jg. (1994), S. 828-840.

Gutenberg, E.: Grundlagen der Betriebswirtschaftslehre, Bd. 1: Die Produktion, 24. Aufl., Berlin 1983, S. 3-5.

Haag, J.: Marketing-Controlling, in: Mayer, E./Weber, J.: Handbuch Controlling, Stuttgart 1990, S. 175-209.

Haag, J.: Marketing-Controlling, in: Holl, H.-G.: Controlling - das Unternehmen mit Zahlen führen, Kissingen 1986, Ergänzungslieferung Mai 1994, Kap. 9.2.

Haberstock, L.: **Kostenrechnung I**, 9. Aufl., Hamburg 1997.

Haberstock, L.: **Kostenrechnung II**, 7. Aufl., Hamburg 1989.

Hänichen, T.: Die Erlösentstehung im Industriebebetrieb und ihre Abbildung im internen Rechnungswesen, Diss. Uni Mannheim 1994, Berlin 1995.

Hagerty, M.R./Carman, J.M./Russel, G.J.: Estimating Elasticities with PIMS Data. Methodological Issues and Substantive Implications, in: Journal of Marketing Research, 25. Jg. (1988), S. 1-9.

Hahn, D.: Strategische Führung und Strategisches Controlling, in: ZfB, 61. Jg. (1991), Ergänzungsheft 3/91, S. 121-137.

Hahn, D.: **PuK** Controllingkonzepte, 5. Aufl., Wiesbaden 1996.

Hanssens, D.M./Parsons, L.J./Schultz, R.L.: Market Response Models: Econometric and Time Series Analysis, Boston 1990.

Harbert, L.: Controlling-Begriffe und Controlling-Konzeptionen, Bochum 1980.

Hasseldine, C.R.: Mix and Yield Variances, in: The Accounting Review, 42. Jg. (1967), S. 497-515.

Heigl, A.: Controlling - Interne Revision, 2. Aufl., Stuttgart-New York 1988.

Heinrich, L.J.: Informationsmanagement, 4. Aufl., München 1992.

Heinzelbecker, K.: Informationsversorgung im Marketing-Controlling, in: Controlling, 3. Jg. (1991), H. 5, S. 244-251.

Heinzelbecker, K.: Informationssysteme und Instrumente im Marketing-Controlling, in: Huch, B./Behme, W./Schimmelpfeng, K. (Hrsg.): EDV-gestützte Controlling-Praxis, Frankfurt 1992, S. 33-49.

Henzler, H.: Der Januskopf muß weg!, in: Wirtschaftswoche, 28. Jg. (1974), Nr. 38, S. 60-63.

Heuer, K.R.: Marketing-Controlling, in: Ahsen, A.v./Czenskowsky, T. (Hrsg.): Marketing und Marktforschung, Hamburg 1996, S. 358-375.

Heuer, K.R./Wilken, M.: Ansätze zur Datengewinnung für das Controlling im *Online*-Marketing, in: Zerres, M.P. (Hrsg.): Handbuch Marketing-Controlling, Berlin 2000, S. 315-326.

Hermann, F.: Modell für ein ganzheitliches Unternehmens-Controlling, in: Controlling, 4. Jg. (1992), Heft 2, S. 64-71.

Hill, W./Rieser, I.: Marketing-Management, 2. Aufl., Bern 1993.

Höhn, S.: Konzern-Controlling, in: Huch, B./Behme, W./Schimmelpfeng, K. (Hrsg.): EDV-gestützte Controlling-Praxis, S. 244-260.

Hoitsch, H.-J.: Kosten- und Erlösrechnung, 2. Aufl., Berlin 1997.

Homburg, Ch.: Produktivitätssteuerung in Marketing und Vertrieb, in: Controlling, 6. Jg. (1994), Heft 3, S. 140-146.

Hopfenbeck, W.: Allgemeine Betriebswirtschafts- und Managementlehre, 12. Aufl., Landsberg am Lech 1998.

Hoppenheit, C.S.: Controlling in Softwareunternehmen, Wiesbaden 1993.

Horngren, C.T./Foster, G./Datar, S.M.: Cost Accounting, 9. Aufl., Englewood Cliffs, N.J. 1997.

Horváth, P.: Die Koordinationsaufgaben des Controlling, in: Jacob, H. (Hrsg.): Schriften zur Unternehmensführung, Bd. 27, Wiesbaden 1980, S. 3-18.

Horváth, P.: **Controlling**, in: **HWR**, 3. Aufl., Stuttgart 1993, Sp. 322-334.

Horváth, P.: **Controllinginstrumente**, in: HWB, 5. Aufl. 1993, Sp. 669-680.

Horváth, P.: **Controlling**, 7. Aufl., München **1998**.

Horváth, P./Mayer, R.: Prozeßkostenrechnung, in: Controlling, 1 .Jg. (1989), S. 214-219.

Horváth & Partner: Das Controllingkonzept, 3. Aufl., München 1998.

Horváth, P./Stark, H.: Controlling für das Marketingmanagement, in: Marketing-ZFP, 4. Jg. (1982), S. 183-194.

Hruschka, H.: Die Bestimmung von Absatzreaktionsfunktionen auf der Grundlage von PIMS-Daten, in: ZfB, 63. Jg. (1993), S. 253-265.

Hüttner, M.: Produkt-Management, in: Wirtschaftsdienst, Nr. 5, 1966, S. 277-281.

Hüttner, M.: Prognoseverfahren und ihre Anwendung, Berlin 1986.

Hüttner, M.: Der Einsatz von Prognoseverfahren in der Praxis, in: Marktforschung, 31. Jg. (1987), S. 29-34.

Hüttner, M.: Marktforschung, in: Diller, H. (Hrsg.): Vahlens Großes Marketinglexikon, München 1992, S. 721-724.

Hüttner, M.: **Betriebswirtschaftslehre**, 2. Aufl., München 1995.

Hüttner, M.: Grundzüge der **Marktforschung**, 6. Aufl., München 1998.

Hüttner, M./Pingel, A./Schwarting, A.: Marketing-Management, 2. Aufl., München 1999.

Hulbert, J.M./Toy, N.E.: A Strategic Framework for Marketing Control, in: Journal of Marketing, 41. Jg. (1977), S. 12-20.

Hummel, S./Männel, W.: Kostenrechnung 1, 4. Aufl., Nachdruck, Wiesbaden 1995.

Hummel, S./Männel, W.: Kostenrechnung 2, 3. Aufl., Nachdruck, Wiesbaden 1999.

Institut der deutschen Wirtschaft Köln: Evaluation der betriebswirtschaftlichen Fachbereiche aus der Perspektive der Beschäftiger, Köln o.J.

Jackson, J.H.: The Controller - His Function and Organization, Cambridge/Mass. 1949.

Jacobsen, R./Aaker, D.A.: The Strategic Role of Product Quality, in: Journal of Marketing, o.Jg. (1987), S. 31-44.

Jaworski, B.J.: Toward a Theory of Marketing Control: Environmental Context, Control Types and Consequences, in: Journal of Marketing, 52. Jg. (1988), S. 23-39.

Käfer, K.: Standardkostenrechnung, 2. Aufl., Stuttgart 1964.

Kaplan, R.S./Atkinson, A.A.: Advanced Management Accounting, 3. Aufl., Englewood Cliffs, N.J. 1997.

Kiener, J.: Marketing-Audit, in: Absatzwirtschaft, 21. Jg. (1978), Heft 4, S. 68-73.

Kiener, J.: **Marketing-Controlling**, Darmstadt 1980.

Kieser, A./Kubicek, H.: Organisation, 3. Aufl., Berlin 1992.

Kilger, W.: Flexible Plankostenrechnung und Deckungsbeitragsrechnung, 10. Aufl., Wiesbaden 1993.

Klenger, F.: Operatives Controlling, 4. Aufl., München 1997.

Kloock, J.: **Erfolgsrevision** mit Deckungsbeitrags-Kontrollrechnungen, in: BFuP, 39. Jg. (1987), S. 109-126.

Kloock, J.: **Erfolgskontrolle** mit der differenziert-kumulativen Abweichungsanalyse, in: ZfB, 58. Jg. (1988), S. 423-434.

Kloock, J.: **Erwiderung**: Erfolgskontrolle unter ceteris paribus-Bedingungen, in: ZfB, 58. Jg. (1988), S. 1216-1221.

Kloock, J.: Plankostenrechnung, in: HWR, 3. Aufl., Stuttgart 1993, Sp. 1551-1568.

Kloock, J./Bommes, W.: Methoden der Kostenabweichungsanalyse, in: krp, o.Jg. (1982), S. 227-229.

Kloock, J./Sieben, G./Schildbach, Th.: Kosten- und Leistungsrechnung, 8. Aufl., Düsseldorf 1999.

Köhler, R.: **Marketing-Effizienz** durch Controlling, in: Controlling, 1. Jg. (1989), S. 84-95.

Köhler, R.: **Marketing-Controlling**, in: Köhler, R.: Beiträge zum Marketing-Management, 2. Aufl., Stuttgart 1991, S. 179-202.

Köhler, R.: **Absatzsegmentrechnung**, in: HWR, 3. Aufl., Stuttgart 1993, Sp. 7-15.

Köhler, R.: **Marketing-Audit**, in: Horváth, P./Reichmann, Th. (Hrsg.): Vahlens Großes Controlling Lexikon, München 1993, S. 428-429.

Köhler, R.: Marketing-Controlling, in: Horváth, P./Reichmann, Th. (Hrsg.): Vahlens Großes Controlling Lexikon, München 1993, S. 431-432.

Köhler, R.: **Marketing-Controllingaufgaben**, in: Horváth, P./Reichmann, Th. (Hrsg.): Vahlens Großes Controlling Lexikon, München 1993, S. 432-433.

Köhler, R.: Marketing-Kennzahlensysteme, in: Horváth, P./Reichmann, Th. (Hrsg.): Vahlens Großes Controlling Lexikon, München 1993, S. 439-440.

Kolb, J.: Industrielle Erlösrechnung, Wiesbaden 1978.

Korndörfer, W.: Unternehmensführungslehre, 8. Aufl., Wiesbaden 1995.

Kosiol, E.: Kostenabweichungen, Analyse der, in: Kosiol, E./Chmielewicz, K./Schweitzer, M. (Hrsg.): HWR, 2. Aufl., Stuttgart 1981, Sp. 983-998.

Kosmider, A.: Controlling im Mittelstand, Stuttgart 1991.

Kotler, Ph.: Defining the Limits of Marketing, in: Becker, B.W./Becker, H. (Hrsg.): Marketing Education and the Real World. Dynamic Marketing in a Changing World, Chicago, Ill. 1973.

Kotler, Ph.: A Generic Concept of Marketing, in: Journal of Marketing, 36. Jg. (1972), S. 46-54.

Kotler, Ph.: Marketing Management, 9. Aufl., New Jersey 1997.

Kotler, Ph./Bliemel, F.: Marketing-Management, 9. Aufl., Stuttgart 1999.

Kotler, Ph./Gregor, W./Rodgers, W.: The Marketing Audit Comes of Age, in: Sloan Management Review, 18. Jg. (1977), Nr. 2, S. 25-43.

Kraus, H: Operatives Controlling, in: Mayer, E./Weber, J. (Hrsg.): Handbuch Controlling, Stuttgart 1990, S. 117-172.

Krulis-Randa, J.S.: Theorie und Praxis des Marketing-Controlling, in: Siegwart, H./ Mahari, J.I./Caytas, I.G./Sander, St. (Hrsg.): Management Controlling, Stuttgart 1990, S. 257-272.

Kühn, R.: Marketing-Audit - Ein Führungsinstrument, in: Die Unternehmung, 31. Jg. (1977), S. 199-212.

Küpper, H.-U.: **Konzeption** des Controlling aus betriebswirtschaftlicher Sicht, in: Scheer, A.-W. (Hrsg.): Rechnungswesen und EDV, 8. Saarbrücker Arbeitstagung 1987, Heidelberg 1987, S. 82-116.

Küpper, H.-U.: Koordination und Interdependenz als Bausteine einer konzeptionellen und theoretischen Fundierung des Controlling, in: Lücke, W. (Hrsg.): Betriebswirtschaftliche Steuerungs- und Kontrollprobleme, Stuttgart 1988, S. 163-183.

Küpper, H.-U.: **Übersicht** und Entwicklungstendenzen im Controlling, in: Scheer, A.-W. (Hrsg.): Rechnungswesen und EDV (12. Saarbrücker Arbeitstagung 1991), Heidelberg 1991, S. 242-270.

Küpper, H.-U.: **Controlling**, in: **HWB**, 5. Aufl., Stuttgart 1993, Sp. 647-661.

Küpper, H.-U.: Vergleichende Analyse moderner Ansätze des Gemeinkosten-managements, in: Dellmann, K./Franz, K.P. (Hrsg.): Neuere Entwicklungen im Kostenmanagement, Stuttgart 1994, S. 31-77.

Küpper, H.-U.: **Industrielles Controlling**, in: Schweitzer, M. (Hrsg.): Industriebetriebslehre, 2. Aufl., München 1994, S. 849-959.

Küpper, H.-U.: **Vertriebs-Controlling**, in: HWM, 2. Aufl., Stuttgart 1995, Sp. 2623-2633.

Küpper, H.-U.: **Controlling**, 2. Aufl., Stuttgart 1997.

Küpper, H.-U./Weber, J./Zünd, A.: Zum Verständnis und Selbstverständnis des Controlling, in: ZfB, 60 Jg. (1990), S. 281-293.

Küpper, H.-U./Winckler, B./Zhang, S.: Planungsverfahren und Planungs-information als Instrumente des Controlling, in: DBW, 50. Jg. (1990), Heft 4, S. 435-458.

Kunz, B.R.: Kontrolle von Umfang und Zusammensetzung der abgesetzten Leistungen: Product-Mix-Abweichung, in: krp, o.Jg. (1987), S. 64-58.

Landsberg, G. v./Mayer, E.: Berufsbild des Controllers, Stuttgart 1988.

Lange, C.: Umweltschutz und Unternehmensplanung, Wiesbaden 1978.

Lange, C.: Jahresabschlußinformationen und Unternehmensbeurteilungen, Stuttgart 1989.

Lange, C.: Transparenz und Flexibilität: Erfolgsfaktoren für Investitions-entscheidungen, in: Controlling, 2. Jg. (1990), S. 134-141.

Lange, C.: Investitionscontrollingaktivitäten, in: Horváth, P./Reichmann, Th. (Hrsg.): Vahlens Großes Controlling Lexikon, München 1993, S. 311.

Lange, C.: **Umweltschutz-Controlling**, Vorlesungsskript, 7. Aufl., Universität Essen 1998.

Lange, C./Fischer, R.: Umweltschutzbezogene Kostenrechnung auf Basis der Einzelkosten- und Deckungsbeitragsrechnung als Instrument des Controlling, in: ZfB, 69. Jg. (1998) Ergänzungsheft 1, S. 107-123.

Lange, C./Schaefer, S.: **Aufgaben**, Aktivitäten und Instrumente eines DV-gestützten Investitions-Controllingsystems, in: Die Betriebswirtschaft, 52 Jg. (1992), S. 489-504.

Lange, C./Schaefer, S: **Investitionscontrolling**, in: Kern, W./Schröder, H.-H./Weber, J. (Hrsg.): Handwörterbuch der Produktionswirtschaft, 2. Aufl., Stuttgart 1996, Sp. 785-794.

Lange, C./Schaefer, S: Umweltschutz-Controlling mit Kennzahlen: Modellierung und Bereitstellung umweltschutzbezogener Informationen, in: Lachnit, L./Lange, C./Palloks, M.: (Hrsg.): Zukunftsfähiges Controlling, München 1998, S. 295-319.

Lange, C./Ukena, H.: Integrierte Unternehmensplanung und –kontrolle im Rahmen eines betrieblichen Umweltschutz-Controllingsystems, in: ZAU, 9. Jg. (1996), S. 67-85.

Largay III, J.A.: Operation of a Standard Cost System, in: Davidson, S./Weil, R.L. (Hrsg.): Handbook of Cost Accounting, Kapitel 16, New York 1978, S. 1-31.

Larson, K.D./Pyle, W.W.: Fundamental Accounting Principles, 11. Aufl., Homewood, Ill. 1988.

Laßmann, G.: Gestaltungsformen der Kosten- und Erlösrechnung im Hinblick auf Planungs- und Kontrollaufgaben, in: Die Wirtschaftsprüfung, o.Jg. (1973), S. 4-17.

Lause, B.: Methoden der Abweichungsanalyse in der Kosten- und Erfolgsrechnung, Diss. Univ. Hamburg, Bergisch Gladbach 1992.

Lehmann, F.-O.: Zur Entwicklung eines koordinationsorientierten Controlling-Paradigmas, in: ZfbF, 44. Jg. (1992), S. 45-61.

Lengsfeld, S.: Kostenkontrolle und Kostenänderungspotentiale, Diss. Uni Köln, Wiesbaden 1999.

Levitt, Th.: Marketing Myopia, in: Harvard Business Review, 38. Jg. 1960, S. 45-56.

Liebl, W.F.: Marketing-Controlling, Wiesbaden 1989.

Liessmann, K.: Bestimmungsfaktoren und Varianten der Controller-Organisation, in: Mayer, E./Weber, J. (Hrsg.): Handbuch Controlling, Stuttgart 1990, S. 511-533.

Lingnau, V.: Geschichte des Controllings, in: Lingenfelder, M. (Hrsg.): 100 Jahre Betriebswirtschaftslehre, München 1999, S. 73-91.

Link, J.: Die methodologischen, informationswirtschaftlichen und führungspolitischen Aspekte des **Controlling**, in: ZfB, 52. Jg. (1982), S. 261-280.

Link, J.: **Schwachpunkte** der kumulativen Abweichungsanalyse in der Erfolgskontrolle, in: ZfB, 57. Jg. (1987), S. 780-792.

Link, J.: **Erfolgskontrolle** unter ceteris-paribus-Bedingungen?, in: ZfB, 58. Jg. (1988), S. 1204-1215.

Link, J.: **Entgegnung**: Erfolgskontrolle unter ceteris-paribus-Bedingungen?, in: ZfB, 58. Jg. (1988), S. 1222-1223.

Link, J.: Das teuerste Marketing-Mißverständnis, in: Harvard Business Manager, 14. Jg. (1993), Heft 2, S. 19-23.

Little, J.D.C.: A Model of Adaptive Control of Promotional Spending, in: Operations Research, 14. Jg. (1966), S. 1075-1097.

Lodish, L.M.: ‚Vaguely Right' Approach to Sales Force Allocations, in: Harvard Business Review, 52. Jg. (1974), S. 119-124.

Lorange, P./Morton, M.F.S.: Strategic Control, St. Paul, Minn. 1986.

Männel, W.: Erlösschmälerungen, Wiesbaden 1975.

Männel, W. (Hrsg.): Handbuch Kostenrechnung, Wiesbaden 1992.

Männel, W.: Deckungsbeitragsrechnungen, in: HWB, 5. Aufl., Stuttgart 1993, Sp. 727-743.

Magyar, K.M.: Das Marketing-Puzzle, Landsberg am Lech 1989.

Mann, R.: **Praxis** strategisches Controlling, 4. Aufl., Landsberg 1987.

Mann, R.: Strategisches Controlling, in: Mayer, E./Weber, J. (Hrsg.): Handbuch Controlling, Stuttgart 1990, S. 91-116.

Maruccia, F./Wilken, M.: Online-Marketingforschung mit neuen Einsatzfeldern, in: planung & analyse, o.Jg. (1998), Heft 5, S. 61-62.

Matschke, J./Kolf, J.: Historische Entwicklung, Begriff und organisatorische Probleme des Controlling, in: DB, 33. Jg. (1980), S. 601-607.

McCarthy, J.E.: Basic Marketing: A Managerial Approach, 6. Aufl., Homewood, Ill. 1979. [1. Aufl. 1960].

Mc Intyre, E.V.: A Note on the Joint Variance, in: The Accounting Review, 51. Jg. (1976), S. 151-155.

McKay, E.S.: The Marketing Mystique, New York 1972.

Meffert, H.: 16 Meffert-Thesen zu **Marketing und Controlling**, in: Absatzwirtschaft, 25. Jg. (1982), S. 100-107.

Meffert, H.: Marketing-Management, Wiesbaden 1994.

Meffert, H.: **Marketing, 7. Aufl.**, Nachdruck, Wiesbaden 1993.

Meffert, H.: **Marketing, 8. Aufl.**, Wiesbaden 1998.

Meissner, H.G.: Marketing-Controlling für Multinationale Unternehmen, in: Reichmann, Th. (Hrsg.): Controlling-Praxis, Erfolgsorientierte Unternehmenssteuerung, München 1988, S. 215-221.

Merchant, K.A.: Progressing Toward a Theory of Marketing Control: A Comment, in: Journal of Marketing, 52. Jg. (July 1988), S. 40-44.

Mintzberg, H.: The Myths of MIS, in: California Management Review, 15. Jg. (1972), Nr. 1, S. 92-97.

Mises, L. von: Nationalökonomie, Genf 1940.

Möller, H.P.: Erfolgsabweichungsanalyse mit Erfolgsfunktionen (I) und (II), in: WISU, 14. Jg. (1985), S. 30-32 und S. 81-87.

Müller, A.: Die Isolierung der Einflüsse auf die Selbstkosten im Eisenhüttenwesen, Diss. Köln 1933.

Müller, W.: Die Koordination von Informationsbedarf und Informationsbeschaffung als zentrale Aufgabe des Controlling, in: ZfbF, 26. Jg. (1974), S. 683-693.

Müller-Merbach, H.: Operations Research, 3. Aufl., 9. Nachdruck, München 1988.

Nieschlag, R./Dichtl, E./Hörschgen, H.: Marketing, 18. Aufl., Berlin 1997.

Nolte, M.: Abweichungen in der Plankostenrechnung, in: krp, o.Jg. (1973), S. 99-106.

Olfert, K.: Kostenrechnung, 10. Aufl., Ludwigshafen 1996.

o.V.: Marketing Praxis Kalender 1992.

Ossadnik, W.: Controlling, München 1996.

Ossadnik, W./Maus, S.: Kumulative versus differenziert-kumulative **Kostenabweichungsanalyse**, in: ZfB, 65. Jg. (1995), S. 1285-1297.

Ossadnik, W./Maus, S.: Kostenabweichungsanalysen zur Quantifizierung der innerbetrieblichen **Unwirtschaftlichkeit**, in: ZfB, 65. Jg. (1995), S. 1311-1318.

Palloks, M.: Marketing-Controlling, Diss. Universität Dortmund, Frankfurt a.M. 1991.

Peles, Y.C.: A Note on Yield Variance and Mix Variance, in: The Accounting Review, 61. Jg. (1986), S. 325-329.

Pfohl, H.-Ch./ Zettelmeyer, B.: Strategisches Controlling ?, in: ZfB, 57. Jg. (1987), S. 145-175.

Picot, A.: Informationsmanagement und Unternehmensstrategie, in: 3. Europäischer Kongreß über Büro-Systeme & Informations-Management, München 1986, S. 757-796.

Pieper, R. (Hrsg.): Lexikon Management, Wiesbaden 1992.

Plaut, H.G.: Die Grenz-Plankostenrechnung I, in: ZfB, 23. Jg. (1953), S. 347-363.

Plaut, H.G.: Die Grenz-Plankostenrechnung II, in: ZfB, 23. Jg. (1953), S. 402-413.

Plaut, H.G.: Unternehmenssteuerung mit Hilfe der Voll- oder Grenzplankostenrechnung, in: ZfB, 31. Jg. (1961), S. 460-482.

Plaut, H.G.: Deckungsbeitragsrechnung, in: krp, o.Jg. (1987), S. 71-73.

Plinke, W.: Absatzcontrolling, in: HWR, 3. Aufl., Stuttgart 1993, Sp. 1-6.

Pohle, K.: Controlling und Organisation, in: HWB, 5. Aufl., Stuttgart 1993, Sp. 661-669.

Polimeni, R.S./Fabozzi, F.J./Adelberg, A.H.: Cost Accounting, 3. Aufl., New York 1991.

Porter, M.E.: Wettbewerbsvorteile, 5. Aufl., Frankfurt am Main 1999.

Porter, M.E.: Wettbewerbsstrategie, 10. Aufl., Frankfurt am Main 1999.

Powelz, H.J.H.: Ein Konzept der Erlösspaltung als Beitrag zur effizienteren Unternehmenssteuerung, Diss., Frankfurt 1983.

Powelz, H.J.H.: Gewinnung und Nutzung von **Erlösinformationen**, in: ZfB, 54. Jg. (1984), S. 1090-1115.

Powelz, H.J.H.: **Ansätze** zum weiteren Ausbau der differenzierten Kostenabweichungsanalyse, in: krp, o.Jg. (1985), S. 233-239.

Powelz, H.J.H.: **Gewinnung** und Nutzung von Informationen aus den Faktormärkten unter Verwendung des Erlösspaltungskonzeptes, in: ZfB, 56. Jg. (1986), S. 244-259.

Powelz, H.J.H.: Ein System zur Ist-Soll-Abweichungs-Ursachenanalyse von Erlösen -**Anmerkungen** zu dem gleichlautenden Aufsatz von Albers, in: ZfB, 59. Jg. (1989), S. 1229-1234.

Powelz, H./Leib, P.: Ein Programm zur Umsatzanalyse als Beitrag zum Gewinn-Marketing, in: Marketing ZFP, o. Jg. (1982), S. 5-14.

Preißler, P.: Controlling, 10. Aufl., München 1998.

Reich, V.E.: Controlling im mittelständischen Unternehmen, 2. Aufl., Stuttgart 1993.

Reichmann, Th.: Controlling mit Kennzahlen und Managementberichten, 5. Aufl., München 1997.

Reichmann, Th./Kleinschnittger, U.: Die Controllingfunktion in der Unternehmenspraxis, in: ZfB, 57. Jg. (1987), S. 1095-1120.

Reichmann, Th./Kleinschnittger, U./Kemper, W.: Empirische Untersuchung zur Funktionsbestimmung und Funktionsabgrenzung des Controlling, in: Reichmann, Th. (Hrsg.): Controlling-Praxis, erfolgsorientierte Unternehmenssteuerung, München 1988, S. 16-59.

Richter, H.J.: Theoretische Grundlagen des Controlling, Frankfurt a.M. 1987.

Riebel, P.: Ertragsbildung und Ertragsverbundenheit im Spiegel der Zurechenbarkeit von Erlösen, in: Riebel, P. (Hrsg.): Einzelkosten- und Deckungsbeitragsrechnung, 7. Aufl., Wiesbaden 1994, S. 98-148. (Nachdruck aus: P. Riebel (Hrsg.): Beiträge zur betriebswirtschaftlichen Ertragslehre, Opladen 1971, S. 147-200.)

Riebel, P.: Einzelkosten und Deckungsbeitragsrechnung, 6. Aufl., Wiesbaden 1990.

Rosenhagen, K.: Informationsversorgung von Führungskräften, in: Controlling, 6. Jg. (1994), Heft 5, S. 272-280.

Sabel, H.: Geschichte des Marketing in Deutschland, in: Lingenfelder, M. (Hrsg.): 100 Jahre Betriebswirtschaftslehre, München 1999, S. 169-180.

Sahl, N./Schmidt, R.: Funktionen des Controllers und deren Einflußfaktoren, in: krp, o.Jg. (1991), S. 29-37.

Scheffler, E.: Grundlagen des Controlling, in: WISU, 10. Jg. (1981), Heft 8, S. 382-386.

Scheer, A.-W./Kraemer, W.: Kundenorientierte Geschäftsprozeßgestaltung, in: Hippner, H./Meyer, M./Wilde, K.D. (Hrsg.): Computer Based Marketing, Braunschweig 1998, S. 159-166.

Scheffler, H.E.: Controlling auf Konzernebene, in: Jacob, H. (Hrsg.): Schriften zur Unternehmensführung, Bd. 27, Wiesbaden 1980, S. 19-32.

Schildbach, Th.: Begriff und **Grundproblem** des Controlling aus betriebswirtschaftlicher Sicht, in: Spremann, K./Zur, E. (Hrsg.): Controlling, Wiesbaden 1992, S. 21-36.

Schmidt, A.: Das Controlling als Instrument zur Koordination der Unternehmensführung, Diss., Frankfurt 1986.

Schmidt, R.: Grundfunktionen des Controlling, in: krp, o.Jg. (1993), Sonderheft 1/93, S. 63-70.

Schneider, D.: **Versagen** des Controlling durch eine überholte Kostenrechnung, in: DB, 44. Jg. (1991), S. 765-772.

Schneider, D.: Controlling als "Koordinationsfunktion innerhalb eines dezentralen, planungs- und kontrolldeterminierten Führungsparadigmas"?, in: DB, 44. Jg. (1991), Heft 35, S. 1789-1790.

Schneider, Dietram/Bäumler, M.: Controlling-Instrumente versus Unternehmertun, in: Controlling, 6. Jg. (1994), Heft 6, S. 370-372.

Schröder, E.F.: Modernes Unternehmens-Controlling, 6. Aufl., Ludwigshafen 1996.

Schüller, S.: Organisation von Controllingsystemen in Kreditinstituten, Diss., Münster 1984.

Schützdeller, K.: Neue Aufgaben für das Controlling, in: Harvard Manager, 13. Jg. (1991), Nr. 3, S. 116-123.

Schweitzer, M.: Gegenstand und Methoden der Betriebswirtschaftslehre, in: Bea, F.X./Dichtl, E./Schweitzer, M. (Hrsg.): Allgemeine Betriebswirtschaftslehre, Band 1: Grundlagen. 7. Aufl. Stuttgart 1997, S. 23-80.

Schweitzer, M./Friedl, B.: Beitrag zu einer umfassenden Controlling-Konzeption, in: Spremann, K./Zur, E. (Hrsg.): Controlling, Wiesbaden 1992, S. 141-167.

Schweitzer, M./Küpper, H.-U.: Systeme der Kosten- und Erlösrechnung, 7. Aufl., München 1998.

Schwienhorst, R.L.: Strategische Kontrolle, Diss. Univ. d. BW Hamburg 1988, Wiesbaden 1989.

Schwiering, D.W.: Lean Management und Controlling als neuere Konzepte der Unternehmensführung, in: Schwiering, D.W. (Hrsg.): Mittelständische Unternehmensführung im kulturellen Wandel, Stuttgart 1996, S. 85-120.

Seidenschwarz, W.: Target Costing. Marktorientiertes Zielkostenmanagement, München 1993.

Serfling, K.: Controlling, 2. Aufl. Stuttgart 1992.

Shank, J./Churchill, N.: Variance Analysis: A Management-oriented Approach, in: Accounting Review, 52. Jg. (1977), S. 950-957.

Shuchman, A.: A Marketing Audit: Its Nature, Purposes, and Problems, in: American Management Association (Hrsg.): Analyzing and Improving Marketing Performance - Marketing Audits in Theory and Practice, AMA-Report No. 32, New York 1959, S. 11-19.

Siegwart, H.: Controlling-Konzepte und Controller-Funktionen in der Schweiz, in: Mayer, E./Landsberg, G.v./Thiede, W. (Hrsg.): Controllingkonzepte im internationalen Vergleich, Freiburg im Breisgau 1986, S. 105-131.

Solaro, D.: Controller, in: HWO, 3. Aufl., Stuttgart 1992, Sp. 432-441.

Sommer, K.: Marketing-Audit, Bern 1984.

Spreitzer, O.D.: Controlling in Prozeßorientierten Organisation, Diss. Uni St. Gallen, Scheßlitz 1997.

Staehle, W.H.: Management, 8. Aufl., München 1999.

Stahl, H.-W.: Controlling, Wiesbaden 1992.

Stahl, P.: Vision und Praxis für ein Controllingkonzept im Mittelstand, in: Mayer, E./Liessmann, K./Freidank, C.-Ch.: Controlling-Konzepte, 4. Aufl., Wiesbaden 1999, S. 151-170.

Steinmann, H./Hasselberg, F.: Die strategische Kontrolle von Differenzierungsstrategien und der Beitrag des Marketing, in: DBW, 48. Jg. (1988), Heft 3, S. 371-392.

Steinmann, H./Schreyögg, G.: Management, 4. Aufl., Wiesbaden 1997.

Streitferdt, L.: Entscheidungsregeln zur Abweichungsauswertung, Würzburg 1983.

Strobel, W.: Controlling und Unternehmensführung, in: Jacob, H. (Hrsg.): Controlling und Finanzplanung, Schriften zur Unternehmensführung, Bd. 26, Wiesbaden 1979, S. 6-40.

Sutrich, O.: Prozeßmarketing anstelle des Mix, in: Harvard Business Manager, 15. Jg. (1994), Heft 1, S. 118-125.

Tellis, G.J.: The Price Elasticity of Selective Demand: A Meta-Analysis of Econometric Models of Sales, in: Journal of Marketing Research, 25. Jg. (1988), S. 331-341.

Thom, N./Cantin, F.: Controlling und Auditing, in: Spremann, K./Zur, E. (Hrsg.): Controlling, Wiesbaden 1992, S. 185-203.

Töpfer, A./Mann, A.: Kundenzufriedenheit als Meßlatte für den Erfolg, in: Töpfer, A. (Hrsg.): Kundenzufriedenheit messen und steigern, Düsseldorf 1996.

Vance, L.L.: The Fundamental Logic of Primary Variance Analysis, N.A.C.A.-Bulletin 1950 (1), Section 1, S. 625-632.

Varadarajan, P.R./Clark, T./Pride, W.M.: Controlling the Uncontrollable: Managing Your Market Environment, in: Sloan Management Review, 33. Jg. (Winter 1992), S. 39-47.

Vellmann, K.: Organisation des Controlling in einem Konzern, in: Mayer, E./Weber, J. (Hrsg.): Handbuch Controlling, Stuttgart 1990, S. 535-563.

Vormbaum,H/Rautenberg, H.G.: Kostenrechnung III für Studium und Praxis - Plankostenrechnung, Baden-Baden 1985.

Wagenhofer, A.: Abweichungsanalysen bei der Erfolgeskontrolle aus agency theoretischer Sicht, in: BFuP 44. Jg. (1992), S. 319-338.

Weber, J.: Überblick über die spezifischen Rahmenbedingungen des Controlling in öffentlichen Institutionen, in: Mayer, E./Weber, J. (Hrsg.): Handbuch Controlling, Stuttgart 1990, S. 581-608.

Weber, J.: **Versagen** des Controlling? - Ein Beitrag zur Theoriefindung, in: DB, 44. Jg. (1991), Heft 35, S. 1785-1788.

Weber, J.: Controlling in öffentlichen Institutionen (Non Profit Organizations), in: Risak, J./Deyhle, A. (Hrsg.): Controlling, 2. Aufl., Wiesbaden 1992, S. 295-324.

Weber, J.: Die **Koordination**ssicht des Controlling, in: Spremann, K./Zur, E. (Hrsg.): Controlling, Wiesbaden 1992, S. 169-183.

Weber, J.: Bereichscontrolling, in: HWB, 5. Aufl., Stuttgart 1993, Sp. 300-312.

Weber, J.: Einführung in das Rechnungswesen, Bd. 2: Kostenrechnung, 5. Aufl., Stuttgart 1997.

Weber, J.: Einführung in das **Controlling**, 7. Aufl., Stuttgart 1998.

Weber, J./Kosmider, A.: Controlling-Entwicklung in der Bundesrepublik Deutschland im Spiegel von Stellenanzeigen, in: ZfB, 61. Jg. (1991), Ergänzungsheft 3/91, S. 17-35.

Weber, J./Schäffer, U.: Der rote Faden des Controllers, in: CM, 24. Jg. (1999), S. 30-36.

Weinrich, G.: Fehler beim Controlling, in: Harvard Manager, 10. Jg. (1988), S. 119-123.

Welge, M.K.: **Organisation** des Controlling, in: Controlling, 1. Jg. (1989), S. 140-149.

Welge, M.K.: Unternehmensführung, Bd. 3: **Controlling**, Stuttgart 1988.

Welsch, G.A./Hilton, R.W./Gordon, P.N.: Budgeting. Profit Planning and Control, Englewood Cliffs, N.J. 1988.

Wilden, P.: Erfolgscontrolling und Produktivitätsmanagement, Diss. Univ. Kiel, München 1991.

Wilms, S.: Abweichungsanalysemethoden der Kostenkontrolle, Diss. Univ. Köln, Bergisch Gladbach 1988.

Wimmer, K.: **Kostenabweichungsanalyse** und Kostensenkung, in: ZfB, 64. Jg. (1994), S. 981-998.

Wimmer, K.: Innerbetriebliche **Unwirtschaftlichkeit** und Kostenabweichungsanalyse, in: ZfB, 65. Jg. (1995), S. 1299-1309.

Witt, F.-J.: Gegenseitige Einschätzung von Managern und Controllern, in: Controlling, 1. Jg. (1989), S. 127-130.

Witt, F.-J.: **Praxisakzeptanz** des Erlöscontrolling: Symptom- versus Ursachenanalyse, in: ZfB, 60. Jg. (1990), S. 443-450.

Witt, F.-J.: **Deckungsbeitragsmanagement**, München 1991.

Witt, F.-J.: Strategisches und operatives **Erlöscontrolling**, in: Controlling, 4. Jg. (1992), S. 72-83.

Witt, F.-J./Witt, K.: **Erlösabweichungen**, in: Witt, F.-J. (Hrsg.): Betriebswirtschaft heute, Wiesbaden 1992, S. 49-93.

Wöhe, G.: Grundzüge der Betriebswirtschaftslehre, 19. Aufl., München 1996.

Wolk, H.I./Hillman, A.D.: Materials Mix and Variances: A Suggested Improvement, in: The Accounting Review, 47. Jg. (1972), S. 549-555.

Wunderer, R./Grunwald, W.: Führungslehre, Bd. 1, Berlin 1980.

Zahn, E.: Marketing- und Vertriebscontrolling, Loseblattsammlung, 32. Nachlieferung, Landsberg am Lech 1999.

Zerres, M.P.: Kooperatives Marketing-Controlling, Frankfurt am Main 1998.

Ziegenbein, K.: Controlling, 6. Aufl., Ludwigshafen 1998.

Zünd, A.: Vom Buchhalter zum Controller, in: CM, 3. Jg. (1978), S. 51-67.

Internetquellen

Internationales Wirtschaftsforum Regenerative Energien (IWR) [http://www.iwr.de] bzw.[http://www.uni-muenster.de/Energie/]

Deutsches Windenergie-Institut GmbH, Wilhelmshaven (DEWI) [http://www.dewi.de].

Aus unserem Verlagsprogramm:

Schriften zum betrieblichen Rechnungswesen und Controlling

Harald Glieder
Geldflußrechnung, Segmentberichterstattung und Gewinn pro Aktie
US-GAPP, IAS, und HGB im Vergleich
Hamburg 1999 / 278 Seiten / ISBN 3-86064-939-6

Michael Liebers
Konzeptionelle Ansätze zur Kostenrechnung industrieller Unternehmen in Hochinflationsländern
Hamburg 1998 / 364 Seiten / ISBN 3-86064-836-5

Jürgen Graßhoff
Betriebliches Rechnungswesen und Controlling
Bd. 1 Betriebliches Rechnungswesen, 2. überarbeitete Auflage 1997
Hamburg 1997 / 640 Seiten / ISBN 3-86064-313-4

Jürgen Graßhoff
Betriebliches Rechnungswesen und Controlling
Bd. 2 Rechnungswesen und Controlling, 2. überarbeitete Auflage 1998
Hamburg 1998 / 614 Seiten / ISBN 3-86064-314-2